# 人文学人
## ——张岂之教授纪事

方光华 陈战峰 主编

西安出版社

### 图书在版编目（CIP）数据

人文学人：张岂之教授纪事/方光华，陈战峰主编.
—西安：西安出版社，2008.1
ISBN 978-7-80712-389-7

Ⅰ.人… Ⅱ.①方… ②陈… Ⅲ.张岂之—生平事迹
Ⅳ.K825.4

中国版本图书馆 CIP 数据核字（2007）第 200231 号

---

### 人文学人——张岂之教授纪事

| | |
|---|---|
| 主　　编： | 方光华　陈战峰 |
| 出版发行： | 西安出版社 |
| 社　　址： | 西安市长安北路 56 号 |
| 电　　话： | （029）85253740　85234426 |
| 邮政编码： | 710061 |
| 印　　刷： | 西安新华印务公司 |
| 开　　本： | 787mm × 1092mm　　1/16 |
| 印　　张： | 25.75 |
| 字　　数： | 336 千 |
| 版　　次： | 2008 年 1 月第 1 版<br>2008 年 1 月第 1 次印刷 |
| 印　　数： | 1—2000 |
| ISBN 978-7-80712-389-7/K·27 | |
| 定　　价： | 50.00 元 |

△ 本书如有缺页、误装，请寄回别换。

张岂之教授近影

## 2007年"中国思想史学科建设研讨会：中国思想史的回顾与展望"
# 学术活动剪影

研讨会开幕式

研讨会一角

张岂之教授致辞

赵馥洁教授致辞

洪修平教授发言

王子今教授发言

朱汉民教授发言

麻天祥教授发言

研讨会一角

张岂之教授八十华诞暨执教五十六周年庆典

2002年10月在"纪念侯外庐先生百年诞辰学术研讨会"开幕式上
（左起：任继愈、孟昭燕、张岂之）

2002年10月在侯外庐先生铜像落成典礼上合影
（左起：孟昭燕、任继愈、张岂之、方光华）

2002年侯外庐先生部分弟子在西北大学合影

1998年10月张岂之先生(中)在长春吉林大学历史系讲学时访金景芳先生(右一)

重庆南开中学之操场。半个世纪前我来在这个操场上晨读英语，并读人文书籍。半个世纪后重游重庆南开中学，这个操场一点没有变样。人生……

1999年5月在母校重庆南开中学操场前留影并题记

1996年在美国纽约参加学术研讨

1999年4月16日在北京师范大学历史系作《20世纪中国史学》演讲后，与龚书铎教授(左二)、晁福林教授(左四)合影留念

2000年在台北作学术演讲

2002年在国家图书馆作学术报告

在办公室

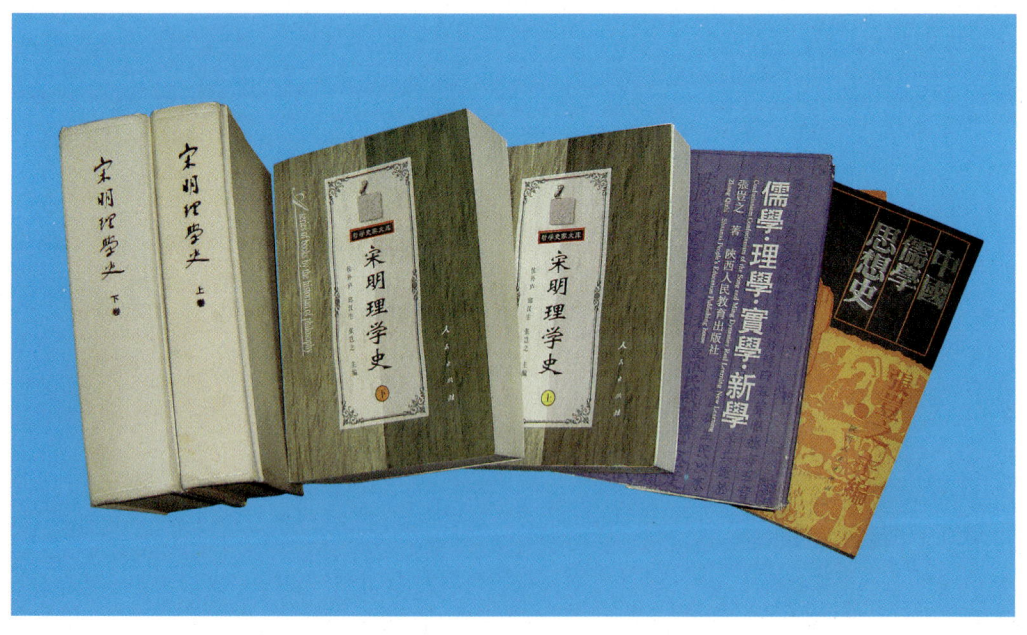

张岂之教授参与及独立编撰、撰著的部分儒学史著作

张岂之教授主编的部分本科、研究生教材及工具书

《中国历史》(六卷)大陆、台湾版书影

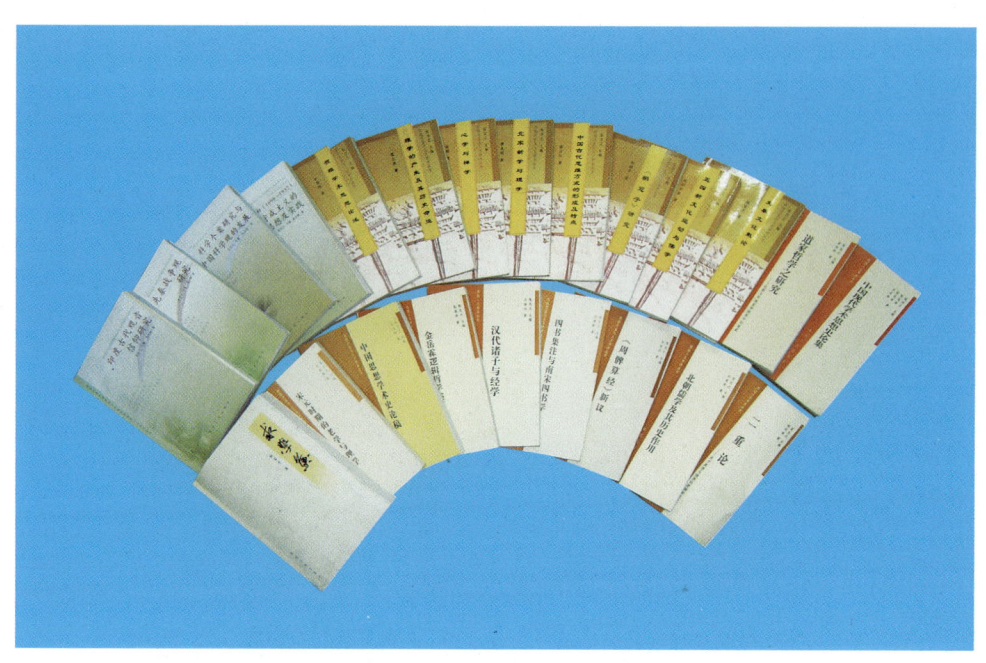

张岂之教授主编的"西部人文丛书"部分书影

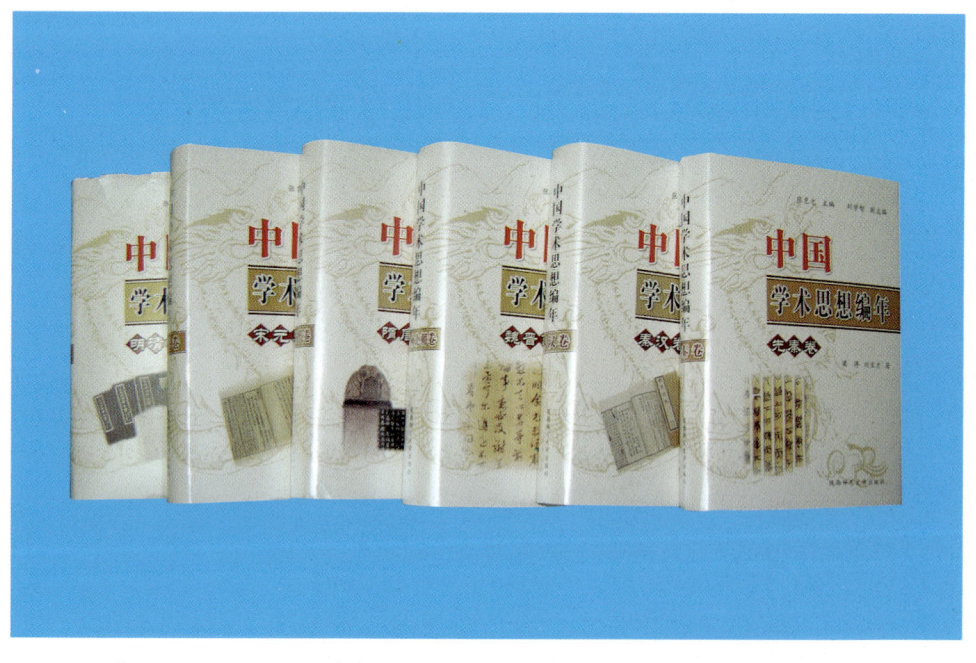

张岂之教授主编、刘学智教授副主编的《中国学术思想编年》（六卷）

张岂之教授主编的《中国思想学说史》(六卷九册)

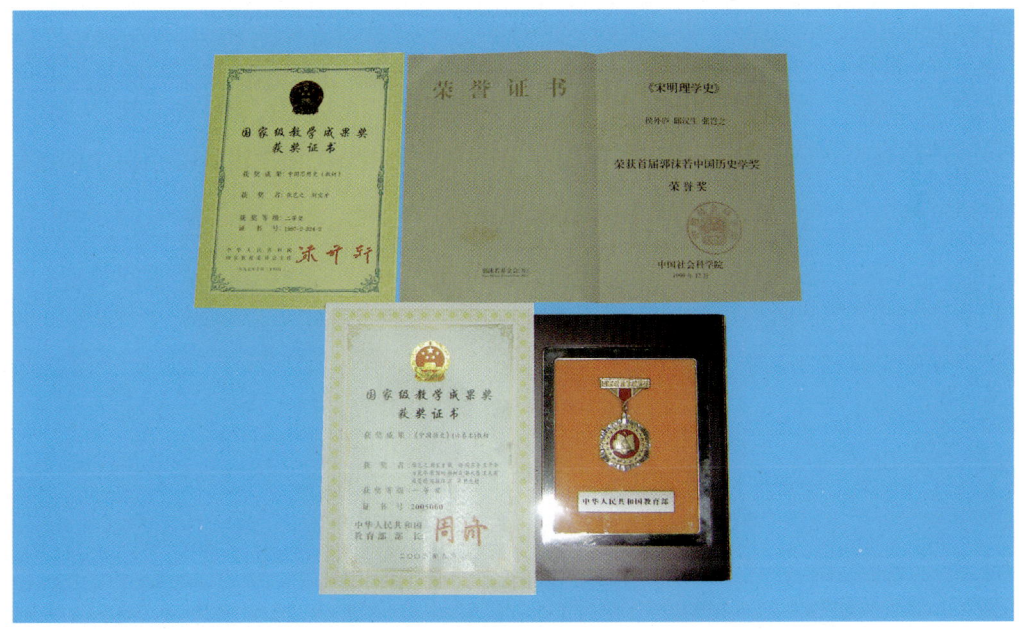

部分获奖证书

# 序

今年是我们的老师张岂之教授八十寿辰。先生毕生从事中国思想史的研究与教学，为中国思想史学科的发展倾注了大量心血。七月中旬，来自全国各地的一百余位学者，在西安就先生最关心的中国思想史研究事业进行回顾总结。大家聚集一堂，畅所欲言，回首学科发展的历程和自己投身于中国思想史研究事业的具体细节，不约而同地发现，很多方面与先生有密切的联系。无论是我们对中国思想史的学习与研究途径的摸索，还是参与的一系列中国思想史重大研究课题，甚至关于学科现代价值的理解，我们都或多或少受惠于先生的指引。像中国思想史这样的学科的发展，看来它不仅仅要依靠研究所或研究基地等科研平台，也不仅仅要有以学位点为核心的人才培养机制，更关键的是要靠学术带头人的凝聚力和实际行动，要靠学术研究群体之间的协作与沟通。

记得有一次师生闲谈，话题涉及目前学术界各种各样的"大师"，我们问先生：如果学生们要给先生一个称号，先生将愿意接受什么样的称号呢？先生笑着说：如果你们认可，我愿意做一位人文学人。人文学人？好像没听说过，大家不禁默然，但沉思片刻，不禁莞尔称叹：人文学人——这是一个多么平实而又多么富有魅力的称号啊！

张先生解释说，他在读中学时就对人文学科有兴趣；上大学，学的是哲学、史学人文学科，后来到大学教书，成为人文学科的教师。先生选择人文学科这条路，有浓厚的兴趣，也有很强的社会责任感。上个世纪九十年代，先生将人文学术研究譬喻为"绿色的春草"。他喜欢清代诗人张维屏的诗句："沧桑易使乾坤老，风月难消千古愁。多

## 序

情唯有是春草,年年新绿满芳洲。""春草"虽然不是参天大树,但人间都需要充满生机的春草。世界如果没有春草,世界岂不是变得十分单调?人的自由全面发展,如果离开了人文学科,那将从何说起呢?

先生在一篇题名《春草》的随笔中有这样的文字:

> 如果将科学技术称之为大树,那么,关于"人"自身的学问,如文学、史学、哲学和艺术可以叫做春草。这并不是我的分类,而是社会的通常看法。不但不可以否定春草,而且应当如实地将她看成是科学技术和经济生活之"体"。道理很浅显:所有的尖端技术,以及由此推动的经济生活,无一不是"人"的创造,而最后必须是为"人"服务的。因此,研究"人"自身的学问,即人文学科;由此引导人们实现自身价值,即所谓"人文精神",亦可视为科学技术和经济生活的本根。

还要提到,先生在《谈学术生命》的短文中,强调人文学人应当珍惜自己的学术生命,努力工作,学术生命并不是由某些外在因素所决定,而是由人文学人自己掌握的。先生在这篇文章中说:"生老病死,从人的生理规律来说是不可抗拒的,任何人都逃脱不了它们的制约。但是一生不离高尚的理想,为真理而孜孜不倦地探求,学术工作者尽可能地保持青春的活力,这在一定的条件下是可以做到的。这不需要服用门类繁多的补脑液,不需要整天躺在床上休息,更不需要饱食终日,无所用心,其秘诀在于:用脑再用脑,学习再学习,提高再提高,思考再思考,简朴再简朴。如果能够做到这些,在一般情况下可以延长学术工作者的学术生命,这才是学术工作者最大的幸福。"有了这样的思路,近些年来,先生的精神更加振奋。由于民族复兴的宏伟前景已经充分展现,这个时候,我国人文学术需要有更大的开拓,提供更好的研究成果，培养更多的人文学人，应当将人文学术放在一个重要的位置上，充分估量它的作用和意义。

正是由于以上的原因，张先生感到最亲切、最自然的一个称号，就是："人文学人。"

在《人文学人——张岂之教授纪事》这本书里所写的都是先生在人文学术研究上的一些事情。既然是"纪事"，就要力求准确无误，自然朴素，不要出现一些与实际情况不符的夸大字眼。我们在编辑过程中，注意到这方面的学风问题。根据张先生的意见，对人文学者写一些"纪事"，其意义已经超出了个人范围，而是要为我国人文学科的繁荣发展做一些切实的工作。至于本书在内容和编辑上还存在哪些不足，敬请读者朋友向我们提出，以便改正。

方光华　陈战峰<br>2007 年 11 月 8 日<br>于西北大学中国思想文化研究所

# 目　　录

序 ……………………………………………… 方光华　陈战峰（1）

## 一、张岂之先生与中国思想史研究

中国思想史范式的继承和超越 ………………………… 赵馥洁（3）

张岂之先生与宋明理学史研究 ………………………… 范立舟（7）

张岂之先生与儒学思想史研究 ………………………… 肖永明（20）

张岂之先生与中国近代史学学术史的研究 …………… 方光华（31）

中国文明史理论的探索
　　——兼谈张岂之教授的中国历史研究 ……………… 江心力（37）

大家风范　良师益友
　　——张岂之先生与宝鸡炎帝·姜炎文化研究侧记 …… 霍彦儒（43）

张岂之先生的中国思想文化史研究……………………陈荣庆（48）

## 二、《中国思想学说史》的编撰和特色

关于六卷本《中国思想学说史》的介绍……………………方光华（61）

从先秦卷略谈《中国思想学说史》的特点………………刘宝才（65）

秦汉思想学说史的新探索

——《中国思想学说史·秦汉卷》简介………………黄留珠（68）

略谈编撰两部思想学术史著作的体会……………………刘学智（72）

关于中国宗教思想研究的几点问题

——兼谈《中国思想学说史·隋唐卷》的编撰体会………洪修平（77）

张岂之先生与《中国思想学说史》的编著……………………肖永明（81）

## 三、张岂之先生教育思想管窥

为了人文的春天

——张岂之先生教育人文观述要……………………谢阳举（91）

张先生指导我学习和研究思想史……………………张茂泽（122）

守正·兼和·日新

——从《张岂之教授与研究生论学书信选》看人文学科博士生的培养

……………………孙学功（138）

## 四、学生心迹掠影

张岂之先生指导我读研究生……………………方光华（149）

读书和教书中的一些体会……………………赵瑞民（157）

听吾师报告感怀……………………………………………………袁　峰（165）

八方弟子绕杏坛……………………………………………………武占江（170）

思想史孕育了我的观念文化意识…………………………………陆建猷（174）

中国思想史学习和研究方法的启迪………………………………赵　旗（180）

九层之台，起于垒土………………………………………………周益锋（187）

深入研究思想史，促进新的思想解放……………………………周溯源（191）

实事求是，谨严扎实

　　——在思想所学习的点滴体会…………………………………陈战峰（196）

春风化雨入心房

　　——谈对张岂之先生博士生教育的几点体会…………………潘俊杰（202）

## 五、中国思想史的学科建设和发展

在"中国思想史学科建设研讨会"上的发言………………………姜广辉（207）

宋明理学与湖湘学派的研究

　　——在"中国思想史学科建设研讨会"上的发言………………朱汉民（210）

学派建设以及思想史研究可能的两个关注点……………………任大援（213）

谈中西思想文化比较的体会

　　——在"中国思想史学科建设研讨会"上的发言………………麻天祥（228）

魏晋玄学的研究进展及问题………………………………………康中乾（231）

略谈佛教思想研究中被忽视的几个领域…………………………李利安（234）

从人口性比例和疾病状况看西域在汉晋时期佛教东渐中的作用

　　………………………………………………………………………高　凯（241）

## 目 录

论慧远对道安的突破和超越…………………………………普 慧（270）

敦煌文献与禅学研究略述……………………………………闵 军（291）

东周伦理形态的转型与演进…………………………………王美凤（297）

孟子"性善论"质疑……………………………………………田正利（308）

儒墨孝道简析…………………………………………………王长坤（317）

论道家政治文化研究视角……………………………………商原李刚（327）

"道法自然"的卓越智慧

——解析《老子》………………………………………周益锋（340）

先秦杂家与黄老道家之关系…………………………………潘俊杰（349）

论中国古代皇权监督的有限性………………………陈春会 李怀祖（356）

《大学》与学术研究之"日新"

——以中国思想史的教学与研究为例…………………查昌国（366）

对中国思想史学科建设的思考………………………………童 强（379）

关于中国思想文化史研究的几点体会与认识………………王继训（382）

以中国思想史促进高校科学教育与人文教育的和谐发展

——从军校的视角看问题………………………………彭国兴（390）

从张岂之先生《〈中国思想史〉序言》反思当代中国思想史的

研究动态…………………………………………………海 波（398）

**编后记**……………………………………………………………编 者（403）

# 一、张岂之先生与中国思想史研究

「中国思想史是中国历史、中国文明史的一个重要组成部分,是理论化的中国社会思想意识的演进史。」

# 中国思想史范式的继承和超越

## 赵馥洁

中国思想史是研究中华民族、中国社会具有理论形态的思想观念的演变历程和发展规律的学科,自 1947 年侯外庐先生等学者撰著的《中国思想通史》第一卷(先秦时期)出版以来,中国思想史的研究已走过了 60 年的学术历程。60 年来,中国思想史领域可谓学者辈出,硕果累累。其研究方法也呈现出多维性、多样化的特征。例如,有社会史方法、经学史方法、学术史方法、民间思想方法等等。尽管诸多方法,各有优长,各具千秋。但是,并非每一种方法都达到了真正的学术范式的水准。在我看来,真正形成成熟学术范式的只有侯外庐先生创立和运用的方法。

侯外庐等诸位先生历时近二十年撰著的五卷六册、260 万言的《中国思想通史》是一部完整、系统的关于中国思想史的里程牌式的学术巨著。这部著作不但开拓了中国思想史研究的新领域,培育了几代研究中国思想史的学者,产生了深远的学术影响,取得了巨大的学术成就。而且更为重要的是,侯外庐先生创立和运用的方法,形成了独特的中国思想史研究范式。其主要特征是:

1. 它形成了几代学人薪火相传的学术共同体,形成了在理论、方法、学风方面个性鲜明的侯外庐学派。而学术共同体的形成是学术范式的首要条件和标志。

2. 它明确提出了自己的学术信念。这就是实事求是地分析思想家的遗产在其时代的意义,批判地发掘其优良的传统;把中华民族数千年精神历程中最美好的东西科学地分辨、选择出来，传递下去。学术信念是范式的价值指向。

3. 它自觉地以历史唯物主义为哲学指导，建立了思想史与社会史相结合、历史与逻辑相统一的方法论。侯外庐说："人类历史的思想发展含存于经济发展。""研究中国思想史，当要以中国社会史为基础。"其运思路径是，以社会史为基础，对社会思潮予以全面考察，作出总体性把握，进而分析各时期的思想与社会史的联系，及其所反映的时代特点。共同的哲学基础是范式的灵魂。

4. 它建构了自己的理论体系。外庐先生提出的亚细亚生产方式论、中国古代社会改良路径论、封建土地国有论、"异端"运动和"异端"思想论、中国文明早熟论、中国早期启蒙思潮论等独创理论，是其分析中国思想史各派思想、各代思想及个案思想的基本理论框架。共同理论体系、理论框架是范式的内容主体。

学术共同体以及这一共同体共有的学术信念、共同的形而上学基础、共通的理论框架正是学术范式形成的基本要素。当前虽然中国思想史有诸多研究方法，也取得了一系列优秀的研究成果。但是全面而充分地具备学术范式要素的，至今还只有侯外庐及其学派。

然而，历史在前进，学术在发展，任何研究范式都应不断调整、完善和更新，以适应学术研究深入发展的需要。可喜的是，作为侯外庐学派重要基地的西北大学中国思想史学科点，几十年来在张岂之先生的带领下，很好地继承和超越了侯外庐学派的中国思想史研究范式，在人才培养和学术研究两个方面都取得了卓越的成就。张岂之先生和他领导的学术群体在继承的基础上对侯外庐中国思想史研究范式的超越，主要表现在以下几个方面：

1. 思想史与文化史的融通；
2. 思想史与学术史的结合；
3. 思想史向多学科的延伸；

4. 思想史中人文精神的弘扬。

这几个方面的超越，是通过在新的历史条件下，汲取时代精神、适应社会需要、遵循学术规律、进行学术创新而实现的。张岂之先生最近这20多年来撰著和主编的一系列创新性的重要学术著作，如《中国思想史》、《中国儒学思想史》、《中国传统文化》、《中国近代史学学术史》、《中国历史》、《中华人文精神》、《中国学术思想编年》、《中国思想学说史》、《中国现代思想史论集》等等。

历史上任何重大的学术创新特别是学术范式的突破，必定有学术大师举旗帜、开风气、作垂范。侯外庐先生中国思想史范式的建构、继承和发展、超越，张岂之先生都贡献巨大、功绩卓著。张先生作为侯外庐学术群体的重要成员之一和侯外庐学派的直接传承者，几十年来尤其是近二十多年来，坚守中国思想史学科基地，竭尽全力更新学术理念、开新学术领域、培养学术新人、编撰学术新著、普及传统文化、弘扬人文精神，取得了重大的学术成就，在学术界、教育界产生了广泛而深远的影响，起到了凝聚、培养学者群体和感召、教育青年学子的积极作用。而且，作为上一届陕西省社联主席、这一届社联名誉主席，张先生为陕西社会科学事业的发展也做出了重大贡献。在祝贺西北大学中国思想史学科点走过55年光辉历程的时候，在展望中国思想史学科发展前景的今天，我们应该大力弘扬张岂之先生的学术精神、学者风范和学术贡献。今年适逢张先生80诞辰，我特意代表陕西省社科联和广大社科工作者，向张岂之先生表示崇高的敬意和美好的祝愿。衷心祝愿张先生健康长寿、精神愉快、万事如意！

研究范式的继承和超越以及重大学术成就的创新，既推进了西北大学中国思想史学科建设的长足发展，又为陕西哲学社会科学的繁荣做出了巨大贡献；既增强和扩展了中国思想史的学科功能，又为中国思想史学科的进一步发展注入了新的活力，开拓了新的道路。我们相信，以张岂之先生为学术领袖的西北大学中国思想史学科点的未来

一定会更加辉煌,我国的中国思想史学科一定会取得更多更好的学术成果!(作者系陕西省社科联主席、西北政法大学教授)

说明:该文是赵馥洁教授在"中国思想史学科建设研讨会:中国思想史的回顾与展望"开幕式上的致词。

# 张岂之先生与宋明理学史研究

## 范立舟

张岂之先生作为当代中国著名的历史学家与教育家，在思想史、哲学史、学术史的诸多领域卓成名家，尤其是在宋明理学史的研究方面，有宏博阐论，其治学之规模气象，成就之精深圆融，的确为后学高山仰止。依西元纪年，2007适遇先生八十华诞，海屋添筹，华堂衍庆，草成此章，以此颂寿，以示悃诚。

### 一

早在20世纪50年代，张先生就在侯外庐先生的率领下，跟随赵纪彬、杜国庠、邱汉生、白寿彝、杨荣国、杨向奎诸前辈学者精心撰著《中国思想通史》。其中之第四卷，分上、下两册，凡80余万字，对宋明思想史有广泛的涉猎。张先生于此用力最多，贡献最大。此著属鸿篇巨制，无庸讳言，从框架到具体观点及论证方式（含文字表述），均带有上一个时代的浓郁的意识形态话语色彩，少数地方甚至超逸出今天学术研究的范畴。但是，此著着眼于思想史与社会史结合的视阈，讨论思想形态的产生与发展，必然与其社会现实及其思想文化之一般趋势密切联系，在着重思想的连续性的前提下，从社会所展现的时代特征入手，进行具体的解析。如果思想是"流"，则社会文化之整体背景便是"源"，惟"流"与"源"之间的互动发展，构成一种思想之完整的社会——历史运动过程。就思想史的研究而言，一项主要任务就是要对这种思想与社会的互动过程作出合乎历史事实的解释，而这种历史的解释又必须以对历史事实的了解，以对思想家的个体经历、其思想的自身结构及其与不同学派之间关系的了解为基本前提。因此，知人以论世，明世以论人，更能从中寻绎出某种深刻的历史意味。这样，注重思想的社会背景，思想史与社会史交互为用的研究，便能够把思想的发展放在当时的文化、学术、社会、政治等情境中求得了解，因而予后学者以既生动又具体的印象。《中国思想通史》（第四卷）资料繁富，议论风生，而在论证过程中，并非就事论事，平铺直叙，而是转进一层，高屋建瓴地注意并引领时代思想的探讨，就宋明理学而言，也是一种深化。我们知道，自清代至现代，对宋明理学之研究代不乏人，但这些研究大多注重思想形态及主要概念本身"生"、"住"、"异"、"灭"之轨迹的推演[①]，对理学发生背景与发展阶段及相关诸流派的关系的论述就较乏卓识与创见，对理学群体的特征和发展及前者与当时社会与文化的互动，尤其是对理学家在合作与冲突过程中逐渐成形的思想与特色的分析就更嫌不足，而这种思想与特色却正是理学得以成立并发展为一个具有更大规模、自我意识、凝聚力的思想群体的必要前提。《中国思想通史》（第四卷）通过精湛、深入和独到的研究，成功地厘清了自公元8世纪至17世纪明朝覆亡长达900余年的中国思想发展的大轮廓，眉目清朗，条理分明，注重思想与环境的互动，抽象的观念与实际的人生融为一体，尤其是理学思想及流派的阐发，自成一家，独具发覆之言。它从中国封建制社会的发展及其由前期向后期转变的特征入手，对土地所有制、阶级关系、等级制度、地租形态、统治集团内部的分野和党争等诸多时代的社会

---

[①] "生"、"住"、"异"、"灭"是梁启超在《清代学术概论》中借佛说一切流转相，例分四期而运用的概念。参见朱维铮校注《梁启超论清学史二种》，复旦大学出版社1985年版，第2页。

与政治问题进行了自成一家的解析,依中国传统思想之演进而展开。文分二十七章,理脉清晰,体大思深,叙述详备,将宋明理学的发展作为重要部分加以论述,解释了宋明理学的历史脉络与文化意义,其文本解读与理论分析,超越了以往理论与思想的成见,以自我的慧眼去观察,从历史文化的语境去寻绎新的诠释,层层递进,从而打通了思想与环境、历史与现实的隔膜,是以马克思主义理论范式研究中国思想史、宋明理学史的著作。

《中国思想通史》(第四卷)从梳理华严宗"理事"说与程朱"理学"的内在关系入手,继而又论证了禅宗的兴起及其对理学的影响,一方面揭示了宋明理学所承袭与借鉴的其他思想资料,另一方面也暗示了宋明理学以后得到充分发展的两大致思路径,立意之高远,思辩之深刻,迥在人上。北宋理学形成之后,理学之哲学思辩、文化价值、现实政论的层次上升到了"鞭辟入里"的层次,此时至明代的理学思想体系,规模宏阔,体大思深,欲作专门之疏解,难度多多。张岂之先生在《中国思想通史》(第四卷)中,却能从人物入手,从知人论世的个案研究中知微见著,从精微、感性的叙述上升为深刻、理性的分析,由认知层面最终归宿为价值评估层面。在学术的广度与深度的把握上显示了自己渊博的知识与丰富的表达能力。在许多地方,发前人未发之覆,颇有创见。如关于关(学)洛(学)学术异同的争辩与解析①,事关理学中两大学派的学风与学术地位的评判,著者从学术史的精微感性的资料叙述着手,伴以深刻、理性的分析,这种疏解,如抽笋剥茧,层进层深,委婉道来,切中肯綮。又如以很大的篇幅阐释的朱(熹)陈(亮)之辩的思想特质与理论意义②,但凡宋明理学的诵习者与研究者,对朱陈之辩均闻其名而未究其详,朱陈之辩充分

---

① 参见《中国思想通史》(第四卷,上册),人民出版社1959年版,第562-570页。
② 参见《中国思想通史》(第四卷,下册),人民出版社1960年版,第719-739页。

体现了理学学派与事功学派之间的分歧，它成为南宋学术史上的重要事件。儒学本身就包含内圣外王，道德修身与政治事功两方面。内圣目的性地指向外王，外王经验性地证明内圣，本来就是不可分割的整体。两宋时期的理学家以儒学正统自居，发展了儒家思孟学派重内圣体验的一面，而对于政治事功则采取了相对轻视的态度，陈亮正是为了矫正这一文化倾向而提倡功利主义的价值标准。时贤所认为的："两人的论辩，其实是两个不同的文化学派在同一的传统文化座标上展开了不同的文化价值取向，沿着'道'的中轴两边对称描出了道德的和功利的两条文化函数曲线，而归到底它们又都可以从传统文化的历史渊源上找到各自的心理时空对位。……两人论战的焦点不在于'道'本身，而在于人怎样才能体道认道？归到底这是一个'我'与'道'的问题，两人作出了道德与功利两种相反的文化心理价值走向的对立回答。"[①]这是一个十分重要的高质量的学术话题，著者对朱陈之辩学术与思想精蕴的阐发，可使我们全面地了解辩论的整体风貌，系统而深刻。再如对明代王廷相、黄绾、吕坤等人的反理学思想以及泰州学派继承者何心隐的政治与社会思想的述论也是非常独到的[②]。在价值体系的形上依据、伦理实践的切实路径、功利成就的根本方法及对社会与政治的批判精神诸多层面，明代的诸多思想家均与传统理学家有不同的关怀与创建，理学由哲理切入，由上而下地展开，而王廷相、何心隐诸人始终以广泛的社会生活为切入点，自下而上地推进。这种分别，绝不仅仅是方法论上的区别，而是决定了王、何等人思想在性质上首先是一种社会的思想而不是哲学的思想。总之，《中国思想通史》（第四卷）以详赡的史料为基石，议论峰起，新见迭出，是中国

---

[①] 束景南：《朱子大传》，福建教育出版社1992年版，第562—563页。
[②] 参见《中国思想通史》（第四卷，下册），人民出版社1960年版，第912—957页，第1003—1030页。

思想史研究的一部重要著作。

## 二

20世纪80年代，宋明理学研究与国运一样，走出了愁惨的历程，重新踏上了平坦的大道。张岂之先生也迎来了学术研究的春天，他与侯外庐、邱汉生先生一道，开始着手编撰迄今为止最为系统、全面、详实的《宋明理学史》。在叙述这项伟大的学术工程的缘起时，张先生这么说：

> 在中国思想史领域里，有不少布满荆棘的荒野，过去由于种种原因，许多课题未被触及。例如，对宋明理学——中国思想史的重要思潮，建国以来思想史、哲学史的研究只选择了其中几位著名的理学家，而且研究的重点也多是放在世界观方面，而对理学本身产生、发展和演变的许多重大课题则缺少研究。许多对理学发展起了重要作用的理学家也被遗忘了，这就影响了从总体上、实质上认识理学。对中国历史上这样一个重要的思潮缺乏研究，无疑是中国思想史研究中的一个不足。①

为了弥补这个不足，侯外庐、邱汉生、张岂之先生联络全国有造诣的专家，将宋明理学史作为长期研究的课题，用多年的时间，终于写就两卷本《宋明理学史》（上册，人民出版社，1984年；下册，人民出版社，1987年）。这部迄今为止最为详赡的宋明理学史研究专著，

---

① 《关于编著〈宋明理学史〉的通信》，载《儒学·理学·实学·新学》，陕西人民教育出版社1994年版，第65—66页。

凡136万余字，取精用弘，体大思深，是中国思想史研究的一个划时代的巨制，汪洋辟阖，纵横肆意，显示出编著者们对宋明社会与文化，宋明理学及相关的佛、道思想发展脉络的深刻理悟以及抽象把握能力和综合创意水平，它完全实现了主编当初的期盼："它是一部与中国思想史有联系又有区别的独立的学术著作，以理学本身作为研究对象，不同于中国思想史、哲学史著作中只叙述个别理学代表人物的思想，而是对理学思想及其发展过程作全面的论述。"①它阐述了理学产生和演变的历史过程，对以哲学化的儒学形态为主，吸取佛学和道教的思辩方法与认识方法的诸多原本为人所关注又未得以深入讨论的学术难题进行了犁庭锄穴式的研究；它阐述了理学发展演变的若干阶段，对理学发展过程中每个阶段的作用作出分析和评价，如对周敦颐、程颢、程颐、张载在北宋理学初创时期的作用，邵雍思想的独特性及其价值，朱熹集理学之大成的作用，陆九渊、王阳明学派的特点及意义均作出了详细的论述，避免了简单化；它阐述了理学与佛学、道教的关系，在充分占有资料的基础上，分析了理学思想体系吸取了哪些佛教与道教的思想资料，如何将佛、道的思想观念融合于自己的体系之中，佛、道的思想学说对理学有什么影响；它阐述了理学各学派间的相互关系。理学各具特色的学派之间的相互诘辩与影响，构成了丰富多彩的理学发展史，它在对每一学派及其代表人物的论述时，总是着重揭示该学派与其他学派在师承、交往和论辩中的关系，以及思想观点的相互渗透，力求总结各学派相互融合的特色；它阐述了理学范畴，探讨了理学范畴的内涵及其相互间的联系与区别，对每一理学家思想学说的重要范畴均加以剖析，尤其对理学体系的重要范畴，如理、气、心、性等的含义及渊源均作出了论述。还有，《宋明理学史》特别注意到中

---

①《关于编著〈宋明理学史〉的通信》，载《儒学·理学·实学·新学》，陕西人民教育出版社1994年版，第66页。

国台湾地区学者和日本学者的宋明理学研究成果。彼时国门重开，禁忌尚多，张先生已有如此之自觉："不但注意吸收本国（不分地区）的研究成果，而且也尽可能地了解国外在某一个具体学科领域里的研究成果，因为只有这样，研究质量才会提高，知彼知己，才能在研究上有所前进。"①如张先生就注意到了中国台湾学者黄彰健《理学的定义、范围及其理论结构》一文关于理学的定义和范围的解析，注意到了吴康在《周濂溪学说研究》一文中提出的心性学说乃是理学思想体系核心的说法。对台湾学者有关理学与书院关系的论证也特别留意。还从钱穆先生的研究成果获得启发，认为应特别重视《易传》、《中庸》与《庄子》三书与理学的关系。张先生80年代初在日本访问期间，留意到理学与禅学的关系这个主题，日本学者下过很深的功夫，张先生以久须本文雄的《宋代儒学的禅思想研究》为例，指出了日本学者的独特贡献，还认为日本学者关于理学与佛学以及禅思想之相互关系，大量地采用对比法，通过两方面材料的铺陈，让读者从中得出应有的结论。张先生进一步指出："这种排比材料的方法，在一定范围内，对说明问题是有帮助的。但是，研究不能停留于此。因为理学家吸取佛学的某些范畴的思维方式，并不是简单的照搬，而是作了改造的，这些问题有待于作进一步的研究。"正是以这种自我的慧眼观照，借取一切学术精华为我所用，又能洞见所短，增修其长的做法，方能以精深之思虑，洞见隐微，识力足破千载之谜，以翔实之资料，迭出之新见，既能入乎内，从微观的层面深探宋明理学诸家各派之说；又能出乎外，从纷繁复杂的思想史发展线索中勾勒理学在宋元明清的演变轨迹，内外互证，显示出一种博大浑厚的气象，进入了一个很高的学术境界，表现出了一种大气，颇得纵横之意。

---

① 《关于编著〈宋明理学史〉的通信》，载《儒学·理学·实学·新学》，陕西人民教育出版社1994年版，第75页。

值得强调的是：张先生为《宋明理学史》（上、下册）做了许多工作，为此，邱先生有特别的说明："你（指张先生）两次来京，完成了《宋明理学史》上卷的定稿工作，这是很重大的贡献。他日书出版，读者将从你的辛勤劳动中得到有益的帮助。为此，我个人对你是十分感激的。"①在《宋明理学史》两卷的后记中，邱汉生先生均特别提到，该卷的定稿工作，"张岂之同志付出了艰巨的劳动"②。邱汉生在下卷的后记中还写道："譬如看山，看到前面有一座山，它际天蟠地，它高耸入云，它林木苍翠，它溪涧峥琮。我们大体对它有些了解。于是我们攀登，拾级而上，攀悬崖，登高峰，升降流连，渡溪涉涧，越过峻坂，倘徉平冈，然后浩然而归。这个时候，我们是确实看过这座山了。对这座山的险夷幽邃，千岩万壑，获得了具体的认识。写下来，乃成为一部《山志》。"③我们说，研读过《宋明理学史》的学人，对理学的产生及其历史命运，对它的回旋起伏，对它的衰颓终结，对它的精粹意蕴，对它的微妙旨趣，即便仍有所不逮，但不远矣。

## 三

张先生是中国思想史研究的大家，在该领域的卓著贡献，一直受到国内外学人的广泛赞誉。同时，张先生也是宋明理学研究的专家，对理学诸多学术专题有独特而又深入的研究。现仅就几个主题发表笔者自己不成熟的看法，挂一漏万或理解肤浅之处，笔者自负其责。

张先生对宋明理学的奠基人程颢、程颐兄弟的思想内涵及价值有

---

① 《关于编著〈宋明理学史〉的通信》，载《儒学·理学·实学·新学》，陕西人民教育出版社1994年版，第77页。
② 《宋明理学史》（上册，人民出版社1984年版，第770页；下册，人民出版社1987年版，第1031页。
③ 《宋明理学史》（下册），人民出版社1987年版，第1031页。

精湛的研究，他认为二程是宋代将经学改造为理学的关键性人物。"中国传统的经学有两次改造，一次是秦汉时期儒学与阴阳学的结合，其大师是董仲舒。再一次是两宋时期儒学与佛学的结合，其代表人物是二程和朱熹。"①作为儒学的一种理论形态的理学，它的形成有多种社会的、政治的因素或条件，但就理学产生的思想发展逻辑来说，有一个支撑点是最重要的，那就是改造、超越经学，疑经变古是宋代经学的基本特色，也是理学产生的思想前提，北宋庆历之际，重新诠释儒家经典的新经学在儒学思想家那里就被作为一项振兴儒学的伟大事业提出来的。但是，"新经学"如何才能通过疑经变古和经学意义上的义理的获得和增加来使儒家伦理精神得到形而上的升华和回应佛、道的挑战？答案是："新经学"疑经变古的理性精神中所蕴涵的理论创造精神及其对儒学觉醒的感受，都有力量将经学家推进一步，使其超越经学，在更广阔的观念背景下，将经学的具体结论提升为涵盖更广、理论内涵更丰富深刻的儒学观念，理学的诞生必须在这里实现对经学的超越。张先生的论文，看重研究了二程兄弟对《周易》与《春秋》学说的发挥与改造，以"理"解《易》，认为观卦爻象即可见"理"，理为体，象为用。又指出，这种发挥与改造，实际上借鉴了佛教华严宗的思辩范式，程颐所说的"体用一源，显微无间"与中国佛教华严宗玄奘、素范的"体用无方，圆融叵测"，法界之"往复无际，动静一源"大体相同。这是借华严解《易》。又将华严的"事理"说概括为"不过曰万理归于一理"，的确，说二程之超越经学，首先就是指他们把经学问题演变为、升越为一般的儒学理论问题，将具有特定学术内容问题，转变为具有一般理论意义或内涵的儒学问题加以论述。其次，"理"之内涵由认知性向本体性的超越是理学脱离经学窠臼的第二种标志。二程"理"的观念在经学的基础上发越、深化，增益了

---

① 《二程怎样将经学改造为理学》，载《儒学·理学·实学·新学》，陕西人民教育出版社1994年版，第79页。

本体性的内涵,程颐将这种"理"表述为"体",形容为"至微",而将万物、万事及其显现在人的认知中的那些共同现象统称之为"象",表述为"用",形容为"至著"。这样,二程"理"的观念具有十分明显的本体性内涵,这是一种可为理性所表述的形而上的存在的观念,不同于能在人的认知中显现的具体事象的观念。理学正是在这里,在对"理"的内涵由认知性向本体性的形而上的升华中,实现了对经学的超越。而理学援佛入儒的手法,深化了儒家的心性学说,所以,融合佛学,是理学得以显世的另一支撑点。

范文澜先生有一种判断:"宋学以《周易》来代替佛教的哲学。"①张先生也认为,二程经学的主干是《周易》之学②。我们知道,二程的理学,其主张无论有怎样的创新,形式上总要依傍儒家经典,从中找出立论的根据,并标榜为儒家正宗。《伊川易传》就是他们训释经义,阐发古圣先贤微言大义以展示自己思想特色的代表之作。二程思想之精髓,即在于借《周易》而发挥圣人之"妙道至言",借阐明《周易》之微言奥义而发挥自己的新思想,这就为北宋思想形态的转型与发展开辟了新的途径。二程理学试图依傍《周易》,建构一个贯穿天人的体系,在此体系中,形上之本体论与形下之人性论相贯通,前者为后者提供存在之依据,使后者成为前者的实际内涵而获得认知性向本体性的升华,"体用一源,显微无间",乃其之谓也。张先生重点探讨了二程对《周易》之解说与发挥中关于"凡事皆有理"这一层逻辑的论述,讨论了二程《易》学思想中"事物转化之理","动中有恒之理","万物莫不有对"之理。注意到二程在社会生活层面对道德规范和传统礼制特点的重视,指出二程《易》学的主旨在于说明等级制度的合理性,"并且要人们通过道德修养法恪守这个等级制度的种种法

---

① 《关于二程的〈易〉学思想及其他》,载《西北大学学报》1981年第2期。
② 《论蕺山学派思想的若干问题》,载《西北大学学报》1980年第4期。

律的和伦理的规定"①。的确，二程所论证的理，是一种纲常彝伦性的精神本体，总是强调"理"之纲常伦理内涵，把现实的一切看成合理的存在，理学将儒家的伦理规范看作是永恒的绝对的最高原则，并以此来为现实社会的等级秩序提供理论辩护。张先生对二程《易》学中有关理学诸论题与范畴，如"德"、"位"、"时"、"天"、"常"、"感"、"诚"、"一"等，均有精湛的论说，多属发蒙振聩之见。

　　张岂之先生的宋明理学史研究善于从小处着手，从大处着眼，在明清之际纷繁复杂的学术思潮中，以刘宗周为主要代表的蕺山学派就十分重要，但前人的研究却一直语焉不详。张先生认为，蕺山学派是理学到实学过渡的理论环节②。就刘宗周的思想渊源问题，张先生的看法是，既受王阳明、许孚远（甘泉学派学者）的影响，又在自然观上接受张载"虚空即气"的观点。后一点历来为学人所忽视。张先生认为，刘宗周有比张载更进一步的地方。第一，他上接宋代叶适，清楚地论述了"道不离器"的观点，比王夫之的道器论还早。第二，刘宗周在自然观上论述了"有"、"无"的辩证观点，"虚"是"有"与"无"的统一。此外，刘宗周在人性论上的思维过程也很值得研究，他不同意理学将人性区分为"义理之性"（又称"天地之性"）和"气质之性"，他力求将这二者统一起来，将"道心"、"人心"融为一体，"实际是用陆、王心学的抽象思辩去反对程、朱理学的抽象思辩"。又以"意"为心之主宰，而他所谓的"意"不是认识论概念，而是伦理学概念，相当于王阳明的"良知"。内心省察的工夫则在于"慎独"。见解深刻，思虑深远，对深化宋明理学史研究很有意义。今天我们已清楚地意识到刘宗周的思想特质与价值，其学"上承濂洛，下贯朱王"，绾濂溪"主静立人极"说、伊川"性即理"说以及朱熹、阳明

---

① 《论蕺山学派思想的若干问题》，载《西北大学学报》1980年第4期。
② 《论蕺山学派思想的若干问题》，载《西北大学学报》1980年第4期。

学说为一体，兼采张载、罗钦顺气学思想，融合锻造，自成新说。其思想特质，大体承袭了阳明心学之精粹，激扬风气，笃信良知，昂然向上的主体道德意识甚为彰显，与阳明学之内在本质甚为契合。在尊信阳明学说的同时，蕺山亦卓然洞见心学尤其是阳明后学猖狂无忌之说与禅儒合流之弊，为收敛身心，使其根底凝定，特创慎独、诚意之说为"致良知"说之补充，以增进克己工夫，强化学问思辩之实事意识，纠直信本心的"痛险绝人"的阳明后学之"偏""病"，使心性之学归于平实，并诱导清代学者转向求实与外王事功，所以张先生又判定刘宗周所代表的蕺山学派是从理学到实学过渡的一个重要环节。

张先生在宋明理学与自然科学领域也有专题深入的研究。先生特别善于总结与提炼宋明理学的精华与效用，强调对宋明理学的精华进行分析、改造，灌注新的时代精神，使之在现代化的进程中发生精神催化剂的作用①。20世纪90年代以来，先生关注学术史的研究②，主编出版了《中国近代史学学术史》、《中国学术思想编年》（六卷），我们衷心地期望今天在荣贺张先生八秩大寿的时候，在不久的将来，仍然在先生的带领下，编撰一部高规模、高质量的《宋明理学学术史》。

## 四

每一件历史事件都是人的产物，而人是有思想的动物。最重要的就是要了解前人的想法，只有了解了历史事实背后的思想，才算是真正了解了历史。而要捕捉前人的思想，又谈何容易，前人不会为后人

---

① 此类的论著大率有：《我国古代"和而不同"的文化观》(《孔子研究》1986年第3期)、《中国古代思想文化精华例举及其效用》(《西北大学学报》1991年第1期)、《关于传统道德与封建礼教》(《史学史研究》1993年第3期)、《儒学·理学·实学·新学》(陕西人民教育出版社1994年版)、《中华人文精神》(西北大学出版社1997年版)等。

② 《张岂之教授访谈录》，载《历史教学问题》1998年第1期。

特意做思想的暗示，况且前人在特定的境况下，有特定的问题，思想史的任务就是去重建它们，惟有想前人之所想才能诠释前人的思想。张岂之先生的宋明理学史研究，着重于这种"重建"的努力，他不仅达到了这个目的，而且在"重建"的同时，也注入了自己的思想。柯林武德曾说："过去的一切都活在史学家的心灵之中，正有如牛顿是活在爱因斯坦之中。"[1]这不是对思想史的附以己意的曲解，而正是思想史魅力之所在。（作者系暨南大学中国文化史籍研究所教授）

---

[1]《历史的观念》，中国社会科学出版社1986年版，第334页。

# 张岂之先生与儒学思想史研究

肖永明

张岂之先生是年高德劭的学术大家。多年来,张先生一直致力于中国思想史研究,在诸多研究领域成就斐然,为中国思想史学科的发展做出了重要的贡献。本文主要谈谈张先生在儒学思想史研究方面的成就与特色。

## 一、"求实":儒学思想史研究的基本原则

在中国思想文化史上,儒学占有重要地位。对于儒学思想的历史地位及进行儒学思想史研究的意义,张先生有充分的、辩证的认识。他谈到,在二千多年漫长的发展演变过程中,历代众多儒家学者、哲人提出了自己的思想学说,儒学思想体系不断完备,理论思维水平不断提高。不仅如此,儒家的伦常价值观念还不断渗透到社会生活的各个方面,深刻影响着人们的思想观念、价值取向、思维方式,其余波至今未已。要了解中国传统文化,就必须对儒学与儒家思想进行深入的研究。

正是基于这一认识,张先生从上个世纪80年代开始就不断呼吁,要求重视儒学思想史研究。他认为,儒学思想体系"其丰富多彩,其理论深刻,其重视言与行的一致,都是古代思想史上绝无仅有的。这些不可能不带有时代的印记,孔子不可能超越其时代。但是,一种思想理论体系的产生,当它近似地反映了客观世界某些方面的规律时,

他就不会因为历史的演进而消失，它必然成为无数相对真理中的绝对真理粒子，成为整个人类的精神财富，永远具有活力。"① "作为历史范畴的儒学思想，对我国古代的思想文化和政治生活产生过巨大的影响。历史上的儒学思想，其中蕴含着中华民族的优良传统，但也有消极的成分。因此，辩证地研究儒学思想的演进，是一件很有意义的工作"。② "要了解中国的国情、中国的文化传统、中国的民族性格，就需要了解、研究长期影响过我国历史文化的儒学思想。"③这种观点，平实、公允，富于辩证色彩，对于儒学思想史研究的发展有重要的指导意义。

为了儒学思想史研究的进一步开展，张先生注意对已有的研究成果进行梳理、总结，反思以往研究成果在研究方法、原则、立场等方面的得失，为今后的研究工作提供借鉴与指导。张先生遗憾地看到，在相当长的一段时期内，由于历史条件的限制以及思维方法的偏颇，学界有关儒学思想史的研究成果不能尽如人意，存在着多种缺陷与不足。在上世纪80年代后期，张先生就谈到"五四"以来的儒学思想史研究的情况："远的不说，仅从中国近代历史看，从1919年'五四'时期算起，儒学和儒家思想作为一个引人注目的研究课题，至今已近70年。难道在这样长的时间里这个课题还没有研究清楚吗？笔者的回答是否定的。以往的研究固然提供出不少有价值的成果，但是不容讳言，过去研究工作还有若干限制，例如有时把这个研究课题看得过于简单，结论下得太快，因而它们经不起时间的考验，逐渐在学术论坛上销声匿迹。如认为儒学和儒学思想毫无价值，只能弃之不顾；如认为它十全十美可以全盘照样搬来。类似这些看法似乎缺少令人信服的

---

① 张岂之:《儒学·理学·实学·新学》，陕西人民教育出版社1994年版，第14页。
② 张岂之:《儒学·理学·实学·新学》，陕西人民教育出版社1994年版，第38页。
③ 张岂之:《儒学·理学·实学·新学》，陕西人民教育出版社1994年版，第51页。

论据。故笔者认为今天深入研究儒学和儒家思想，仍然要强调在求实中前进。"①这种颇具学术洞察力的评判，既是基于对已有研究成果的反思，又包含了对研究方法、原则的探索。张先生所提出的"在求实中前进"的指导原则，对儒学思想史乃至整个中国思想史的研究都有普遍的指导意义。

在上个世纪80年代主流学界过于轻视传统，对传统的批判日趋激烈、甚嚣尘上的具体语境中，张先生对儒学思想的历史地位及儒学研究意义的强调，相当理性而清醒，实属难能可贵。同时，在传统文化研究炙手可热、"国学"成为显学的今天，张先生基于对已有研究成果的反思而提出的"在求实中前进"的研究原则，其价值仍在不断显现。

## 二、"儒学即人学"：对儒学的基本定位

儒学是一个延续时间长达二千多年，影响波及整个东亚，渗透到中国古代社会生活方方面面的思想学术体系，其思想理论的繁杂细密，不同历史时期所涌现出来的众多的人物、学派更令人眼花缭乱。那么，是否可以从中找到一种一以贯之的线索，以此对儒学的特点进行通贯性的把握？

张先生在这方面进行了不懈的努力。他在对儒学的形成与发展演变过程进行细致分析后提出了"儒学即人学"的观点，对儒学加以定位。他认为："孔子以'人'作为理论探讨的中心，在中国思想史上首次系统地论述关于人的价值、人的理想、人的完善、人的道德、人际关系以及人与自然关系等等关于'人'的学说。"②从儒学形成看，儒学即"人学"。

---

① 张岂之：《儒学·理学·实学·新学》，陕西人民教育出版社1994年版，第29页。
② 张岂之：《儒学·理学·实学·新学》，陕西人民教育出版社1994年版，第4页。

对于由孔子所创立的儒家"人学"思想体系,张先生从几个方面进行了阐述:第一,"人学"是关于个人自身修养和人际关系的道德学说,"仁"是"人学"的基本范畴,是个人修养和人际关系应当遵守的道德准则;第二,"人学"是关于人的价值和人的理想的学说,一个有道德修养的君子,必须要有理想,有高尚的精神追求;第三,"人学"是关于人与自然相互关系的学说,儒家强调"制天命而用之",要求认识自然法则,进而利用自然;第四,"人学"是关于人的认识学说。儒家强调认识不能局限于一隅,不能趋向极端,力求把握一定的"度"。这个度就是"中庸"或"中行"。

以"人学"对儒学的内涵加以概括,实际上是对儒学特点的揭示、对儒学内涵的解读与阐释。在这种揭示与解读、阐释背后,隐含着对儒学的价值评判和定位。其指向非常明确,那就是通过解读、阐释使儒学获得新的生命力,成为新的历史时期文化建设的思想资源。我们知道,当代社会的文化建设,如果缺少本土文化资源,缺乏传统文化的依托,就如同空中楼阁。但是,中国传统文化本身是一个十分复杂的系统,包含了多方面、多层次的内容。如何从中国传统文化中提炼出符合新时代文化建设要求的内容,是一项理论与实践意义都相当重大却又相当复杂的工作。在这方面,张先生做出了巨大努力。

儒学作为具体的历史的存在,它总是与具体的历史条件、特定的社会环境相联系,因此,在儒学中有许多内容具有相对性,随着世易时移,有些相对性的内容已经不能适应时代的要求,甚至成为阻碍社会发展进步的因素。历代众多学人也曾对这部分内容进行过批判。然而,应该看到的是,儒家思想又具有绝对性,包含着大量有生命力的理论思维,后人只能在这个基础上前进和发展。如孔子阐述的"和而不同"、"己所不欲,勿施于人"的观点,以及儒家关于"人"的种种阐述,其中所揭示的绝对真理的粒子是不会消失的。那么,如何使儒家思想中的这些绝对性的内容不至于被大量具体的相对性的内容所淹没而在当代文化建设过程中继续发挥其应有的作用？这就需要进行深入细致的研究。一方面需要对传统文化有深入的研究，能够透过种种历史表象，深刻领悟其精神实质；另一方面又需要对现实问题有深刻的了解，对时代脉搏有准确的把握，在此基础上，才有可能对传统文化进行现代的阐释、转换，凸显传统文化的现代价值，使传统文化成为推进现代化发展的精神动力。张先生以"人学"为切入点把握儒学的特点，对儒学进行阐释，使儒学中关于个人自身修养和人际关系的道德学说，关于人的价值和人的理想的学说，关于人与自然相互关系的学说，关于人的认识的学说等得以发掘。这实际上是在纷繁复杂的儒学中理绎出了一种思想内核，为儒学的发展确立了一个精神方向。儒学因此在现代社会仍然充满活力，彰显出自身的现代价值。同时，今天的文化建设也可以因此获得丰富的思想资源与强劲的精神动力。

## 三、对儒学人文精神的揭示

数千年来，中华民族虽然历经风雨沧桑，却生生不息，不断发展壮大，无疑得益于中华人文精神的滋养。儒学作为中国传统文化的主流，非常重视对人的本质、人的修养、人的价值与人的理想、人伦关系及人与自然之间关系等方面的问题探讨，其人文精神非常丰富而颇具特色。张先生以"人学"对儒学的内涵加以定位，一个重要的目的就是要揭示、彰显儒学的人文精神，使之服务于当代文化建设。

张先生从几个方面对儒学的人文精神进行了概括与揭示。

（一）究天人之际。张先生注意到，"中国文明的起源和发展与农耕结有不解之缘。在农耕实践中需要研究天与人的关系，在社会人事范围也要讨论'天时'、'地利'与'人和'的相辅相成的关系"，"由此形成了中国人文文化中关于'天人之学'的艰苦探索精神"[①]，这是

---

[①] 张岂之：《中华人文精神》（增订版），陕西人民出版社2007年版，第75页。

中华人文精神的重要内容。张先生谈到，儒学"人学"以人作为研究的核心，对天与人的关系问题的探讨也十分重视。历代儒家学者在这一问题上提出了许多有价值的见解。一方面，战国时期孟子等儒家学者就将人性与"天"相联系，提出了"尽其心者，知其性也。知其性，则知天矣"①的命题，阐述了天人关系的哲学，把"天"作为人性道德之源。此后这种"天人合一"的思路成为历代儒家天人观的主流；另一方面，战国末期的大儒荀子则提出了"明于天人之分"②的命题，强调人作为认识主体的主体意识。唐代儒家学者刘禹锡更在此基础之上提出了"交相胜"、"还相用"的思想，强调人与天的相互作用、相互影响。儒家在对天人关系进行探究时所提出的"天人合一"的思想和"天人相分"的理论，反映了古代哲人对人认识的深化，是对人的地位、作用以及人的价值的肯定与强调。在张先生看来，这两者"都是天人之学的构成部分，都有贡献"③。

（二）厚德载物。中国是文明古国，素称礼仪之邦，中国古代思想家对伦理道德问题有颇为深入全面的探讨。儒家将人伦日用之事作为其致思的重点，对于人伦道德问题尤为关注。历代儒家思想家在不同历史时期都提出了关于道德学说的理论及种种道德规范。在张先生看来，这些道德理论及关于道德规范的论述，是注重人格养成的道德人文精神，这是中华人文精神中"既有理论深度又有实践价值的部分"④。

张先生从"文野之分"、"文质彬彬"的理论及以"仁"为核心的道德规范体系方面对儒家的道德人文精神进行了阐述。他认为，荀子强调"不敬文，谓之野"⑤，明确提出了"文野之分"的理论。这种理

---

① 《孟子·尽心上》
② 《荀子·天论》
③ 张岂之：《中华人文精神》（增订版），陕西人民出版社2007年版，第75页。
④ 张岂之：《中华人文精神》（增订版），陕西人民出版社2007年版，第121页。
⑤ 《荀子·礼论》

论在古代是与人禽之辨联系在一起的,是对人的本质的探讨,其目的在于反对野蛮而倡导文明,强调道德;孔子认为"质胜文则野,文胜质则史。文质彬彬,然后君子"①,主张不仅要遵守道德准则和礼仪规范,内心一定要有高尚的道德情操,把文采与质朴、形式与内容、外与内、行为与思想统一起来,成为有道德修养的君子。这一理论已经触及到了伦理道德学说中的一个重要问题,即人的内心活动、思想、情感、意志与行为的关系问题。"文质彬彬"的主张包含着辩证思维,可以作为我们的借鉴;在文野之分和文质统一理论的基础上,儒家建立了以"仁"为核心,包含仁、义、礼、智、信、忠、孝等众多德目和讲求民族气节、尊师敬老、救济鳏寡孤独、移风易俗等具体美德要求的道德规范体系,我们今天应该继承并发扬其优良传统。②

(三)和而不同。早在西周末年,史伯就提出了"和实生物,同则不继"③的命题。到春秋时期,孔子进一步丰富了"和"与"同"的概念,认为"君子和而不同,小人同而不和"④。明确提出了"和而不同"的思想,主张以"和"为准则,听取不同声音,独立思考,加以判断,从多样性的统一中去看事物。张先生对"和而不同"的精神十分推崇,认为"和而不同"是中华人文精神的优良传统,具有重要的理论意义,其实质"是辩证的和谐观,既要承认矛盾,又要承认统一"⑤。

张先生指出,在"和而不同"精神的影响下,中国古代的灿烂文化不仅是国内各个民族文化的综合和融合,而且也是吸收并消化外来文化的结果。就儒学思想本身发展的情况看,"和而不同"的精神也是一以贯之的。在春秋战国时期,儒家就是依据这种观点处理它与道

---

①《论语·雍也》
②张岂之:《儒学·理学·实学·新学》,陕西人民教育出版社1994年版,第15—21页。
③《国语·郑语》
④《论语·子路》
⑤张岂之:《中华人文精神》(增订版),陕西人民出版社2007年版,第131页。

家学派的矛盾,从而消化吸收了道家的理论成果。后来在魏晋南北朝时期,儒家一方面与佛教、道教展开理论争辩,另一方面又不断丰富和改造原有的理论体系,最终创立了宋明新儒学。"可以说,在'和而不同'的基础上的融合和贯通,是儒学思想发展的一个鲜明特征。"①

张先生还特别强调,在当今世界的文化、文明冲突问题不断严重的情况下,应当提倡儒家"和而不同"的文化观念。美国学者福山提出"历史终结论",认为西方意识形态是人类历史的"终极本质",是最后真理,最终世界上所有的文化必然朝着这个方向,达到"普遍同质";而亨廷顿在《文明的冲突》一文中认为,冷战以后,不同文明之间的冲突将成为世界冲突的根源,应该以西方文明来引导世界文明的走向。这两种观点,在当今西方世界颇有市场,在种种国际关系问题的处理上也时有体现。究其本质,则在于希望全世界各民族、各国家的文化与文明都在西方文化文明的基础上达到"同一"。显然,这是对非西方文化文明的排斥,如果将这种思维运用于国际事务的处理,必然会给全世界带来更多的纷争与混乱。实际上,只有在多样性基础上的统一,才能促进世界的和谐安宁,才能推动世界的发展与繁荣。从这一意义上说,"和而不同"的精神,是中华民族贡献给当今世界的宝贵的思想资源。张先生对"和而不同"精神的揭示与倡扬,其现实意义必将日益显现。

(四)经世致用。对儒家乃至整个中国思想文化史上各个学派而言,经世致用都是对于学者的基本要求,学者为学修身,都必须归结到经世致用上来。儒家"治国平天下"的理想影响了一代又一代的学者,他们以天下为己任,以强烈历史使命感与社会责任感致力于挽救国家民族危亡,推动社会的进步与发展。张先生将经世致用作为儒学人文精神的主要内容,并对其精神内涵进行了阐述。张先生认为,"经世致用"不仅是学术思想的方法和学风,它含有非常丰富的精神内涵。

---

① 张岂之:《中华人文精神》(增订版),陕西人民出版社2007年版,第131页。

首先，它是将国家和民族与个人融合在一起的高尚情操，这在古代农业社会，表现为民族气节和操守，以此维护中华民族的尊严，反对压迫、掠夺和侵扰。其次，"经世致用"又表现为"先天下之忧而忧，后天下之乐而乐"的博大胸怀。此外，"经世致用"是不畏强暴的求实精神。张先生认为，"经世致用"的人文精神，"它的精髓是密切结合社会的实际，去探讨学问的具体应用"[①]。这些看法，对于我们今天的学风建设，尤具指导意义。

## 四、对儒学思想历史演变过程及特点的研究

对儒学的定位及对儒学人文精神的挖掘，离不开对儒学思想历史演变过程及特点的研究。在这方面，张先生付出了巨大的努力，做了大量细致的工作，提出了不少有价值的观点。

张先生追溯了儒学产生的时代背景，分析了儒家人学产生的原因，梳理了先秦时期儒家人学从孔子到孟子、荀子的思想脉络，对孔、孟、荀在儒家人学发展过程中的贡献予以高度评价。

关于汉代儒学，张先生认为，由于西汉初期儒学被定于一尊，汉代儒学成为一种丧失了早期儒学中孔子"人学"思想特色的统治哲学。这种神化了的儒学失去了早期儒学生动活泼的理论思维，成为后来封建礼教的发端。当然，在政治学领域，董仲舒的大一统思想却有利于封建国家的巩固，而且适应于历史发展的潮流。同时，到西汉时期，儒学的"人格"观念逐渐演化为明确的"国格"观念。

东汉儒学则从两个途径吸取了早期儒家的人学的优秀理论思维：一个途径是"和而不同"地融合百家之学的精神，以王充为代表；另一个途径就是自然科学的发展，以张衡为代表。不能笼统地说儒学阻碍自然科学的发展，儒家的理性主义对古代自然科学的发展是有推动

---

[①] 张岂之：《中华人文精神》(增订版)，陕西人民出版社2007年版，第166—180页。

作用的。

关于魏晋南北朝时期的儒学，张先生认为，当时儒学发展遇到了新的理论问题，儒学所维护的名教礼法怎样才能继续存在下去？名教礼法怎样才能减轻它们的精神压迫而让人们有一些自由发展的主动性？这些都是有意义的理论问题。当时儒学演变中的一个值得注意的现象是儒学的理性主义在数学、化学、医药、农业、地理学等方面与自然科学相结合，从而加深了人们对自然的认识，而在儒学思想影响下，自然科学研究的目的，也被明确地宣称为"匡时济世"。

关于唐代儒学，张先生指出了三个趋向：第一，在唐代"三教"并立的情况下，一些思想家想重新恢复儒学的正宗地位，在排斥佛、道的同时，或明或暗地吸取了佛学思辨哲学的若干方面，特别是佛学的思辨方法。其次，早期儒学与"人"的观念相联系的重民、爱民思想在唐代有所发展。杜甫、白居易等杰出诗人大都受到儒家思想影响。第三，唐代儒学的另一个特征，就是它与自然科学的结合。儒学"和而不同"的思想促进了中外文化的交流，推动了唐代科学文化的发展。

关于宋明理学，张先生除了先后撰著论文进行专题讨论外，还与侯外庐、邱汉生先生主编了《宋明理学史》，在上世纪80年代出版。张先生指出，理学是在三教融合渗透的基础上孕育、发展起来的。理学的出现表明儒家经学笺注的没落，需要有新的学术思想。理学主要探讨"性与天道"的哲学问题，而旁及文化的各个方面。张先生注意到，理学有其二重性。"有些著名的理学家当他们离开关于'天理'的说教，而论述治学问题的时候，他们发展了早期儒学重视人的独立思考、兼综百家和重视文化遗产研究的传统。"①

张先生在对历代儒学发展演变过程与特点进行把握时，特别关注历代儒学与自然科学发展关系的问题，注意阐述儒学中的理性主义，强调儒学中的独断主义给科技发展以消极影响，但儒学中的理性主义

---

① 张岂之：《儒学·理学·实学·新学》，陕西人民教育出版社1994年版，第48页。

对自然科学的发展起到了促进作用,对儒学的作用不能一概而论。张先生的这一研究,在很大程度上是为了回应当时学界出现的将儒学与自然科学视为互相对立,认为必须摆脱儒学思想束缚才能发展现代科技的观点。这一研究是张先生"求实"的治学原则的体现,从中也可以感受到张先生着眼于弘扬儒学思想现代价值的基本立场与良苦用心。(作者系湖南大学岳麓书院教授)

# 张岂之先生与中国近代史学学术史的研究

## 方光华

1990年,张岂之先生主持申报的"中国近代学术史"获得国家哲学社会科学基金资助,我有幸作为课题组的成员之一,参加了该项目的研究,并在张岂之先生的指导下从史学学术史的角度对近代学术的基本问题做了初步探讨。

关于中国近代学术史的研究,在鸦片战争以前有江藩的《国朝(清朝)汉学师承记》、《国朝宋学渊源记》,晚清和民国又有梁启超《清代学术概论》和钱穆《中国近三百年学术史》。我们所做的《中国近代史学学术史》试图在前人研究成果的基础上,对近代学术演变及其所取得成果进行更加具体、更加清晰的探索。

学术史必须兼顾三个方面:一是对于学术理论和方法应有所阐释,二是对于运用学术理论与方法所取得的成果应有具体分析,三是应揭示学术发展的前后继承关系。显然,它与思想史、政治史不同。思想史、政治史所关注的问题以及某些结论可能会影响学术的研究,但学术研究总是以相对独立的方式体现学者的思想观点,或者可以说,学术也是一种独立的探索历史与现实、自然与人类社会的方式。对于学术史的概念,张岂之先生在本书前言中作了详细的论述。

《中国近代史学学术史》试图以史学学术史为核心,系统梳理中国学术由传统向现代学术过渡的具体过程,研究在这一转变过程中所出现的代表性学术流派及其特点,分析近代史学研究所取得的重要成果,总结近代学术史演变的经验和教训。

《中国近代史学学术史》共分四编,第一编"中国近代史学哲学",下分"古代史学哲学的形成历程及其特色"、"明清之际史学哲学的新发展与近代史学哲学的发轫"、"鸦片战争前至戊戌时期的史学哲学"、"新史学哲学的初步提出"、"新史学哲学的三种不同体系"五章,对近代关于史学的哲学反思作了比较深入的分析。本编认为中国传统史学与传统哲学密切联系,史学从一个独特的角度探讨了传统史学(主要是经学)所研究的问题。因而中国近代史学哲学反思是通过晚清经学自身的反思而逐渐实现的。中国20世纪初年之所以形成本土文化主体论、自由主义和马克思主义三种典型的史学哲学流派,一个根本原因就是当时史家对传统经学的认识存在差异,对中国传统文化在中国现代社会中的地位的认识存在差异。

本编认为:中国古代史学哲学基础是经学。儒家经学关于人类社会发展的认识以及理想生存方式的论述直接影响了史学的历史观和史学标准,经学关于人类社会的思维方式影响了史学的思维方式及其表述形式。传统史学的上述特点决定了它的近代转化只有在经学发生变异的前提下才有可能发生质的变化。晚清今文经学表面上标榜回归西汉、回归孔孟,实质上是"以复古去求解放",他们所发掘的真孔孟和真经学并非孔孟及经学传统,它导致经学地位的动摇,促使人们以新的眼光来思考学术的本质。本编进而分析了20世纪初中国史学革命思潮,并以梁启超和章太炎为个案,研究了学术史家在史学革命思潮中的差异。指出虽然新史学在以国民本位改变帝王本位、以历史变迁改变历史循环、以史实诠释改变历史描述方面有共同的追求,但对于如何具体建设以国民本位、历史变迁为框架、以史实诠释为方法的新史学则存在不同认识。这表明对传统史学的批评和对新史学的建设都不是一蹴而就的,它涉及到对传统文化的估价和对中国文化发展方向的认识。20世纪20-40年代所出现的三大史学哲学流派，其中王国维、陈寅恪、汤用彤、陈垣、柳诒徵主张积极发展传统学术精神，弘扬传统学术方法，试图把传统史学的伦理主体改造为科学与道德相统一的史学主体，对新史学的发展方向提出了独特的认识。胡适、傅斯年则主张用科学精神（主要是逻辑实证主义）来改造传统史学，认为新史学应该以"个性"和"科学性"为主要价值目标，对于新史学的发展也提出了独特的预测。郭沫若、侯外庐则主张以马克思主义唯物史观来改造传统史学，建设既不同于传统史学又不同于西方史学的新史学，也提出了新史学的另外的发展可能。上述三种史学流派是中国近代史学极为宝贵的传统，中国史学势必从总结它们之间的异同而谋求进一步的发展。

第二编为"中国近代史学方法"。下分"古代史学方法的内容和特点"、"清前期史学方法的进步与近代史学方法的开端"、"戊戌前期史学方法概论"、"20世纪初新史学方法的初步实践"、"新史学方法的三种不同类型"五章。本编认为中国古代史学方法与中国古代哲学思维方式存在相通之处。对古代哲学思维方式的反思主要通过乾嘉朴学的实证思维和西方学术的传播逐渐展开。对于用哪种西方学术方法来改造传统学术方法认识有别，对于史学学术方法的发展方向预计也有差别。20世纪20年代至40年代，在中国就存在本土文化主体论者、自由主义者和马克思主义者三种不同的史学方法体系。

本编认为：以经学为基础的传统史学方法有三大特点：一是它特别重视史德，要求史学研究与人的品格相统一，史学研究并非与研究者漠然无关的研究活动；二是它不把极其复杂的因果关系简单化，宁愿承认它是普遍无限的发展过程；三是它重视体例与研究者观点的统一。促成这种史学方法的变革因素主要有三个方面：一是对于史学研究者所具备的社会责任和伦理责任的认识；二是关于复杂的因果关系的实证化追求；三是史学体例的科学化。本编分析了明清之际乃至戊戌变法前后上述三种因素的发展。指出明清之际王夫之、顾炎武、黄宗羲等关于史学研究者的社会责任乃至文化责任的论述，由于近代民族危机的激化而得到了进一步的丰富，乾嘉朴学所发展出来的史学实证化因素也得到了继承和发展。章学诚关于史学体例的独创性与科学性的论述也不断得到回应。20世纪初年的新史学思潮终于提出了史德民主化科学化、史学哲理化、史例个性化等史学方法革新的主张，它标志着传统叙事型、考据型史学向研究型、诠释型史学的过渡。但正如对史学的哲学认识一样，对于传统史学方法的认识与新史学方法的建设也非一朝一夕之功。本编同样以梁启超与章太炎为个案分析了新史学方法建设者如何在面对传统史学方法和西方学术方法方面所产生的徘徊和疑惑。最后指出新史学形成的三种史学方法体系，其中王国维、陈寅恪、汤用彤、陈垣、柳诒徵强调在传统史学方法基础上结合近代西方学术方法发展新史学方法；胡适、傅斯年主张彻底的科学化，全面改造传统史学方法；郭沫若、侯外庐等主张用马克思主义史学方法建设新史学，都是在如何面对传统史学方法和西方学术方法问题上所形成的不同理解，各有其独到之处。

第三编为"中国近代史学成果"，下分五章，第一章"古代史学研究的内容和特点"，第二章"近代对于中国古代史的研究"，第三章"近代对于中国'当代史'的研究"，第四章"近代对于外国历史的研究"，第五章"近代对于边疆史地的研究"。本编主要介绍中国近代史学所关注的具体学术问题，重在说明中国学术问题研究的成果及其前后的递进关系，从一个侧面揭示不同学术流派研究学术问题的不同特点以及它们之间的相互影响。

本编在简略概括传统史学研究的内容与成果之后，对于近代史学研究的三个阶段及其特点作了提示性分析，进而具体分析了近代关于先秦史、秦汉史、魏晋至宋的历史、元明史、清史以及外国史在研究中所出现的代表性成果，揭示出近代史学关于历史研究的深入状况。

如关于先秦史的研究，本编考察了早期的史料辨伪和辑佚以及史籍的集注、校勘状况，分析了今文经学家关于早期儒学典籍的研究与古文经学家刘师培对于《左传》的研究及其对于今文经学家的批评。特别研究了王国维关于殷周历史变革的认识及其对郭沫若、侯外庐的影响，分析章太炎、刘师培、胡适、梁启超、郭沫若、侯外庐关于先秦学术思想的研究成果。又如关于魏晋南北朝隋唐历史与思想的研究，本编考察了陈寅恪《隋唐制度渊源略论稿》、《唐代政治史述论稿》、《元白诗笺证稿》等重要著作对南北朝隋唐历史与文化研究及其对侯外庐的影响，并对汤用彤关于汉魏两晋南北朝隋唐时期的玄学和佛学的研究成果进行了梳理。本编认为近代史学研究使中外历史和文化的基本线索得到了前所未有的揭示，更加难能可贵的是这些史学问题的解决是与研究者对于史学的哲学认识和方法论认识相统一的，是史学哲学与史学方法的具体运用。

第四编为"中国近代考古学史"。重点介绍中国近代考古学的演变历史，对前三编内容进行补充论述。考古学是近代才兴起的一门新学科，但它与中国古代金石学等也有直接的渊源关系。本编重点探讨中国近代考古学的形成和成果。

该课题基本上实现了预期目的。通过近五年的具体研究，近代学术发展的线索及其取得的具体成果都比以前更加清晰地呈现在读者面前，对促成近代学术转变的根本原因，也有了更加准确的认识。它的完成也有利于对目前中国史学研究的特点和发展前景作出比较客观、公正的判断。

该课题也有一些值得进一步深入研究的地方。比如对中国近代史学方法的研究，尚未能准确揭示乾嘉朴学研究方法对传统哲学思维方式所产生的影响，乾嘉朴学研究方法具有生命力的深层原因何在、它与西方学术方法有何异同，还需要深入加以研究。又如本课题原设有专编，讨论"西学与中国近代史学"，但后来将这部分内容置于第一、二编，如果在这一方面再做一些专题研究，有可能将近代某些学术问题进一步引向深入。

《中国近代史学学术史》出版之后不久，即为《光明日报》所报导（见肖谢《中国近代史学学术史的特色》1997年3月15日）。此后《历史研究》1997年第6期发表有罗福惠教授的长篇评论《张岂之主编〈中国近代史学学术史〉》，该评论认为《中国近代史学学术史》的史学哲学和史学方法部分对于传统史学"哲学基础和方法论基础是经学"的判断是科学的，从晚清经学的演变去反思史学哲学认识的进步及其过程尤其符合近代史发展的实质。对于梁启超、章太炎关于传统史学精神与新史学的哲学的分析确实有助于全面理解新史学建设的复杂性。对于新史学体系的三种派别的划分具有启示意义。该书的史学成果部分，特别是对于刘师培的《左传》研究和王国维、郭沫若、侯外庐的先秦历史与文化的研究，陈寅恪、汤用彤的魏晋隋唐史研究的评述是准确的。总之，"该书以实事求是的态度和科学精神，不仅正确地给中国近代史学学术的演变过程做了总结，无疑也会对今后史学繁荣和发展起推动作用"。但同时该评论也提出了一些商榷的问题，如将古代史学的核心概念概括为道德和理性精神是否恰当，关于史学成果的评述尚有遗漏等等，提议作者加以补充完善。1998年《文学遗产》第1期发表董乃斌研究员《关于"学术史"的纵横考察》，该文从学术史编纂体例的角度对历代学术史著作进行评析，其中有专节论述《中国近代史学学术史》。作者认为该书最独到的创造，是用"史学哲学"、"史学方法"、"史学成果"来勾勒学术史，反映撰者驾驭学术问题的理论思维能力，并认为这种体例将代表学术史研究的方向。

（作者系西北大学中国思想文化研究所教授）

# 中国文明史理论的探索

## ——兼谈张岂之教授的中国历史研究

### 江心力

20世纪90年代以来,张岂之先生先后出版了他所主编的《中国传统文化》、《中国近代史学学术史》、《中国历史》(六卷本)和《中国历史十五讲》等,贯穿这几部著作的一个共同的指导思想,是探索如何运用文明理论来阐述中国历史走过的道路,做到文明的普遍原理与中国历史实际相结合。先生在《中国历史十五讲》的序中说:"我想可以这样表述:通过历史看文明的价值;通过文明史看历史的演进。一部中国历史实际是一部中国文明史。具体来说,这是中国物质文明、精神文明、政治文明、制度文明的演进历史。我们想在这本书中贯穿这样的中心思想,是否已经做到或者已做到几分,这是要请读者朋友们来回答和评判的。"先生为此付出了艰巨的劳动,我深深感受到这些话具有的分量。这些著作出版后,大多不断再版,如此受到读者的欢迎,说明张先生和他的合作者以严谨的态度、精炼而易懂的文字写成的著作,适合读者的需要;同时也说明了著者为探索中国历史发展道路的努力,获得了读者的肯定。

## 一、一部中国历史实际是一部中国文明史

中国通史,自远古至今,包括那么漫长的年代,那么多的朝代、

事件、人物、制度和问题，把它们融会贯通起来是相当困难的，张先生用中国文明的进程把历史统一起来，认为一部中国历史是一部中国文明史。在通史编撰上，这种做法很有创造性。

对历史的理解，马克思主义者特别注重了它的客观性特征。恩格斯曾经说："根据唯物主义的观点，历史中的决定因素，归根结蒂是直接生活的生产和再生产。但是生产本身又有两种，一方面是生活资料，即食物、衣服、住房以及为此所必需的工具的生产，另一方面是人类自身的生产，即种的繁衍。"把生产活动作为历史的主要内容。现代英国史学家爱德华·卡尔在《历史是什么？》一书中指出：历史这个词具有双重意义，一是指"历史学家所进行的探究，一是指他所探究的过去的事实"。明确地把客观存在的历史联系和人们对于历史的主客认知区分开来。

在中国，司马迁以"究天人之际，通古今之变，成一家之言"把客观的历史和主观的史学认知统一起来；马克思主义史学家李大钊在《史学要论》中说："历史这样东西，是人类生活的行程，是人类生活的延续，是人类生活的变迁，是人类生活的传演。"用人类生活这条主线将历史和史学贯通起来。张先生既注意了客观存在的历史联系和人们对于历史的主观认知的区别，在《中国历史》（六卷本）总序中提出"介绍中国历史的基本面貌和发展过程"，目的在于突出历史的客观特征，同时又提出"介绍中国历史上关于国家行政制度、社会管理、经济管理、文化政策和社会生活等方面的情况，揭示中国历史的发展趋势与中国文化的基本内容"，从而强调了史学主观认知的特征。更为重要的是，把二者在理解中国社会的特点、吸取历史的经验、进行爱国主义教育的基础上统一了起来。

## 二、通过历史看文明的价值，通过文明看历史的演进

从世界范围内看，人类的古文明有埃及和两河流域古文明、印度

古文明、中国古文明、古希腊文明等各种不同的类型,价值各有不同。考察中国文明的历史价值必须有世界的眼光。张岂之先生在《中国历史十五讲》第一讲中说:"中国是历史悠久的文明古国之一。中国和世界其他文明体系比较,数千年来,历史记载最完整,历史遗存最丰富,历史传承关系也最为明显。"

中国古文明和世界其他文明相比较,有许多的共同点,《中国历史·先秦卷》的前言对此进行了总结,认为中国古文明是中国人类社会独立发展的结果,经历了夏、商、周三代的发展以及春秋战国的演变,最后建立了统一的秦王朝,从早期的分散国家走向统一帝国,中国古文明发源于适合农业发展的黄河、长江流域,和其他古文明也发源于大河流域并无二致。

和其他古文明相比较,中国古文明的特点是由于中国古文明的地理舞台——东亚大陆——自成一个独立的单元。它被浩瀚的太平洋,瘴疠丛生的热带雨林、高峻无比的喜马拉雅山和冰川广布的帕米尔高原,从东、南、西三面包围,形成与外界隔离的天然屏障,护卫中国古文明的发展,使之不受外来的侵扰。只有北面的古代游牧部落常常威胁中原地区,但由于中原经济文化处于优势,中国古文明始终没有被打断,发展过程表现出突出的连续性和一系列特点。

现在有学者认为古希腊只是人类古文明中的一个特例,中国古文明在人类古文明中更具有普遍意义。张岂之先生继承侯外庐学派的传统,结合中国古代社会的特点讨论中国古文明在世界文明史上的价值地位。关于中国古代社会的特点,《中国历史·先秦卷》前言进行了总结,认为在文明起源时期,氏族组织被保留下来,这种状况一直延续到战国中期才发生变化。从社会组织的侧面看,中国古代社会的历史可以说是氏族组织从演变到消亡的过程。依照性质来说,中国古代国家特别是周代的封国,称为宗族国家比称为"城市国家"更为恰当。另外,私有财产的发展是古代社会不可改变的发展趋势,但在中国古代社会里朝这个方向的发展是极缓慢的,以个人财富取得社会地位的国民阶级经过漫长的道路才逐渐形成,而且始终没有达到充分壮大的程度。

通过文明看历史的演进则重点表现在中国文明的起源与中华民族文化的进步紧密相连。张岂之先生在《光明日报》发表《文明起源与炎黄时代》一文中指出,炎黄文化是我国文化的源头。从历史学观点看,炎帝族和黄帝族是史前两个关系密切的大氏族部落,他们对后来中华民族的生衍发展有很大影响。在中华文明发展史上,先秦时期特别是春秋战国时期的先进文化包含丰富的内涵,已经形成大体完整的系统,可以称之为"原创性文化"。具体来说,黄河流域的粟作农业成为春秋战国时期齐鲁文化(即儒家文化)的物质基础。长江流域的稻作文化成为楚文化(即道家文化)的物质基础。儒家的原创性文化厚重、扎实,提高了人的道德价值。道家的原创性文化飘逸、清俊,提高了人的审美价值。两河(黄河、长江)是中国的两条母亲河,由她们哺育出的两个体系的原创性文化构成中华民族传统文化的主流。

## 三、从中国传统文化看中华民族丰富多彩的文明

中国文明的内容是丰富的,表现形式也是多种多样,如何理解和把握,张先生为我们提供了一个独特的视角。他在《中国传统文化》的绪论中认为"从中国传统文化看出,中华民族用自己勤劳智慧创造了悠久的绵延不断的历史和丰富多彩的文明"。

首先从中国传统文化的"人文"精神看中华民族的制度文明。张岂之先生认为传统文化中包含有社会制度,即所谓制度文化,它和观念文化、文物和典籍都是传统文化的重要组成部分。中国文化的"人文"精神和社会制度的建设息息相关。他在《中国传统文化》的绪论中说:中国传统文化的"人文"精神带有这样的特征,它重视人的道

德修养，主张人们通过自身的修养和学习，成为高尚的人、有理想的人。因而古代的"人文"精神非常重视礼仪形式，提倡德治，力求使社会各个等级和睦相处。为了社会的稳定，古代"人文"精神特别重视社会的细胞——家庭，为家庭成员规定了应当遵守的道德规范，认为有了家庭和谐，才有社会的稳定与均衡。古代的"人文"精神还提出了关于未来社会的理想模式，企求建立一个"天下为公"的世界，在这个环境里人人能尽其才。

在《中国历史》（六卷本）中，张岂之先生通过人物活动把制度文明和历史经验结合起来。编写的六项原则中，其中之一就是制度与人物活动相结合：既叙事又记人，记人侧重在政治、制度、管理以及科学文化方面有重大贡献的历史人物。《中国历史》（六卷本）主要内容的七个方面中，有五个方面是和制度文明相关的，包括：重大历史事件、人物活动；历代国家行政制度、施政方式与措施、中央与地方关系的消长以及处理经验；历代关于农业、工商业的基本政策、管理方式和实际效果。历代国家的人才培养、教育体制以及官吏选拔制度，历代民族关系、对外关系的处理及经验。

其次，从中国文化的"会通"精神看中华民族的政治文明。关于中华民族的政治文明，张岂之先生认为表现为中华民族一体多元、多元一体基本格局的逐步形成中，与中国文化的"会通"精神息息相关。张岂之先生在《中国传统文化》的绪论中说："中国传统文化是国内各民族人民共同创造的结果，同时也吸收了外国的优秀文化。中国优秀传统文化不是抱残守缺、固步自封的文化，她善于学习各种文化体系的长处，又能加以消化吸收，用以丰富自己，这就叫做'会通'精神。"

关于中华民族的政治文明，张岂之先生在《中国历史十五讲》中概括为："在中央集权制度之下，允许多种类、多层次的管理制度与多种类型的社会经济文化制度的并存，是中国传统政治制度的主要特征，也是保证中国数十个发展既不平衡、经济文化又有很大差异的民族能够统一于一个国家之内的重要原因。"

世界上的文明世界，大多经历过封建制时期。同样是封建制时期，又各有不同的制度。有的国家采用共和制，即由多个地主阶级的代表人物共同掌权。中国几千年来一直采用的是君主制，政权归皇帝一人掌握。皇帝具有至高无上的权力，表现为高度的中央集权，这是占主导地位的制度。同时又在一些边疆少数民族地区实行自治或半自治的（册封）封国制和羁縻府州（土司）制度。册封与羁縻府州制度一样，都是贯穿于中国封建社会两千多年的基本政治制度。两千多年来，不管王朝如何更迭，不管哪个民族掌握政权，这种政治制度和统治形式都一直延续下来。它既有助于打破民族间的隔阂和地区间的分裂割据状态，又有助于每个民族内部和不同民族之间的政治凝聚力的形成。这是中国各地区、各民族百川归海、日益统一的政治基础。

最后，通过文化与社会生活的结合看中华民族的物质文明和精神文明。张岂之先生在《中国历史》（六卷本）中认为文化与社会生活相结合、通过文化反映每一时期的社会生活状况是必须遵循的编撰原则之一。在主要内容的设定中也提到历代文化思想和社会生活状况是新编中国历史教材的主要内容。

社会生活是社会历史中最为生动活泼丰富多彩的部分，是社会历史的血肉。广义的社会生活是指整个社会的物质和精神活动，属于物质文明和精神文明的范畴，狭义的社会生活则是指人们的日常生活，主要集中在衣、食、住、行和社会一般情趣方面。人们日常生活和传统文化密不可分，张岂之先生在《中国传统文化》的序中说："似乎可以这样说，在我国，每个人都离不开传统文化，传统文化已经成为人们生活中不可缺少的部分。例如，观赏名胜古迹、欣赏书画展览、民族乐曲、了解民俗风情，已经成为人们日常生活的爱好。而这些都是传统文化的构成部分。"（作者系聊城大学历史系教授）

# 大家风范　良师益友

## ——张岂之先生与宝鸡炎帝·姜炎文化研究侧记

### 霍彦儒

张岂之先生多年来与宝鸡市社科联、宝鸡炎帝研究会关系密切，为推动宝鸡炎帝·姜炎文化研究做了一些工作，给我留下了难忘的印象。

我与张先生第一次接触，那是1991年的11月。说接触，实际上还未谋面。一天，我受单位领导的指派，带着我们几个人编著的《炎帝·姜炎文化》手稿，冒昧到西北大学请张岂之教授写序。此前，我与张先生从未打过交道，对他的了解也仅仅知道是西北大学校长，兼任陕西省社会科学联合会主席，是知名的历史学家。

到西北大学，通过打问，时过中午才找到张先生家。不巧，张先生那天去省政协开会，接待我的是张先生的儿子，他通过电话将我的意图告诉了先生。张先生嘱我将稿子留下，明天上午来取。第二天上午9点多钟，我来到张先生家里，张先生又去省政协开会，家人便把书稿和写好的序交给了我。不言而喻，序是张先生利用晚上休息的时间写的。这次，我虽与张先生未能见面，但他那认真负责、没有"架子"的做事待人作风却给我留下了深刻的印象。

《炎帝·姜炎文化》是我们撰写的第一本关于炎帝及姜炎文化研究方面的书，能否得到张先生的认可，说实在的，我们当时也心里无底。没想到，张先生在序里却作了充分的肯定。他说这是"下过功夫的著作"，其中有些章节"写得很有特色"，认为"炎帝诞生和长于宝

大家风范　良师益友

鸡的论断是有道理的",研究是"有价值的",并对今后继续深入研究提出了希望。序言虽只有1500多字,但内容丰富,意见具体而中肯。这是对我们的极大鼓舞。从某种意义上说,就是这篇序言坚定了我们继续进行炎帝和姜炎文化研究的信心和决心。

　　1993年初,宝鸡市人民政府决定8月份举办首届"炎帝节",同时又由宝鸡市社科联和宝鸡炎帝研究会(筹)召开"炎帝与姜炎文化"国际学术研讨会。经研究,决定聘请张岂之先生为本次研讨会顾问,并邀请他亲自主持这次研讨会。5月底,我们一行3人,赴西安向张先生汇报会议筹备情况。不料,张先生在北京开会还未返回西安。我们通过电话说明来意,张先生说他晚上乘车,明天早上到,让我们住在宾馆里等。第二天早上8点多,我们刚起床,有人来敲门,拉开门一看,没想到竟是张先生。他说,怕我们心急,就直接到宾馆里来了。我们听后,都很受感动。没想到,一个有声誉的学者,而竟然放下"架子",上门来找我们这些无名小辈。

　　为了向8月的国际学术研讨会提供高质量的论文,6月下旬,在宝鸡召开了为期两天的由西安、宝鸡学者参加的学术研讨会。张先生亲自参加并主持会议,对提交会议的论文进行了一一点评,提出了修改意见。先生深刻的见解,中肯的意见,谦和的态度,给我及与会者留下了深刻的记忆。8月22-25日,"炎帝与姜炎文化"国际学术研讨会召开,张先生又一次来到宝鸡,亲自参加和主持了会议。他不仅向大会致开幕词,而且向大会作了会议小结,还以与会代表的身份,向大会提交了一篇近万字的论文。先生作的会议小结,与其说是会议总结,倒不如说是学术报告。他在总结大会研讨内容的基础上,结合宝鸡历史文化的实际情况,对今后的学术研究提出了10个方面的问题,为今后继续开展研究指明了方向。可以说,我们这十多年来的研究,就是按照当年张先生所提出来的问题开展的。

　　从那以后,张先生时时关心着我们宝鸡的炎帝、姜炎文化研究。

当我们将1993年及以后又召开的两次学术研讨会所收论文编辑出版时，请他作序，先生很快就把序写好寄来。在这篇序里，除了对所收论文作了总的评价外，对宝鸡学人的研究予以充分的肯定："宝鸡市学人的科学探索精神，十分令人钦佩"，"在地域文化的研究方面已经做出了令人瞩目的贡献，他们将和全国学者在一起，将姜炎文化与中国文明起源的问题作更加深入的研究。"这对我们这些从事区域历史文化研究的学人来说，是莫大的鼓励和鞭策。以后我们出版《姜炎文化论》一书，先生也是有求必应，又赐给我们序，对我们的研究再次予以肯定："宝鸡市的学人们十几年以来孜孜不倦地研究地域文化，不断向社会和学界奉献新的成果，这种精神值得学习。"2004年，我们出版《宝鸡炎帝故里》画册，请他题字，没等几天，题写的字就寄来了。当我去年告诉他，我们宝鸡炎帝研究会受陕西省地方志办公室委托正着手编纂《炎帝志》，并将《炎帝志》列入陕西省志系列时，他说这是件好事大事。我说届时将邀请先生为顾问时，他很愉快地接受了。在我们此前出版的五六本研究炎帝、姜炎文化的书，张先生都能欣然接受我们的邀请，出任顾问。

　　写到这里，我顺便再提一件事。1994年，宝鸡有一企业的青年人，利用业余时间写了本研究诸葛亮的书，找我给他推荐一位名人写篇序，我便将张先生推荐给他。但说实在的，我虽推荐，当时心里也没有一个底。因为，我与张先生也是一面之交。当时，张先生已双聘为清华大学教授，人在北京。这位青年人就抱着试试看的想法，将稿子寄到了北京。没有过多长时间，就收到近2000字的序言。张先生以一个同仁的身份，给该书以中肯的评价："除个别地方有失审慎之外，不失为一本有一定价值的著作。"这位青年人在我面前经常提起这件事，感念不已。先生虽给我们多次写序，但从未收取过一分钱的润笔费。每每想到这些，我心中就有一种愧疚感。从与先生的多次交往中，我才真正体会和理解了古人所言"君子之交淡如水"的真正含义。对先生这种平易近人、平等待人、乐于助人的作风和精神，我由衷地钦佩和赞赏。

2002年8月，我们宝鸡炎帝研究会与中国汉民族研究会准备在宝鸡市联合召开"炎帝与汉民族"国际学术研讨会。为了将此次学术研讨会开成高规格的会议，我们研究邀请张先生致开幕词。当我把这个想法告诉张先生后，先生很愉快地接受了我们的邀请，并对我们提供的开幕词亲自作了修改。等到会议要召开时，先生正好也在北京参加一个国际文化论坛。但为了支持我们的工作，先生连夜从北京赶到宝鸡。第二天，先生不顾乘车路途的劳累，又向大会致开幕辞，同时，又作了《关于文化的认识》的演讲。先生以其敏锐的思想，睿智的见解，赢得了与会专家学者的热烈掌声。他在宝鸡的两天时间里，白天除了参加大会交流、小组讨论外，晚上还要不断接待来访者。先生不顾疲劳，又于第二天晚上乘坐火车返回北京参加论坛。先生这种忘我的工作精神，永远值得我们学习和效仿。

在近二十年的接触中，先生时时关心着我们宝鸡的研究，不仅体现在多次亲临我们的学术会，接受我们的各类邀请，有求必应，应必有果，还反映在对我们宝鸡学人个人学术研究的关心上。由他主持的陕西省轩辕黄帝研究会理事扩大会，曾多次邀请我们宝鸡炎帝研究会和宝鸡市社科联的领导和同志参加，以此使我们更多地了解炎黄文化研究方面的学术信息，扩大我们的学术研究视野，以激励我们把炎帝、姜炎文化研究做得更好。与此同时，还多次邀请我们宝鸡学人，参加黄帝文化研究方面的学术研讨会，并安排大会主持或发言，以此让我们有机会更多地接触海内外学者，既进行学术交流，又结交学术朋友。在这方面，张先生完全表现出了一个真正学者海纳百川的胸怀和气度：扶持后生，支持研究。每参加一次张先生主持的学术会，我们不仅在学术上得到长进，而且更重要的在人格塑造上得到提升。尤其使我不能忘怀的是，2003年10月在西安召开的"黄帝与中华民族复兴"学术研讨会上，张先生在临结束会的晚宴上，手举酒杯，饱含激情，以高昂的声调说："黄帝是我们的祖先。有人提出要挖黄帝陵，以验证黄帝是否真有其人。这是绝对不能的。这关乎我们中华民族的大事。我们是绝对不能答应的。"句句铿锵有力，掷地有声，使在场的每一个人，深受鼓舞。每每想起这段祝酒词，我就为之动情、动心。

从张先生近20年写的一篇篇有关炎黄文化方面的文章，策划和主持的一次次炎黄文化研讨会，主编的一期期《华夏文化》看，他为推动陕西的炎黄文化研究事业付出了极大的心血和精力。他较早在西安成立了"陕西省轩辕黄帝研究会"，创办了旨在弘扬炎黄文化、中国传统文化的普及性刊物——《华夏文化》。几乎每一期《华夏文化》上，都有先生或关于传统文化、或关于现实问题的撰文。尤其是先生每期撰写的《卷首语》，短小精悍，言简意赅，文笔犀利，意蕴隽永，让人百读不厌，获益颇多。

张岂之先生是我国著名的思想史学家。他现在已是八十高龄的人，但还仍然活跃在学术舞台上。仅以近几年研究为例，他先后主编了高校文科教材《中国历史》（六卷本）、《中国思想学说史》（六卷九册）、《中国思想文化史》以及《炎黄汇典》（八卷本）等大型书籍，在学术界产生了很大反响，《中国历史》一书还获得了国家级优秀教材一等奖。张先生不仅在他所从事的研究领域内形成了一块学术高地，成为我们这些后生们的良师益友；而且在人格魅力方面也赢得了学界的赞誉，为我们这些后生们树立了一块大家风范的丰碑。

以此小文献给我们敬爱的张岂之先生，以志先生八十华诞！

祝先生健康长寿！（作者系陕西省宝鸡市社会科学研究院研究员）

# 张岂之先生的
# 中国思想文化史研究

陈荣庆

作为《中国思想通史》第四卷撰写者"诸青"的一员,"侯外庐学派"主要传人张岂之先生,五十年来,一直致力于中国思想文化史领域的耕耘,在中国历史研究、中国思想文化史研究、中国儒学思想史研究、中国学术思想史研究等领域取得了丰硕成果。在坚持"侯外庐学派"的基本治学原则"思想史研究和社会史研究相结合"的基础上,与时俱进,发展和开拓了中国思想史的研究方法与领域,弘扬和创新了中国传统文化思想,成为令人敬仰的研究中国思想文化史的大家。先生年高德劭,学术思想日益精粹。作为后学晚辈,学习前辈大家的治学经验与成就,是我们成长的一个必要前提。故不鄙自己学识的浅薄,从张岂之先生的著作入手,探讨张先生的中国思想文化史研究。不当之处,请大方之家批评指正。

## 一、张岂之先生的中国思想文化史研究工作

青年时代的张岂之先生走过一条良好的求学治学之路。先生在北大读本科,毕业后在清华念研究生,不久(1952年)即被侯外庐相中作助手,得到侯外庐长时间的指教,使他的学术研究一开始就站在一个较高的起点上。尤其是他参加侯外庐、赵纪彬、杜国庠主持的《中国思想通史》的校稿与撰写,更是为他的学术生涯奠定了一以贯之的

研究方向和厚朴扎实的学术研究基础，这也是张岂之先生学术研究起步的标志。

上个世纪50至70年代，是张岂之先生学术研究的第一个时期。这一时期，他的主要精力是核校侯外庐先生主编的《中国思想通史》并参加该书第四卷部分内容的撰写，这是一个非常难得的锻炼机遇。这段学术经历给了他无限美好的记忆："我们师生间的文稿可以互相修改，侯先生鼓励我们这么做。……那时，侯先生自己执笔写成的稿子送来，杨超、李学勤和我在他的稿件上有时也作文字修订，甚至是观点的修改。我们写的稿子，交给侯先生，一两万字，甚至三四万字，用不了三四天，侯先生就把改稿送来，他改得很细，从内容到文字，从引语到分段，都作详细修改"。①张岂之先生这段时期的学术成果，主要体现在《中国思想通史》（第四卷）、《顾炎武》、《中国哲学史略》、《中国思想史纲》等著述中。

80年代至90年代中期，是张岂之先生学术生命蓬勃喷发的阶段。时代给予了张先生奋发有为的机遇，作为一个敏感的史学工作者，他抓住了这个机遇，将自己积蓄了三十年的学术功力进行了初步的释放。这一阶段，张岂之先生的学术研究工作主要是组织大型集体科研项目。一是与侯外庐、邱汉生一同主编了《宋明理学史》，这部130万字的巨著将当代宋明理学的研究带到了一个全新阶段。精辟的见解、缜密的思维、扎实的史料基础使该书获得了学界的一致好评，先后获得教育部人文社会科学研究优秀成果一等奖、中国社会科学院学术著作一等奖和国家社会科学基金资助项目著作二等奖；二是主持了《中国历史大辞典·思想史卷》的编写，显示了编写者深厚的学术功底；三是主持了《中国思想史》、《中国儒学思想史》的编写，这两部书都以其独特的视角而成为研究中国思想史工作者的必备案头书；四是《近代伦理思想的变迁》、《中国传统文化》和《中国近代史学学术史》等论

---

① 张岂之：《儒学·理学·实学·新学》，陕西人民教育出版社1994年版，第326页。

著的主编与写作，这几部著作都因其厚重的功力和深邃的见解而引起学界的强烈反响。这一时期，张岂之先生大力弘扬侯外庐组织学术团队集体攻关的研究特点，取得了一系列成果，光大了侯外庐学派。张岂之先生个人的学术研究也达到了一个新层次，代表作《儒学·理学·实学·新学》比较集中地反映了他在90年代中期以前的学术见解和学术思想。

20世纪90年代后期至现在，是张岂之先生学术思想的第三个阶段。这一时期是他学术的圆融与圆润时期。其学术思想与见解，纵览中国思想文化史全局，沟通思想史、社会史、哲学史、政治思想史、文化史，综合会通，呈一派汪洋大海之势，其语言之精辟、思想之精粹，都达到了至上境界。如他在2001年5月11日《人民日报》上发表的论文《先秦哲学关于"天道"与"人道"问题》，认为中国古代对天道与人道的关系，主要体现在"天道"自然，"人道"不妄为；"天道"变化，"人道"自强；"天道"有常，"人道"有本，显示了高度的提炼能力和化深为浅的本领。

这一时期也是张岂之先生呼吁弘扬民族传统文化最多的时期。作为高校文化素质教育指导委员会顾问，张先生写了大量的普及中国优秀传统文化的论文和教材，如《中国传统文化》（第2版）、《中国思想文化史》等，言之谆谆，貌之恭恭，学之湛湛，体现了编撰者学问的宏博和对祖国文化事业的关心。如《中华人文精神》一书，将中国传统优秀文化全面、高度地概括为七个方面，反映了张先生的深厚学养和对中国传统文化的全面准确把握。

## 二、张岂之先生中国思想文化史研究浅析

历经半个多世纪对中国传统思想文化史的探索，张岂之先生在许多领域留下了自己的学术印迹。

1、在继承前贤的基础上，实现了从远古至现代的整体中国思想

史通史研究

　　历代思想史研究，多以断代史或专题史为多，如《论六家之要旨》、《汉书·艺文志》、《明儒学案》等。侯外庐在上世纪40年代初，计划个人独自写作一部从古代至"五四"时期的完整的中国思想通史，"拟分古代、中古、近代三编。在短期成书"。外庐先生筚路蓝缕，广泛搜集材料，积十年之功，后在与赵纪彬、杜国庠及邱汉生等先生的合作下，建国前已基本完成《中国思想通史》（一）、（二）、（三）卷及《中国早期启蒙思想史》的写作。五十年代，侯外庐先生继续凝集这个团体，另又补充一批力量，在修订出版《中国思想通史》前三卷的同时，着力进行后三卷的写作。后由于情况变化，《中国思想通史》只出了一至五卷，第六卷（原拟名为《中国近代思想史》）没有出版。《中国思想通史》只是论述了中国古代、中世纪思想史，近现代思想史则为空缺。张岂之先生在这个学术团体中工作了20多年，于1989年主编出版了《中国思想史》。该书以文科学生（主要是研究生）作为读者对象，计70多万字，研究范围上自殷周，下延至"五四"新文化运动前。该书有三大特色：一是贯通了中国思想史全历程，完整地勾勒了中国思想史的发展过程，一定程度上完成了《中国思想通史》未竟的事业；二是该书每一编专门辟有"思想史料介绍"章，这一部分内容是张岂之先生计划中的《中国思想史史料学》的产物，是《史料学》的一个简化变形，这些内容与书中的论述珠联璧合，成为本书的重要特色；三是该书在保持"教材"内容稳定性的基础上，突现了自身的研究特色，也就是侯外庐学派治学的基本特色：在浩繁的资料中作广泛的搜集和严密的考辨，实事求是，不做浮词泛论，勇于决疑，注重独立自得，开拓创新。该书结合历史发展的线索探讨了中国思想史的基本内容和发展变化的内在原因，对中国思想史特有的范畴、名词术语作了准确的解释，阐述了其变化发展过程。著作以材料说话，充分吸收了《中国思想通史》、《宋明理学史》、《中国历史大辞典·思想史》等已有成果，是一部别具特色的教材性研究专著，该书和《中国思想通史》一起,成为现在研究中国思想通史必不可少的重要参考书。

2、联合同仁学友,弘扬发展侯外庐学派

学派的产生有利于学术攻坚、学术繁荣和优秀学术思想的发扬。作为侯外庐学派的继承者,张岂之先生会同其他长辈及师门学友,坚持思想史研究一定要和社会史研究相结合这一侯门学派基本治史原则,发展了治学新内容、新思维、新方法,且以其扎实的学术功力,清晰的思想主线,使侯外庐学派的治学思想得到发扬光大。

中国史学界独树一帜的"侯外庐学派",是以侯外庐为中心,以《中国思想通史》的写作为契机,以长期与侯外庐合作的同仁及他们的助手、弟子为核心而组成的一个研究中国历史及思想史的学术团队。该学派的基本治学思想是从马克思主义唯物论思想出发,认为思想史研究一定要和社会史研究相结合,强调研究要掌握第一手材料,"贵在决疑",重视"异端",专注于重大问题的研究解决。该学派的第一代人物主要有侯外庐、赵纪彬、杜国庠、邱汉生;第二代人物主要是他们的助手与弟子,如杨超、李学勤、张岂之、林英、何兆武、黄宣民、卢钟锋、冒怀辛、步近智、唐宇元、陈谷嘉、李经元、崔大华、姜广辉等。现第一代人都已仙逝,第二代人中年长者也已八旬有余,但无论老者与少者,都成了各研究学科的重要力量;而以第二代人的弟子或弟子之弟子为中心的第三代人业已成长起来,成为中国史学界的后起之秀,其研究学科遍及中国通史、思想史、文化史、哲学史、文学史、考古学、宗教学等,蔚为大盛。张岂之先生多年来坚守在教学研究第一线,以其任西北大学历史系主任、校长之职,在侯外庐曾任校长的西北大学扩建中国思想文化研究所,以之为基地培养了大批专业人才,为侯外庐学派的发展立下了莫大功劳,为中国思想史学科的研究与发展做出了重要贡献。

除了培养人才外,张岂之先生对侯外庐学派的贡献还在于与时俱进,在坚持学派基本研究方法"思想史研究与社会史研究相结合"的基础上,提出思想史研究还应与"社会生活史以及文化史的研究相结合"，甚至与科技史相结合，充分"利用考古发掘的实物资料"，使思想史的研究朝着宽阔的方向前进。

## 三、张岂之先生对一些重要思想的倡导与研究

1. 儒学是"人学"——儒学发展方向论

如何进行儒学的现代转型，使其优秀传统在当代社会得到发扬光大，为当代社会提供积极有为的思想资源，张岂之先生对此进行了长时期的探索。他从儒学的发展源变出发，对儒学做了新的解读，认为"儒学即'人学'"。张先生认为，作为"私学"的一个结果，儒学从孔子开始，"创造性地继承了西周诗书礼乐而加以改造"，提出了许多开创性的理论命题。"孔子以'人'作为理论探讨的中心，在中国思想史上首次系统地论述关于人的价值、人的理想、人的完善、人的道德、人际关系以及人与自然等等关于'人'的学说。"①张先生认为：第一，儒家"人学"是关于个人自身修养和人际关系的道德学说，而"仁"是其基本范畴，是个人修养和人际关系中应当遵守的道德准则，仁者"爱人"，己所不欲，勿施于人，努力追求更高的人生境界；第二，儒家"人学"是关于人的价值和人的理想的学说，认为"朝闻道，夕死可矣"，"志士仁人，无求生以害仁，有杀身以成仁"，人应坚持自己的道德操守，"富贵不能淫，贫贱不能移，威武不能屈"；第三，儒学"人学"是关于人与自然相互关系的学说，人能与天地参，可以制天命而用之；第四，儒家"人学"是关于人的认识学说，儒家思想中的教育论、认识论和道德论，都是对人自身的反省与认识。以此为基础，张先生指出，"儒学'人学'也正是汉族形成时期新创造的思想文化体系。儒学最初提出'人格'观念，后来演变为'国格'观念，

---

① 张岂之：《儒学·理学·实学·新学》，陕西人民教育出版社1994年版，第4页。

以及提倡敬老、养老、救济孤独残废、勤劳勇敢等美德，这不仅成为汉族，而且成为中华民族整体的宝贵精神财富"。①

张岂之先生对儒家思想的重新定位，对儒学的发展有着相当重要的意义，为当代儒学的转型指出了另一种可能。从儒学发展史看，儒学的每一次发展都是儒学主题思想的变换。汉代儒学的发展，是重视儒学中有利于国家大一统局面的政治思想；宋明理学，则是发挥儒学对"天"、"性"、"命"方面的思考，突出了其"格物、致知、诚意、正心、修身、齐家、治国、平天下"的内在修养功能；而在当代社会，以人为本成为社会的主潮，在此背景下突出儒学中的"人学"思想，使儒学为现代社会的发展提供精神动力，这对于现代社会的发展，对于人的自我认识深化，对于儒学自身的进步，都是功莫大焉。

还需要特别指出的是，张岂之先生对儒家"和而不同"思想的现代发展也有其独特的思考。"和而不同"思想在当代社会得到特别的重视，张岂之先生在80年代提出，要对"和而不同"进行文化意义上的发展，简言之，就是各个民族、各个国家之间的文化与文明，也应"和而不同"。单一的文化文明是最容易僵化从而走向死亡的，只有繁多的统一和谐才能构成美，才能推动人类世界的前进发展。从文化与文明的角度"和而不同"，才容易消弥现代社会民族、国家利益之间的混乱与纷争，才能给这个艰难危困、负担日益沉重的世界一片和平稳定的希望。张岂之先生的这个创意，赋予"和而不同"思想一个全新的意义。

2. 儒学与自然科学关系论

儒学是"人学"，是关于人的发展与完善的心性之学，是由注重人的自身修养进而延伸到治理国家的人的发展学说，相对而言它不重视自然科学。鸦片战争以前，中国是威震四方的中央神圣大国，是物

---

① 张岂之：《儒学·理学·实学·新学》，陕西人民教育出版社1994年版，第4页。

质富裕、社会发达的文明之邦，而两千年文化主脉的儒家文化，尽管曾濒临险境，但总是凤凰涅槃，浴火重生，故而人们对儒家学说充满了自信。鸦片战争以降，失败的耻辱使中国知识分子开始反省自己所承传的传统文化，尤其是当严复大力翻译西学、西学成为挣扎中的知识分子的清新空气甚至指路明灯时，用西学否定儒学就成了潮流。20世纪八九十年代，大陆研究传统文化风行，其中一个重要观点是认为中国传统文化阻碍了中国资本主义的进程和中国社会的发展，认为儒家文化重义不重利，鄙视商人与商业活动，使社会物质生产的发展失去了原动力。认为从孔子开始，知识分子就只追求天道、性命，关心国家、政治，鄙视自然科学研究，即使是到了中国封建社会科技最发达的宋元时期，文人也只是在公务之余才从事一些科学知识的学习与研究[①]，而操童子业的日常功课只满足于识物之名或某些功用科目，追求机巧、探寻自然奥秘与发现者，被社会视为异端，视为追求"奇巧淫技"之徒，是有"机心"者，是不循社会正途之人，故而自然科学在中国社会没能得到发展，中国在物质形态进而精神文化形态上落后于西方了。提出中国要实现现代化，就必须彻底砸碎儒家思想，完成科学革命。

  在此种社会思潮背景下，80年代中期，张岂之先生提出，不能笼统地说儒学阻碍了中国古代科技发展，儒学的独断主义是给科技史以消极影响，但其理性主义则给予古代科技史以积极作用。在《中国儒学思想史》一书中，这一观点得到了很好的发挥，书中对各个时期重要科学家所受儒学的影响以及儒学与自然科学的相互作用都一一进行了分析。如张衡出身儒家而又制造出浑天仪、魏晋南北朝儒学理性主义与自然科学结合从而提出研究自然科学的目的是"匡时救世"（刘徽、祖冲之、葛洪等）、唐代儒学"和而不同"从而带动科学大发展（如孙思邈）、

---

① 李国豪：《中国科技史探索》，中华书局1986年版，第100页。

宋明理学重视独立思考带来了中国封建社会科技的繁荣,等等。

这样的具体分析,才是对待儒学的科学态度,才能真正使儒学研究走向深入。张岂之先生所从事的这项工作,开辟了儒学思想史研究的新方向,从更深层次发现了儒学的本质特征,有助于反思如何更好地发展、继承、创新儒学。

3. 中国传统思想文化精华论

张先生指出,在重视"理性思考"的中国传统文化中,儒家的"人学",道家的"自然"之学,"有对"的辩证思维学,学术研究中的"会通"之学构成了中国思想文化的精华。①

张岂之先生认为,儒家"人学"确立了以人为中心的思维视角(儒学产生以前的商周社会是以神为中心的);道家的"自然"之学则力求探讨世界的本质与本原(如"道"、"有"、"无"等),提出人只是万物之一,要循自然而行;"有对"之学则是中国特色的思维辩证法,强调全面性,反对片面性,主张忧患与安乐、情与理、知与行、学与思的辩证统一,提出"一分为二"、"一物两体",主张在实际生活中运用"有对"之法,使之不流于空谈;"会通"之学则是中国学术研究的典型特色,既要注重家法、师法,更要吸收他门别派的学术精华,这尤其体现在春秋战国时的"杂学"和儒、道、佛三家的相融与发展上。这四学,构成了中国传统文化的精粹。

在 1997 年出版、2007 年增订的《中华人文精神》中,张岂之先生更进一步,以清晰明了的线索和简洁流畅的思维,圆融地总结了中国传统文化的精髓,展示了他半个世纪以来研究、思考中国传统文化的心得。

在该书中,张先生将中华人文精神归纳为七个方面:一是"人文化成——文明之初的创造精神",揭橥了中华人文精神的生成与发展

---

① 张岂之:《儒学·理学·实学·新学》,陕西人民教育出版社1994年版,第2页。

机制;二是"刚柔相济——穷本探原的辩证精神",重视从矛盾对立的相互关系中探求世界变化的规律,倡导自强不息;三是"究天人之际——天人关系的艰苦探索精神",提出了"天人合一"、"天人相分"等天人理论;四是"厚德载物——人格养成的道德人文精神",指出中华人文精神的道德人文底蕴;五是"和而不同——博采众家之长的文化会通精神",从文化史的意义上提升了"和而不同"的理论意义,由个人之间的相容、学派之间的争鸣发展到民族国家文化之间的和平相处;六是"经世致用——以天下为己任的责任精神",探析了传统文化精神的历史责任感和历代知识分子所追求的情操、境界及其博大胸怀;七是"生生不息的文化发展精神",展示了中华人文精神的发展历程及其在当代社会的发展机遇。这七个方面,是对中华人文精神的高度凝炼与提升,对弘扬中国优秀传统文化有提纲挈领的作用。

4. 中国思想文化的现代化进程

任何一位伟大的思想者和学者,其研究方向及研究重点的选择都包含有深厚的振兴民族的内在精神动力。如著名学者汤用彤先生,选择汉魏两晋南北朝隋唐佛教史做研究重点,是因为19世纪中期至20世纪初期中国传统文化遭遇西学的情形与魏晋至唐时儒学遭遇佛教时的情形相一致,都面临着退守甚至生存的危机。汤先生期望从儒学成功应对佛学的冲击中找出国学应对西学的方法来。作为汤用彤先生的学生,张岂之先生受之教诲多年,对汤先生的用心至为钦佩,故而当张岂之先生思考中国思想文化的现代化进程时,将受西学冲击后的洋务运动(而不是1840年的鸦片战争)作为中国近代伦理思想、哲学思想、学术思想乃至整个近代思想文化的起点,以此来观照中国思想文化的现代化历程,并从这一百年的进程中发掘当代中国思想文化的现代化方向。

在《中国近代史学学术史》一书中,张先生着重从近代史学哲学和史学成果两方面研究中国近代史学的发展演变,探讨史学思想的现代化之路。著作详细分析了传统史学理论在近代中国的发展变化，用近代对于清代及清以前中国史的研究、关于外国史和本国史的研究及考古学的创新发展作为例证，探析中国近代史学在观念和成果上的现代化路程。在《近代伦理思想的变迁》一书中，张先生着重以伦理思想的发展变化来阐述中国思想文化的变迁过程。张先生认为，两次鸦片战争时期，中国的先进人物提出向西方学习，但目光不是西方文化，而是坚船利炮上，所以，近代伦理思想要从洋务运动写起。戊戌维新运动后，西学大量传入，中国社会的思想领域发生了重大变化，严复、梁启超、康有为、谭嗣同等皆借西学以批国学，但中学与西学如何相融（是"中体西用"，还是全盘西化等）并没有解决；辛亥革命时期的孙中山先生对中国传统思想文化进行了深入的反思（一个有趣的现象是，严复、孙中山等人年轻时激进反国学，年暮时却大力提倡传统思想文化）；五四新文化运动对传统思想文化是破多立少，对如何建立新的道德伦理观，并没有解决。

通过哲学思想、伦理思想、学术思想变迁的分析，张先生认为中国传统思想文化的现代化需要有一个较长的过程，恰如当年儒学是经历了"格义"、"寄言出意"、"明心见性"三个阶段才吸收融化了佛学一样，中国传统思想文化要吸收西学、走向现代化也有一个从盲目借用、到认真取舍、再到创建新自我的过程，但可以肯定的是，现代化的中国思想文化，不是传统文化的翻版或西学的全盘照搬，而是传统思想文化在现代社会、在多种思想碰撞中进行的脱胎换骨的升华，它为现代人们指示社会发展的新思考与新内容，其思维体系是中国的。（作者系江西宜春学院教授）

说明：此文原载《宜春学院学报》2004年第1期，略有改动。

# 二、《中国思想学说史》的编撰和特色

"谈到近五十年中国古代思想史研究,学人们首先会想到侯外庐先生等的《中国思想通史》(五卷六册,二百六十万言)。这是一部完整、系统的关于中国思想史的学术著作。……学术上的创新是从前人研究成果的基础上起步的,有所吸取也有所前进。这就是说,继承和创新是辩证的统一。……我们这部书以「中国思想学说史」为名,是指以中国思想史为主干的学术史,有别于其他方面的学术史。"

# 关于六卷本《中国思想学说史》的介绍

## 方光华

《中国思想学说史》六卷本是一部由思想史专家张岂之教授主持撰写的学术著作,已经于近日由广西师范大学出版社出版。

中国思想学术史的研究具有悠久的传统,但现代中国思想史学科的建立,则以侯外庐先生等的《中国思想通史》(五卷六册,260余万字)为主要标志。《中国思想学说史》六卷本力图在五十年来、特别是二十年来中国思想史研究成果的基础上,对中国思想发展历史进行新的总结,丰富和发展中国思想史学科体系。

本书由总主编提出整体设想和编撰大纲,聘请各分卷主编,由分卷主编提出关于各卷的具体编撰思路。六卷本的具体分工是:先秦卷由刘宝才、方光华教授主编,秦汉卷由黄留珠教授主编,魏晋南北朝卷由刘学智教授主编,隋唐卷由洪修平教授主编,宋元卷由朱汉民教授主编,明清卷由方光华、萧永明、范立舟教授主编。全书从1999年6月开始启动,预计完成时间在2003年6月,后经过反复修改,直到2007年3月才全部定稿,历时8年。

本书在组织撰写过程中,采取了以下步骤:1.1999年9月,在西北大学召开"中国思想史学科建设及编著研讨会",交流五十年来海内外中国思想史研究取得的成果,讨论中国思想史研究的理论与方法,商讨编撰大纲,确定编撰原则,明确参与撰写人员的具体分工。2.2000年10月,在湖南大学岳麓书院由全书总主编召开分卷主编编务会议,重点讨论编著工作中所出现的具体问题,并约请有关专家学者进行指导。3.2002年10月，在西北大学召开"纪念侯外庐先生百年诞辰学术研讨会"，进一步研究侯外庐先生研究中国思想史的理论与方法特点。4.2004年5月，组织对隋唐卷、宋元卷、秦汉卷进行审读，提出修改意见，并对其他各卷的进展情况进行督促、检查，调整了部分分卷的写作人员。5.2006年7月，在西北大学召开部分主编参加的定稿会，对先秦卷、明清卷进行了重点审读，删改、补充或重新撰写了部分稿件。

《中国思想学说史》六卷本对中国思想史研究理论与方法问题以及相关学术问题，提出了比较系统的认识，具有以下特点：

**特点之一，明确中国思想史研究的主要对象依然是理论化的社会思维，坚持思想史研究与社会史研究相结合的研究路径。**关于思想是什么，上个世纪侯外庐先生曾经有过定义，认为思想是以对世界整体有一定理论深度的思考为基础、有一定理论思维水平的关于人类社会的系统认识。近年来，关于思想史的研究对象出现了不同的看法，有学者认为思想史的对象不是理论化的社会思维。《中国思想学说史》六卷本认为，中国思想史离不开理论思维。同时认为把社会史与思想史相贯通，是20世纪中国思想学术史研究最重要的创见，它为解剖中国思想学术史，挖掘思想背后的社会原因提供了依据。在揭示思想的社会史背景问题上，《中国思想学说史》六卷本继承前人重视社会经济分析的科学方法，同时扩大了观察视野，注意到除社会经济以外的社会生活领域，力求多层面说明思想的社会历史背景。

**特点之二，力图勾勒中国思想学说发展历史的全貌。**《中国思想学说史》六卷本的研究范围上起中国文明起源时代，下至清代。中国文明起源于距今5000多年前，研究中国思想亦当从文明起源时代开始。但由于种种原因，近代以来的同类著作，有的从商周时代写起，有的甚至从春秋战国时代写起，将中国文明和中国思想的历史删去了五分之二至二分之一，不能不说是很大的缺憾。《中国思想学说史》利用新的考古发现和研究成果,将研究的起点上溯到中国文明起源时代,力求完整描述中国思想发展的全过程。此外,《中国思想学说史》力求揭示中国思想学说的各个组成部分,包括经学、子学、宗教思想、科技思想等形成、发展、流变的历史,每卷基本分社会篇、经学篇、子学篇、宗教篇、科技篇,力图全面展示理论思维的发展历史。

**特点之三,重视从学术史角度深化思想史研究**。在中国思想发展史上,众多思想家提出其思想学说时,并不是另起炉灶,重新提出自己的概念范畴系统,而往往是采用托圣人立言的形式,通过对经典的注解与阐释来提出其思想学说。他们在理论上的创新与贡献,也往往体现在对原有概念、范畴、命题的改造或意义的重新赋予。在这种情况下,对思想理论的发展演变的把握,就需要将概念、范畴置于学术发展演变的整体序列中,通过对源流与演变的探究,考察其内容的更新与创造。一旦脱离学术源流的考察,就难以真正把握理论思维的深层次内涵与价值,以致造成误读与曲解。《中国思想学说史》力图按照中国思想史自身的特点,在研究过程中不是进行孤立的理论分析,随意地剪裁、解读思想史料,将思想学说削足适履地纳入某些既有的理论框架或理论预设之中,而是结合学术史的研究视野,立足于思想背后深沉浑厚的学术土壤,使理论分析更为切合思想史自身发展的实际,深化思想史的研究。

**特点之四,注重推进中国思想史一系列复杂问题的解决**。例如先秦卷详细叙述了前诸子时代的思想发展历程;两汉卷详细叙述了经学思潮在汉代的演变历史,分析了经学与汉代政治的结合程度,澄清了关于经今、古文之争的一些模糊认识;魏晋南北朝卷详细论述了玄学思潮的曲折变化,对东晋玄学思潮的继续发展以及它与佛、道二教的渗透给予了较为细致的分析,弥补了以往研究的不足;隋唐卷对于纷繁复杂的佛学理论体系做了精炼的释读,补充了6—9世纪佛教宗派冲突与融合的大量史实。宋元卷充分展示了理学思潮产生的时代背景和文化背景，揭示出理学思潮的多样性与同一性；明清卷对乾嘉学者的学术理念提出了富有创见的讨论。上述研究，充分展示该书立足于中国思想史研究的前沿，具有独立的、自成系统的观点。

**特点之五，反映出新材料的发现，吸收了相关最新研究成果。** 该书对于考古的最新进展给予了关注。如先秦卷论述中国思想的起源，大量使用最新考古发现，论述儒、道思想，充分运用郭店楚简和马王堆出土帛书，在充分理解出土文献的基础上，对孔子思想的演变过程以及先秦重要文献《中庸》的属性，都提出了新的观点。秦汉卷之子学篇，对考古发现也特别重视，举凡秦汉时期的与子学相关的文献和文物都基本有所涉及。该书对学术界相关研究成果也给予充分吸收。如魏晋及宋元卷关于社会史的研究，就吸取了当前学术界社会史研究的许多见解；隋唐卷与明清卷的科技篇引用了目前学术界关于天文数学史研究的大量成果，提高了学术含量。

《中国思想学说史》六卷本是一部在中国思想史研究理论上有所创新，在研究方法上有进展，在论述深度上有推进的专著，是近年来中国思想史研究有代表性的成果之一，它的出版对于推动中国思想史学科建设将起到积极作用。（作者系西北大学中国思想文化研究所教授）

# 从先秦卷略谈《中国思想学说史》的特点

刘宝才

各位学者，各位朋友，这次会议是一个学科建设的会议，同时也是张先生八十华诞的庆祝大会。

在48年以前，也就是在1959年，我是大三学生，听了张先生的两门课程，当时张先生教给我的一门课程是形式逻辑，另一门是中国思想史。从那时起，张先生就是我心中崇敬的老师，然后在35年以前，也就是1972年我在西北大学当教师的时候，非常幸运的是和张先生学习思想史，之后参加了张先生主编的《中国思想史》和《中国历史》的科研项目。在张先生的指导下做了点工作，同时也学习到了很多知识。我估计可能在今天在座的各位当中，我是张先生最早的学生。所以我心情非常激动。在张先生八十华诞之际，我衷心地祝愿张先生身体健康，幸福快乐！

借此机会，结合先秦卷略谈《中国思想学说史》的通史特点，请大家批评。这个特点主要体现为以下几个方面：

从整体来看，这套《中国思想学说史》研究了历史上的中国思想学说的各个组成部分，包括经学、子学、宗教思想、科技思想等，而且对于各个时代思想学说形成、发展、流变的社会背景作了研究。由于各个时期的不同思想学说有主次之分，不能对每个时代的各种思想学说平均用力而不分轻重地加以介绍，但这套《中国思想学说史》力求描绘出各个时代思想学说的全貌。在揭示思想的社会史背景问题上，这套书继承前人重视社会经济分析的科学方法，同时扩大了观察视野，注意到了当时社会经济以外的社会生活领域，多层面地说明思想的社会历史背景。

这套《中国思想学说史》重视研究思想发展的连续性。通史不等于断代史简单相加，它要揭示历史发展的连续性。研究思想发展的连续性本来是通史性质的思想史著述的着重点之一，只有这样才能找到思想发展的内在逻辑，说明一个民族文化传统的特点。前人研究中国思想学说史，已经对此做过很好的讨论，例如指出近两千年来中国思想发展的经学形式，即是从思想学术形式方面指出了近两千年中国思想发展的连续性。但是，由于偏重于强调各个时代新思想与旧思想的对立斗争，有时候忽视新思想与以前思想文化之间的联系。这套《中国思想学说史》在研究中国思想发展的连续性方面有新进展。先秦卷对春秋战国诸子学说与西周思想文化的关系做了考察，肯定了诸子学说与西周思想文化的源流关系。说明不仅儒家学说是如此，最激进的法家学说也是如此，也与西周思想文化有源流关系。魏晋南北朝卷对玄学的研究，宋元卷、明清卷对理学的研究，也注意揭示玄学、理学与经学的源流关系。这些努力力图从思想发展本身的连续性体现通史的要求，使之与思想学说史的断代研究、专题研究有不同特点。

《中国思想学说史》先秦卷由我和方光华同志担任分卷主编，我们注意到20世纪末以来先秦思想文化研究的几个新特点，如重视中国思想起源的研究，将研究的范围上推到三代以至中国文明的起源期；重视重新对过去置疑不论的先秦典籍进行研究，在横向上扩大了研究对象；重视从社会转型角度研究先秦思想文化，与过去从社会形态更替角度研究有共同点，也有所不同；重视地方和地区性思想文化现象的研究。先秦卷积极借鉴这些有益的研究经验和成果，但是由于某些具体原因，关于先秦地方地区性思想文化现象未写出来，这是以后有机会要弥补的内容。

同时，在这里对参加该卷的几位作者表示感谢！这些作者分别是陈春会、郭沂、廖名春、江心力、刘固盛、张茂泽、刘丰、宋玉波等同志。另外，还要感谢一些青年同志，他们对这本书做了资料的校勘工作。由于大家的共同努力，我才能完成这项任务，这部分的研究工作如果有一些成就的话，这是大家不懈努力的成果；如果在学术和稿子上有问题的话，应该由我和方光华同志承担。在此，我特别向各位表示感谢！（作者系西北大学中国思想文化研究所教授）

**说明：此文由研讨会学术组根据大会发言整理。**

# 秦汉思想学说史的新探索

## ——《中国思想学说史·秦汉卷》简介

### 黄留珠

张岂之先生主编的多卷本《中国思想学说史》，已经由广西师范大学出版社出版发行。其中的《秦汉卷》（作者黄留珠、王子今、方光华），论述了自公元前3世纪晚期至公元3世纪早期数百年间思想学说的演进轨迹，揭示、总结了这期间思想学说发展的某些带有必然性的规律。其中史料丰富翔实，语言质朴通俗，学术视野开阔，是对秦汉时期思想学说史做出的积极有益的新探索。

通观全书，有以下几点，颇值得注意：

### 一、注重探讨秦汉思想学说史赖以生长的社会基础

任何思想学说，都离不开它赖以生长的社会基础。只有深入了解这个社会基础，才能正确把握思想学说发展的深层动因。《秦汉卷》在这方面的做法，多有独到之处。

首先，从篇章结构来看，其专列"社会篇"，用约五分之一的篇幅来论述社会基础，这在以往的思想学说史著述中，似乎并不多见。

其次，对秦汉社会的审视，全面而细密。其中既有关于秦汉帝国政治架构、经济结构、社会编制等问题的论述，也有对秦汉社会各等级、阶级的经济地位与生活状况的分析，还有对秦汉社会制约下思想

学说走势的考察等等。

再次，除了对秦汉政治、经济、制度诸多方面的解析之外，对秦汉精神生活层面的问题也作了深度发掘。特别是对时人的信仰世界和风俗习惯做了积极地探讨——具体涉及的问题，如五德终始论的实践，时人对富贵、侯王、神仙、长寿的向往，卜祀迷信、婚丧礼俗、精神风貌等。通过这些，更加凸显秦汉思想学说的"底色"与"基石"。

大家知道，把思想史、哲学史研究与社会史研究紧密结合起来，是侯外庐学派治学的一大特点。《中国思想学说史·秦汉卷》重视研究秦汉社会，把对社会的探讨纳入思想学说史研究的范围之内，显然与侯外庐的学术旨趣是一脉相承的，体现了其学派特征。

## 二、提出了秦汉思想学说史发展的五阶段、四特点说

秦汉史在史学园地里是一块屡经深耕细作的熟地。在这里，很难找到一个未曾涉猎的问题。不过，当仔细考察也不难发现，即便在一些被研究者几乎说烂了的老问题上，似乎也总能找出一些相当模糊的地方，需要我们继续去做工作。譬如在秦汉思想学说史领域，像秦汉思想学说发展的阶段究竟应该如何划分，秦汉思想学说发展的特点是什么等问题，便是适例。《秦汉卷》正是在这些地方，旗帜鲜明地表明了自己的观点，从而彰显出特色。

对秦汉思想学说的发展阶段，《秦汉卷》提出了五阶段说：第一阶段，秦（法家思想统治）；第二阶段，西汉初高帝至景帝（推崇黄老之学）；第三阶段，两汉武、昭、宣三代（儒术与帝国政治的初始结合）；第四阶段，西汉末至东汉章帝朝（经学统一范式的最终完成）；第五阶段，东汉后期（社会批判思潮）。

对于秦汉思想发展的特点，《秦汉卷》提出了四个特点说：1. 道家思想的世俗化；2. 儒家思想的经学化；3. 儒家思想的宗教化趋势；

4. 子学人文精神的转向。并同时指出，由于秦汉思想学说基本上围绕大一统帝国政治这个中心而旋转（这里存在离中心远或近的区别），遂使之显现出相对的整齐划一，而远离了战国时代那种生气勃勃的百家争鸣局面。这也许可以被视为秦汉思想学说的总特点。

虽然以上的"五阶段"、"四特点"说，并非定谳，但作为一家之言，应该说还是确有其学术意义的。

## 三、横向编排，突出个性

如果说前两点皆《秦汉卷》内容方面的特色的话，那么，第三点所述则是既有内容方面亦兼及形式方面的特色了。

以往的思想史或思想学说史著述，多按时间为序纵向编排。这种编排法，脉络清楚，历史感强；但却难以反思思想学说的横向关系，甚至会割裂其体系的完整性，使之变得支离破碎。《中国思想学说史》有别于此，采用了横向编排，即从《秦汉卷》来看，其具体分作"社会篇"、"黄老篇"、"经学篇"、"宗教篇"、"子学篇"五部分。在每"篇"之内，则更细地分为若干章、节，相互织成一个完整的网络，以反映秦汉思想学说发展的基本情况。为了弥补因横向编排而造成的某些缺失，在卷首纲领性的"概论"中，特别安排了关于秦汉思想学说发展阶段的论述，以增强读者对思想学说纵向变化的了解。

应该特别指出的是，《秦汉卷》每"篇"之中，都有一些个性色彩突出的部分。如将《淮南子》、《论衡》纳入"黄老篇"，并提出汉初黄老政治还应有大臣避祸保身的另一方面；"经学篇"所强调的今、古文经学并无哲学思想、理论原则的尖锐对立，不能夸大二者之间的差异；"宗教篇"关于民间礼俗迷信的实际影响，超过了任何一种具有完整意义的宗教的论述；"子学篇"认为《淮南子》可与《史记》并列堪称西汉文化两座丰碑的观点等等，应该说皆为深化秦汉思想学说史的研究，起了某种推进的作用，也构成了全卷书的亮点。

　　当然，任何一部学术著作，多少总会有未尽善尽美之处。由于《秦汉卷》完稿后到正式出版，时间相隔较久，因此未能将近若干年海内外更新的研究成果尽数吸纳，这是很大的缺憾。另外，由于全书系集体合作编写，虽然经过统稿，但仍难免存在文风不够协调之处。特别是临付梓前的一些技术性处理，比较匆忙，亦多有欠周全的地方。对于这些，还诚恳希望得到批评教正。（作者系西北大学文博学院教授）

# 略谈编撰两部思想学术史著作的体会

刘学智

各位学者,大家好!

西北大学中国思想文化研究所已经辉煌地走过了 55 个春秋。这 55 年来,思想所也和整个中国一起,经历了许多风风雨雨。虽然时代在变化,社会在发展,但思想所有一个东西没有变,这就是它立足于中国思想史的学术研究这个基点没有变,不断追求学术真理的本色没有变!

我很同意上午一些学者特别是赵馥洁先生对侯外庐学派研究方法的概括——"全面具体的具有范式的要素",这个说法我非常认同。由侯外庐先生开创的中国思想史研究,一直坚持以马克思主义为指导研究中国思想史,并努力探寻马克思主义与中国思想史实际结合的方法和途径,坚持方法科学化和理论创新,终于形成了独具特色的中国思想史研究的新范式,这个范式一直影响着他的后继者,并推动着中国思想研究不断走向深入。正因为如此,侯外庐及其研究群体被学界誉为"侯外庐学派"。在这里,我要补充一句,在中国建国后曾出现过不少研究群体,但是被学界公认为学派的,就我个人的看法,这也许是唯一的。侯外庐学派把马克思主义与中国历史和思想史的实际相结合,而且这个结合在许多群体里面是最成功的一个。他不主张用既定的模式来套解中国历史,套解中国思想史;在方法上坚持历史与逻辑的统一,倡导和坚持社会史与思想史研究的结合,从而开创了思想史研究的新局面。

侯派一直是薪火相传的，但在侯外庐学派的众多后继者中，能够一直坚持中国思想史阵地，坚持并发展侯外庐学派研究范式并进一步超越，同时在其周围形成一个稳定的研究群体的，张岂之先生是比较有代表性的。我也很同意赵馥洁先生就张先生对外庐学术思想有诸多超越的看法，不过我要特别强调的是，坚持将中国思想史与学术史研究相结合，或者说从学术史的视角研究中国思想史；坚持思想史与社会史的结合、思想史与文化史的融通，则是张岂之先生对侯派学术思想的重要发展，这些对中国思想史的学术研究起了很大的推动作用。可以说，侯派拓宽了思想史研究的领域，丰富了思想史研究的内涵，深化了思想史研究的内容，从而为思想史的研究注入了新的活力。正是在他们一贯坚持的上述思想方法的指导下，才有了西北大学中国思想文化研究所许多重要著作的面世，才有了一系列中国思想文化史研究成果的涌现。

我有幸参加了张先生近几年主编的两部学术史著作的编撰工作，一部是《中国学术思想编年》，另一部是《中国思想学说史》。我想谈一下我在张先生指导下参与这两部书编撰的感受。

一是关于《中国学术思想编年》。该书是由张先生主编的，我虽然也是该书的副主编，但这部书从书名、撰写的原则到体例都是张先生经过深思熟虑后才形成并确定的。我们在1997年12月，由张先生主持，召开了第一次编撰工作会议，确定了本书的指导思想、基本原则和体例，然后由各位作者开始撰写。这部书我们采取了我国传统编年体的特殊表现形式，按历史和时间的顺序，将有关学术思想史上的学人、著作和学术活动等联系起来，力求把学术思想史上的历史变迁、学术发展史上的学派关系，通过时代性、空间性立体地展现出来，以此为主线，向读者提供一手的历史资料，同时要留有读者思索的学术空间。1998年10月初，又在初步撰写的基础上，召开了由张先生主持的初稿预审研讨会，还约请了楼宇烈、彭林、王世舜、范立舟等专家参加。在会上，各位专家学者发表了很好的意见和建议，对本书的修改起了重要的指导作用。会上张先生特别强调这部书不是偏重于一般哲学思想、政治思想的著作，而是要关注中国古代历史上不同时期的主流观念文化，一定要突显观念文化的特征，要突出其综合性、整体性和学术性。在整个撰写过程中，张先生给予了深切地关注和直接的指导。在编撰的近十年间，张先生给我本人写的有关该书编写的指导原则、方法、体例乃至一些具体问题的处理意见的信件一大摞。作为以编年体形式写成的学术思想史，张先生特别强调要把各个时期的学术研究与该时期的学术思潮紧密结合，并紧紧地扣住中国学术发展史的主线，因为只有在学术史的视野下，才能使思想史上所涉及到的一些重要思想、命题的提出得到具体的历史说明和思想逻辑的展现。为了避免和克服编年体可能造成的把思想学术史分割开来的弊端，张先生还强调对每一重要的学术观点，一定要在具体分析经济的、政治的、文化的背景下，弄清它是在什么时候、由何人首先提出的，后来又经过怎样的发展，最后由谁完成的，使思想发展有一个明晰的脉络。张先生还特别强调，在纷繁复杂的学术思想发展中，一定要突出儒学和史学这两条主线，突显各个时期的主流学术思潮，如先秦的诸子学、两汉的经学思潮、魏晋的玄学思潮、晋唐的佛学思潮、宋明的理学思潮以及清代的朴学思潮和近代的新学，还要尽可能地从宗教学、政治法律学、文学、训诂学、目录学等广阔的学术视野来把握它，使之以清晰的脉络展现在读者面前，从而避免一般化、概念化的叙述。所以，我觉得张先生对我们编写这部书起了关键性的指导作用，也付出了大量的心血。

关于《中国思想学说史》，我也有幸作为分卷主编参加了《魏晋南北朝卷》的撰写工作，我很感谢张先生和思想所给我提供的机会。"魏晋南北朝卷"自始至终都是在张先生的指导下进行撰写的。在撰写的过程中，我们也一如既往地贯彻了张先生提出的许多上面已谈到的一些指导性原则。

我个人的体会有如下两点：

一是我们遵照张先生的指导原则，努力贯彻社会史和思想史相结合、思想史与文化史相融通的原则，对许多问题的研究有所深入。我们知道在魏晋南北朝时期，社会剧烈变动，思想复杂而活跃，社会风气也颇具有独特性，那么如何准确地把握这个时期思想的延续与演变，从社会史入手，我看确实是一把钥匙。正因为坚持了这个方法，我们在很多问题上的认识也越来越明确，所以写起来也比较得心应手。比如说对汉魏时期"名理学"的出现及其成因，从社会史的角度分析，便有了比较明确的分析和说明。再如，对玄学的产生与成因，我们结合魏晋时期门阀士族这个特定阶层的精神需要和政治需要做了比较深入的分析，对佛教的传入以及在社会上的广泛传播及其原因也有了比较明确的认识。二是注意思想史与学术史的结合。我们从当时魏晋时期的社会思潮中，选取了一些具有代表性的学术思潮，如名理学、玄学、佛学、道教以及儒学等加以展现，同时注意揭示它们之间的复杂关系，尽可能全面勾勒和把握这个时期思想学术体系的面貌，揭示它的演变发展过程，从而使这个时期的思想史研究有了一个广阔的学术视野。

在这个方法的指导下，对有些问题我们也有一些心得和认识。比如说，比较清楚地揭示了玄学与汉魏之际名理学兴起的渊源关系以及玄学与荆州学派、玄学与经学的联系。过去我们在这个方面的研究是比较薄弱的，我们在这方面有所加强。再如，我们拓宽了玄学的视野，以往我们往往不关注、不重视的汉代经学向魏晋玄学转变过程中，荆州学派以及王肃经学在汉代经学向魏晋玄学转变过程中所起的作用，这次得到了较为充分地说明；东晋永和年间的玄学，也被作为一个重要方面加以展现。而这些都是在张先生的提纲里明确要加以研究的。总之，我们在整个写作过程中贯穿了侯外庐学派的基本范式，特别是张先生提出的学术史和思想史相结合的原则,通过这样的考察,把一些抽象的理念逐渐具体化和明晰化。

总之,我这些年在张先生的带领下工作,受益匪浅,我衷心地感谢张岂之先生给我的多次机会,也感谢西北大学中国思想文化研究所对我的支持。在此之际,我祝愿张岂之先生健康长寿!谢谢!(作者系陕西师范大学哲学系教授)

**说明:此文由研讨会学术组根据大会发言整理。**

# 关于中国宗教思想研究的几点问题

——兼谈《中国思想学说史·隋唐卷》的编撰体会

洪修平

尊敬的各位专家、学者,下面我就我的论题和大家讨论交流一下。

我很荣幸地受到张先生的邀请、参加《中国思想学说史》这部作品的编写工作。我承担的是"隋唐卷",在这方面我收获颇多,觉得这是一个很好的学习机会,先后得到了张先生的全面指导。我个人认为,从1999年到2007年这七八年的时间里,确实是在张先生的领导下不断学习、不断交流、不断研究的过程。在这套书的编写过程中开了好几次专题研讨会,就分工、体例以及写作指导思想方面,集合大家进行了多次研讨。

在平日的写作过程中,张先生也经常性提出一些指导性的意见,就是编写《中国思想学说史》应注意的几个问题。我现在记忆犹新的,例如:张先生强调要特别关注整个社会的发展,要注意社会史的研究成果。当时张先生举了国内比较有代表性的研究成果,就是希望我们在整个社会的大背景下进行考察,同时强调经济思想史、政治思想史、军事思想史等要按照历史唯物主义的观点来写。社会存在决定社会意识,这就突出思想的最终根源要到社会生活中去寻找的特点,这是个非常正确的观点。但是在过去的很长时间有些片面性,就是为了写史而写史,淡化了社会存在,没有意识到思想的发展反过来应该到社会中去寻找根源，例如经济原因、政治原因等等，不能把他们很好地结合起来。在此张先生特别强调了这一点，这也是我们编写"隋唐卷"的一点体会。

我们在写作过程中，根据隋唐时期思想发展的主要特点，把它分成几大块。大家知道隋唐时期主要为儒、释、道三家分立。外传佛教经过长期的生存、发展，经过不断中国化、本土化的一个过程，成为隋唐时期中国化佛教的成果。道教也可以说人才辈出吧！道教是在与民间宗教的不断融合并与佛教的不断冲突中逐渐建立了自身的思想体系。另外，儒家也在酝酿着宋明时期新的突破，在解经注经方面有许多新的观点，新的思路。当时唐代处于强盛时期，社会的强盛与整个社会文化发展的宽容是密切相关的，也与当时的民族迁徙、民族融合导致的文化融合密切相关。唐代宗教在京城及其他城市都有发展，由于整个社会经济、政治、文化的繁荣，导致整个社会文化呈现出一种包容的气象，形成了三教并立的思想文化的新局面。我们正是在这样的环境下安排了"社会民族篇"，从整个社会的发展，军事的强大，民族的迁徙，文化的包容的角度展开来写的。

下面以儒家、儒学、经学家、经学为例。隋唐的经学与儒学有密切的联系，所以，在张先生的帮助下，把它作为隋唐儒学的经学背景。按照这样的处理，也就更加侧重经学、儒学的关系，它们之间有差异，但是也有密切的联系。下面就是"道教篇"、"佛学篇"。最后剩下一个"科技篇"，因为这个特色也反映了隋唐时期科学技术方面的成就，那么，按照我们的观点又可以这样回答：任何科学的创造都有思想，都有理念，都有观念，把它们结合起来，这就是我们在张先生的指导下写作的一个体会，就是怎么样把多种的因素、多种的内容有机地整合、融合起来，写出我们自己的一些特色。

第二个体会就是从思想文化发展的角度看，隋唐最突出的表现就是儒、释、道的鼎立，这里的儒教，我们不一定就说它是一个宗教，关于这一点，各家的解释不一样。三教并立是在汉代佛教传入以后三家经过长期的摩擦、渗透、慢慢融合逐渐形成的一个局面。三家并立并非是简单的并列，而是一种整合、融合、渗透。从汉代以来的历史我们可以看到，自从外来佛教传入后，儒、道的冲突就相当地尖锐，它们相互排斥，相互批判，而这种排斥、批判有时候是它们相互融合的一种原因。这种批判在某种意义上讲是击中了道教的要害，因为早期道教确实比较粗俗，经常被农民起义利用，但这种批判反过来又促进了道教自身的不断改进与发展。大家知道，魏晋南北朝道教的改革，同时对儒教、佛教的东西进行改造，这样就完成了宗教从比较粗俗的状态向成形的、规范化方向的发展。而这种发展可以视作是由于受到外来佛教的批评而形成的。反过来，我们看到佛教也有这种情况。佛教是外来宗教，经常被儒家批评为不孝。中国最讲礼仪，讲道德，而佛教讲君、王、父、母可以不奉，这便成为当时批评佛教的主要方面。还有就是当时中国有句俗话："不孝有三，无后为大。"而佛教讲为了修佛，可以不娶妻生子，这在当时被儒家攻击为不忠不孝之大罪。而正是由于这样的冲突，才加快了佛教与当时中国儒家文化的融合与适应的步伐。到了隋唐时期，佛家对儒家也讲孝，在当时的各家里，佛教最讲孝。另外，佛家的性也是被经常攻击的要害，人世轮回就是一例，但是后来受到来自中国文化的攻击、包容以后，却加快了这方面的步伐，加快了中国本土化的融合进程，这样，隋唐时期佛教便不以性著称了，而以孝为根本。但佛家的孝超越了儒家孝的范围，而讲对"一切人的孝"，这样反映了隋唐三教并立不是一般的并立，而是都有一个理论的意愿，即吸收另外两家的学术思想来发展自己的思想、体系，推进自我的发展。这也酝酿着新的思想发展的气息，可以说是佛教本土化的最大成就了。所以，我们编"隋唐卷"时特别关注三家之间的关系，在某种意义上讲，可以说是在三教关系的视角下来展开对隋唐时期思想史整个画面发展的考虑。我们力图在张先生的指导下，不是简单分门别类把握三家的思想，而是特别注意三家的矛盾冲突，这种矛盾冲突又推动着三家之间的相互融合、相互吸收。这种融合是在整个中国文化这样一个大的背景下发生的，而不是说三家就由此失去了它自己的特点，变成了相同的东西了。

第三点体会就是佛教部分。隋唐是中国佛教发展的最鼎盛阶段，最重要的标志就是中国化的佛教的出现，例如禅宗、三论宗等佛教宗派只有在中国才会出现的。在这三教关系中，佛教在中国的发展体现了中外文化的一种碰撞和交流，所以在写作中也特别关注这个时期中外文化的交流。另外，中华文明之所以五千年不断，始终是由于它对外来文化的一种吸收、借鉴，一种包容。例如：夷夏之辩确实有种对外来文化的排斥，但这种排斥是有选择和辨别的。它们是对佛教的部分排斥，同时又作了部分的吸收。这可以说是我们对中外文化碰撞、交流的一种认可，一种收获吧！对于这种文化，我们称之为相对的封闭性与排斥性，这是我们写"隋唐卷"的第三点体会吧。

我要说的就这么多，谢谢大家！（作者系南京大学中国哲学与宗教文化研究所教授）

**说明：此文由研讨会学术组根据大会发言整理。**

# 张岂之先生与
# 《中国思想学说史》的编著

肖永明

　　由张岂之先生担任总主编的《中国思想学说史》终于由广西师范大学出版社出版了。看到这套六卷九册四百多万字的皇皇巨著，不由得感慨万千。从 1999 年 9 月《中国思想学说史》编写工作正式启动至今，八年的时光已经悄然流逝。八年来，《中国思想学说史》的各位分卷主编、各位参加编撰的作者、出版社的领导和诸位编辑为著作的撰写、出版付出了无数的辛劳，而张先生作为《中国思想学说史》的总主编，更是为著作的编著、出版殚精竭虑，倾注了自己的心血。在《中国思想学说史》编写过程中，我与方光华教授、何炳武研究员有幸在张先生指导下担任了一些日常联络工作。在这里，我就自己作为联络干事所了解的点点滴滴，谈谈八年来张先生从酝酿《中国思想学说史》的编著，到提出卷、篇、章、节的写作框架及各篇的写作提纲、撰写原则和对著作的定位，直到反复统稿，审订稿件、提出修改意见的种种情形。由于我不在张先生身边，对编撰过程的了解并不全面，挂一漏万之处，还请各位师友补充、指正。

（一）

　　张先生编著《中国思想学说史》的想法酝酿已久，准备工作也早已展开。在张先生看来，"学术总是在前人研究的基础上有所创新和进展，离开已有的成果，凭空地创造在学术史上还没有出现过。"必须对前人的研究成果进行梳理、总结。为此，在1999年的《中国思想学说史》编著工作启动会召开前，张先生已经着手对1949－1999年的五十年间的中国思想史研究进行了总结、评价，并对中国思想史方法论原则进行了思索与探讨，撰写了《50年中国古代思想史研究》一文，发表于《中国史研究》1999年第4期。

在该文中，张先生首先谈到了侯外庐五卷六册《中国思想通史》的学术价值，认为这是一部完整、系统的关于中国思想学说史的学术专著，是五十年来第一部马克思主义的中国思想通史。作者们将中国社会史和思想史的研究融为一炉，本着历史与逻辑相统一的精神，对中国思想的内容、演进、特色等进行了系统的分析和论述，至今仍然是我们研究中国思想史的典范。

此外，张先生还从"儒家思想研究的开拓"、"道家思想研究的新收获"、"宗教思想研究的新成果"三个方面，总结评价了五十年来的中国思想史研究的成果，并对未来的中国思想史研究进行了展望，提出了思想史与学术史研究结合、与社会史研究结合、与多学科结合的主张。张先生认为，将思想史与学术史研究加以结合，并不是人为地将它们捏合在一起，而是要寻找二者的沟通处，使之融合为一个整体；不论对"社会史"如何理解，是马克思主义的概念，还是法国年鉴学派的界说，都可以在思想史研究中加以结合；思想史是边缘学科，思想史研究要创新，必须与其他学科结合，这是思想史研究的生命力所在。

这篇文章为《中国思想学说史》的编著作了重要的学术、理论准备。文中所阐述的一些思想史研究方法、原则、主张，在《中国思想学说史》的编著原则、方法、指导思想的确定、框架结构的安排等方面都得到了体现。

稍后，张先生又提出了编著《中国思想学说史》的写作提纲，设想将全书分为先秦（上、下）、秦汉、魏晋南北朝、隋唐、宋元（后来正式出版时调整为上、下两卷）、明清（上、下）共六卷八册，约400万字。全书采用卷——篇——章的框架，在各卷下按内容设立若干篇，每篇采用类似于专题的形式研究不同时期思想学术的发展演变情况。篇下再分章节。这一设想，后来得到参加编撰的学者的一致赞同，最终付诸实施。这种框架结构安排，也使《中国思想学说史》从一开始就体现出创新，具有自己的特色。

## （二）

在经过较长时期的准备之后，1999年9月21至23日，西北大学中国思想文化研究所举办了"中国思想史学科建设暨《中国思想学说史》编著研讨会"，来自清华大学、南京大学、湖南大学、山东大学、湖北大学、河北经贸大学、中国艺术研究院、西北大学等高校和科研机构的学者五十余人参加了会议。广西师范大学出版社何林夏总编也代表出版社向大会召开表示祝贺。

在会议上，张先生与各位代表梳理、总结、评价了五十年来中国思想史研究，探讨了中国思想史研究的方法论原则。《中国思想学说史》的编著工作始终是与对中国思想史学科的探讨、思索联系在一起的。这一点在此后历次《中国思想学说史》讨论会的主题中都有明显体现。

在此基础上，会议还就《中国思想学说史》的编著作了具体安排，决定聘请刘宝才教授等学者任各分卷主编，并与分卷主编签订了合同，要求各分卷主编以张先生提出的《中国思想学说史》写作提纲设想为依据，提出详细的章节总目，在仔细商讨之后于2000年初开始撰写。编著工作完成后交广西师范大学出版社出版。

这次会议，标志着《中国思想学说史》编著工作的正式启动。此后，编著工作按照原有计划次第展开。张先生密切关注各分卷的进展，及时与各分卷主编联系沟通，共同确定各分卷参与撰写的专家学者，通过反馈的信息及时了解各卷情况。有一段时间，我在南开大学每周都能收到张先生询问、安排、布置《中国思想学说史》编著工作的信件。

## （三）

到2000年秋，张先生又组织、主持了第二次《中国思想学说史》研讨会。当时，张先生看到，《中国思想学说史》启动已经一年多，参撰的各位专家学者已经撰写了部分样稿，有必要统一思想认识，及时解决编撰过程中出现的各种问题，提高全书编撰质量。这样，2000年10月21日到23日，在张先生提议之下，来自清华大学、南开大学、暨南大学、西江大学、中央党校、西北大学、湖南大学等高校的十几位专家学者在湖南大学岳麓书院举行了第二次《中国思想学说史》研讨会。

在研讨会上，各卷主编与作者首先就所提供的18章样稿作了介绍说明，并汇报了各分卷的进行情况。通过三天的讨论交流，大家在各分卷内容的衔接、协调，各卷体例、语言风格的一致等方面达成了共识。

在会议中，张先生对与会代表的各种意见进行了总结，并就《中国思想学说史》的编撰提出了一些指导性意见。

张先生谈到，《中国思想学说史》之所以不叫思想史而叫思想学说史，目的在于创新。但如何处理思想与学术的关系？也就是说，在思想史的分析中，如何体现"学术"的意义，同时在学术史描述中如何体现思想的深层内涵？这些都值得大家思考。

张先生认为，过去的学者和思想家对学术的看法，包括了他们在一定历史条件下对前人学术思想的批评，在批评中发现的学术问题，解决学术问题的出发点、思路、方法、理想等等，这对于他们的学术思想有决定性的影响。我们在写作过程中，必须要注意这种影响。有些学者和思想家有明确的学术观，我们完全可以进行专门讨论，或者在具体的分析、评价中加以体现。

张先生还谈到，在学术史描述中如何体现出"思想"的深层意义，这一问题也值得重视。他认为，撰写者本人要有学术水平、有思想，才有可能写出既有学术水平，又有思想的精深著作来。这就要求我们要多学习、多思考。在写作中，不仅要如实描述，而且要进行逻辑分析，综合概括，观点鲜明、论点突出，做到"持之有故，言之成理"，使我们的《中国思想学说史》成为既有学术性又有思想性的著作。

张先生还就学术规范问题提出了要求。他认为，应该重视最新文献资料的应用，广泛吸收国内外最新的学术研究成果，对已有成果的引述应注意学术规范。

在这次会议上，张先生又安排了《中国思想学说史》的撰写进度，要求2001年12月底各撰稿人向各卷第一主编交稿，2002年3月底4月初，各分卷主编向总主编交稿。

张先生在《中国思想学说史》编撰过程中组织、主持的这次会议，及时解决了编撰过程中出现的一些问题，各位参撰者在编写的具体问题（特别是语言风格、体例）上形成了一致看法，对于《中国思想学说史》的定位、主旨、特色、学术规范以及撰写过程中的要求也有了更加深刻的理解。这些，对于本书编撰工作的顺利展开具有重要意义。

（四）

到2002年夏天，《中国思想学说史》的大部分章节的初稿已经完成。为了进一步统一认识，解决初稿中存在的各种问题，张先生又主持召开了《中国思想学说史》审稿会暨中国思想史学科建设研讨会。

2002年6月15日至16日，来自南京大学、清华大学、暨南大学、湖南大学、中国艺术研究院、中央党校、肇庆学院、河北经贸大学及

## 张岂之先生与《中国思想学说史》的编著

西北大学的二十多位学者会聚西安，围绕《中国思想学说史》的编著及中国思想史学科建设问题进行了讨论。一些学者谈到了撰写《中国思想学说史》的心得、体会，以及在《中国思想学说史》撰写过程中对思想学术史研究方法的探索、对思想学术史这一概念的理解、对思想史与学术史的关系的把握等方面的问题。

张先生就《中国思想学说史》的审稿工作提出了自己的看法。他指出，近年来，中国思想史研究取得了一些新的进展，如中国思想史的文献研究，儒经、佛经、道藏等研究正在深化；地下出土文献受到关注，简帛学的研究取得新成果；民间思想的研究受到重视，学者们注意将社会史层面的整体理解与精英思想的研究相结合；西方汉学家研究中国思想史也有一些新的成果。我们要力求在《中国思想学说史》著作中反映、吸收这些最新的研究成果，提高我们的编撰质量。

张先生也谈到，中国思想史研究在取得进展的同时，学术上的浮躁风气也对思想史研究产生了一些负面的影响，我们要克服这些不良影响。

在总结与会学者有关思想史与学术史关系的讨论的基础上，张先生认为，《中国思想学说史》全书应该贯穿一个理论观点——思想史与学术史的融合，这也是本书的一个特色。

对于已经交稿的稿件，张先生表示要在各分卷主编审阅的基础上，对其中不合格的稿件加以修改或者另起炉灶，重新撰写，一定要把书稿质量放在第一位。

对于因为种种情况没有及时交稿的章节，张先生根据具体情况调整了分卷主编和参加撰写的人员，补充了数位在学界崭露头角的年青学者加入编撰队伍。

这次会议标志着《中国思想学说史》编著工作总体上进入后期审阅、修改、统稿的阶段。由于本书是一部六卷九册四百多万字的巨著，参加编撰的学者较多，研究方法、学术路数、写作风格乃至研究态度、水平都有一定差异，因此全书审阅、修改、统稿的任务很重。在这期间，张先生与各分卷主编或个别交换意见、或集体商讨问题，做了大量艰苦而细致的工作，力求保证书稿的质量。我们今天看到这沉甸甸的九册著作，可以想见张先生和各分卷主编为此所付出的大量的心血。

## （五）

在漫长而艰苦的审稿、统稿阶段，张先生又组织了多次小型的讨论会，邀请部分分卷主编和编撰者围绕书稿进行反复讨论。我因为出国作访问学者，只参加了其中一两次会议。

2006年5月9日，张先生在西大萃园召开了一次《中国思想学说史》定稿会，刘宝才教授、方光华教授、谢阳举教授、范立舟教授、刘学智教授等参加了会议。张先生在会议中介绍了《中国思想学说史》审稿、统稿情况，并分别就各分卷的特点或不足谈了自己的看法。如他认为魏晋南北朝卷"线条清楚、明确，对玄学、佛学的交叉关系的研究有进展"；隋唐卷"佛学部分写得好"；明清卷一些章节未能反映清代思想史的特色，"需要删改、补充"，等等。他还谈到，"清代中叶一批大思想家一定要写好"，"能否将我们的发现与前人的成果区别开来？参考了哪些学术著作要注出来，这是学术著作的要求"。

张先生还布置了部分章节修改或重新撰写的任务。他说，"看稿后要提出一个修改方案"，"修改不拘泥于一周两周时间，符合质量要求才出书，今年不行就明年出。质量第一，对时间不作硬性要求"。

正是基于这种质量第一的意识，张先生又组织一些学者在2006年前后对个别章节进行了进一步的修改、完善甚至改写。虽然从一时看，这样做使著作出版时间往后拖了，但从长远看，这种做法保证了全书的整体质量。

此外值得一提的是，《中国思想学说史》编著工作启动数年来，学术界对学术规范又有了新的、更高的要求，原来确定的《中国思想学说史》撰写规范中对引文、注释的规定已经滞后。有鉴于这一情况，张先生在2005年春季决定让各位参加撰写的作者重新核对全部引文，将引文、注释全部详细标注页码。这样做，工作量很大，但这一举措对全书学术价值的提高有很大的促进作用。现在回过头看，其必要性是不言而喻的。张先生这种质量意识、精品意识，在《中国思想学说史》的编著过程中多有体现，可以说是一以贯之的。

## （六）

以上只是简单地、粗线条地谈到了自己所参与的几个会议情况。实际上，《中国思想学说史》从项目启动到著作出版，张先生作为本书总主编、本书编著工作的指导者，所耗费的心血和精力是我所难以言述的。而张先生在编著本书的过程中种种的情景更是感人至深。记得每次见面或者节假日打电话问候张先生时，张先生总是迅速转入到《中国思想学说史》的话题，或者关心某分卷的交稿时间，某章节是否完成，或者很欣喜地说起某分卷某部分写得不错，某章节在修改后质量大有提高，等等，让人感受到张先生对《中国思想学说史》的投入与牵挂。还记得一次会议的晚上，张先生邀请刘学智教授、方光华教授、谢阳举教授、张茂泽教授、范立舟教授、刘固盛教授和我等参加撰写的人员在他的房间讨论《中国思想学说史》的相关问题。当时张先生兴致很高，一连谈了几个小时，直到深夜12点半钟才结束，让我们既为张先生倾注情感于《中国思想学说史》之中而感动，又为张先生的身体担忧……今天，在《中国思想学说史》出版之际，我要向张先生表达我的崇高的敬意，并衷心祝愿张先生健康长寿，继续为学术事业的繁荣、为中国思想史学科建设的发展做出贡献！（作者系湖南大学岳麓书院教授）

## 三、张岂之先生教育思想管窥

「只有人文学术个性化得到发扬和支持,才可能形成不同的人文学术流派,各有特色,绚丽多彩,相互竞争和讨论,从而形成「百家争鸣」的人文学术繁荣景象。」

# 为了人文的春天
## ——张岂之先生教育人文观述要

谢阳举

今年是张岂之教授80周岁，借此机会，笔者拟根据张岂之先生的部分论文，尝试对他有关高校素质教育、特别是大学文化素质教育的论述作一述评，以与从事大学教育的人士进行交流。当然，笔者首先应该说明的是：张先生这方面思想充实完整，关于其来源、思路与结构，尤其是个性特色以及大学理念、大学文化等，由于自身素质的不足，笔者不敢说本文能做到足够的理解和全面的把握，谨希望对他的文化素质教育思考的热心、精华与值得深入研究的地方有所认识。

### 一、念念不忘大学文化素质教育

素质教育属于这个时代教育者的共识之一。在我国，素质（quality）教育的说法是20世纪90年代提出来的，关于素质教育最早的研究文献见于《素质教育是初中教育的新目标》[①]。它被提出来的背景原因主要有：较长时间内我国的教育深受原苏联专业分工过细模式的影响，高中以上教育普遍存在文理分离、重理轻文现象，加之受过去左倾思想贻害，使得教育内容方面忽视了祖国和世界的优秀文化；改革开放后，恢复高考统考，同时社会进入转型期，功利主义抬头，教育现象

---

① 《上海教育》1988年11期。

更复杂了,又出现了应试教育、高分低能、高学历低素质、创造力不足等种种流弊。还有,社会上不断有人质疑:为什么我国大学培养不出大师级人才?素质教育的概念,就是在这些背景下应运而生并日益得到社会认同的。由于它具有极强的针对性和包容性,甫一提出,很快就受到各方面重视。自上个世纪 90 年代以来,素质教育研究已经扩展为我国一种新兴的教育思潮。统计显示,自 1988 年以来,我国的《教育研究》、《比较教育研究》、《高等教育研究》等 1000 多种期刊所发表的论基础和高等素质教育类的文章,总计约有两万篇。

20 世纪 90 年代,素质教育被作为改革的纲领性口号引入大学教育,学者们提出了大学文化素质教育的主张,这是顺理成章的事情。至此,素质教育成了从基础教育到大学教育的一个全程理念。素质教育、大学素质教育、大学文化素质教育是中国现代教育史上重要的教育改革思潮和运动,它受到国家政策和法律的大力支持。1995 年教育部在全国 52 所高校推行文化素质教育试点工作。1996 年八届全国人大四次会议以法律文件的形式通过了《中华人民共和国国民经济和社会发展"九五"计划和 2010 远景目标纲要》,提出要推行"全面素质教育"。1998 年在四川大学召开试点高校工作会议,教育部决定全面推行文化素质教育,并宣布成立高校文化素质教育指导委员会。同时,规划建立国家文化素质教育基地,陆续出版系列教材和参考资料。1999年 6 月第四次全国教育工作会议召开,会议发布了《中共中央国务院关于深化教育改革全面推进素质教育的决定》(中发〔1999〕9 号),《决定》提出:"实施素质教育,必须把德育、智育、体育、美育等有机统一在教育活动的各个环节中。学校教育不仅要抓好智育,更要重视德育,还要加强体育、美育、劳动技术教育和社会实践,使诸方面教育互相渗透,协调发展,促进学生的全面发展和健康成长";实施素质教育"是一个关系我国教育发展方向的重大问题";《决定》十分重视大学素质教育,明确提出要"普遍提高大学生的人文素养和科学素养"。

　　素质教育为什么能打动一个时代,乃至成为中国高等教育的主潮流?笔者以为就是因为它抓住了现时代高等教育的关键问题。素质教育问题的提出有深层的现实和历史原因,但是,其本质毋宁说就是人的现代化问题,这是中国现代化建设中的根本性课题。正如英格尔斯所说的现代化包含思维、价值观和制度等多个层面,因此,说到底是人的现代化,现代人需要具备适应现代化的"文化心态、心理特征、价值观念、思维能力、政治态度、道德修养和思想境界"等;又说:"如果一个国家的人民缺乏一种能赋予这些制度以真实生命力的广泛的现代心理基础,如果执行和运用这些现代制度的人,自身没有从心理、思想、态度和行为方式上都经历一个现代化的转变,失败和畸形发展的结果是不可避免的。再完善的现代制度和管理方式,再先进的技术工艺,也会在一群传统人的手中变成废纸一堆。"[1]众所周知,我国是一个发展中大国,改革开放后进入了现代化建设稳步发展的快车道,"现代人的素质"很快就不可避免地被提到议事日程上来了。高等教育是培育人才的基地,对公民素质具有先导作用,素质教育成为我国高等教育的理念和指导方针是自然而然的结果,素质教育是我国大学在新时期的历史使命之一。

　　20世纪中国紧跟着19世纪积贫积弱、多灾多难的中国而来,也是中国历史上一个不平静的时期,这个世纪中最振奋人心的大事首推两千多年的专制统治的终结,新的时代塑造了几代人的精神面貌。当我们回顾20世纪的时候,不难发现,萦绕在20世纪优秀的中华儿女心头的压倒一切的使命,始终是独立、进步和富强的中国梦。怀着这样的伟大理想,20世纪的大多数老知识分子和教育工作者,在经历抗日反侵略战争、国内战争以及文化大革命等种种大事变中,尤能关注

---

[1] 英格尔斯:《人的现代化》,四川人民出版社1985年版,第4页。

现实、关心社会,未尝丧失报国济世的奉献和奋斗精神。这是20世纪那些老知识分子们令人值得钦佩的地方。张岂之教授生于1927年,曾经在重庆南开中学求学,1946年毕业后考入北京大学哲学系,1950年毕业后考入清华大学哲学系攻读研究生(后肄业),1952年来西北大学,跟随侯外庐先生从事中国思想史学科的研究拓展和教学工作,其间担任过6年大学校长职务(1985-1991)。笔者受教于张岂之先生多年,常常感到在他那一代人的身上,往往有着强烈的时代印记。尽管身处平凡的教师岗位上,他们的历史责任感却不让与人,在他们谦和儒雅的外表下面,仍然有着独特的、不平凡的思考和气度,比如严肃凝重、忧国忧民、注重大节、言行合一等等。也许因为思想文化是触及个人与民族灵魂的学科,所以,它在我国近百年社会发展和当代高等教育事业中,多了一些特殊的含义和关联性,这一点也十分明显地体现在张岂之先生有关高等教育的忧思中。与此相比,今天的大多数年轻人恐怕要散淡轻松得多了(当然,他们也有可爱的一面)。作为一位长期耕耘在中国思想史研究和教学领域的人文学者,长期以来,张岂之教授十分重视大学教育问题。素质教育的理念再一次激发了张岂之先生的教育理想,甚至可以说,这个概念反映了时代的要求,也说出了他心里想说的话。所以,不难理解他为什么那样热心于大学文化素质教育的研究。

据笔者了解,改革开放以来,他是较早投身我国大学文化素质教育研究和改革中的一员,做过大量工作。例如:担任教育部文化素质教育委员会顾问多年,多次参加有关高校素质教育的会议,不辞劳累地亲赴一些大学讲演,积极参加调研活动和本科教学实践,以高度的责任感主持多部相关教材的编写,指导和扶持中国思想文化研究所青年教师在西北大学开设文化素质教育系列课程和"中国传统文化"国家级精品课程,自1992年起创办并主编旨在提高公民文化素质的普及读物《华夏文化》杂志。值得一提的是,多年来,他将素质教育问题放到人的发展、现代化建设和民族未来等重要的地位上，对大学文化素质教育展开了多方位、多层面的思索，先后撰写数十篇相关学术论文。

在推进大学素质教育的实施过程中，很多人感到，大学文化素质教育是大学素质教育的突破口，张岂之先生属于较早明白认识到这一点的一批思想者之一，认识到这一点具有重要的意义。今天看来，把大学文化素质教育作为突破口，是切中时弊的，也是大学素质教育发展迈出的成功的第一步。在经历过文革之后于上世纪80年代复兴的中国大学里，一些大学生存在着心灵空虚、理性思维不成熟、价值观失调、审美情趣异化、独立人格意识不彰等等隐忧，种种高等教育的焦虑集中表征在文化断层、文理分裂、人文淡薄等方面。换句话说，我们的时代存在着对人类优秀文化的饥渴、对文明方向的期望以及对理想人格与高质量人才的需求。张岂之先生奋斗在高校，且清醒地认识到大学对社会的引导作用，所以才会与高等教育的走向不谋而合，较早强调加强大学文化素质教育。回看张先生的论文，我们可以看出，关于大学素质教育突破口的认识，他是强调得比较充分的。

关于大学文化素质教育登上我国教育战略之一的时间标志，张岂之先生有这样的说法："1995年9月，在华中理工大学召开的加强高校文化素质教育试点工作研讨会上，周远清同志代表教育部作了《加强文化素质教育，提高高等教育质量》的讲话，这标志着我国高等教育加强文化素质教育的正式开始。"周远清同志在发言中说："抓这项工作不仅仅是为了提高大学生的文化素质，也是希望通过这项工作探索一下我们的人才培养模式同教育观念和教育思想的改革。"根据张先生的解读，可以得出这样的结论："加强文化素质教育是我国大学落实素质教育的开端，或者称之为大学素质教育的第一课。"[①]事实上，大学文化素质教育正是大学素质教育的题中应有之义，但是，找到大

---

① 张岂之：《论我国大学文化素质教育的特色：纪念大学文化素质教育十周年》，手稿，下同。

学文化素质教育这个切入口并不是一件易事。难怪有人说,文化素质教育"应该成为中国高等教育历史上的一个里程碑"①。笔者以为,一个大思潮的兴盛,往往与它在解决一系列大问题时展示的效果有关,从20世纪初的国民性的讨论、历次中西古今文化之争直至中国人的文化心理积淀的探讨,国民性改造和大学中的中西文化关系这一问题,终于可以说在大学文化素质教育思想这里找到了较为理性的解决出路,这不能不说是大学文化素质教育比较成功的一面。早在1993年2月13日中共中央、国务院下发的《中国教育改革和发展纲要》中,就曾提出以"全面提高国民素质"作为教育目的。大学文化素质教育由教育部实施是中国特色高教理论和实践上的大事,对此,张岂之先生心里很清楚。据张楚廷先生回忆:"就在十年前人文素质教育于大学兴起之时",张岂之先生曾说:"这件事的重大历史意义在下一个世纪将会被看得很清楚,人们会记得这一件事。"②按照张岂之先生的认识,"大学是推行素质教育,即与专业教育相结合的素质教育的场所。这是一个新提法,是我国教育观念、教育理论上的发展","21世纪上半叶的教育离不开这个总方针"③。可见,他对大学文化素质教育的重视和信心。

他这样关心大学文化素质教育的兴起并有比较丰富的理论成果,决不是偶然的,因为他长期从事中国传统文化和思想史的科研教学工作,关注国内外教育理念和动态,对高校学生的情况比较了解。早在上个世纪80年代就率先在西北大学面向本科生举办中国优秀传统文化教育报告,并编写过《中国思想史》、《中国传统文化》等几部较有影响的大学生教材。笔者记得,人文精神和人文关怀是他经常思考的问题,1997年他完成了《中华人文精神》一书,随后他经常谈到中西

---

① 曹莉:《关于文化素质教育与通识教育的辩证思考》,《新华文摘》2007年17期。
② 张楚廷:《大学文化素质教育十年断想》,《高等教育研究》2005年第7期。
③ 张岂之:《关于教育人文观的思索》,《高等教育研究》2000年第6期。

方人文精神的问题,曾亲自命题并指导笔者撰写了《家教与中华民族人文精神》、《西部大开发中的人文环境建设》等论文,并在为笔者修改后推荐发表。后一篇论文中的"人文环境"概念就是他在 1999 年提出来的,今天学界不少人已经普遍使用。张先生还计划专著"人文伦理学"的著作。早在 1994 年就曾发表《论对人的尊重》一文,其中,他发表了这样的看法:

> 尊重人——是尊重"人"的人格,要做到这一点,需要从道德和哲学的角度看问题。"人格"是人的尊严和人的特性的总和。人之所以为人,在于人有尊严,有思想,有道德,遵纪守法,能说明世界和改造世界。因而人格就是人的灵魂,也是人的本质属性的构成。一个失去人格的人虽有人之形体以及人之本能,但他已不属于大写的"人"。有了这样的理解,才知道尊重人就是尊重"人"的人格,尊重自己的人格与尊重他人的人格,事实上是相辅相成的。
>
> 尊重人——这是法律和道德的共同基础,需要全社会加以关注,逐渐形成尊重人的社会文化氛围。在我们的日常生活里,对人的不尊重,基础文明的缺乏,是司空见惯的事,是与现代化的经济建设和科学技术水平极不相称的。社会的发展不仅要求有丰富的物质生活,而且要有健康文明的精神生活。对人的尊重——平等待人,这是我们的基础文明,是要大力提倡的。文明的民族才能在现代化的道路上奋进。①

应该说,即使现在读来,当时提出这样的观点,也是具有前瞻性的。从中也可以看出,在大学文化素质教育作为国家高等教育政策实

---

① 张岂之:《论对人的尊重》,《华夏文化》1994 年第 1 期。

施之前,他已经关注人文素养及其教育问题。可以说,关注人文和文明问题,并把它们和高等教育联系起来,是他长期的份内事。细心的读者会发现,张岂之先生日后一系列素质教育思想在这篇短文中可以发现种子。更远地说,他在经历了良好的哲学训练后,中青年时期有很长一段时间师事侯外庐先生研究中国思想史,而侯先生研究的特点就是:把中国思想史放入世界文明发展史的参照系中,坚持客观、冷静的探索,欣赏追求理性觉醒、独立创新的思想,宣扬文化精华,同时坚定地批判古代封建主义、专制主义、等级主义、宗法制思想等[①]。这些都促进了张先生的理性自觉和思维水准。

当然,大学文化素质教育计划在实施的过程中会遇到各种讨论,这就是说,大学素质教育的理论仍然是一个需要不断深入系统地探讨的课题。1995年以后,理论界研究大学素质教育的著作和论文持续增加,张岂之先生也以巨大的热情加入了这一行列。从那时到现在,他不断发表论文、评论,文章涉及的范围比较广泛,如:人文教育观,马克思主义教育观与素质教育,大学文化素质教育的内涵、特色,通识教育、思想政治教育、思想道德教育和大学文化素质教育的关系,大学文化素质教育的模式与实践,大学理念问题,大学生综合素质要素,大学教师人文素养问题,大学文化,大学文化素质教育与创新文化等等。代表性的文章有《关于教育人文观的思索》、《论我国大学文化素质教育的特色》、《高校文化素质教育与理论教育》、《对立耶?一体耶?科学教育与人文教育的历史考察》、《西方近现代大学理念评析》、《传统文化与素质教育》等等。在不断探索和总结的基础上,他对大学文化素质教育的有关理论问题形成了一套较为完整的看法,重温他的观点或许有助于我们进一步的思考。

大学文化素质教育是"大学"、"文化"、"素质"三者历史性相遇

---

① 张岂之:《五十年中国古代思想史研究》,《中国史研究》1999年第4期。

并高度浓缩成的三位一体的概念。它包含三个纬度，即大学理念的纬度、文化的纬度和素质的纬度。留意他的文章，笔者发现，张岂之先生的思考正是围绕这三个纬度展开的。三个纬度的思考一体相关，构成了他对大学文化素质教育的系统看法，他称之为"教育的人文观"①。"教育的人文观"集中展示了张岂之先生对大学素质教育、大学文化素质教育的独特运思，其基础包含了他的"文明人"、"科学观"和"文化观"上。此外，他较为系统地探讨了大学文化素质教育的课程体系与实践观。

## 二、素质、文明人和人的全面发展

让我们首先从素质概念的纬度看一看张岂之先生"文明人"概念的提出。有关大学教育的理念和模式，国内外有多种流派，为什么要提出一个素质教育的概念？张先生认为：

> 显然，我国大学文化素质教育和西方一些国家的通识教育相比较，有她自身的特色。最重要的一点就在于，我们结合中国社会主义初级阶段的实际情况，努力吸收过去传统人文教育和西方通识教育的优秀部分，探索建立有中国特色的大学文化素质教育体系，从而为人的自由全面的发展做准备。②

"有她自身的特色"，就是说，大学素质教育以及大学文化素质教

---

① 张岂之：《关于教育人文观的思索》，《高等教育研究》2000年第6期。文中有这样的话"我想通过21世纪我国高等教育的走向来说明自己的一些论点。论述的主题是关于大学的文科教育，特别是文学、史学、哲学以及语言和艺术学科，即简称为人文教育问题，确切地说就是关于教育的人文观"。在别的地方他也称之为"人文教育观"。笔者以为，"教育人文观"能更为准确地代表他的思想特色。

② 张岂之：《论我国大学文化素质教育的特色：纪念大学文化素质教育十周年》。

育是一个颇具中国特色的教育理论概念，因为大学素质教育的概念准确反映了中国当代高等院校教育的特性和需求，抓住了中国教育改革的要害和出路所在，具有深刻的历史价值和理论发展潜力。"素质"和"文化素质"构成了张岂之先生教育思想的核心部分。什么是素质呢？他有多种说法，不过最集中的表述是：

> "素质"是一个具有深刻内涵的范畴，它包含德、智、体、美教育在内，最能体现我国的教育方针。"素质"范畴吸取了以往"通"、"专"问题论辩中的有益成果，同时又超越了它们的内容，提炼出更高层次的教育理念，准确地阐述了大学教育功能在于培养优秀综合素质的人才。"素质"又是知识与能力的进一步深化发展，含有多种素质内容，如思想道德素质、科学素质、文化素质、身体素质、心理素质等。①

素质也是一个与心理和精神特征密切相关的语词，对此，他曾经说：

> 什么是素质？我的理解是，一个人经过学习，随着知识水平和能力的提高，逐渐转化为内在的素养和气质，就叫素质。……知识和能力要转化为素质，不是自发的，而是自觉的。有人知识水平较高，能力也较强，但是他的素质却不高。如也有少数人，是名牌大学毕业的，知识和能力都不低，怎么走到邪路上去了？这是因为没有自觉性，没有将知识和能力转化为良好的素质。②

素质概念当然是理解张岂之先生教育人文观的基础。一般认为，

---

① 张岂之：《对立耶？一体耶？科学教育与人文教育的历史考察》，《科学中国人》2002年第5期。
② 张岂之：《提高人文素质 弘扬民族精神》，《徐州建筑职业技术学院学报》2004年第2期。

"素质"（quality）是一个中性词，可是，以笔者的体会，在张先生眼里，它决不是一个中性词，而是一个凝聚着高等教育价值和功能认识的概念，这个价值和功能契合于人的目的性价值；它既是对中国特色高等教育自身历史反思和自觉的结果，也对高等教育所培养出来的"大写的人"充满无限期待的术语。在他的心中，素质教育是多元的，例如，包括思想素质、道德素质、心理素质、身体素质、文化素质等等，因而也有多方面的素质教育。不过，构成各种素质教育成立的素质理念本身，却是至上的、完美的概念。从语义和语用上看，不论是在中文还是在英文、德文中，"素质"既可能是中性的，也具有表示高级、优秀素质的意思。张岂之先生所使用的"素质"一语正是具有肯定性的高级价值色彩的素质概念，用他的话说是指"优秀综合素质"。按照他的意思，素质教育要求培养出来的人，在知识、能力、人格、行为、身体、心理、文化等各方面都是真善美的典范、社会的楷模。这是不设发展"上限"的教育观，是追求"锦上添花"的教育观。我们知道，西方有通识教育和人文教育。西方的"通识教育"也含有价值观、道德和审美能力的教育，但是，它的根本特色是智育，实质是要培养出具有自我实现、适应社会和自由发展的最低的、共同的理智能力的人，以及具有运用理智解决道德、审美问题等的能力的人，纽曼（John Henry Newman，1801-1890）的大学理念是其中的代表；人文教育则是大众的、公民的、合乎公共理性的教育，旨在发展人的自由和责任能力，也是以社会公共价值要求为底线的，这从古希腊城邦自由教育起，就是人文教育的基本准则。至于素质包含的心理和精神气质、习惯等方面的意思，无论是通识教育还是自由教育的说法，都没有素质教育理念来得明白准确。

文化素质是从属于素质概念的术语，但是，显然，由于"文化"内涵的丰富性和文明的方向性，使得它是素质教育的切入口。换句话说，它是受过高等教育的人群的首要素质，而其他素质教育被纳入

"全面素质"概念之中,需要文化素质为中介才能保证发展。正因为如此,他讨论最多的就是文化素质教育,包括文化素质教育的核心、根本目的、主体、任务、途径及其与各种教育理论和模式的关系等。根据他的论述,"素质有多种,在各种素质中有一个基础素质,这就是文化素质"[①];"文化素质教育是大学整个素质教育的组成部分,她和道德教育、思想政治教育、身心素质教育、科学素质教育等互相渗透、相互促进"[②];文化素质教育的核心是人文教育,文化素质教育的主体内容主要是文史哲、艺术和语言学等学科的基本知识,这是大学文化素质教育和人文教育的接轨处,用他的话说,大学文化素质教育内容的主体"应当是人文教育,即人文科学(文、史、哲)和艺术的教育"[③],需要注意的是,这里的"人文教育"是相对于"科学素养"、"科学教育"而言的用法;关于文化素质教育的任务,他提出的看法是:"似可归纳为三项:第一、通过人文科学的教育,提高学生的人文知识,特别是读、写和逻辑思维的基础训练;第二、提高大学生的艺术修养,培育健康充沛的感情,从而使美育落到实处;第三、发挥文化素质教育在综合素质教育中基础地位的作用"[④],这里的第三点在张先生的素质教育思想中占有重要地位。此外,张先生还认为,素质是知识内化的结果,是稳定的理智或者德性品质,是精神世界的表征,这就是说,素质含有转识成智、转识成德、转识成境的意思。

张岂之先生对素质教育和文化素质教育基本内容的看法与学界主流看法大体相同。但是,在理解的深度和广度上具有自己的特点。特别是他的偏向价值的素质概念和人文教育观的提出,具有相当的认识高度。这一点体现在张先生关于"文明人"的思考中。笔者认为无论

---

① 张岂之:《大学生文化素质与中国优秀传统文化》,《史学集刊》1999年第1期。
② 张岂之:《论我国大学文化素质教育的特色:纪念大学文化素质教育十周年》。
③ 张岂之:《大学文化素质教育断想》,《华夏文化》1999年第4期。
④ 张岂之:《大学文化素质教育断想》,《华夏文化》1999年第4期。

从理论逻辑还是思想形成的实际过程看,"文明人"的概念是张岂之先生文化素质教育思想中具有独创性的概念,更是理解其思考的关键性概念。"文明人"的提出,显示出张先生对素质教育的深刻内涵和理论基础的贡献。沿着这个概念,大学素质教育理论还有极大的发展空间。

他曾直截了当地宣称:"文化素质教育,主要是一种人文教育,一种使人成为文明人的教育。通过大学文化素质教育,大学生收获到的,就是我们所谓人文素养,或文明程度"①;"文化素质教育,主要是一种文明教育"②。这是他经过多年理论思考后提出来的新观点,对此,他有多种进一步补充性的阐释,例如:"古今中外的教育理论,在论述教育功能的时候,一般都认为教育的主旨,是通过有效的教育手段,使受教育者得到健全的后天培育,成为超越于'本能人'的'社会人'或'文明人'"③;"文化素质教育主要是一种典雅教育","'人文素养'的内涵,和文化素质教育的内容相同","根据古人的看法,一般人要成为全面发展的、理想的人,必须具备各个方面的文明修养,同时还体现在道德规范和现实社会生活中去,体现出高超人文修养的现实力量"④;"高校文化素质教育不研究大学生的先天因素,而力求开辟一条渠道,使他们在后天的培育中,得到文学、史学、哲学基础等人文学科的若干知识、一定的艺术修养和中外文化精粹的熏陶,从而成为具有优良品质和素养的人。这种内在的品质和素养是一个人立身处世的基本点,是学习各种科学知识和技能的立足点,也是'社会人'、'文明人'的必备条件"⑤。从这些论述可以看出,文化素质教育的外延和内涵都得到了提升。虽然,他对"文明人"尚未展开系统论述,但是,仅此足以看出,这是值得加

---

① 张岂之:《论我国大学文化素质教育的特色:纪念大学文化素质教育十周年》。
② 张岂之:《论我国大学文化素质教育的特色:纪念大学文化素质教育十周年》。
③ 张岂之:《高校文化素质教育与教育理论》。
④ 张岂之:《论我国大学文化素质教育的特色:纪念大学文化素质教育十周年》。
⑤ 张岂之:《高校文化素质教育与教育理论》。

强深度研究的、有价值的教育理论概念。笔者以为，他的这个看法是对中国古代特别是儒家人学和人文教育观的继承，但是，又不限于中国古代文化，而是充分考虑了世界文化和教育共同价值取向的教育观。具体地说，这是中国传统文化、西方文化和马克思主义文化在中国碰撞的一种产物。"文明人"的概念大概包含三层内涵，其一，它是通过世界优秀文化而产生的文化人，文化传统的陶冶是文明人形成的基础和必由之路；其二是，它主要是后天教育的产物，这个教育就是他说的"文明教育"；其三，文明人主要是指文明其精神，与本能的人相比，文明人是社会化的人，也是通过文化和精神的吸收、消化而具有内在人性光芒的人。由此我们更深地了解到，为什么张岂之先生反复强调文化素质教育是大学素质教育的切入口。

需要特别提到的是，张岂之先生所说的"文明人"，实质就是马克思主义的教育观中所指的全面发展的人，是真正拥有自由的人。马克思主义的教育观的精华，在张岂之先生教育人文观的构成中占有重要地位，可以说，是他有关大学素质教育和大学文化素质教育思考的重要来源之一。他常常自觉地将自己的教育探索与马克思主义以及中国先进的教育方针联系起来，进行比较性的思考。基于这种思考，他完全拥护党的教育方针。1993年2月13日，中共中央、国务院下发《中国教育改革和发展纲要》，提出"全面提高国民素质"是教育的目的。1996年，八届全国人大四次会议通过《中华人民共和国国民经济和社会发展"九五"计划和2010年远景目标纲要》，以法律性文件形式提出"全面素质教育"纲领性口号。1995年教育部实施大学素质教育和文化素质教育。1999年，第四次全国教育工作会议发布了《中共中央国务院关于深化教育改革全面推进素质教育的决定》（中发〔1999〕9号）。对于这些政策或法规的出台，张岂之先生都表现出极大的热情和关注，多次撰文或者在演讲中加以深度解读和宣传。在他的教育人文观中，将马克思主义教育观和自己对此的学习与思考有机联系起来，并起到了互相阐发的作用,其核心就是把"文明人"和"人的自由全面发展"加以统一,并落实在"全面素质教育"的教育方针上。

他对"全面素质教育"是这样诠释的:"所谓'全面素质教育',是什么意思呢"?除了专业素质教育,"还有思想、道德、心理、身体、文化素质教育等方面。注意各种素质教育之间的协调发展、相互渗透,这样才能达到培养德、智、体、美全面发展的高级专门人才的要求"①。

"可见,使学生(大学生包括在其中)在德、智、体、美等各个方面全面、协调地发展,是素质教育的根本目的。而这一目的,也有社会主义初级阶段的特殊性。若从建设发达的社会主义以至共产主义社会来看,使所有的人都能够自由全面发展,才是终极目的。大学素质教育是总的素质教育的一部分,它在总目标上也要服务于这一目的"②。正因为如此,他说过:"人的全面协调发展,是素质教育的核心。而人的全面协调发展,又是马克思所说的关于人的自由全面发展历程的必要步骤。正因为如此,我们党历来十分重视从人的全面发展角度指导教育工作"③。他的总结是:"使学生(大学生包括在其中)在德、智、体、美等各个方面全面、协调地发展,是素质教育的根本目的"④;"我们追求人的全面协调的发展,追求国民综合素质的整体提高,而终极目标则是马克思所说的人的自由、全面的发展。在教育内容上,我们既要重视文化素质教育,也要重视科学素质等教育。强调各种素质教育相互综合、渗透,使我们的素质教育向着全面教育的方向前进"⑤。

---

① 张岂之:《关于教育人文观的思索》,《高等教育研究》2000年第6期。
② 张岂之:《论我国大学文化素质教育的特色:纪念大学文化素质教育十周年》。
③ 张岂之:《论我国大学文化素质教育的特色:纪念大学文化素质教育十周年》。
④ 张岂之:《大学文化素质教育的特色》,手稿。
⑤ 张岂之:《论我国大学文化素质教育的特色:纪念大学文化素质教育十周年》。

## 三、素质教育的大学理念和大学文化素质教育的新发展

大学文化素质教育实践在开展过程中,不断遇到新课题,例如,大学文化素质教育和通识教育、人文教育的关系是什么?十年后再来看,大学文化素质教育有哪些新的任务?等等。这些问题,直接牵涉到大学文化素质教育理念、成果和地位能否巩固、如何发展的问题。这就需要研究西方大学的理念、人文教育和通识教育的历史、我国大学发展的历史和新时期高等教育发展趋势等问题。张先生的思考一直在前进中,他对我国大学理念发展的历史和西方大学理念的重点,都曾进行过考察,其大学文化素质教育的思想也呈现出发展的姿态。

在大学文化素质教育实施的同时,通识教育和人文教育也在发展。这两种教育观都是西方的成果。人文教育在西方有着悠久的历史,它起源于古希腊自由民的教育,把自由公民视为城邦国家的基础。罗马时期这种观念得到强化,并且在课程上渐成体系,人文理性的基础课程得到了普遍认同。在近代人文主义、启蒙运动的一再发明、充实和完善下,成了西方大学教育的基本理念。西方人文理性主义精神的继承、运用与发展,是这种教育的基本特点。公民素养、公共理性、西方人文主义价值观是它的灵魂。在西方现代化运动和近现代文明体系的建设与完善中,它发挥了巨大的作用。20世纪美国人文教育代表赫钦斯(Robert M. Hutchins, 1899—1977)曾经这样概括说:"教育的目的是'人之为人的改善'";"这就是合乎自由人的教育,这是自由教育,一切人如果要做自由人,都必须接受这种教育"[①];大学的最好的

---

① Robert M. Hutchins, The Basis of Education, see John Martin Rich ed., Readings in the Philosophy of education, Wadsworth publishing Company, Inc. Belmont, California, 1972, p19;21.

定义是"它是独立思想中心"①。通识教育也称为普通教育，是由英国的纽曼直接提出和论证的。他认为："大学是进行通识教育的地方。这意味它的目的，一方面是智育的，而非道德的；另一方面，大学致力于知识的传播和扩展而非知识的增长。如果大学的目的是哲学与科学发现，我不明白大学需要学生做什么；如果是宗教训练，我不明白大学如何能成为文学和科学的活动场所"②。主张通识教育的学者们内部虽然也有分歧，但是，他们都认为，这种教育是与职业教育、专业教育等不同的教育，其首要的任务是培养理智化的人。也就是说，这种教育以理智或者智育为中心，虽然也要培养人格、道德素质等，但是，都是纳入理性、理解力之中培育的。今天，西方各种大学教育的理念和模式从内容、形式和精神上都呈交叉融通之势，张先生说："就其是各种学科都要具备的共同的、广泛的知识讲，它是通识教育；就其是所有公民都应具备的理智能力和一般知识讲，它是普通教育；就其是为了培养理智进而造就自由和负责的公民讲，它是自由教育；就其是以人性为目的的教育而言，它是文化素质教育"③。他说要寻找的是各种教育理念的理念究竟是什么，共性在哪里。这样的发问，是大学文化素质教育深入发展的重要理论问题之一。

抛开细节不论，正如布鲁贝克在其著作中所总结的：大学存在的合法性何在？他在分析美国高等教育历史发展的时候，总结出高等教育有两个哲学基础，其一是"认识论"的，追求客观学术研究、价值中立、为知识而知识、为学术而学术；其二是"政治论"，突出"为国家服务"、"政治目标"④。事实上，各国各大学的立身之本常常兼

---

① 赫钦斯著，陆有铨译《民主社会中教育上的冲突》，[台]桂冠图书股份有限公司1994年版，第8页。
② Newman, The Idea of a University, Press, 1996.3, 152, 89.
③ 张岂之等：《西方近现代大学理念评析》，《高等教育研究》2004年第3期。
④ 约翰·S·布鲁贝克著，王承绪译《高等教育哲学》，浙江教育出版社，1987。

有二者，二者或有偏重，但是不能截然分开。分析任何高等教育和大学理念时需要具体对待。

正是在不断探讨的基础上，张先生提出了中国式的大学理念问题。他旗帜鲜明地断言："大学是推行素质教育，即与专业教育相结合的素质教育的场所。这是一个新提法，是我国教育观念、教育理论上的发展。"①

在新世纪开端的2000年，他对此提出了这样的阐发：

> 中外关于"大学"的定义可以举出很多，例如："大学有大师之谓也"；"大学是探索高深学问的场所"；"大学是学者们（教师和学生）合作研讨学术的场所"等等。但当我们进行深层思考，从21世纪中国高等教育的发展来认识，就会发现以上的定义都有不足之处。中国的高等教育不能脱离中国这个主体。众所周知，我国是一个发展中的大国，历经挫折磨难，从20世纪70年代末开始进入改革开放的历史时期，经过二十多年的奋斗，在各个方面都取得了很大成绩，将在21世纪中叶基本实现社会主义现代化。这个任务极其艰巨，人们将存在的困难和问题加以归纳，便形成这样的看法：需要以全国的力量在两个"素质"，即国民素质和环境素质上做积极的、坚韧不拔的提高工作。因此，中国教育工作者在研究21世纪高等教育的时候，在一些具体问题上固然应当研究并借鉴外国的经验，特别是美国和欧洲一些经济和文化教育发达国家的经验，但是在总的方针和指导思想上需要从中国的具体实际出发，推动建立具有中国特色的高等教育。以上所说两个"素质"的提高是中国的具体问题，这不同于美国和其他国家。因此，中国关于高等教育或大学应当有自己

---

① 张岂之：《关于教育人文观的思索》，《高等教育研究》2000年第6期。

的界说。①

由于中西社会和文化结构的悬殊和中国情况的特殊性,照搬西方模式是没有把握的。举例来说,在欧洲、北美等发达国家,知情意的发展是分离的,社会结构中有宗教、科学和法治的政治,大学主要管理智,道德归家庭和自我管理,信仰交给教会与个人,所以,实行通识教育就很正常,实行人文教育也是必要的。中国的历史和现实显然不一样。这段论述说明他对高等教育在西方的历史文化背景因素有清醒的认识。

与西方对比,中国大学需要承担全方位的教育功能,任何大学都不能限于专业教育、职业技能教育或者其它单一功能的教育。张岂之先生进一步从教育功能的角度论证了他的素质大学教育理念,"不论是哪一方面的教育,其功能都在于提高人的素质。这是关于教育功能最简洁最深刻的界说"②。从这样的角度看,不论大学如何,大学素质教育都具有优先性,因为这些基本素质是中国受过高等教育公民所必需具备的、与其相称的质量要素。大学文化素质教育虽然与和西方发达国家存在已久的公民教育、人文教育、普通教育、通识教育、博雅教育等教育范式或理念具有多重交叉性质,但是,它是切中中国高等教育一个要害的教育理念。

把素质教育作为大学理念,不可避免地会遇到其它教育的冲突,张岂之先生由此而论述了大学文化素质教育与专业教育、思想政治教育和思想道德教育的关系。这些论述体现了大学素质教育和文化素质教育思想的发展。

关于专业教育,按照他的意思,不在于获取死的专业知识,而在于要获得专业的素质、能力,为此,还要培养更加广泛的基本素质。

---

① 张岂之:《关于教育人文观的思索》,《高等教育研究》2000 年第 6 期。
② 张岂之:《大学生文化素质与中国优秀传统文化》,《史学集刊》1999 年第 1 期。

所以，他认为，"专业知识不能代替文化素质"[①]，文化素质是更高一层的概念，它包括以下诸多方面：1. 较广泛的、互补性的知识，比如，学理、工、医、农的人具有人文科学和社会科学方面的知识和素养，又有艺术知识，有较强的审美能力。而学人文科学和社会科学的人，有一定的自然科学知识等。2. 较强的分析归纳能力、较敏锐的观察力和反应力、一定的工作能力，掌握和操纵一定技术的能力。动手能力缺乏还不能说具有相当高的文化素质。3. 分析和观察问题的方法，能够比较客观、实际、实事求是，不走极端，减少片面性。4. 文质彬彬、内外合一的仪态，语言和举止文明优雅。5. 鲜明的民族特色等。"不论是哪一方面的教育，其功能都在于提高人的素质"，这是关于教育功能最简洁最深刻的界说。这就是说，素质才是落实到地步，没有素质的实现，知识就可能不是真正自己的东西。

关于思想品德教育与文化素质教育的关系，他认为，"品德修养在一个人综合素养中的重要地位，显而易见，不容置疑"[②]。原因在于，品德修养是一个人能力、知识、工作、人生等的出发点、价值标准、理想和行为规范准则，是其它一切素养能够正确发挥的内在保障。这个观点和康德的观点是相通的，康德早就说过，道德理性能力和独立人格是道德存在的根本前提，道德素质是人生第一位的，宁可不要科学知识，道德理性能力也不能替代，因为这是社会和人生的保障。这一点他经常强调，在笔者跟随他的15年时间中，他多次申明读书、做人、办事、独立思考和坚持学术创造能力兼顾的重要性，并反对人身依附和盲目服从。张先生时时注意到中国传统德育教育的特点，这就是物理、伦理、事理和心理等兼顾、从天人之际讨论道德，没有将德育和文化素质教育刻意分割甚至对立起来。根据他的体会，中国古

---

① 张岂之：《大学生文化素质与中国优秀传统文化》，《史学集刊》1999年第1期。
② 张岂之：《论我国大学文化素质教育的特色：纪念大学文化素质教育十周年》。

人讲的仁义道德，其内涵既包含我们今天所谓的"道德"，也包含了人的认识、审美等方面的修养在内，是人的综合素质的全面修养，是人之所以为人的核心内容。他的总看法是："我们今天站在使大学生全面协调发展的角度，也可以说，德育作为一种素质教育，它主要是道德素质教育；而文化素质教育也作为一种素质教育，主要是理论思维、思想品德、语言表达、社会文明等各个方面的全面教育。这两种素质教育互相渗透、互相交融，十分明显，不能互相代替。"①他还观察到，道德教育不能停留于灌输、说教，但是也不能满足于抽象的形式规则，因为道德教育离不开文化基础，"德育如果只是抽象地讲道德规范，缺乏对道德内在思想的文化阐释，也缺乏感染力"②。尤应重视的是，在论述道德素质教育的时候，他反复强调民族性、民族传统文化的重要性，要求发挥文化素质教育的德育功能，这是具有历史判断力的选择。

关于思想政治教育，他认为，文化素质教育和思想政治教育有内在的密切联系，同时又有细微的区别。文化素质教育课程着重于人文精神的教育，是为了"打破文理专业壁垒"，"推动人文精神与科学精神的融合"，"改变学生知识单一的不足"，"使学生个性能得到发展"等等，这些功能决定了文化素质教育课程不能等同于大学的思想政治课；大学思想政治课带有政治意识形态性质，不是纯粹的知识传授。但是又认为，政治意识形态的正确性和说服力，建立在理性知识的基础上，大学文化素质教育课与政治理论课可以相互渗透。西方有一个流行的说法，叫做"政治正确性"。事实上任何人的生活都离不开政治纬度。如果我们希望逃避到政治真空中，轻则会使人厌世，丧失积极主动精神，重则会导致反政治行为，总之，并不可取。对此，笔者有切身体会，我曾经误以为纯粹道家是不问政治的，很快就发现道家

---

① 张岂之：《论我国大学文化素质教育的特色：纪念大学文化素质教育十周年》。
② 张岂之：《论我国大学文化素质教育的特色：纪念大学文化素质教育十周年》。

其实最关心政治,只不过方式不同。马克思·韦伯曾经说:"有人说,在大学讲堂中,政治没有立足之地;我同意这种说法",政治不属于讲堂,也不属于课堂①。韦伯这种大学理念不适应中国实际。张先生认为,"从教学角度看,我们所讲的文化素质教育,应该有明确而突出的政治取向"。"当我们在介绍文、史、哲学科知识或其它科学知识时,总是要结合社会主义现代化建设的需要来介绍,这就不可避免有现实的社会政治的价值取向。完全离开社会政治的价值尺度,讲所谓纯粹的文化素质教育,那是不可能的,即使有人这样讲,也缺乏感染力和现实意义,不会受到大学生的欢迎"②。从我国实际角度看,这样的看法是明智的、有意义的。

文化素质教育在大学已经推行十年,应该说,它的内涵有许多发展,开始它的确是以人文教育为核心,这并没有错。但是现在跟十年前的很不一样了,最显著的标志就是在应对我国高校科学和人文教育的尖锐冲突时,它有所发展了。对此,张岂之先生多有论述。科学和人文、人与自然的冲突被称为20世纪学术世界中首要的两大冲突,文化素质教育必须正面、有效地回答这一问题。为此,他详细考察了20世纪我国大学科学、人文教育的理念。他的结论是:"20世纪我国著名教育家的共识是:大学应当具有科学教育与人文教育的融合、渗透。不过,这一关于大学的基本理念的形成却走过漫长曲折的道路"③。在这里,做出这样的判断的根本基础在于他的科学观。他发现,"20世纪初,教育先驱者介绍西方科学,设计中国的科学教育时,他们并无偏见。在他们看来,'科学'范畴中既有自然科学,也有人文社会科

---

① 马克思·韦伯著,钱永祥等译:《韦伯作品集:学术与政治》(Ⅰ),广西师范大学出版社2004年版,第176页。
② 张岂之:《论我国大学文化素质教育的特色:纪念大学文化素质教育十周年》。
③ 张岂之:《对立耶?一体耶?科学教育与人文教育的历史考察》,《科学中国人》2002年第5期。

学"。显然,在他看来,科学主义的科学观是偏见,他举了一个例子,"严复对'科学'理解是:'凡学必有其因果公例,可以数往以知来者,乃称科学。'此'科学'含自然科学、人文科学和社会科学"。其实,早在亚里士多德那里就是这样看的,他认为科学就是对某种想象做出因果关系的系统探讨。可是,随着实证主义科学观的昌盛,自然科学和人文学科的冲突愈演愈烈,人们竟至于认为人文科学只能叫人文学科,不是科学,因为它没有严格的规范和实证可能性!当然,科学和人文分裂的二元论、等级论的科学观在20世纪也不断受到哲学家的批判,例如胡塞尔、怀特海等。尽管如此,我们仍然需要清醒地看到,偏见加功利主义的影响还是十分顽固的,科学与人文的冲突到和平、融合需要新途径。可以说,科学与人文在我国大学里的隔阂和对立远胜于今天西方的世界名校,而西方却在强调学科交叉研究,甚至酿成了跨学科运动。更奇怪的是,20世纪我国大学初创时候的先驱们的观点却开明得多,例如,1916-1923年担任北京大学校长的蔡元培在《北大月刊发刊词》中说道:"那时我又有一个理想,以为文理是不能分科的。例如文科的哲学,必根基于自然科学;而理科学者最后的假定,亦往往牵涉哲学。从前心理学附入哲学,而现在用实验法,应列入理科。教育学与美学,也渐用实验法,有同一趋势。地理学的人文方面,应属文科,而原于地质学的洋期与宇宙生成论,则属理科。"梅贻琦任清华大学校长时,提出"清华大学毕业生,不论学哪一种专业,有一共同要求,这就是'他们对于人文科学、社会科学、自然科学'这三大部分应有'相当准备',即相当基础。因为这三部分'有其相为因缘与依倚之理'"①。可是时隔数十年的今天,我国大学却越来越背离先驱者的理想,为什么与先驱们比,我国高校素质教育存在倒退现象?为什么老一辈科学家兼备科学和人文素养而今人反而失衡?

---

① 张岂之:《对立耶?一体耶?科学教育与人文教育的历史考察》,《科学中国人》2002年第5期。

为什么近几十年高校培养不出来大家、大师？虽然文理分科肇始于20世纪二三十年代，然而，文理分科在国外也是通例，很难说这是中国大学人文和科学教育失衡的原因，那么真正的原因在哪里？可能是另有具体原因。温故确实可知新，有感于斯，张岂之先生提出了"我国大学科学教育与人文教育融合的新起点"这一说法，笔者以为，这个说法是富有深意的。他从历史的角度审视了这一问题，展示了科学和人文融合的创造性动力。他以西方自然科学和人文社会科学互补为见证，指出：文艺复兴运动的人文主义和自然科学的交叉影响，催生出17世纪近代科学革命；18世纪法国启蒙思潮从哲学、人文、历史学、法学和经济学等领域提炼出关于"个人理性"的重要范畴，为科学开拓出新路。他还从反面的角度指出：中国17世纪、18世纪受科举制度束缚，不具备产生"个人理性"的客观条件，没有能够提出在政治学说史上更具有时代创造性的理论体系，中国封建社会末期缺少理性自觉这一课，阻碍了科学文化的创新和发展[1]。从正反两个方面他提出了自己的看法：科学技术不是万能的，仅有科学技术和经济富裕是不够的，第二次世界大战，环境破坏就是明证[2]。在这里，他也提出了自己的设想，"大学素质教育中的文化（或人文）素质教育在实践中成为素质教育的切入口，通过此逐渐将科学教育与人文教育融合起来。……笔者认为，我国大学的文化素质教育是科学教育与人文教育融合、渗透的新起点，也是大学全面素质教育的出发点，具有重要的意义"[3]。对于这个设想，他提出了一些具体的例证，例如科技伦理、环境伦理、计算机伦理、基因伦理、生命伦理等等一大群被称为应用伦理学的新

---

[1] 张岂之：《对立耶？一体耶？科学教育与人文教育的历史考察》，《科学中国人》2002年第5期。
[2] 张岂之：《关于教育人文观的思索》，《高等教育研究》2000年第6期。
[3] 本节引文均见张岂之《对立耶？一体耶？科学教育与人文教育的历史考察》，《科学中国人》2002年第5期。

学科,都是科学和人文交融的见证者。它们足以说明,科学教育和人文教育可以融合且应当融合。由此可见,张岂之先生以科学观为基础提出的借文化素质教育而应对科学和人文冲突的世纪怪症是一个有远见且可行的思路。20世纪60年代以来,美国大学中的道德教育复兴正是由应用伦理学研究启动和维持的,这也印证了张先生观点的价值。

张先生虽然反对泛化的文化素质教育观,但是也反对狭化的文化素质教育观①,这促使他思考基本素质问题。全面素质教育是我国教育部门目前肯定的最高人才理想,然而,从张先生的有关论述中,我们可以看出,他绘制了达到全面素质教育的阶梯性和重点所在。从笔者的角度看,这可以称为"文明人"的基本素质,也可以称之为"全面发展的人"的成长阶梯。这就是他肯定的三个理性自觉:"展望未来,我国大学的科学教育与人文教育的融合、渗透,以及文化素质教育的深化发展,需要注意三个方面自觉性的提高,即道德自觉、理性自觉与文化自觉。'自觉性'是人异于其它动物的特性,在接受教育的基础上,人们主动地认识应当如何做,应当保护什么,应当摒弃什么。在大学文化素质教育中将道德自觉、理性自觉和文化自觉的精神贯穿进去,或许会有助于为提高大学生的全面素质奠定坚实的基础"②,这是当代中国大学文化素质教育的新特点,他称之为大学文化素质教育"坚实的基础"。笔者的理解是,这是今日中国大学文化素质教育的重点,难就难在大学文化素质教育必须解决受过高等教育的人究竟怎样获得最基本的必备素质?张先生的论述启人深思。

## 四、大学文化素质教育的文化基础和文化教育使命

文化对人类的重要性并不亚于自然,个人必须且只有通过在文化

---

① 张岂之:《大学文化素质教育的几个认识问题》,《中国高等教育》2003年第13、14期。
② 张岂之:《对立耶?一体耶?科学教育与人文教育的历史考察》,《科学中国人》2002年第5期。

里面的生存经验才能对存在意义获得觉解。全世界的优秀文化创造和传统都是我国大学生文化素质发展的资源，理解文化意味着整体性理解，大学生文化素质的培育需要自觉地将学习和理解过程放到人类优秀文化传统中去，使大学生在深厚的文化土壤中有机地发展自己的素质。大学文化素质教育得以不断发展，与其占领了人类文化高地是分不开的。可以这么说：大学文化素质教育首先就是文化自觉在中国当代高等教育领域中的直接表现和产物。关于大学"文化自觉"，张岂之先生认为："一方面我们自觉地认识大学应当是先进文化的研究者、传播者和创造者之一，另一方面对大学文化应持有全面的自觉认识"，他指出：在大学里，有科技文化，还有社会文化和人文文化，"至于作为文化核心的人文文化，即主要探讨人的价值观的文化，亦可简称为人的精神文化"①。对于"文化自觉"的地位，人们往往注意不够。看来，这是一个时代的问题，大学素质教育理念从引发到成为思潮，里面存在深刻的文化原因，因为我们时代的精神状况缺失了文化根基。张岂之先生对大学文化素质教育概念中的"文化"有颇多的论述，笔者把它称之为其"文化观"。

张先生声称，"文化素质教育中所谓的'文化'，乃是综合的思想范畴，其意义涉及到人类文明的方方面面，……"②。关于"综合的思想范畴"，笔者认为是一种有机整体性的文化观，它包罗了古今中西的文化成果，包含各种领域文化和各种层次的文化；但是，又是以人文精神为内在纽带的整体性文化观。这种有机整体性可以从他有关整合思维的论述中更明了地看出来。他强调，大学文化素质教育要使学生成为在思维方法上达到多元化的统一的人，诸如：实证与体验的统

---

①张岂之：《我们的大学需要什么：简论大学人文教育的几个问题》，《中国高教研究》2002年第10期。

②张岂之：《论我国大学文化素质教育的特色：纪念大学文化素质教育十周年》。

一、理和情的统一、具体与抽象的统一、文化知识与文化人格的统一、真善美的统一，等等。

这种文化观是开放的文化观，即跨越古今中西的时空界限的。张先生也是近代思想文化的专家，他从50年代开始就不断探讨近代思想文化问题。任何研究近代思想文化的学者都会感觉到文化存在的力量，也会畏惧文化难题的复杂性。拿五四时期说，当时对文化和学术问题存在多种不同的态度。例如：主张吸收西方学术理论与方法；主张回顾传统国学方法；主张"要打破学术理论与方法的中西之别，把中国传统学术的优长与西方学术的优长，都视为学术进步的真理"[1]，等等。1914年，王国维在《国学丛刊序》中说："中西二学，盛则俱盛，衰则俱衰。风气既开，互相推动，且居今日之世，讲今日之学，未有西学不兴而中学能兴者，亦未有中学不兴而西学能兴者。"张先生服膺王氏的观点。他曾经说：

> 对世界文化了解得越多，对本国文化会更加珍惜，在借鉴和研究上会更有深度，更有感情；在传统与现代结合、在文化思想精华与古代文化专制主义剥离问题上越加科学化。同样，对中国思想文化研究得越深，对西方文化越有鉴别力，越能准确地吸收其优质，以补自身文化的某些不足。[2]

这些论述说明他持的是开放的文化观，有人称这类文化观是"人类文化观"、"地球文化观"、"全球文化观"，属于比较前沿的文化观，当然，他本人未必赞成这些称呼。在笔者的记忆中，张先生的开放的

---

[1] 张岂之等：《五四运动与中国现代学术的中西兼融》，《中州学刊》1999年第6期。
[2] 张岂之：《开拓中国思想史研究》，《新华文摘》2002年11期。

文化观还体现在他对西方文化的辩证分析上。他曾经跟笔者说：西方文化不全是腐朽的，试想一想，如果是这样，怎么会出现爱因斯坦、居里夫人？这实在是浅显的事实，可是曾有多少人却在对待西方文化的态度上犯下了严重错误。通常，人们把文化分层为三明治式的结构，例如物质文化、精神文化（心理文化）和制度文化；也有的按照领域，把文化分为政治文化、经济文化、宗教文化、伦理文化，等等。张先生似乎更加倾向于探寻文化的联系而不是划分，他的分析每每体现出文化整体上的相关性解读。

文化是复杂的，尽管如此，张先生主张，人文文化是文化的核心，而"人文文化可简称为人的精神文化"①。这个思路在张先生的整个教育人文观中是十分清晰的。所谓人文精神，他指的是：人实现自身价值的精神，也就是实现人的全面发展的理想；它把对人的尊重提到一个新的高度，这是属于人的精神世界的问题。他也说过：文化的核心是价值观念，这就是说，文化素质教育最重要的功能就是启发学生形成价值认识和判断力，这是抓住了主要问题，可以说，今天的很多年轻学生之所以出现各种人生困惑，就是因为不知道价值在哪里、如何实现或者创造有价值的人生与事物。他还强调人文精神具有特殊性、根本性，与科学精神不能划等号。

关于人文精神和人文教育的共同特点，他的看法是：大学人文教育有非功利性、研究性、规范性、创新性和民族性等②。"非功利性"，是人文教育的基本特点，他曾经说："人文文化从表面看没有明显的作用，实际上她有大用"③。这样的说法看起来有几分像庄子说的"吊

---

① 张岂之：《对立耶？一体耶？科学教育与人文教育的历史考察》，《科学中国人》2002年第5期。
② 张岂之：《谈大学的人文教育》，《南京大学学报》（哲社版）2000年第1期。
③ 张岂之：《对立耶？一体耶？科学教育与人文教育的历史考察》，《科学中国人》2002年第5期。

诡"的意思，而实质也就在这里，道理很简单，能够主宰物质和欲望的自然是精神性的主体。非功利性是纯粹性的表现，也是高尚、自由和活力的来源，正是这种高尚才能保证大学的创造力和对社会的引导性价值。如果缺少了它，教育就会从"谋道"、追求真理和美善的高度沦落为谋求功名利禄的肮脏地。不仅如此，在张先生的心目中，人文精神是人之所以为人的本质，也是高级生活的标志。他说："人们高质量生活不能只靠技术，因为人还有另一个重要的方面，就是精神养料和精神满足，这不能没有人文，不能没有艺术"。[1]

文化都有民族性，张先生人文观、教育观的民族化、本土化立场也是非常明显的，他不厌其烦地强调人文教育中应体现自己国家和民族的文化特色，这与他关心中华民族复兴的大业是紧密相关的。为配合大学文化素质教育的深度开展，早在1997年，他就出版了《中华人文精神》，2007年该书经过修订增补，又重新再版了。书中，他把中华人文精神的基本内涵概括为下列若干命题：人文化成——文明之初的创造精神；刚柔相济——穷本探原的辩证精神；究天人之际——天人关系的艰苦探索精神；厚德载物——人格养成的道德人文精神；和而不同——博采众家之长的文化会通精神；经世致用——以天下为己任的责任精神；生生不息——中华民族的人文精神在近代的丰富和发展，其中道德人文精神是中华人文精神的基石。应该说，这是十分精要的一家之言，反映了他长期研究的结晶。

值得重视的是，张先生十分关注人文文化教育的选择性问题，他认为：社会是复杂的，人的精神世界也是复杂的，人文教育和人文学术研究存在诸多选择性问题，因此，在大学人文教育和人文学术研究中，应创造必要的条件，使教师和学生有较多选择的可能性；人文学术研究切忌单一模式化，人文教育和人文学术研究的选择性之确定，

---

[1] 张岂之：《开拓中国思想史研究》，《新华文摘》2002年11期。

只能依据国家法律及人文教育和人文学术研究的内在规律来确定，不是由行政权力来决定的[①]。这样的观点本身就是人文精神的体现。选择性是文化素质教育的重要环节，他给继承我国优秀传统文化和吸收世界优秀文明成果，设立了一个理性原则。这是用文化塑造人，并在塑造人的过程中谋求文化传承和发展，也即统一文化的教育功能和教育的文化功能的基本原则。

张岂之先生之所以反复论述人文观，笔者认为，这是因为，人文标志着文明，而文明标志着文化的方向。对于文化和文明的关系，他有自己独到的理解。他曾在学术报告中说：

> "什么是文化"？我的理解是："要和'文明'这个词联系起来了解。人类追求文明、学习文明、建设文明过程中的经验和教训就叫做文化。文化中大部分是优秀的，就是经验；文化当中还有糟粕，还有劣质，背离了文明，是文化中的很少一部分，就是教训"。

又说：

> 把文明与文化联系起来，但是不能把二者完全等同。文化是对文明的研究，是文明的建设取得成果的表现。文化有优秀的东西，也有劣质，所以我们今天应进行文化教育，不能轻视文化问题。有了文化的研究，我们才能把物质文明、精神文明、政治文明建设好。脱离了文化，要把文明建设好，很难。[②]

---

[①] 张岂之：《关于教育人文观的思索》，《高等教育研究》2000年第6期。
[②] 张岂之：《提高人文素质 弘扬民族精神》，《徐州建筑职业技术学院学报》2004年第2期。

## 为了人文的春天——张岂之先生教育人文观述要

由于学力所限,笔者在此不能论述张先生有关文化素质教育的实践观以及其它多方面内容。

最后,我想以张岂之先生自己的一段话作为本文的结束语:

> 我深信:日益发展的尖端科学技术,以及由此推动的社会生产力,即经济生活的进步,无一不是"人"所创造,而最后必须是为"人"服务的。因此,研究"人"自身的学问即人文学科,以及由此引导人实现自身价值和理想,即所谓"人文精神",亦可视为科学技术和经济生活的根本。以"人"为本,在社会生活中对"人"的尊重,对人的价值的正确认识,以及实现现实生活的平等和公正原则,就成为伦理观、法律观需要继续努力解决的核心问题。这些被视为社会生活的根本,即人文精神,将它譬喻为春草,由此生长出茂密的树林,这是符合事物生长法则的。不能低估春草的作用,正如清代诗人张维屏的诗句所描述:

> > 沧桑易使乾坤老,
> > 风月难消千古愁。
> > 多情唯有此春草,
> > 年年新绿满芳洲。①

(作者系西北大学中国思想文化研究所教授)

---

① 张岂之:《关于教育人文观的思索》,《高等教育研究》2000年第6期。

# 张先生指导我学习和研究思想史

张茂泽

我是张岂之先生指导的93级博士生，毕业后更有幸留在先生身边，从事中国思想史的教学和科研工作。我深切地体会到，是先生对我耳提面命，手把手地引导我走上中国思想史学术道路的。借同门师生聚会的机会，我愿意将自己的亲身经历和真实感受讲出来，与各位同门共享。

先生就像孔子所自述的那样，一生学而不厌，诲人不倦。在高校，一般人做教授以后，要想再学习新的东西，已经比较困难；六七十岁以后，还继续学习、思考、研究新问题，更属凤毛麟角。先生就是这样与众不同。根据我不完全地了解，自从90年代以来，先生一直思考、研究的主要问题就有：中国思想史学科的总结和发展问题（特别是思想史学科领域的古今中西关系问题）、中国近现代学术思想史问题（特别是史学学术史问题）、人文学术与人文精神问题、中国优秀传统文化与民族精神问题、高等学校中的科学教育和人文教育关系问题、生态环境问题、科技伦理问题等。其中有些问题，先生思考成熟，已经编写成书稿出版，或者撰写成文章发表。比如，2003年，先生思考中华优秀文化与民族精神问题，对儒道思想提出了凝练而精到的论断，即：道家主张天道自然、人道无为，儒家主张天道变化、人道自强等等。先生是公认的中国思想史学科的学术带头人，他一生学而不厌，诲人不倦的精神，是我们一生学习的榜样。

具体而言，先生育人，除了课堂讲授、文章修改、师生谈话等等，还有一个很重要的方式是书信。先生一生教育弟子，不知一共写了多少封书信。我自己收藏的数十封书信，肯定只是这众多书信的极少数。但是，从这数十封书信，已经可以见到先生对弟子的教诲，在教学方式上循循善诱，因材施教，批评学生时直截了当，针针见血，而先生的育人态度则是严格要求，语重心长。

## 一、理论思维的训练

张先生学习和研究中国思想史，主要受到侯外庐先生的影响。他自述说："从上个世纪50年代开始，我学习和研究中国思想史，对我影响最大的，是侯外庐先生。1948年外庐先生到北京大学文学院开出'中国思想史'课，我选读并且坚持听到底，受益不少。他将思想家和思想学派放在一定的具体历史环境中进行分析，不是从概念到概念。我当时的感觉是：这样去说明思想的来源及其影响，力求找到根底，是很有意义的科研工作。外庐先生在讲课中不仅给我关于思想史的具体知识，而且给我一种研究学问的方法。离开学校，进入工作岗位，我又有机会参加外庐先生主持的一些关于编著中国思想史的科研项目，在他的具体指导下，我对他的学术研究有了比较深切的认识。他对马克思、恩格斯著作有自己的理解，他探索中国古代历史和思想史，并不以当时苏联官方和某些学者的意见为准，敢于和他们'商兑'；他强调中国历史和思想史的自身特点，将社会史和思想史研究结合起来。"①

在教育学生时，先生非常注意继承和发扬侯老开创的中国思想史学科优秀传统，也不忽视中西思想史上其他优秀学术传统。在学术思想优秀传统中，先生特别重视理论思维的继承和发扬。年轻一点的学

---

① 《中国思想文化史·序》，2006年4月25日。

## 张先生指导我学习和研究思想史

人可能并不都知道优秀理论思维传统的重要意义所在。其实，人类对真理的认识，是有规律可循的；人们已经认识到的真理的粒子，以及经过实践检验为正确的认识真理的方法，古人称为"道"，今人称为优秀理论思维传统。让"道"薪火相传，代代不绝，是教育最重要的历史使命。记得我们刚一入学，先生就委托光华师兄给我们每位同学送一套侯老主编的《中国思想通史》，要求我们仔细阅读，写读书笔记。先生还亲自用毛笔给我们写信。信中说：

> 请你们读侯外庐先生《中国古代社会史论》和汤用彤先生《汉魏两晋南北朝佛教史》。这两本书体现两种方法，它们都是科学的，不可扬一压一。这两种方法对我们的研究都有用处。我想请你们先把自己熟悉的题目暂时放一放，先读这两本书。我返校再和你们讨论。①

理论思维，或者逻辑思维是一种学术思想的精华所在。后人要继承和发扬一种学术思想传统，必须了解其逻辑思维结构，学习和运用其逻辑思路；这本身就是提高自己理论思维水平的过程。我刚入学时，理论思维水平不高，有意识地想在这方面有所提升。所以，我写信向先生请教，如何提高自己的理论思维水平。先生回信说：

> 关于逻辑方面的书，不一定读很多，读多了反而无用。读一两本逻辑方面的书是需要的。逻辑思维的训练，主要要靠读西方哲学史原著，最好是中、英文对照来读。比如斯宾诺莎《伦理学》（Ethics）、黑格尔《哲学史讲演录》、笛卡尔（Descartes）《沉思录》等。逻辑思维的训练，还要靠自己读书时有意识地注意这个问题。数理逻辑，没有机会读那就算

---

① 《与程、张、梁各位博士生》，1993 年 9 月 9 日。

了。毛泽东写的关于军事著作，特别是《中国革命战争的战略问题》、《论持久战》，逻辑严密，可以细读。总之，逻辑思维的训练要靠平时有意识的注意，而不在于读逻辑教科书。逻辑教科书写得那么呆板，公式化，是很难引起人们兴趣的。①

理论思维的训练，是学习和研究思想史的基本功。侯外庐学派的研究方法有自己的特点，那就是历史和逻辑相结合。侯老受到马克思《资本论》的影响很大，特别重视思想史和社会史相结合的历史方法，但同时对于思想内容进行逻辑分析（特别是思想的哲学性质的分析），也贯穿《中国思想通史》的始终。张先生曾经就读于北京大学和清华大学，跟随贺麟、汤用彤、金岳霖等先生学习，西方哲学修养很高。对于理论思维的训练，先生十分重视西方古典哲学原著的阅读和研究，无疑丰富了侯老开创的思想史研究方法。

理论思维的训练和传承，在中国学术思想史上始终是一个问题。在佛教进入以前，无论是儒家的学、问、思、辩、行，还是道家的道观、玄览，在认识真理的程序上，都不免有模糊混沌之处。事实上，只有少数思想家凭借其超常的天赋直观才能偶尔上达抽象的逻辑思维高度。佛教的传入和中国化，改变了中国古代学者理论思维训练材料奇缺的状况。隋、唐之际，中国佛教宗派大盛，三论、天台、唯识、华严、禅诸宗各有一套比较成熟的思想体系。这些思想体系为人们的理论思维训练提供了系统而集中的思想材料。关于佛学理论思维成就的意义，在佛学界，至少有两点：从佛学思想史说，一批又一批高僧相继登上历史舞台，通过发展中国佛学的理论思维，推动中国佛教思想走向了鼎盛时期；从理论思维的训练这个角度说，可能正是因为受到佛教理论思维的训练，才在一段时期出现了高僧辈出的繁盛局面。中国古代儒家理论思维水平最高的宋明学者，他们大多"出入释、老"

---

①《与茂泽》，1994年2月13日。

### 张先生指导我学习和研究思想史

七八年或十余年，其理论思维的训练，也都主要得益于佛经的阅读和研究。近现代以来，通行的事实是，西方哲学成为我们训练理论思维的首选材料。这大概是因为从古希腊以来，西方学人习惯于进行逻辑分析，他们提供给后人的学术思想也大多界定清晰，断定严谨，推论严密，能给读者以系统而高效的理论思维训练。

张先生反复强调，我们学习和研究中国思想史，必须阅读西方哲学的著作，必须做到中西互通，中西融会。在思想史的学习和研究中，重视思想史上思维内容的合理内核，重视思想内容中包含的"绝对真理的粒子"，是先生一直比较强调的。在学习西方学术思想时，也不能囫囵吞枣，盲目吸收，我们学习的"自我"、"主体"非常重要，决不能丢弃。先生深切地教导我们说：

> 多年来的教学和科研实践，使我感到，要吸取西方学术的若干方面，有一点是不可少的，"自我"不能丢失。这里的"自我"，即我们自己的某些基本思路、推论方法和名词术语；有这个"主体"，才能有效地吸收域外的某些成果，使它们为我们所用。如果没有"自我"，一味跟着别人跑，最后甚至走到"迷宫"里去，说出自己也不清楚的话来。自己有了"主体"，将域外的见解经过消化而吸收，使得"主体"更加丰满，这也许是最值得提倡的。那么，什么是我们的"主体"？我觉得最重要的"主体"就是：建立中国风格、中国特色的人文社会科学体系。前人为此努力过，留下了宝贵的精神文化遗产，今天我们接着前人继续去做，是会取得更大更多成果的。①

---

① 《中国思想文化史·序》，2006年4月25日。

贺麟先生曾经提出,学习西方文化必须学习西方文化的"体",同时我们学习者也必须具备即心即理的、有民族文化形式的文化主体或文化精神。张先生是贺先生的学生,对此是很清楚的。在这里,先生改造了贺先生有理想主义色彩的抽象说法,而将"主体"具体化为"建立中国风格、中国特色的人文社会科学体系",突出了学习西方学术思想方法的科学性因素。

## 二、用规范的现代汉语表达

先生非常重视表达问题。表达,是思想史学习和研究的又一个非常重要的方面。表达准确、清晰而深刻,是作为一个学人的基本要求。孔子"辞达"说,大概就有这个意思。我们在教学、演讲或写作时,都有过这样的感受:表达其实是有难度的。古代哲人已经先于我们有这样的感受。《老子》有"可道"之道"非常道"、"可名"之名"非常名"的著名论断;《周易·系辞》也有"书不尽言,言不尽意"的感叹。因为一个人只有认识准确,才能表达准确;只有思路清楚,才能表达清楚;只有思想深刻,才能表达深刻。如此看来,适宜的表达其实是学术修养达到一定境界的标志。

在研究生学习阶段,表达主要指书面语言表达和口语表达,就是通常说的写和说。先生对这两个方面都很重视。

关于写,主要指撰写研究生学位论文。张先生一向重视博士生学位论文的写作。先生认为:"读博士学位,最重要的一个阶段就是写博士论文阶段,这是一个总结,是衡量水平的最重要的标尺,一点马虎不得的。"[1]在写作博士论文时,学生的理论思维能力、材料驾御能力、文字表达能力等等的不足,很清晰地暴露出来。先生谆谆教导我

---

[1]《与茂泽、梁涛》,1995年10月25日清晨。

们，推着我们往前走。

我在读博士时，由于自己理论思维水平不高，概括能力不强，开始写出的论文提纲没有什么逻辑条理，读者从中也看不出作者的论点。先生先后写了两封信，指导我说：

（博士论文）提纲的基本要求：1. 可以使人清楚地看出论文的结构；2. 可以使人看出作者的主要观点；3. 可以使人初步看出作者的理论水平和对于史料掌握的情况。提纲不能仅仅是一个章、节目录。……文字应当明白晓畅。①

写贺麟先生的学术思想，最好抓住这个主题：西学和中学如何结合？中国传统文化和西方哲学如何融合？东、西文化如何融会？这是时代的重要课题。在此问题上，贺先生走过曲折的学术道路，有成就，也有欠缺。新中国建立以后，他接受了马克思主义，使他自己的学术思想迈进到一个新的阶段。在此阶段中，有贡献，也有失误。对于这些，都要作具体的历史分析，才能得出有深度的、令人信服的结论。②

即使先生这样明白地指导我如何写博士论文，愚钝的我也经过多次修改，在写作实践中才有一点点提高。博士生初写博士论文的另一个毛病是喜欢贪大求全，堆砌材料。先生预先警告我们说：

博士论文如何写？最主要的一条就是就某一题目写出最主要的部分，最主要的观点即可。写博士论文，有些同志喜欢贪大求全，从一个问题延伸到另一个问题，不断地搜求材料，以至收不拢。你们是否有这种情况？如有，请赶快舍弃其他，而抓住最主要的来写。……博士论文只是一次系统的

---

① 《与茂泽、梁涛、程钢》，1995 年 9 月 17 日。
② 《与茂泽》，1995 年 9 月 10 日。

科研训练，道路还很长，这是一个起点，许多问题的探讨要放在以后再做。你们现在需要思想解放，不要贪大、贪全。其次，材料当然要注意，但是材料不是唯一的，最主要的是论点和作者自己对于问题分析的办法与思路。如果在材料问题上不断引申，而忽略了自己的论点，那么，论文是写不出来的。因此。我向你们提出：从次要问题中走出来，从材料中走出来，不要烦琐哲学，不要材料的堆积，需要的是对于题目的最本质、最主要的说明。①

贪大求全，堆砌材料的毛病，实质还是理论思维水平不高、概括能力不强，所以抓不住思想要点，得不出应该得出的结论。就我自己而言，刚开始时，毛病是理论思维不足；后来又表现为文字表达晦涩难懂。先生含蓄地批评我说：

> 论文稿已看毕，……总的印象是文章比较抽象，但论述是清楚的。绪论很重要，要说明新中国建立以后，贺先生接受马克思主义，批判唯心论，这一方面写的不够，希望作适当的补充。②

先生批评我的博士论文"比较抽象"，当时还不十分懂得这句话的意思。我毕业后，有幸留在思想所，跟随先生继续学习。先生又推着我去研究熊十力、冯友兰、金岳霖以及孔孟老庄等思想。先生强调，我们在研究中国现代思想史时，要将思想与学术联系起来，研究"学术思想史"，而不是其它专门思想史，才能讲出有现实意义的新义。另

---

① 《与茂泽、梁涛、程钢》，1995年10月30日。
② 《与茂泽》，1996年4月29日。

外还要注意近现代之间的联系。"在中国,近代与现代不可分,有不少学术思想家们都跨两个阶段,因而必须注意近现代的衔接问题,否则写不了。现在要研究过去研究得不够的,你研究一下熊十力,是可以的。至于胡适、冯友兰、牟宗三、唐君毅,则可暂不研究,关于他们的研究成果太多,弄不出新意来。"①经过一段时间的摸索,自己才逐渐明白,所谓"比较抽象",还是因为自己思维不那么清楚,认识不那么准确,所以表达才"比较抽象"。先生对我迟钝的觉悟也很高兴。先生在一封信中说:"得知你研究贺麟、熊十力、冯友兰诸哲人之思想,颇有心得,令人高兴。金公的书比较难懂,但很深刻,目前还没有看到研究金公的专著和高水平的论文。"②此后,我见到先生以下的来信,就特别有切身的认同。先生说:

> 我有一个习惯,你们知道的,我无论写什么,总希望能写清楚,明白如话。……我不想学×××那样写长序,也不想表示自己高明,满篇从概念到概念。真理是朴素的,不需要过多修饰。③

> 写史贵实,写史贵真。……从正面去理解,搞史必须实事求是。不论学术观点是什么,但所依据的材料必须是准确的,不能有常识性的硬伤;文章的语句也必须是准确的,不能在文字上包装;包装得令人莫知所云,这不是学问。④

先生非常重视思想内容的表达,写论文、写专著、写教材、写报告,虽然都是写作,但要求还略有不同。依照先生看,写论文、专著

---

① 《与小方、茂泽》,1997年4月24日。
② 《与茂泽》,1998年4月18日。
③ 《与小方、茂泽》,2002年7月12日。
④ 《与〈中国历史十五讲〉执笔同志》,2002年2月16日。

时，作者将自己的学术创新，以适当的学术著作格式和规范的现代汉语表现出来即可。但要写得读者容易读懂，读者有兴趣进一步读下去，就很不容易。在这方面，先生常常让我们学习胡适之、冯友兰两位先生。两位先生的学术著作可读性都很强。至于写教材，则必须深入浅出，言必有据。先生说，教材的写作，"第一，力求深入浅出；第二，注意科学性，言必有据；第三，文字为规范化的现代汉语，切戒欧化（翻译体），切戒空泛语太多"。因为读者是非专业人士，所以必须"浅出"；又因为教材毕竟不是普及读物，所以必须在学术思想上有一定的深刻性和创新性，要"深入"。而科学性，言必有据，则是思想史学科作为科学的基本要求。最近，先生甚至将是否符合现代汉语规范提升到学风的高度来看。他写道：

  一. 在教材中，如何用较短的篇幅准确地叙述最主要的内容？二. 文字的表述是否符合现代汉语的规范要求？因为这是一个学风问题，需要加以注意。写出的文字如果是欧化的，学生们看不懂，这不能证明写出的内容是深刻的。可能只有一个解释，就是：自己没有弄懂就写不出别人能看懂的文字来；也还可能是故作高深，有意让别人看不懂，以显示自己"高明"。①

写教材要针对读者，写发言稿尤其要针对听众，先生将这形象地称为"量体裁衣"。先生告诉我们说：

  八月初在北京开首届中华儒商国际论坛会，要我在大会

---

① 《中国思想文化史·序》，2006年4月25日。张岂之先生主编《中国思想文化史》，高等教育出版社2006年版。

### 张先生指导我学习和研究思想史

上作一次发言，推谢不了，只有应命。……此次论坛会的主体是商家，给他们讲传统文化，不能和对待学生一般，也不可像参加学术研讨会一样，必须看对象，用毛泽东打的比喻就是"量体裁衣"、"到什么山唱什么歌"。但有的在研究上很精深的学者不能做到"量体裁衣"，他们只有一个尺寸：学术研究，对高层学者交流学术。时代前进了。我们要普及传统文化——特别是其中的人文精神（对人的尊重、对自然的爱等等），就不能不注意"量体裁衣"。

给商家讲传统文化，最有现实意义的是讲"诚信"原则。这个角度也不容易讲的。如何讲得深一些？如何使得商家听得有点兴趣？有点触动？这些问题就不得不考虑，不但在内容的组织上要考虑（有引人思考之点），在语言的表达上也要斟酌（口语化，便于沟通）。我的发言稿是在这样的基础上写成的。也不能不考虑时间，最多不超过30分钟，提前一点结束发言最好。……如何把一个非常抽象化的中国哲学问题——"诚"讲得不那么抽象，与商家的心多少有些联系，是要多想一些的。

我感到"量体裁衣"很重要。

钱钟书先生的学问很多人推崇，可惜他的精深学问没有普及开来，他没有带学生，他从来没有作过什么论坛讲话，时代不允许，钱先生不做是对的。但今天情况不同，一个搞人文学科的人，不与社会打交道，不把自己的信念、感想和所思所得与众人交流，可谓"不合时宜"。我们应当开阔些，"讲"是要的，但要力求讲得得体，多少有点新意，给人一点点触动。我痛切地感到这很不容易，要花一些时间。①

---

① 《与小方、茂泽》，2002年6月17日于西大。

"量体裁衣"涉及到读者的情况、报告的内容、演讲的时间要求等，比教材的写作要求更高。①先生曾经耐心锻炼我写演讲稿。写好后，先生直截了当批评我说："你起的初稿，较空泛，文字上还不够精到，是不适合读的。发言稿要求具体与抽象的统一，而文字必须精到。……即或由我自己动笔来写发言稿，我几乎每次都提醒自己：应当有一点心得，有一点比较深的东西。……我们需要在实践中提高。"虽然已经过去了好几年，我现在仍然认为先生对我的批评是很正确的。我自己演讲有时不免令听众觉得"比较抽象"。在这方面，诚如先生所言，我还要继续实践，继续提高。

## 三、有人品才有文品

中国思想史作为人文学科，对研究人员的要求决不只是理论思维和表达能力，她特别要求人自身综合素养的支持。先生教导我们治学，特别教诲我们做人。先生说："在文章里，在著作里应体现人品，有人品才有文品。"② "人品"，可谓人文素养和科学修养的综合，涉及到现实生活的许多方面。古人将这些方面称为"仁义道德"等，先生不这样抽象地看，而是通过具体的科研实践活动，教诲我们既要树立远大理想，又要学会办事，能够正确处理个人与国家、个人与集体、个人与社会、个人与他人、个人与家庭等的关系，关注现实社会，参与现实实践，研究和解决现实问题，在社会集体的科研实践活动中获得逐步提高，最终做一个有高尚品德的人。

从侯老开始，教育学生的一个主要特点是，给年轻人加任务，压

---

① 《与茂泽》，2002年11月2日。
② 《与小方、茂泽》，2002年7月12日。

担子，在科研实践中锻炼和培养年轻学人。张先生更是如此。在上博士之前，我对宋明理学花了一些工夫。选博士论文时，先生建议我选择近现代学术思想史方面的题目，结果选择了贺麟先生的学术思想研究作博士论文题目。毕业后，先生更明确要求我，对现代学术思想做更全面的研究，催促着我去研究熊十力、冯友兰、金岳霖、张东荪等。其中比较成熟的研究成果，都反映在《中国现代学术思想史论集》中。此后，先生又鼓励我去研究先秦诸子学，并且强调要用通俗易懂的文字表达出来。这就是先生主编的《中国思想文化史》第三章《春秋战国时期的"百家争鸣"》，以及《中国思想学说史》先秦卷之《名学篇》。与此同时，先生又要求我对宗教思想给予适当的关注。后来更明确要求我一定要留学西洋，学习他们的宗教哲学，开拓中国思想史学科的中国宗教思想史方向。由此可见，我在中国思想史学科领域取得的每一点进步，无不凝聚着先生的心血。

我们知道，思想史学科的意义，本来就不只是单纯科学的，也有人文的意义。应该说，思想史的人文意义和科学意义都很重要，不能偏废。2001年12月，有学者受到西方某些哲学思想的影响，主张思想史研究是一个"对话"过程，认为思想史研究的是"为什么"，而不是"应该"。这种主张，科学性因素受到格外关注，人文价值意义则被刻意贬低，甚至忽略。张先生给博士生们写信，尖锐指出："思想史研究难道完全是'对话'吗？要不要'结论'？要不要'判断'？如果谁要做一点'结论'，谁就是意识形态，那么，思想史研究有什么意义？思想史研究是否应有一定的目的？如果没有任何目的性，只是'对话'，这样的学术研究有什么意义？"①思想史学科的意义，从终极的意义上说，也就是通过对人的具体"人品"的陶冶塑造，使现

---

① 《与溯源等各位博士生》，2002年1月10日。

实的人成为真正理想的人，进而使现实社会成为真正理想的社会。

学会办事，关注现实社会，参与现实实践，研究和解决现实问题，牵涉到许多更具体的方面。首先，树立远大理想，并坚持不懈地追求下去，对于我们的学术事业而言也是必须的。早在我博士生毕业时，先生就长信勉励我说：

> 你的信收到了。信上所写的理想是对的，也是好的。但要做到在中国思想史、中国文化史研究上在全国领先，颇不容易，不是一朝一夕之功，要有长期的努力才行。因为要搞出一些真有学术贡献的著作是很不容易的。现在书出得不少，吹捧的文章也多，但究其实，真有学术价值者寥寥无几。但是，远大的抱负是应该有的，为此应不断努力使之实现。
> 
> 你在信上说到，你们在办理离校手续时发现有些行政工作人员素质很低，这确是事实。行政管理差，人员素质低，不独西大如此，其他学校依然如此。……所以我们搞学术在这样的环境，确有不少困难。你们一定要有吃苦的充分思想心理准备。要想依靠学校行政解决问题，可能是缘木而求鱼。
> 
> 现在中国的大学校长里缺少满腔热情地为学术工作者排忧解难的人，特别是文科更加缺少这样的人。在未来，在人文科学方面，真有成就的人，必定是"我不入地狱谁入地狱"的人，直搞得遍体鳞伤，庶几有成。一定要有心理准备。指望靠学校，靠行政，可能都不行。……你们肯定要吃几年苦。这一"苦课"对一生都会有用。①

其次，关心和参与现实，是思想史研究能够具有现实意义的必要

---

① 《与茂泽》，1996年7月6日。

条件。我刚留校时，先生就关心我说："留在所里以后，我觉得不宜完全关在房子里读书写作，最好能和学校有多接触的机会。……你翻过了一个山头，又即将要登另一座山，这要付出精力，要承受困难的磨练。胜利属于有毅力者、刚强者。"① 所谓"和学校有多接触的机会"，指办事，办正事，也包括干一些琐事。先生明确地告诉我们说："人生琐事甚多，这是难以避免的，不可不做。躲到深山老林之中，不问世事，只是读书，在古代也许可以做到，但今天是绝对做不到的。只有把琐事与正事都兼而为之，这才是现实的态度。"② "办事"实际上是参与现实的很好的平台。这一点，我在后来的工作中才逐渐体会到。

关于关心和参与社会现实的意义，先生写了一封长信，专门谈到关心现实和参与现实问题。信中说：

> 我有一个小小的建议，在时间允许的条件下，请你们多关注现实社会问题，要研究。我国古来学术为的是经世致用，当然不必那么实用，但一个学者如果不为民说真话、说实话，不了解现实情况，那是不好的。因此还是要看点报纸，重要的文件，要作些研究。胸中有全局，有自己的心得体会，这样做学问才会有时代感。……这些年我和教育界朋友在一起聊天，经常谈到中国农民对中国革命贡献最大，改革开放以来，在20世纪90年代初农民得到好处，但到90年代末至今，农民情绪越来越低，农民生活困难者不在少数，并不是一切都那么美好……。我们生活在最基层，我们生活无虞，但我们所见农民和城市下岗工人，生活过得并不美好。作为

---

① 《与茂泽》，1996年6月23日。
② 《与茂泽》，1997年7月29日。

学者，应当关心这些问题。虽然有专业的不同，但社会的普遍性问题还是要关心的。学者要成为社会的良心、良知，就必须关注社会现实问题。我不知从哪里得来印象，也许是错的，好像你们没有时间看报，许多消息比较闭塞，不知是否如此？如果并非如此，那就好；如果确实如此，就得改变一下习惯：报纸是应当读的，问题是如何读，从研究的角度读。①

"学者要成为社会的良心、良知"，先生这话说得多好啊！我们学习思想史，研究思想史，必须要先学会做人，而其中很重要的一点就是要有热爱人民大众的仁心，具有所谓"良心"或"良知"。"成为社会的良心、良知"，是我们思想史学习者、研究者的神圣使命，也充分体现了我国思想史学科久远的人文精神传统，这是正面说；从反面说，那就是一生都要专心致志于学术事业，不被很有诱惑力的功名利禄所左右，也是极其重要的。先生曾经教导我说："学术的事大，个人生活的事小。你能排除纷扰，安心向学，这很好。情绪调整好以后，全力搞学术研究，你肯定会做好这方面的工作的。"②我想，我们一定要在先生的指导下，继续努力学习，全力搞好中国思想史的教学和学术研究工作，才不会辜负先生的殷切期望。（作者系西北大学中国思想文化研究所教授）

---

① 《与小方、小谢、茂泽》，2003年3月18日。
② 《与茂泽》，1995年3月17日。

# 守正·兼和·日新

## ——从《张岂之教授与研究生论学书信选》看人文学科博士生的培养

### 孙学功

张岂之教授是我国当代著名的中国思想史研究专家、教育家、人文学者。他小学就读于江苏南通城北小学，中学就读于重庆南开中学，大学本科就读于北京大学，研究生就读于清华大学。上世纪50年代参加工作后，长期跟随我国现代著名的历史学家侯外庐从事教学和研究工作。

张教授于1979年开始培养（中国思想史）硕士研究生。国家第一批博士点（1984年）评审后，西北大学中国思想史学科以及张教授就取得了招收和培养博士生的资格。1995年，西北大学被批准设立国家历史学博士后流动站。到2007年，以张教授为学科带头人的西北大学中国思想文化研究所共培养了博士学位获得者58人，硕士学位获得者61人，现在读博、硕士生42人。博士后流动站进站9人，已出站6人。毕业生及博士后出站人员中现任教授42人（其中博士生导师13人）、副教授21人。张教授始终坚信一个理念：人文教育不同于理工农医等自然科学教育，也不同于财经政法等社会科学教育，具有功利性弱和积累时间长的特点。人文学科是研究"人"自身的学问，人文教育的作用主要表现在人的精神方面，引导人实现自身的价值和理想，因此，在人才培养方法与自然科学和社会科学应该区别对待。2007年，陕西人民出版社出版了《张岂之教授与研究生论学书信选》一书，从中我们可以窥见他培养、指导和要求自己博士研究生之一斑，这正是对张教授提出的人文学科发展和人才培养"守正"、"兼和"、"日新"三原则的最好诠释。

一、把"如何做人"贯穿于培养过程的始终，使"做人"与"作文"统一起来

一般来说，一篇人文学科的论文，比一篇自然科学和社会科学的论文，更能判断出作者的人品。张教授经常对博士们讲，首先要做一名高尚的人，对国家和民族有用的人，这样才有可能在学术上做出成绩，使"做人"与"作文"统一起来。张教授认为，对研究生的教育，丝毫不能忽视做人的教育这一环节。所谓做人的教育，就是要做一名有高尚品德的人。

张教授偏重于选择有一定工作经验的同志来攻读博士学位，因为他们对自己要求更加严格一些。在品德教育上，张教授不放过任何一个细微点。比如，一些博士生在星期六晚间偶尔玩玩扑克牌，这是很正常的。有一次玩的时间较长，多少影响了周围房间的研究生，有人向张教授反映。张教授就找他们谈话，说明这虽是小事，但也要注意。孔子说："己所不欲，勿施于人。"（《论语·颜渊》）教育他们要为别人着想，不能干扰别人休息。张教授认为中国传统道德的有些内容，我们在马克思主义指导下，加以改造，仍然可以作为指导我们行动的道德教育资源。而道德的修养只有从一点一滴做起，从小事做起，从身边的事做起，从具体的事做起，才有成效。

二、关注社会现实，做有良知的学者

在我国传统社会，知识分子往往具有"一心只读圣贤书，两耳不闻窗外事"的习气。当代，学科分类越来越细，一个人如果不能全身心投入到自己的研究领域中去，就难以有所作为。有些博士生反映自

己的专业和外语学习时间很紧，没有时间读报纸，没有习惯读报纸。张教授认为必须改变这种不好的习惯，问题是如何读，从研究的角度去读。

张教授认为，学者要成为社会的良心、良知，就必须要关注社会现实问题。所以，他要求博士生多多关注社会现实问题，要研究。我国古代学术为的是经世致用，当然不必那么实用，但一个学者如果不为民说真话，说实话，不了解现实情况，那是不好的，他鼓励博士生多读报纸，重要的文件要做些研究。胸中有大局，有自己的心得体会，这样做学问才会有时代感。

### 三、打牢专业基础，开拓专业视野，为进一步发展创造条件

首先，严格入学考试。对学生进行品德考核，但最基本和最主要的还是专业基础的考核，从而保证博士生的生源学术质量。特别重视面试，了解其思维是否清晰，了解其理论和专业基础的广度和深度。张教授出的题，是想了解报考的博士生读了多少书，是否有较好的基本功。不搞空泛的议论题。张教授认为克服浮躁学风需自大学的某一个环节开始。读博士学位，在其报考的方向中有一些基本读物，如果不读或者不愿意读，那就不够格的了。

其次，博士课程必须考察。在博士课程上下功夫，"强迫"博士生读书。凡是课程记分者必须要有笔记为据，不能随便打分。笔记是认真还是敷衍，一看就清楚。现在博士生读书太少，因而论文上不去。要在博士课程上抓紧，不允许采取这种办法：到论文答辩前夕，随便列出课程，通统打上80至90分。

要打牢专业基础，开拓专业视野，为进一步发展创造条件，必须在博士点上引导学生们读书、思考。不读书，思考也不能落实。张教授认为我国人文学术如果说有不足，就是读书少。博士生要对中国思想史有一个概貌性认识，并熟读某些文化经典（所谓"熟"，并不是背诵，而是熟练、熟悉，有较深的理解）。他觉得在以下四部书上应

下较深的功夫,即《论语》、《孟子》、《道德经》、《庄子》。这才是基础的基础。文献学是研究中国思想史的一个主要基础,每一名博士生都应该读一些有关历史文献学方面的书目,在目录学、训诂学等方面打下比较坚实的基础。

四、重视逻辑思维的训练,语言明白易懂

思维是否清晰,这是培养中国思想史博士生的基本条件之一。如果不能清晰地用语言文字表述自己的看法,没有经过逻辑学的训练,那很难在学科上做出成绩来。当年张教授第一次走上讲台,侯外庐就让张教授讲授逻辑课。张教授继承了侯外庐学派的这一优良传统,十分重视逻辑思维的训练。针对逻辑基础不是很好的博士生,张教授总是要他们读一些逻辑方面的书。逻辑思维的训练,主要要读西方哲学史原著,最好是中、英文对照来读,比如斯宾若莎的《伦理学》、黑格尔《哲学史讲演录》、笛卡儿《沉思录》等。毛泽东写的关于军事的著作,特别是《中国革命战争的战略问题》、《论持久战》,逻辑严密,可以细读。逻辑思维的训练,还要靠自己读书时有意识地注意这个问题。

张教授认为对于一个人文学科的博士生来说,如何使用文字,是一个不可忽视的问题。他说:"文章写得别人看不懂,这不是高明,而是故作高深。文章写得零乱,缺少严密的推理,这不是深刻,而是不足。"暂且不说论文的内容,首先在表达上应该对自己所要论述的观点,用清楚明确规范的现代汉语写出来,在内容表述上应该符合逻辑、史料与理论相统一。张教授读了一名博士生的读书笔记后,给他回信说:"你写的笔记,文字晦涩,许多名词术语似有堆砌之嫌。逻辑上还要不断加强。这些缺点和不足,需要在学习中逐步加以解决。"

五、重视外语学习和西方哲学的学习

在博士学习阶段,如果是研究外国文化,要立足我们中国国情;如果是研究中国文化,要有世界的视野。张教授很强调人文学者应有世界眼光,应研究世界学术。所以,他要求博士生严格进行外语训练,使他们不但有阅读能力,而且更要提高会话水平,以便他们将来和外国学者进行学术交流,向外国介绍中国优秀传统文化,把中国优秀的传统文化"送出去",这是我国的国际地位不断提高的时代要求以及学科自身发展的必然要求。在世界的人文学科领域,要有中国的声音,要占一席之地,并且向世界领先地位迈进。张教授说:"我们中国的人文科学和社会科学较老的学者,在专业上都有很深的造诣,但往往不能直接用外语进行交流,不能不说这是缺点。下一代的学者应克服此点不足。"

张教授虽然长期从事中国思想史的教学和科研工作,但他有相当深厚的西方哲学和文化的学养,这能从他给博士生们的信中反映出来。张教授要求博士生通过西方哲学的学习,一是为中国思想史研究提供一个参考系,二是可以为将来进行中西比较打下牢固的基础,但在博士阶段,不宜进行中西文化的比较,因为博士生的学养还达不到这样的程度。

六、高度重视博士论文的写作和答辩,强化学术创新和规范,确保博士生的学术质量

张教授十分重视博士论文的开题报告。选题是写好博士论文的基础环节,张教授认为博士论文选题要准,否则,就做不出来,或者质量根本就没有保障。他根据各个博士生的基础与优势以及学科发展的需要,在与博士生商量的基础上为博士生选准学位论文题目,并在资料勘查的基础上制定出写作大纲。博士论文选题不宜太简单,要有一定的难度,这样有利于写出有高质量的博士论文。博士论文选题不宜太大,大题目可以放在毕业以后再做。针对许多博士论文选题太大的问题,他指出必须在面上压缩,在点上加强。

严格按照要求撰写博士论文的程序进行工作,使博士生养成严谨的学风。张教授要求他们就自己所选论文题目,参阅国内外前人和当

代学者的成果，同时规定他们写出对有关成果的评论。博士论文要能展示你对资料掌握的本领，这是博士应当具备的基本条件。它要求博士生要继承王国维的二重证据法：既重视传世的文献资料，又不可忽视考古发现的地下文物；他要求博士生尽可能完整、系统地阅读他们研究课题的原始资料，而且编出资料长编，在这个基础上进行归纳，才可能得出切合实际的理论结论。不必考虑通俗化问题，该引的资料还是要引上，要有一定的深度。博士论文不能只是概括别人的成果，应当有些新意，写作切戒平铺直叙。博士论文既有宏观的视野又不泛泛而论，既有丰富的材料又要在论点上有相当的深度，既继承前人的成果又有新的突破，以体现作者的独立研究能力，使论文有益于当今的学术成果。张教授对博士论文大都要进行仔细批改和严格审阅，他要求博士生要不断听取所内外、校内外各方面的意见，反复修改，才能不断提高博士论文的学术质量。

有许多学者以为人文学科没有多少学术规范可言，这是一种误解。张教授在培养博士生的过程中，非常强调学术规范问题。一个新观点和新思路的提出，要看它所依据的史料是否是新发现的史料，对于已经普遍使用的史料是否从新角度去做比较切合历史实际的说明和解释；史料的真伪、全面与否；整个研究过程的逻辑分析方法是否具有科学性；与前人在某一个问题研究上所达到的高度相比，是否有所进展；对已经发表过的研究成果是否有全面的审查等等，这都是学术规范问题。通过这些学术规范，不难检测出一篇学位论文的学术价值。

质量是博士生的生命线。博士论文的最后审核和答辩，要敢于请国内第一流的学者来，要有这样的自信心，不怕批评。只有接受批评，才会有真正的进步。严格进行博士论文答辩，防止"人情风"等等与科学不相容的东西羼入博士生培养过程。从 2004 年开始，西北大学中国思想史博士生论文答辩后，答辩会成员不再做"集体讨论"，各人根据自己的考察，认为合格者，可画"〇"；认为不合格者，应有画"×"的权力。张教授认为,如果每年答辩完的博士生,均为画"○"者,这是不正常的。

七、遵循人文学科的发展规律,重视学术个性,博士生负担不宜过重

人文学科有不同于自然科学和社会科学的发展规律,它比自然科学和社会科学更加强调学术个性。只有人文学术个性化得到发挥和支持,才可能形成"百家争鸣、百花齐放"的人文学术繁荣景象。人文学科必须要有积累,不能拔苗助长,但是当前几乎所有设置人文学科博士点的大学都有这样的硬性规定:除博士论文以外,博士生在答辩前必须在所谓"核心期刊"和"权威期刊"上发表几篇论文。显然,这对高质量地完成博士论文是一种额外负担。张教授不赞成这一规定,认为它违反学术的规律,忽视了学术个性,是"陈规陋习",总有一天会取消的。学界的"急功近利"、浮躁之风大多与这些陈规陋习有关。

应该培养博士生独立研究和集体攻关的能力,理应要求博士生在研究所内参加一定的集体项目的研究工作,提高其科研能力和培养其科研的集体意识。但是,如果有的博士生专业和外语基础比较薄弱,需要补的课比较多,撰写博士学位论文的时间都很紧张的话,让博士生参加所内科研活动,反而会加重博士生的学术负担。

八、注重与博士生的情感交流,鼓励博士生克服在学习中遇到的畏难情绪

张教授既是一个学问家,也是一个感情十分丰富的人。他十分注意与博士生的感情交流,在网络通讯发达的今天,他用写信的方式在师友之间讨论学问,这样就更加人性化、情感化、理性化。张教授待人和蔼可亲,没有大学者的架子,研究所内的同事和博士生都喜欢与张教授交谈和通信。在给各位博士的信中,处处洋溢着张教授对学生的关怀与爱护,处处可以感觉到张教授对学生的严格要求。张教授循循善诱,注意因材施教,针对各人的不同情况,分别指出如何进步的

方法，对博士的成绩和取得的进步给以不同程度的表扬，对博士的缺点和不足给以不同程度的批评，他的谆谆教诲使博士生具有如沐春风之感。大家都知道，从孔子到孟子，从朱熹到王守仁，他们的学术活动主要就是在与师友之间的对话中完成的。可以说，张教授是当代我国学术界中较好地继承了中国传统做学问方式的人物之一，这对于克服现代教育中存在工业化生产模式，缺乏师生情感交流等弊端很有启迪意义。

张教授也很关心博士生的生活，想方设法为博士生提供良好的学习和生活条件。人文学科的科研经费一般都比较少。从事人文学科工作的人，难以获得比较高的经济收入。张教授对人文学科的现实价值有非常充分的认识，对人文学科的前途充满信心。他教育博士生对未来的学术道路充满信心，引导博士生寻找"孔颜乐处"，要求他们处理好学术与生活的关系。他表扬有的博士说："学术的事大，个人生活的事小。你能排除纷扰，安心向学，这很好。"研究人文学科，如果没有相当的人生阅历，那是很难做好的。他深切地体会到科学工作是艰苦的，无怪乎马克思把科学研究形象地称之为"地狱之入口"。只有付出艰苦劳动的人才能在科学上取得一定的成果。他鼓励博士生们不要怕困难，有困难才会有高质量；不要以为自己达不到，完全可以达到，只要下决心去研究，就有可能做出好的博士论文来。他对有的博士生说："不能求快，火候不到，煮出的东西不好吃。我相信，你会把论文做好的，争取写出一篇优秀的博士论文。"

九、与博士生建立长期的学术联系，为博士生毕业后的进一步发展提供平台

张教授认为吸收已取得博士学位的同志参加重要课题的研究工作，这是一件很有意义的事。因为经过几年的培养，博士生导师和博士生相互之间已有较深的了解，并建立了师生感情。师生之间进行学术合作，矛盾较少，有助于学术工作的顺利进行。同时，博士生刚毕业不

久，也需要在集体项目中提高自己的水平。这比一个人关起门来写书，会有更多的交流和请教的机会，更有利于他们学术水平的提高。实践证明，这是一条正确的路子，已经取得了令人满意的成绩。张教授戏称这是我们自己设置的"博士后"。

张教授历来强调学术的交流与协作，我们能从《张岂之教授与研究生论学书信选》一书中，能够深刻地体会到西北大学中国思想文化研究所是一个有很强学术实力的集体，是一个能够相互帮助与协作、团结和谐的集体，这是二十多年来他们能够高质量地培养博士生的根本保障。同时，我们更能够深刻地体会到张教授的谦虚好学与人为善的人格魅力、渊博的学识和严谨的治学态度。名师出高徒，这种大家风范是他能够做好博士生培养工作最主要的资源。这是他继承了侯外庐学派优良传统的必然表现，是他在长期学习理解、消化吸收中国优秀传统思想文化结出的丰硕成果。（作者系解放军第四军医大学社科部博士）

# 四、学生心迹掠影

"对世界文化了解得越多,对本国文化会更加珍惜,在借鉴和研究上会更有深度,更有感情;在将传统与现代的结合,在将文化思想精华与古代文化专制主义的剥离上越加科学化。同样,对中国思想文化研究得越深,对西方文化越有鉴别力,越能准确地吸收其优质,以补自身文化的某些不足。"

# 张岂之先生指导我读研究生

方光华

## 入 门

1987年9月，满怀对研究生生活的憧憬，我来到西北大学，跟随张岂之先生研习中国思想史。当时与我一并考上张先生硕士研究生的还有韩健平、任泽峰两位同学。开学初，先生找我们谈话，对我们第一个学期的学习提出了一个要求：将《论语》、《孟子》、《老子》、《庄子》、《易传》五种典籍通读一遍，并做好读书笔记。那时大学里开中国传统文化课程的并不多，更遑论钻研中国思想原典。听了先生的谈论，我们的感触是：得安安静静地研读原典，并学会独立思考。于是我们按照张先生指点的版本，开始认认真真地阅读《论语》、《孟子》、《老子》、《庄子》、《周易》五书。在校园西北角的一个偏僻的自修室里，我们几乎每天都读到夜晚十一点半，回到寝室，还要一起讨论，至深夜才罢。当时张先生正担任西北大学校长，并没有很多的时间给予我们具体指导，但每天都能见到先生的身影，因为他将自己的休息室就设在自修室的隔壁。每隔十天半载，先生总会问问我们读书的收获，特别是一到节假日，先生总要抽出一个晚上的时间，把我们召集到一起，向我们介绍中国思想史的研究进展，主题多半是先生即将发表的论文的主要论点。在这样的鞭策之下，我们研读原典一点也不敢马虎，一个学期下来，基本按先生的要求读完了《论语》、《孟子》、《老子》、《庄子》、《易传》五部原典。记得先生为了考查我们对这些原典的掌握程度，还出了一套试题，几乎全是这些典籍上不容易理解的语句和段落，让我们闭卷回答。我们都得到了高分，受到先生的表扬和鼓励。

多年之后，我才体会到先生对我们的要求，实际上是在引导我们尽快进入中国思想史研究的大门。中国思想史有一个鲜明的特点，那就是它的延续性。历史上的思想家们很少直接表述他们的观点，而是往往依托经典，通过对经典的注解和阐释体现自己的思想意识。例如孔子就是在对《诗》、《书》、《礼》、《易》、《春秋》的整理过程中，逐渐形成自己的思想认识，他删削《诗》、《书》，编辑《春秋》，使它们成为体现自己思想的凭借。不但儒家如此，道家老子、庄子亦是如此，近年来，关于老子与《诗》、《书》传统之间的联系已经被越来越多的学者所提及。离开了对《诗》、《书》、《礼》、《易》、《春秋》的深入理解，就不太容易了解春秋战国时期的思想创新。如果要尽快进入中国思想史研究的大门，当然最好的办法是充分熟悉《诗》、《书》、《礼》、《易》、《春秋》五部典籍。但对一个中国思想史没有什么基础的硕士研究生来说，如果一开始就让他抱着一部《诗经》或者一部《尚书》去钻研，容易失去研读的兴趣，而在这几本经典基础上所形成的《论语》、《孟子》、《老子》、《庄子》、《易传》，在文字上不像前者那样诘屈聱牙，在思想上又比前者要明快直截，特别重要的是它们后来也成为中国思想发展的基础，对它们的解读往往成为对《诗》、《书》、《礼》、《易》、《春秋》重新解读的先声，让一个对中国思想史刚产生一点兴趣的年轻学者认认真真地阅读一下这五部原典，不失为一个最直接而有效地进入中国思想史研究之门的办法。在后来的研究岁月里，我越来越深切地感受到，研究生第一个学期所读的几部原典是多么重要，而当时所形成的一些粗浅的体会在后来发生的影响又是多么强烈。

## 引 路

第二学期一开始，先生又把我们召集在一起，列出了一大堆书目，要求我们根据自己的兴趣继续有重点地阅读一些原典。经过第一个学期原典阅读，我们都对研读原典的快乐有所体会，并有进一步研读的主动性。当时韩健平同学对《老子》发生浓厚的兴趣，将道家类典籍找了不少，摆放在自修室里，一本一本地啃。任泽峰同学则对孔孟、老庄背后的文化传统比较痴迷，大有穷究《周礼》、贯通《诗经》的抱负。我那时有点贪多，想努力将先生所开列的书目都翻一遍，手里拿着这本，心里想着那本，有点像贪吃的羊羔，发现了一大片绿油油的草地，既兴奋，又着急。

80年代晚期的中国就像即将出生的小孩，既有对那令人目炫的生命光芒的热切期盼，同时也有分娩中的阵痛。社会上读书无用的论调甚高，大学在社会上的地位急剧滑落，教师不安于本职，下海经商的很多，在校园里时常有人兜售降价处理的重要文化典籍，我现在收藏的中华书局版《汉书》、《后汉书》就是在那时以极便宜的价格从校园的地摊上购买到的。人们急于摆脱现状，报刊杂志充斥着对社会现状的猛烈批判，并牵连到对中国传统文化的激烈反思，一时间，黄河文明只有奔腾到海，溶入海洋文明才有希望的舆论甚嚣尘上。一切似乎与我们研究生的学习生活无关，但它又那样真切地牵动着我们的心灵，在我们的心里引起了阵阵波澜。在如此沸腾的年代，抱着一本又一本的古籍，我们青春是不是在浪费？而且古人所凝结的智慧明显是一座又一座的大山，以我们的个人微弱之力，又能穿越多少？我们都不免有所疑惑。先生很敏锐地觉察到我们思想上的波动，与我们共同讨论的次数也越来越多。他并不回避问题，集中就众矢之的的儒学与我们交谈，指出儒学的生命力。这些讨论的话题，先生后来都已整理成文，公开发表，有兴趣的朋友不妨参看先生的文集《儒学·理学·实学·

新学》中的儒学篇。先生论述了儒学的实质，具体分析了儒学的许多核心命题，剖析了儒学的道德学说与礼教的关系，揭示出儒学在现代社会的独特价值。听了先生的话，我们感到中国传统文化并不像当时社会主流传媒所传播的那样，已经成为历史的垃圾，相反它必将在中国的现代化建设中产生积极作用,问题是需要我们对它做深入的分析，把握传统与现代之间的内在联系。今天距离先生的讲话已经18年，越来越多的人已认识到传统不完全是中国文化发展的阻力，相反，越是摸准了中国文化发展的内在脉搏，在政治、经济、文化乃至国际交往中越是能有更加清醒的文化自觉，中国的发展就会更加和谐，就会更加合理，但是这样简明的道理当时却很难听到，先生的话语对我们这些青年学子来说是多么的及时啊！

为了培养我们的研究兴趣，大约在第三学期初，先生要求我们就自己在阅读过程中感到确有心得的内容，写成文字，交他审阅。我那时有点像初生牛犊，一口气就交了三篇读书笔记，一篇是《孟子对孔子仁学思想的发展》，一篇是《论先秦儒道的对立与互补》，一篇是《僧肇与中国古代本体论思想的转折》。其中第一篇主要说明孔子仁学内涵极为宽泛，孟子的四端说是对孔子仁学思想的归纳，而且孟子还正面讨论了所谓恻隐之心与羞恶之心的冲突及其解决的方式，暴露了孔子仁学的矛盾。第二篇主要讨论《论语》、《孟子》、《老子》、《庄子》和《易传》之间的联系，认为在《论语》、《孟子》中有《老子》、《庄子》的影响，在《老子》、《庄子》中也有《论语》、《孟子》的痕迹，《易传》是儒家学者应对《老子》、《庄子》挑战逐步形成的作品。第三篇主要论述僧肇改变了玄学的本体取向，有点像存在主义改变西方古典本体论思维一样，僧肇使中国本体论讨论与现象界的讨论融为一体。很惭愧，我所交的任何一篇读书笔记，没有一篇是先生完全满意的。先生总是用毛笔在笔记上做出批改，指出需要修改或需要进一步思索的地方。比如那篇关于先秦儒道的对立与互补的讨论，先生就一针见血地指出，文章对道家受儒家影响的论述比较薄弱。关于僧肇的那篇更是被批点得体无完肤，认为文章使用的西方的本体论概念不明晰，对玄学本体论的论述深度不够，对僧肇的理论贡献讨论条理不太清楚。所有的批语最后总有一句：这仅仅是读书笔记，离学术论文的要求还有很大距离，望继续努力。当时看了先生的批语，一方面很泄气，觉得先生指出的弊病确实存在，但另一方面很受鞭策，觉得如果按照先生的指点，是不难把读书笔记修改成为一篇完整的论文的。但在经历了硕士研究生的三年学习之后，我们发现，无论我们怎么修改读书笔记，或者提交新的读书笔记，在硕士生的三年学习期间，我们中的任何一个同学，没有任何一篇笔记得到过先生的全面肯定，也没有在任何一本正式出版的杂志上发表过任何一篇论文。有位高年级的师兄，把他的一篇读书心得投给了陕西社会科学院主办的《人文杂志》，先生知道后，还给他写了一封长信，委婉地进行了批评。数年后，我们才意识到先生的苦心，他是多么想让我们牢靠地打好基础，练好做学问的基本功，不要为学习中取得的一点点成绩沾沾自喜。

看到我对佛教与中国文化的关系有较强的兴趣，先生让我把硕士学位论文选题定在佛教与中国的本体学说方面，并嘱我好好看看陈康关于《巴门尼德斯》篇的注释、黑格尔的《小逻辑》以及恩格斯的《费尔巴哈与德国古典哲学的终结》。说实话，对于这些著作，我现在也没有弄懂，但当时朦朦胧胧地感觉到，佛教使得中国古代的思维方式发生了很大的变化，一心想从本体论的角度探讨佛教给中国思想文化的发展到底提供了哪些养料，最后提交了《佛学与中国古代本体学说的发展》这样的硕士学位论文，摊子铺得很大。今天来看，论文漏洞很多，深度也很不够，但没想到，论文得到先生难得的鼓励。将论文初稿送给先生大约是在1989年11月，先生把它带到北京，在为学校办事的空隙，写了数页修改意见，意见现收录在《张岂之教授与研究生论学书信选》中，我当时看了极受鼓舞，觉得如果继续做些研究，肯定能把心头的问题搞清，由此而坚定了继续攻读博士生的决心，并于1990年5月顺利通过考试，继续在先生门下攻读中国思想史博士学位。

## 练 兵

1990年9月刚开学，先生把我和已经博士毕业的其他几位师兄叫到一起，说是要开展近代学术史的研究，让我着手收集一下中国近代史学学术方面的资料，并要准备在中国近代史学学术方面写博士学位论文。我听了大吃一惊，因为我那时对佛教典籍兴趣正浓，指望将博士研究生的主攻课题定在佛教思想方面，而且那个近代学术史的研究课题刚通过国家哲学社会科学基金的立项，我自揣没有资格与已经博士毕业的师兄们一起去做这样的课题。先生看出了我的疑虑，斩钉截铁地说，硕士阶段关心的话题将来会有时间深入思考，博士论文的选题不宜在硕士论文基础上延伸，要有勇气开拓新的学术领域。带着半是对佛教思想的依恋，半是对近代学术思想的新奇，我又像读硕士生一样，开始对近代学术原典的研读。

上个世纪90年代，中国传统文化研究悄然发生了一些变化。80年代那种气势磅礴的学术批判的激情逐渐淡化，许多学人开始意识到，从学术史的角度对中国传统文化的一些具体问题进行相对客观的研究，或许更为有效。19世纪乃至20世纪是中国传统社会发生急剧变化的世纪，中国的学术研究模式发生的变化也十分明显。传统学术转变的具体过程怎样？在这个转变过程中又出现了哪些理论命题？解决的思路有哪些？当时并不是十分清楚。如果能深入做些研究，当然有助于加深对中国现代化过程经验教训的理解，也不会像纯粹从政治角度讨论近现代问题那样容易受感情的影响。

大约在论文进展到一半左右的时候，先生嘱我到北京去拜访何兆武先生与黄宣民先生。何先生和黄先生都是侯外庐先生的助手。在何先生那里，我了解到何先生将中国近代史学的根本性转折划在戊戌变法以后的理由。从黄先生那里，我听到侯外庐先生的学术思想与章太炎有内在的联系，并了解到侯先生撰写《中国近代启蒙思想史》的一些细节。通过向他们请教，我逐渐坚定了在学习过程中所形成的关于近代史学问题的一些认识。

博士生三年的学习时光转瞬即逝，最后我也提交了20余万字的论文《中国近代史学学术史论》，从近代史学思想、史学方法、史学成果三个方面对传统学术向现代学术过渡的历程及其内涵分别进行分析。先生看了我的初稿，从语言文字到内容结构都提出了十分详尽的修改意见，其中最重要的一条就是要补充马克思主义史学与20世纪其他史学流派关系的讨论。在先生看来，马克思主义史学是中国近现代史学发展的重要成果，同时还有其他史学流派的成果，它们之间有斗争，但也并非绝对对立，都是对中国传统史学如何更加世界化、民主化、科学化的有益探索。在按照先生的意见重新修改补充后，我将论文简化为8万字左右的提纲，分别寄呈何兆武、金冲及、李文海、龚书铎、瞿林东、林家有等13位国内近现代史专家，请他们提出批评意见。专家们肯定了论文的基本论点，但也指出了不少需要修改的地方。通过答辩之后，先生又让我做了两年多的修改，后来纳入先生所主持的《中国近代史学学术史》，作为国家社科基金的结项成果正式出版。

今天，回顾对近现代史学的三年的学习与摸索，我意识到这三年对于我非常重要。它使我逐渐明白，对中国思想史的研究除了哲学思辨一路，还有学术史考察一路。如果没有在近代学术史领域进一步开阔自己的视野，学习中国思想史研究的学术史视角，也许今天我还是只了解哲学范畴的视角。博士生三年的学习生活也使我感到更加充实。它使我知道，有些习以为常的见解，是经不起严肃认真的学术史考察的，看问题一定要有正本清源的意识，不可人云亦云。而许多复杂的哲学问题，是有办法用众所周知的方式表达的，做研究要善于发现那些最能说明问题而又容易为人们所接受的典型个案。博士生三年的学习生活还使我产生了新的兴奋点。在考察晚清史学的变化过程中，我意识到晚清经学的变动是史学变革的重要动力，于是希望对晚清今古文之争的源头两汉经学有所了解，同时又对章太炎与刘师培在中国近代史学转折中的独特地位产生兴趣。对这种问题的兴趣和在以前所形成的对佛教本体思想的兴趣，竟成为我研究生毕业以来所关注的主要话题。（作者系西北大学中国思想文化研究所教授）

# 读书和教书中的一些体会

赵瑞民

西北大学中国思想史学科点走过 55 个春秋，半个世纪以上的奋斗经历有很多值得总结、纪念的东西。我没有参与这个建设和发展的进程，前来分享光荣与辉煌，只能谈谈自己在中国思想文化研究所学习时的体会，以及毕业后的体悟，从学生的角度反映我们这个学科点在教学方面的一个小侧面。

## 一、学习思想史过程中的苦恼和收获

我在西北大学学习 6 年，其中 3 年是在思想所度过的。其实在历史系读硕士生期间，虽然读的是古籍整理专业，但已经开始接触思想史。因为古籍整理专业的学生作毕业论文，首先要整理一部古籍，再根据这部古籍写篇文章，答辩时还是以文章为主，同时也要看整理的古籍文稿。古籍是个笼统的概念，具体到每部古籍，则一定是某个学科、某个领域的著作，即使按古代很粗略的四部分类法，也一定可以归到经、史、子、集某一部里，因此整理一部古籍，就需要涉及一个或熟悉或陌生的学科领域。我最早接触思想史和感受到学习思想史的苦恼，就是在那个时候。

我也就是在那个时候，开始亲炙于张岂之先生。记得是 1984 年初，导师李学勤先生因为在北京工作，工作又忙，委托张先生给我定论文题目,亦即选择要整理的一部古籍,张先生很快就给我确定,整理明代理学家、关学巨擘吕柟的著作《泾野子内篇》。于是,我就这样与思想史结缘了。

在大学本科阶段,我读的是考古专业,学了一般的历史知识和考古的专业知识,思想史几乎没有涉猎过。按照张先生的指导,我先读一点儿宋明理学的书,原著读不懂,找现代人的著作读。一开始想找一本关于宋明理学的专著,那时书还很少,找到的是一本新书,1983年10月刚出版,中国哲学史学会和浙江省社会科学研究所合编的《论宋明理学》,是一本会议论文集,其实不适合初学阅读的,但还是聊胜于无,硬着头皮啃吧。我学思想史和宋明理学就是从这样一本书开始的。刚接触一个新学科,整个一头雾水,抱着这本书死读,反复读,一个多月的时间,没明白什么,只是觉得很难懂,知道了一些理学家的名字和著作,思想内容仍是糊里糊涂。

现在想这个问题,其实不难理解,理学的概念、术语和阐释理学的概念、术语都是专门的学问,理学的思维方式与阐释理学的论证方式都是要受专门训练的,没有一个入门的阶段那是不现实的。当时不明白这个道理,留下来的记忆只是学习中的苦恼。

后来我就以《泾野子内篇》为题获得了硕士学位,而且逐渐克服了畏难情绪,对思想史有所认识,正式跨进了这个领域。1987年初,就在工作一段以后再入西北大学,真正师从张岂之先生,在思想所读博士学位,这应该就是收获。从一头雾水到专业研究,确实上了一个台阶,当时选择报考思想史专业就可以证明在读硕士时是有所收获的。

读博士期间,苦恼也是有的。这一种苦恼,中国人民大学张立文先生讲的给我印象最深,他说的似乎就是我的感受,可是我从来都没说出来过。我们论文答辩时请来张立文先生作答辩委员,他和我们聊天,说研究哲学史、思想史,经常想得很苦,痛苦的思考,艰难的思索,一直伴随着研究工作。我在作博士论文时一直有这种感觉,那时以为可能是自己笨，脑子迟钝，不敢为外人道。听张立文先生如此说，才领悟到那是专业赋予的，有共性。

这种苦恼让我收获了一个博士学位，因为后来在思想史方面做的工作很少，也就没有再体会到那么深刻的苦恼。

## 二、关于学派意识与团队意识的一点儿认识

我在思想所学习期间，有一个很深的印象，是有关学派意识和团队意识的。

关于学派意识，没记得张先生跟我们专门讲过，仔细回想，这是学习中的体会。在学习思想史的过程中，能够清楚地看到历史上凡是思想活跃的时期，往往是学派林立的时期。没有思想上、学术上的学派，亦即没有具有感召力的思想家，无人追随，形不成流派，因而就没有争鸣和批判，也就没有激荡昂扬的文字，没有使人热血沸腾的思想内容。故学派之于学术进步，那是互为因果的关系。一个发展很好的学派，则会分化出许多新的支派，即我们常常提到的"儒分为八，墨离为三"，禅宗的"一花开五叶"等等。

张先生没有就此专门给我们讲论，但建立中国思想史这样一个学派的意思，我觉得是很清楚的。张先生讲的比较多的是侯外庐先生开创的学术传统，侯外庐先生的治学方法，以及侯外庐先生如何组织学术队伍、如何带年轻人，等等，让我们体会到学术传承的意义，我想其中就包含了学派的意识。

张先生曾有一篇论文专门谈思想史的理论和方法，当时读过却没有很清楚的认识。毕业后经常读张先生为《中国思想史》写的序言，如"思想史是理论化的人类社会思想意识的发展史"，以及"历史与逻辑的统一"、"注意社会思潮的研究"、"研究思想源流的演变"等，感到都是纲领性的大文字，有规约的意义，是引导后学顺利进入轨范

### 读书和教书中的一些体会

从而形成学派的指针。

关于团队意识，那是张先生经常强调的。张先生在这方面强调最多的是，要进行重大课题的集体研究，分工合作，个人要服从全局需要。80年代的时候，个人奋斗、个人主义的思想比较流行，一夜成名、一朝致富的事例还真不少；加上又是刚摆脱了大锅饭的体制，从我们学生这边来说，对合作研究、集体攻关没什么兴趣，大家都不想做一个大项目中的一分子，似乎这样扼杀了自己的研究个性，影响了自己的发展，做下去学术上也没什么前途，到最后还是湮没到集体里，看不到个人奋斗的成果，特别是根本没指望短时间成名成家。年轻的时候，大家都心高气傲，心态上是睥睨一世，指望着要纵横天下，尤其是才气大点儿的同学，愈发不耐烦在大队伍中做藉藉无名的小卒。我自学了思想史以后，已经感觉到自己才疏学浅，但即便是有所自觉，也对合作研究不是多么有兴趣。现在想，那时是受了周围人的影响，从众心理使然。

工作以后，学术实践中的许多事逼迫着自己慢慢地醒悟到，在现代社会做研究，在如今的体制下做学问，特别是在通行的学术评价体系之下讨生活，一个人凭兴趣去拼闯，成功的几率很小。有一个团队，大家可以取长补短，个人可以扬长避短，能够藏拙，合多人之力有所谓"一加一大于二"的效果。80年代很流行了一阵子系统论，"整体大于部分之和"的道理谁都知道，但深切的领悟，却要到好多年以后。这事儿说起来有些丧气，后知后觉总是愚蠢的一种，吃了一堑才长一智肯定不是富有智慧的表现。

团队意识之于个人是有益的，对于一个学术单位、对于学术发展则更不待言。大课题、大项目、有重大影响的研究，一个人一生也承担不了一个甚至一部分，而研究的结果会极大地提升单位的学术地位，明显地推动学术进步。这样的研究需要的是众志成城，而研究队伍最基本的凝聚力应该就是团队意识。张先生当年随处强调的事理，而今看起来真正是至理名言。

## 三、从切身感受中得到的对于培养学生的一些体会

我师从张岂之先生学习中国思想史，有一些先天不足，即本科和硕士阶段学习的专业都有些琐碎，我感觉就是古人说的"饾饤之学"。本科学考古，基本材料就是盆盆罐罐，什么觚爵斝啊，鼎簋鬲啊，壶盘匜啊。做研究讲究分型定式、分期排队，始终是和这些物质文化遗存打交道，所有的认识都离不开一个一个的具体物件，宏观把握和理论思考在本科阶段还提不上日程。硕士学古籍整理，基础是版本、目录、校勘，版本学和考古学有些近似，是注意特征的，鉴定版本和鉴定文物本是同行；目录学学的是古典目录学，在分类上没什么内容，简单至极，困难的地方也是在细节上，比如张之洞的《书目答问》对清代学者的学术成果反映得很好，还标注了清末流行的好的版本，范希曾的《补正》本又增加了民国时的流行版本，等等，如此之类；校勘学更是在一个字的正误上较劲儿，所有衍文、脱文、异文、错简等，不外乎一个字、几个字、最多几行字的问题，具体而微，总之是琐碎。前后七年的学习，虽然内容不同，精神、方法上一以贯之，倒是觉得很顺遂，无意识间的顺理成章。硕士毕业论文涉及了明代理学，因为没有深入，肤浅地写来也没觉得有多少扞格别扭。

先天不足还有个人秉赋方面的因素，不全是学历背景造成的。我的性格中很有一些保守的成分，先前受到的熏习对后来影响很大，主动求变的内在动力很小，受惯性驱动在自己的感觉上是比较惬意的。因此，读博士了，真正学习思想史，要写这方面的毕业论文，困难就来了。

困难出现在自己的想法和张先生的要求不相符的时候。入学第一年，就开始考虑毕业论文的选题，大约是狃于自己的习惯，想到的是

做考据方面的选题,因为在考古和古籍整理方面学到的东西,都和考据相类似,做起来便当,再说也想不出来别的方面的题目。具体说来,想的是做一个宋代理学的编年,把学者、著作、重要命题、事件等仔细梳理,做的是细节上的考证,用年代串起来就有了规模和系统。当时自己觉得这样做挺有学术意义,也开始做资料的准备。一直不能忘怀的是,曾经咬紧牙关买了一套北宋最大部头的编年史《续资治通鉴长编》,至今还在家里书架上,几乎没有利用过。

我在私下里做准备的时候,没有向张先生报告过。等后来张先生给我们布置准备论文选题时,明确说不希望写考证文章。我当时就懵了!因为先生布置的时候,讲的是一般性原则,不是有针对性的,这种情况似乎更没法商量。学位论文选题应该参考导师意见,这个原则肯定没有错,只有自己调整了。但经过好长时间的读书思考,依然是毫无进展,一点儿头绪也理不出来。

当时我们师兄弟两个人,师兄麻天祥一直是要做近代佛学的选题,也得到了先生的首肯。而我只是圈定在宋明理学的范围里,再没有进展,拖了有好几个月。有一天,张先生把我叫到办公室,说:"你就写宋明理学的政治哲学吧。"然后递给我一张纸,上面已列出了从哪几个方面入手的提示。当时激动、感激的心情混杂繁乱,诺诺而退,后来就顺着这条路完成了论文,通过了答辩。

在学校期间和毕业以后,我一直没和先生就这件事谈过什么,更没表达过感谢的意思,就这么深深地印在心里。一些年以后,我也做了研究生导师,也开始带学生,我从此中体会到了教学的真义,也因此得到了带学生的方法。

我体会到的其实也是老生常谈,不过是"因材施教"的老传统。对不同的学生,要用不同的方法,目标明确的学生需要多做开阔视野的工作,个性鲜明的学生需要多做规约的工作,比较盲目的学生需要多做引导的工作,比较怠惰的学生需要多做策励的工作,如此等等,不一而足。总之，要针对每个学生的具体情况决定培养的方式。一个模式、一揽子解决，肯定会误人子弟。现在管理机构经常要让写培养方案之类的东西，要拿事先写下的东西考察教学的过程，我就觉得，浪费那么多时间事先去设计，未必有什么用处。从自己老师那里得到的真经，才是行之有效的方法。

## 四、学习思想史对于人生的影响

这个话说大了。很难说是在整体上有一个多么大的转变，我想说的是人生中的点点滴滴，在一些具体的方面潜移默化的影响。

学习思想史以后，受益最大的方面是思维。在学习的过程中，阅读古人的思想资料，体会古人的思维结果，总会受到熏染。当然，资质有差异，造诣有深浅，很难一概而论。就以我所得甚少的情况而言，也有一些随处都可以运用的体会。

比如提炼概念。宋明理学中很有名的一句话是二程说的"吾学虽有所授受，天理二字却是自家体贴出来的"，可见古人已经认识到提炼概念的重要性。拈出"天理"二字，确是非同小可，汹涌于宋仁宗庆历年间的儒学复兴思潮，自有了这个主脑，局面为之一变，从此宋代的新儒学真正建立起来。初学时觉得二程没有意思，非要标榜这么一下，总有些自诩的嫌疑。学到一定程度，才体会到这个概念的重要，提炼出这么有影响的概念，其运思之艰辛非同寻常，难怪人家要专门提出来说一说了。

此理在《易传》中也曾有所阐发，即"易则易知，简则易从，易简则天下之理得矣"。提炼概念其实就是为了表达上的集中精当，理论经过提炼达到"易简"的程度，就是我们所谓的概念了。佛家教理渊深，却提炼为很多名数，故亦有易知易从的效果。

这在我们日常的学术活动中是经常能用上的。我毕业以后几乎没有涉足思想史的研究，但体会到，在任何研究中都需要类似于提炼概念这样的思维方式。我们写什么样的论文，都需要归纳和概括，虽然不必做到像提炼概念那样高度抽象，但是概括主题、形成凝练的各级标题那是必须的，否则就让人感觉条理不清、层次混乱。如果思考一个学科领域的大问题，想要在理论上有所创获，那就更得在概括上下工夫，到这里就与思想史接轨了，任何专业的问题在理论的层面上都是思维的问题，提炼概念势在必行，学过思想史就能有些优势。其实在讲课时也需要归纳和概括，那样对学生的理解和记忆会有很多帮助。即使当干部写材料，提炼观点仍是个主要环节，能不能写，会不会写，这个环节就是试金石。

我虽然只是在高校当老师，根据自己的体会，总认为所有的人都应该学习思想史，未必学过之后就明白了生存的意义、人生的哲理，那未免陈义太高，但学过之后能很好地胜任自己的工作，也未尝不是对人生的重要影响。

当然，关于思维方面的受益可以说不少的话，举一个例子就可以了。这个问题实实在在是大题小作，或者竟是言不及义，也未可知，好在这是谈体会，就说到哪儿算哪儿了。

我在思想所只学习了三年，后来从事的工作多与思想史无关，谈的体会还是零零碎碎，不成系统，这与自己仍是在做"饾饤之学"不无关系，敬请谅解。（作者系山西大学历史文化学院教授）

# 听吾师报告感怀

袁 峰

2007年10月18日下午两点三十分，西北大学南校区七号楼三层会议室挤满了听报告的文学院师生。作为其中的一员，我显然晚到了一点点时间。当我把一束鲜花放在吾师张岂之先生面前时，主持人李浩院长对将要作报告的张先生说："您的老学生来了。"我坐在张先生身边听已进入耄耋之年的吾师演讲。吾师越讲越来劲，他的语调、话音和谈锋似乎又回到了以前我所感觉的他。尽管报告的内容完全不同，但音调和话语形式却依然如旧。

接近三十年前的1978年春，当我进入西北大学校门时，张先生已逾知天命之年。我是考入中文系的一个本科生，张先生是历史系的副教授。我在入校前曾读过张先生编写的1974年6月由陕西人民出版社出版的《中国哲学史略》，入校后就选了他为文史本科生开的中国思想史课。当时的我，和当今许多步入中文系的年轻学子一样，热衷于文学，由文学进入人文领域，发现历史不同于文学，文史又不同于哲学，而对交叉在文史哲三科之间的中国思想史的学科性似懂非懂。想当作家的热梦夺走了读包括中国思想史在内的历史书的时间，我没有学好张先生的课，二十六七岁的我也没想到十多年后自己会以攻读博士学位的方式继续来补这门课，但是，十多年后的1992年到1995年，我的确这么做了。《管子·权修》云："一年之计，莫如树谷；十年之计，莫如树木；终身之计，莫如树人。"如今，我们读本科劳动时栽

### 听吾师报告感怀

在西北大学图书馆门前的雪松已经粗壮得搂不住了，以张先生为首的西北大学的园丁军团也已将我等学人栽培成了国家的有用之才，虽然所有这一切都从昨天走来，但当我坐在吾师身边听讲时，我感觉我自己仍然像一颗需要被继续培植的树苗，我继续能从吾师语重心长的话语中获得营养。

过去追随张先生攻读博士学位，并不是一件容易的事情。在正式考试前，需要两位教授推荐。我的硕士导师董丁诚先生给我写了推荐信，另一位应该找谁呢，我想到了恩师张华先生。在西北大学，20世纪50年代从北大来的研究生到改革开放后成为著名文史教授的，一个是中文系的张华先生，一个是历史系的张岂之先生。我能成为他们二位的学生，也算今生有幸。张华老师在北大时学哲学，到西大后转入文学，成为著名的鲁迅研究专家。张老师推荐我随张岂之先生攻读学位，我从文学转入中国思想史。按照目下通行的学科分类，思想史是历史学科下的一门二级学科。复旦大学的一位历史学教授说过：研究文学的人谈历史，免不了开口便错。我诚惶诚恐地来到西北大学中国思想文化研究所跟张先生学习，历史学中的思想史陶冶了我三年。思想史就思想而言靠近哲学，早在汉中工作时我已读过一些哲学书，我的这种阅历使得我的文化具有文史哲杂糅之特征，缺点是各方面钻研都不深。

我在思想所读博士学位时住在校本部学生公寓4号楼，学习氛围非常好，数学史专家李继闵教授当时带了曲安京等三个博士生，我和他们经常见面交流，我虽然学习文科，但对数学和科学有一种深深的敬佩。

我的博士论文选题最初定为《三玄综论》，这个题目张先生没有同意。我读博士学位时，张先生已从西北大学校长的位置上退下来，他人经常在北京，但省内的事非常多。张先生担任省社科联主席，并在黄帝陵整修基金会担当职务。一天，听说他从北京回来了，我便电话约定去他那里谈论文选题的事。当我看见他的时候，虽然已过了吃饭时间，但他还没有吃饭，一大堆电话正缠着他，我在旁边等着，足足有半个小时，他那时已临近七十岁，累得靠着被子手持话筒在讲。《三玄综论》这个题目没有被同意的原因是范围太大，不好把握，张先生认为应该设法将题目定得更具体一些，更适合我的情况一些。张先生又回到了北京，他委托刘宝才老师帮助我选题。我和刘老师商谈了几次，考虑到我在硕士阶段曾作过南朝时期的文论研究，最后确立了《魏晋文学与玄学思想》这个题目，电话汇报给张先生并得到了他的认可。

我曾多次向张先生汇报自己写作论文的情况，张先生叮嘱我认真阅读汤用彤先生的著作。我精读了《魏晋玄学论稿》以及汤先生论述魏晋玄学与文学的其他著作。和侯外庐先生一样，汤用彤先生是我导师的导师，我博士论文写成后，曾寄给北京大学汤一介先生审查，得到了他的肯定性评价。我获得博士学位后到西北大学文学院供职至今，21世纪以来，逐渐涉猎了一些比较文学思想研究。汤一介先生的夫人乐黛云先生是全国知名的比较文学教授，我曾经将自己的几本小书送给汤乐伉俪求教，他们都曾回信加以热情鼓励。张先生今年八十岁了，他对已经有了博士学位授予权的西北大学文学院李浩等教师讲，要敢于请权威审查和批评自己所指导的博士论文，不要紧，有了不足，改进就是了。我的感觉是，作为高级专门人才教育专家的导师张岂之先生，其思想是一贯的。

我在写博士论文时已40岁上下。上大学前我已经在社会的最底层摸爬滚打了大约属于人生的三分之一时光，大学毕业后我又在社会的中层生活和工作了七年。由于资质愚陋，我自感自己是属于人类社会中的那种"晚熟作物"，我要感谢我的导师收下我作为他的学生并对我所进行的辛勤的栽培。我至今仍记得自己写博士论文时的情况，我有时不能将一些话说得很准确或者将一个句子使用得很恰当。例如，两汉时期，经学发达，至汉末，随着汉王朝的崩溃，经学亦逐渐趋于没落。我在作博士论文时写下了这样的话："随着汉王朝的崩溃，经学作为意识形态也逐渐退出了历史舞台。"论文草稿交给张先生审阅后，出现了一条批语："不对，经学没有退出历史舞台。"我根据张先生的批语重新翻阅资料斟酌，后来在我出版的著作中将其改为"经学的消解"这样的措辞。因为，魏晋南北朝时，经学受玄学、佛教的影响，继续以"义疏"的形式存在，此后，经学依旧以不同形式存活于各封建王朝，直至五四运动为止。

作为一名学生，53岁的我又再次听到了张先生那熟悉的报告声，我有一种重温旧梦的幸福感。历史已经前进了二十七八年，以前西北大学只一个校区，现在是三个校区。张先生所演讲的地方是一个比前两个校区更广阔的校园，他的与时俱进的话语以及来自北京和全国各地的教育、文化和学术信息融进了他自己独有的侃侃而谈中。吾师又谈到了他所倡导的春草精神。不是"离离原上草，一岁一枯荣。野火烧不尽，春风吹又生"中的春草，也不是"慈母手中线，游子身上衣。临行密密缝，意恐迟迟归。谁言寸草心，报得三寸晖"中的春草，而是张先生在21世纪提出的洋溢着人文学者豪情的春草精神。

吾师风趣幽默地谈到学术元老季羡林先生。季先生称他的一个曾经在百家讲坛上作过报告的年轻门生为"某某某老弟"，这看起来有些好笑的称呼实际上沿袭着一种古老的传统学人之习俗。但是张岂之先生不会称呼自己的弟子为"某某老弟"。作为侯外庐先生的继承者，"同志"一词渗入了他的思想和血肉，他喜欢用这样的称呼。1987年9月14日，马克思主义历史学家、思想家侯外庐去世，吾师在1988年11月29日的纪念侯外庐学术讨论会上，引用了侯外庐先生所倡导的

《学记》中的"教学相长"的思想。现在,让我鹦鹉学舌地将此话搬来作为本文的结束,也作为今后继续前进的动力:"虽有佳肴,弗食不知其旨也;虽有至道,弗学不知其善也。是故学然后知不足,教然后知困。知不足,然后能反也;知困,然后能自强也。"(作者系西北大学文学院教授)

# 八方弟子绕杏坛

## 武占江

2007年5月8日，五一长假之后的第二个工作日，收到了来自母校西北大学中国思想文化研究所的会议邀请函。展读之际，激动的心情难以自已，世事如白云苍狗，转眼间离开母校已经有十个年头了，中间虽然有一二次回来，但是今年的意义却非同寻常，其一张岂之先生主编的《中国思想学说史》6卷9册正式出版，这无疑是一个浩大的学术工程；其二正值业师张先生八十华诞，此等盛事，召唤我心飞翔，飞向那在西安度过的六年美好时光。

1992年，也是五一前后，我怯生生地扣开西北大学中国思想文化研究所的大门，探问硕士入学考试的成绩，受到了各位老师的热情接待。有一位师兄和我说，思想文化研究所是全校学习最紧张的地方，让我将来入学之后要有思想准备。之后的经历证明此言非虚，那时所里的研究生不多，大家每天都在自习室里苦读，彼此切磋琢磨。没有谁记考勤，也没有什么督促，都那么用功，原因就是出自张先生以及研究所所有老师们的精神感召，是一种良好的学习氛围让大家不自觉地全身心地投入到学习当中。自己犹如置身磁场中的小铁屑一样，也跟着下了一些工夫。

张先生非常注重打基础，我硕士刚入学的时候，先生和我说要认真地读《论语》、《老子》，要一个字一个字地读。当时对先生的话体会不深，以为在入学前已经读过这些经典了，再这样寻章摘句还有必要吗？现在看起来当时的想法非常幼稚，入学前读的多是白话翻译，离"研读"还有很大的距离。所幸的是硕士一年级的时候认真地通读了侯外庐先生主编的《中国思想通史》,得以初窥学术门径。后来,随着学习的深入,不得不回头再补基础的东西。先生再布置任务的时候就自觉多了。在老师的指导下,和师兄弟一起仔细研读了柏拉图的《理想国》、《巴门尼德斯篇》,那时确实是逐字逐句,读书笔记现在还保留着。正是这种笨功夫才使自己打下了一点点西方哲学的基础,也是在此基础上我才能够从中西比较的角度研究先秦的思维方式,最终确定了博士论文的选题。现在每每觉得自己基础不足,有些研究显得力不从心,越是这样,越觉得张先生这种教学思想的高明。他没有对我强调过上学期间要发表论文,毕业之后也看到了先生不赞成把读研究生期间发表论文当作硬性指标的文字,深自庆幸先生给了我们这样一个相对宽松的环境,可以心无旁骛地读点书,打下一点基础。

先生重视科研,对教学也不放松,多次向我们强调教学相长的道理,自己除了为本科生做各种讲座之外,还亲自为我们做示范,演示如何进行本科教学。张先生是学问大家,但是他的课也决不刻板,极其生动,对学生"自有一种魔力"。其实我在河北师范学院上本科的时候就听说过张先生教学的水平与风采,来到西北大学之后,更是亲沐教诲,对先生大开大合的教学风范更加仰慕。自己是一个不善言谈、偏内向的人,深怕将来走上讲坛有负先生言传身教之功。工作后,一丝不敢忽视教学,认真琢磨教学方法,争取与学生达到共鸣。近十年间,所任课程多是中国历史、文化方面的,现在有些同学对自己的授课有所认可,不少同学放弃了本科所学专业,投考到尚不为"市场"看好的历史、文化方面的研究生,他们多少是受了我的一些感染和影响。如果这还能算作是成绩的话,一切都应该归功于先生对我春风化雨般的启迪、引导。

清末陕西维新运动领袖刘古愚先生说过这样一句话:"学问之道,得之师少,得之友多。"这是他担任味经书院山长时向学生说的,意在鼓励学生之间相互讨论，彼此砥砺。其实，同学之间讨论风气的形成、讨论的话题、讨论的深度以及效果都是离不开老师的引导、组织的，只有形成了一个良好的学术氛围讨论才能切实有益。我觉得思想文化研究所就有这样一个良好的氛围，无论是学习氛围还是日常生活氛围都很好，许多事情让我终生难忘。记得当时上学的时候大家都充满了对学术的热爱，富于激情。当时和我一起学习的师兄弟们有不同的学术背景，有学哲学的，有学物理的，还有学化学的，当然很多人是学历史出身的，各人的长处不同，兴趣点各异，对一个问题的看法就不一样，有时候为一个问题争论得面红耳赤。期间也有一些"好辩"之士，你说东，他偏说西，当然这都是有学术根据的。这种讨论使我发现了许多问题，加深了认识。尤其是发现自己一度颇为自负的"新观点"在讨论中一说出来，才感到原来根本就没有入门。在这种"头脑风暴"中，使一些徘徊在脑际的学术泡沫及时破裂，不至于后来发表出来，贻笑大方。不知多少个夜晚，因为争论问题不觉间已经"东方既白"。

繁重、紧张的学习生活确实是很清苦的，需要克服许多困难，不少师兄弟都已经成家，离妻别子，负笈关中。为了学习，舍弃了不少东西，有许多该尽的义务没有尽到。肖永明师兄站在妻子的立场上的一句戏言现在音犹在耳："侯门一入深似海，从此肖郎是路人。"当然没有磨砺就没有成绩了，永明自然早就肖郎、丽人（永明兄妻姓厉）比翼双飞了，只是现在他们飞得更高、飞得更远了。清苦虽然清苦，但是当时人们情绪确实是非常高昂的，有时你能听到那栋青砖小楼的研究生宿舍传出阵阵歌声。

学习期间还有另外一件事情令我终生难忘。1996年冬天，我突然阑尾炎急性发作，折腾了半夜。当校医院确定不能手术的时候，任大援老师与姚敏杰、方光华老师以及欧阳军喜、肖永明师兄连夜把我送到了医院。当时家里身体不好的母亲是不可能前来的，一切的事情就由这些老师与师兄弟照应。天光放亮的时候，我在半梦半醒中恍惚听到医生说做手术的各种危险，然后是让责任人签字。护士问到你们是他的什么人的时候，大援师说"是老师"，别的话都是模模糊糊的，唯有"老师"两个字分外清晰，当时我内心格外酸楚，也格外感动。躺在手术台上不知过了多久，蒙蒙胧胧地听到大夫和护士的对话："看他睡得多深啊。"同时感觉到有人轻轻地、不停地为我擦去眼角的泪。我睁开眼睛，有人柔声地问我："你疼吗。"我说："不疼。"之后就是老师与师兄轮流到医院陪床，他们就是我在外地的亲人，七天后，我就在他们的照顾下出院了。那时的情景让我感到医生和护士是呵护生命的天使，他们是伟大的，比医生更伟大的就是老师和学友，他们在我卧床期间做了他们该做和不该做的一切。六年的学生生活中，我把身体的一部分留在了西安，师友的恩情却永种心田。

我是一个贫苦家庭出身的农民子弟，毕业之后，由于家事的纷扰，我满怀不舍与留恋离开了古都西安到家乡河北去工作。那种与师友请益砥砺的胜境很难再现，忽忽十年，时常觉得独学无友，孤陋寡闻，抱愧师门良多。常常想起在西安度过的美好时光，中国思想文化研究所永远是我精神的家园，现在我回到了家，回家真好！

百般感激，汇成小诗一首，是师尊寿：

> 燕山渭水路三千，
> 辞别石门叩秦关。
> 会友辅仁觥筹转，
> 八方学子绕杏坛。

（作者系河北经贸大学期刊编辑部教授）

# 思想史孕育了我的观念文化意识

陆建猷

青年时期在外语专业之余初朴地喜爱古典学问的文史哲，没有多少觉解地阅读杨荣国的《简明中国思想史》，实际工作中的理论思维使自己真实地喜欢上中国思想史学科，十一年前走进张岂之先生门下学习中国思想史，自我素朴的人生进路从此走向自觉、深邃、丰富、开阔，观念文化意识受到了系统而规范的锻炼。

## 一、进入了中国观念文化的深处

思想史属于观念文化之域。对思想史的文化意域认识，是在思想史作为专业学习之后获得的文化概念的学理认识。反观逐渐自觉的自我学术进路，对思想史的观念文化性意识形成和继续培养，有着切身的必要意义。

翻检曾经的文化意识旧账，进路初始之时的足迹，明显地保留着文化意域模糊下的疑虑：文化是否根本性地体现人的类特质活动？文化大系是否包含着相对不同的意域？民族国家的本位观念文化同异域观念文化的特质何在？怎样认识和诠释文化传统与文化现代的形式断裂与深度连绵？携带着这些问题，过思想史的学习生活，循原理于经典，受教诲于先生，得启迪于师友，使自己逐渐进入到中国观念文化的深处。

思想史向后世学习者昭示了丰富而深邃的圣贤思想原理。专业性

地学习思想史学科之后,自己的思维认识之路有了以下的进展:

其一是对经典原理旨趣的认识。三代经典奠定了中国思想的原理旨趣:《周易》之"易",运用太极化生和卦爻图象易移原理,探究自然事物变化、社会秩序变化、人生心性变化、生活世运变化的法则;《尚书》以史实的文本,载述上代社会的政治观念、民本观念、教化观念、伦理观念;《诗经》以风、雅、颂的意象范畴,开启了中华诗歌文化用民乐形式、乐府形式、颂扬形式抒发心性与表示讽刺的思想艺术先风;《礼记》以礼的多维价值向度,阐发礼的宗教祭祀文化意义、周代社会政治的规范文化意义、人际社会生活关系的秩序准则意义、社会成员个体交往的言行方式意义;《春秋》以年、时、月、日为次第而编年纪事,推见至隐与借事明义,述说礼崩乐坏的一种类型的历史生活。

其二是对诸子学派及其思想学说的认识。《史记·论六家之要指》指出世俗学派思想学说的学派特质与治世功能:"夫阴阳、儒、墨、名、法、道德,此务为治者也,直所从言之异路,有省不省耳。"①《汉书·艺文志》叙说了诸子学派依源六经而又"世有变改"的思想学说进路及其得失:"六艺之文,《乐》以和神,仁之表也;《诗》以正言,义之用也;《礼》以明体,明者著见;《书》以广听,知之术也;《春秋》以断事,信之符也。……至于五学,世有变改,……博学者又不思多闻阙疑之义,而务碎义逃难……"②前贤的为学与践行,既给了自己历史的模仿范式,即"天下何思何虑?天下同归而殊途,一致而百虑。"③又启示自己建树平允求实的为学理念。

其三是对汉代以降断代思想及其学科理论的认识。汉代以降,思想史逐渐丰富为多途径多学科的理论辐射。断代也就是时代性的思想

---

①《史记·论六家之要指》,中华书局1982年版。
②《汉书·艺文志》,中华书局1962年版。
③《周易·系辞下》,中国书店1985年版。

思想史孕育了我的观念文化意识

学说担当时代主题，展示时代精神，体现时代社会生活的观念文化品格，成为自己接受先前经典原理之后的一种新型认识视域，以此递进层垒，促使自己日日向前。同时，汉代起始，儒家经学、语言文字、甲骨金石、章句训诂、文献考据、版本校勘、姓氏谱牒、宗法礼俗、宗教观念、历史地理、天文历法、农学技艺、医药颐养、科学技术、音乐声律、辞章艺术、学校教育、科举书院、典章制度、哲学义理，相沿而成学统，成为自己思想史学习的学科和领域性视域。

## 二、受到了专门史的史学思维方式培养

思想史是历史学的观念形态。进入思想史的学习生活后，自己深知缺乏历史学的系统培养过程，老老实实地遵循张先生的教导，将社会史与思想史视为逻辑的史学关系，以社会史为思想史的前提条件，选择性的阅读编年体、纪传体和杂史史籍，包括后世不同版本的历史学书籍，用以弥补作为思想史学科所必需的条件要求。

首先是培养历史唯物主义的史学学习态度。思想史昭示的是曾经历史时代学者们的思想学说，而学习活动主体则是立足现代生活的人们，如何超越学习人的现今情绪，将历史人物、历史事件所体现的历史现象置于特定历史生活境况去考察分析，得出正确的理解认识，是这一学科学习人应当首要解决的问题。作为切身的体认，是因为学习人在专业生活之前，所接触的意义阐述多是现代化了的转述，而且这些转述在诸如鸦片战争、洋务运动、太平天国运动、戊戌变法、废黜科举、辛亥革命、新文化运动、现代社会革命、批判性意识形态的横断下得出的，因此学习人首要的自身任务是树立穿透上述事变的意识，与历史实际契接。

其次是注重文献与考古发现的复合意义。学习思想史专业以后，逐渐意识到这一学科昭示的是民族国家的精神灵魂，但同时也觉得它

缺乏严格意义的史学实证与物态；作为观念文化性的学科，它较哲学及其哲学史的意域宽泛，其思辩抽象的概念形式亦较哲学宽松。面对学科的这些特点，在接受先生教导与吸收师兄弟经验的同时，自己明白地意识到树立文献与考古发现结合的意义守则的必要性。在实际学习中，自己谨于历史文献的阅读理解与义理求证，诚恳地吸纳师兄弟的明智见解，关切考古发现的相关实据，用以支持自我学术思考和撰述的合理发展。

再则是正确运用史论结合的学术方法。思想史学科凝涵着文献义理与诠论发明的二元意义。文献原理属于凝固了的客观精神，并且存在于历史文本之中。由于时代的前行，这些历史文本及其涵载的义理话语，对于现今的识读者已经呈现出去古甚远与简古难懂的意义障碍，至此，现代性的诠论发明，不仅是作为诠释性的专业工作，而且作为观念文化义理的时代转化，也成为观念文化工作者的必要义务，由此，思想史中的诠论性问题就凸现出来。诠论体现着论者的主体性意识及其取向。怎样适当地协调好思想史研究活动中"史"与"论"的权重关系，一直是自己思考和撰述之要。

## 三、开阔了中国观念文化的研究视域

文化是社会人的历史实践所创造和受益并依赖人与社会生活的进步而不断发展的物质与精神相统一的人文事象。按其领域性质而论，它的内部成分可划分为：物质形态的文化、智能形态的文化、规范形态的文化、观念形态的文化。思想史连同它的相关领域——哲学、宗教、艺术等属于观念形态的文化。这一专业的学习，开阔了自己中国观念文化的研究视域。

一是提升了人文学科的理论思维水平。理论是思维的观念逻辑之实。从事思想史学习以来，识读经典，认识到了经典生成时古典文明成熟的历史生活情景,先代贤哲创设经典时的理性发达水平,经典所涵载义理对社会成员心性的深澈释论,以及经典原理对社会生活法度与矛盾的导释疏解;识读史籍,理解到民族文化重视社会生活史实记述的价值观念,更由此滋生并分蘖出中国学问的史学渊薮。读史使人明智。史学学习使人获得参前视远与知事穷理的教益效果;识读子书,先哲为后世社会生活陈述前言往行,将后世读者引入他们的历史心灵世界,领略他们的言论意境,广摄曾经时代激其立言的繁复客观环境,以此砥砺学习者自身;识读集书,了解民族文学的风格样式,认识赋、诗、词、曲的人文意域,增强主体才性风采,补充学术工作的相关需要,舒缓和丰富学术人生的形上形下生活。

二是增深了理论思索的认识深度。思想史是涵盖多学科领域的专门史学。思想标志着人的本质。思想史的学习,增深了自己问题思索的深度。史学深度是首先的收获。史学深度反映为历史问题的时间久远与问题实质性的确凿。学习思想史及其以后的学术工作,意识或自觉地诫示自己:应当做到持之有故、言之有据、参说有理。思考深度是第二个收获。思想史的认识应当是有着确切深度的思维活动。求学中得自先生的教导、来自师兄弟的为学经验、加之自己得失甘苦的体认,切感思考深度是为学至要,其关节点是抓住概念精要与义理实质。诠论深度是第三个收获。思想史属于历史类型的观念文化。所以,诠释与论说是它实现现代化与国际化的必由之途。怎样开展适当的诠释与论说,一直是自己的谨慎之事,但根本是"信""达""雅"地忠实历史意趣。

三是开阔了研究的思维视域广度。思想史的多学科领域自然向学习人呈示了视域广度。问题是如何量力而行地探讨那些包含着可能性与或然性的问题域。秉执曾经的受教积累,亦兼继续读书思考,发挥思想史问题之无时间性的特点,将自己的探索及向相对于"中国哲学史"的"中国哲学"之域、乘载于中国经学的诠释哲学之域,变革性地看待"中国思想史"大主题下的"学"与"史"的关系,积极地主张:学是史的本体,史是学的逻辑进程;学与史是一个学科统一性范围的两个异域,探讨"学"之论域,必将促进"史"的意域活跃。

　　思想史是自己衷情的学科。为学与探索之路虽有辛苦,但无怨悔。永远都持一份情怀,谨记先生教导,珍惜师友情谊,做出今生有意义的工作!(作者系西安交通大学人文学院教授)

# 中国思想史学习和研究方法的启迪

## 赵 旗

我于1993年进入西北大学中国思想文化研究所学习,先后跟随龚杰教授和张岂之先生攻读中国思想史专业硕士、博士学位。在两位导师以及思想所诸位老师的指导和帮助下,分别于1996年、1999年顺利获得硕士、博士学位。在思想所学习期间,我接受了系统的专业训练,初步掌握了学术研究的基本方法,迈进了中国思想史研究的门槛。1999年,我到西安邮电学院从事相关的教学和研究工作。几年来,我在本专业领域做了一些研究工作,开设的中国传统文化等课程也受到了学生的欢迎。这些成绩的取得在很大程度上都得益于在思想所六年的学习和积累,尤其是在本专业领域研究方法上所受到的启发。我向两位导师以及思想所诸位老师表示衷心的感谢。

在思想所学习期间,一个最深切的感受就是诸位老师都非常强调思想史学科的史学属性。张岂之先生明确指出,思想史是历史学的一个分支,更加具有史的特点。他在谈到思想史与哲学史的相互关系时指出:"思想史的研究应注意思想源流的演变。对于各个学派的兴衰变化、学派间的相互辩论和承袭融合;前代思想的继承发展,都要作尽可能细致的探讨。"[①]这一看法,成为我学习和研究中国思想史的重要指南,并且随着时间的推移,理解在不断加深。我逐渐认识到,要真正理解和把握一个思想流派,必须首先将其置于相应的思想源流演

---

[①] 张岂之:《儒学·理学·实学·新学》,陕西人民教育出版社1994年版,第381页。

变的背景下，探讨其兴衰变化的轨迹，并且要关注其与其他学派的相互辩论和承袭融合，这样才可能有较深刻的认识。

立足于这种认识，在做博士学位论文时我选择了心学与禅学这一课题。我看到，佛禅学思想对于儒学的渗透是宋明理学得以形成和发展的一个重要原因。其中，禅学思想对于心学形成和发展的影响尤为深刻。准确地把握心学对禅学思想的吸收内容和方式以及禅学思想影响心学的程度，对于准确地理解心学思想的实质具有重要的意义。在心学的研究中，心学与禅学的关系问题是一个不容回避的重要课题。

现代研究者在对心学与禅学关系的研究方面取得了许多有意义的成果。但总的来说，多数研究偏向于对心学与禅学在本体论、修养论等方面的某些范畴、命题及语言表述形式作静态的比较研究，企图发现二者之间所存在的相似和差异之处。这种研究方法，实际上既难以真正把握心学吸收禅学思想的主要内容和方式，也难以准确地估价禅学思想的渗透对于心学思想的形成和发展的重要作用，从而必然要影响到对于心学思想的实质及其思维方式的特点的准确把握。□

心学与禅学是两种不同的思想体系。禅学是佛学中国化的成熟形态，心学则是新儒学的成熟形态。两者在价值追求、对主体修养的内在要求等方面都存在着巨大的差异。作为两种不同的思想文化形态，一方对另一方在范畴、命题及语言表述等方面的直接影响只能说是一种浅层次的，难以对其发展产生重大的影响。实际上，心学由于吸收了某些禅学思想，成功地解决了理学所无法解决的一系列理论课题，将新儒学发展到了一个新的阶段。这就表明，心学对于禅学的吸收是深层次的，绝不仅限于在个别范畴、命题及语言表述方面简单的、直接的吸收和借鉴。□

我认为，心学对于禅学思想的吸收是以二者所具有的某些共同特征作为基础的。其共同特征主要表现在二者在历史走向上的相似性，以及在这种走向中所面临的主要问题和解决这些问题的方法上的相似性。具体地说，禅学表现为对佛教义学的反动，它将为学重心由对教义的探讨转向了修行实践，相应地，将修行重心完全放在了对于主体内在精神活动的调整上。在此过程中，它面临并解决了教义与修行的关系、本体的心性化、修行境界的描述及其体系内在矛盾的消解等一系列重大问题。与此相似，心学在将理学的为学重心由义理探讨转向道德践履、将为学方向由向外求索转向反观内省的过程中，也面临着知识与道德的关系、心与物的关系、意识与行为的关系、本体的心学化、修养境界的描述及其体系的内在矛盾的解决等问题。这些问题与禅学所面临的问题是相似的。心学对于禅学思想的吸收，主要在于禅学解决这些问题的原则和方法上，也就是说，主要在于思维方式上。由此可见，心学对于禅学思想的吸收是其思想体系形成和发展的内在需要。通过对禅学思维方式的吸收，心学成功地解决了儒学发展所面临的一系列重大问题，将新儒学发展到了一个新的阶段，它是新儒学的成熟形态，与禅学有着本质的区别。□

立足于这种认识，我在研究中并不将比较的重心放在对心学与禅学在个别范畴、命题及语言表述等方面所存在的相似和差异之处的分析上，而是放在对心学和禅学思想形成和发展的历史考察上，考察二者所面临的主要问题和解决这些问题的原则和方法，以此作为比较研究的基础。

张岂之先生对论文选题和研究思路给予了肯定，使我增强了信心。论文最后得以顺利完成，并且正式出版。通过此项研究，我认识到，这种方法，相对于在范畴、命题等方面作直接比较的方法显然更为迂回曲折，难度也更大。不过，如果能由此而在较深的层次上揭示出心学吸收禅学思想的主要内容和方式，这一尝试是值得去进行的。

对于中国传统思想的研究，不能用西方哲学的框架去生搬硬套，而是要关注其独特性，这也是我在思想所学习期间获得的体会。在自己的学习和研究工作中，这一体会不断得到强化，使我在对某些问题能够在充分占有材料的基础上形成自己的看法。例如，禅学本体论的构建就很有特色。我认识到，传统佛学以诸法实相、真如、佛性等为本体，与现实事物相比，本体是逻辑性的存在，具有不动不转等特征。这就形成了本体论和解脱论之间的内在紧张：心是现实的存在，要解脱，就要去认识和把握诸法实相等本体，但因为本体作为逻辑性的存在和主体精神活动作为现实性的存在之间的隔离，使得这种认识基本上不具有现实可行性。禅宗则以心即所谓本心为本体，并强调其念念不断的现实活动特征。这样，解脱就不是认识本体，而是明心见性，只须常行直心，本体论与解脱论得到统一。

《坛经》本心说在本体的心性化和心性的本体化方面取得了实质性进展。第一，《坛经》坚持了禅学一贯地将修行实践放在优先位置的传统。修行解脱是佛学整个思想体系的归宿。但长期以来，佛教学者将主要精力放在了名相分析和理论建构方面，以修行方法和实践为主要内容的定学处于义学附庸的地位。禅学的独立其首要的意义就是扭转了佛学的为学重心。从解脱论出发，必然要考虑解脱方法的现实可行性，也必然要求给主体的现实心以应有的地位，心性本体化也就成为禅学必须解决的基本课题。第二，《坛经》将解脱主体与客体的关系明确地定位在意义把握的维度上。在解决心性本体化这一问题的以往尝试中，都不同程度地遇到了几乎是不可克服的难题，这就是作为现实性的存在，心何以能具有形上性，何以能统率外物？产生这些问题的原因主要有二，一是以逻辑性存在与现实性存在的区分作为分疏形而上、形而下的标准，从而难以赋予心以形上地位。一是将主客关系定位在认识的维度上，使心难以完全统率外物。《坛经》对这些问题的解决方法，简单地说就是立足于意义把握。在主客关系方面，《坛经》强调，在修行实践中，主体对于外物主要在于正确把握其存在意义，即观照万物而不产生执著。意义把握，实际上就是主体对于外物的意义赋予，主体的确是处于统帅地位的。立足于意义把握，形而上下的分疏标准也就归结到意义把握的正确性方面，即正念与妄念的差异了。实践优先，着眼于主体与客体之间的意义关系，这是本心说具有合理性的方法基础，同时，应该也是一般心学思想体系的精粹之所在。

张岂之先生指出，人学、自然之学、有对之学以及会通之学构成了中国思想文化精华的若干方面。这些见解给我以很大的启发。我认识到，在对传统思想的学习和研究中，应将体认和挖掘其现代意义作为一项重要的工作。就禅学来说，我认为其思想方法就颇有可借鉴之处。

第一是人文进路。正是着眼于主体同世界之间的意义关系，禅学实现了对于传统佛学价值取向的反转。传统佛学对世界和人生的价值持否定的态度，这种态度集中地体现在空观思想中，而般若则是空观思想的最高表现形式。在禅学看来，传统佛学对于破除所谓人法二执确实有一定的意义，但对修行者来说，对于佛法的信赖和迷恋，以及求得解脱的强烈愿望日益成为一种新的执著，并且更难去除，成为解脱的主要障碍。所以，要空就要一空到底，要解脱就要彻底无著。禅学继承了传统佛学的无著解脱思想，而且贯彻得更加彻底。禅学认为，无著的最终实现不是别的，就是自然而然地生活。至此，人人可作佛，佛不异众生。大乘佛教曾宣称，十方三世有无量无数的诸佛。这一理论断言，首先在禅宗得到"实证"。经过长途跋涉，苦苦追寻，无著思想终于找到了自己的栖息地。经过层层否定，无著思想终于获得了完全肯定的形式。苦海无边，回头是岸。看似不可企及的理想境界，原来就在身边，甚至人人原本具足，触手可得。"自然"是中国传统文化，尤其是道家文化所特有的思想。禅学以自然适意的人生境界作为终极关怀，实现了对于传统佛学价值取向的反转，对于佛学的发展和整个中国文化的发展都具有重要的意义。

第二是会通精神。禅学在其形成之初以教外别传的姿态区别于佛教义学，在此后的不断发展中，则广泛吸收并重新诠释了传统佛学及其他中国传统文化的诸多思想，形成以禅统摄佛教全体的态势，成为佛学中国化的成熟形态，其所体现的会通精神格外鲜明。禅学对于华严宗理事范畴的吸收和利用是非常明显的。禅学能够成为佛学中国化的成熟形态，也在于它对于中国传统思想的充分吸收。流变思想对于禅学本体论形成有着重要的影响。中国传统的整体思想对禅学境界论的形成所产生的影响也是值得重视的。广泛吸收有益的思想因素并加以改造为我所用，使得禅学不但能于教外独树一帜，而且形成统摄佛教全体之势。另外，传统的儒、道思想也会聚其中并获得新的表现形式。禅学几乎成为各种思想会聚和转化的熔炉，为此后学术的创新和发展储备了丰富的思想资源。

第三是自然境界。"自然"是中国传统文化中一个很重要的概念。应该说，自然境界是儒、佛、道三教的共同追求。在禅学所追求的自然境界，一个基础性的思想，就是强调本心的自然自足。一方面，本心是念念不断的精神活动，是现实性的自然存在，不是人为的逻辑构造，所以，所谓明心见性的一切修行最终就落脚在回归本心、自然任运。另一方面，本心又处于统摄万物的地位。具体地说，按照能所结构，本心表现为"能"，即观照万物，感受外境，也包括感受自身，心被置于宇宙本体的地位。禅学心生万法的说法并不在于说明万物是由心所生成的，而是指明万物存在的意义是由心所赋予的。众人皆有的本心，它不动不转，却有无量的本有的功德，能产生世间和出世间的善因果，能够正确地把握万物存在的意义。这样，任心自然就不纯粹是向主体的回归，而且是向本体的回归。

三教所追求的自然境界具有各自的特点。道家强调要超越人类社会的一切准则，顺应自然。儒家强调在遵守社会规则（尤其是伦理法则）中要达到毫不勉然、自主自然的境地。禅学则强调本心的自然自足，主张常行直心。由于三教思想的充盈，使得作为体现中国传统文化基本特征的自然概念，具有多层次、多侧面的丰富内涵，成为一个富有活力的、具有很强时代适应性的概念，在传统文化与现代文化的对接中，应该能够发挥关键性的作用。

　　在思想所学习期间，我迈进了中国思想史研究的门槛。在此后，它也一直给予我巨大的支持和帮助。我在此表示衷心的感谢，并衷心祝愿西北大学中国思想史学科点取得更大的成绩！（作者系西安邮电学院社科部副教授）

# 九层之台，起于垒土

## 周益锋

"九层之台，起于垒土"，出自老子《道德经》。意思是说任何一种成功的事物，总是从无到有，从小到大，点滴积累而成。我在读中国思想史前，对于思想史研究几乎就是无。我当然没有到达"九层之台"的境界，但如果说我在思想史研究方面，有一些进步的话，这个垒土便是自"中国思想文化研究所"始。比如，儒家、道家与佛教的许多重要经典就是在张岂之先生和思想所各位老师的指导下进行研究并有所获的。以道家的经典《道德经》为例，没有进入思想所前，我的知识是零碎的、不系统的，进入思想所学习后，导师要求精读这部著作，才使我对《道德经》有了很好的理解。我的体会是整个《老子》五千言完全有自己的逻辑顺序。老子用很多话来讲"道"，讲"道"的目的是为了描述"道"的本质特征。"道"的特征有很多，但最本质的特征就是"无"。由这个"无"，老子向大家说明了一个道理，即"天下万物生于有，有生于无"，通过这句话，本来虚无缥缈的"道"和世界万物一下子就联系起来了。因为"天下万物生于有，有生于无"，所以"合抱之木，生于毫末；九层之台，起于垒土；千里之行，始于足下"，"道常无为而无不为"，"功成事遂，百姓皆谓我自然"，"大音希声，大象无形"。这里，所有结论的源头便是"道"。无论是《道德经》还是《德道经》，"道"是老子五千言的最终的源头（只不过一个是顺推，另一个是逆推罢了）。我对《道德经》研究，对《论语》研究，对《庄子》等等研究，就是从无到有，无中生有的过程。

这个过程就是"九层之台，起于垒土"的最好注释。今天，在西北大学中国思想文化研究所中国思想史学科点走过50多个春秋之际，在《中国思想学说史》六卷本隆重出版这一时刻，我百感交集，不由想起了我在思想所学习时的点点滴滴，直到现在它还是那样清晰。

我和西北大学中国思想文化研究所非常有缘。1995年，我考入西北大学文博学院，攻读近现代思想文化史方向的硕士研究生，导师是陈国庆教授。陈老师刚好是张先生的学生，从那时起，我的每一个进步都因为陈老师而打上很深的思想所的烙印。陈老师经常向我说起张先生在指导他时的学习和生活片段，常怀感激之情。这对我影响很深，对张先生充满景仰之情。2001年，我考入西北大学中国思想文化研究所，攻读专门史（中国思想史）专业的博士研究生，很荣幸地成为张先生的学生。

思想所的课程设置非常严谨，老师上课非常认真，从不敷衍了事。张先生对学生的指导方式很灵活，但极其有效。印象中，我们常常通过这样几种情况接受张先生的教诲。一是春节特定的时间到先生家中小坐，向先生汇报一年来的学习生活和工作情况，更多的时候是谈论博士论文的进展情况。每次一去，先生总是非常高兴，谈吐儒雅，观点清晰，思维敏锐，对每个人论文上的优缺点评点准确。交谈中，先生常常会向我们讲最新的学术信息，推荐最好的书。二是他主动选择恰当时候回思想所和我们座谈。座谈中，先生会将近来他参加学术会议的情况给我们介绍，以开阔我们的视野，还会在谈话中教给我们正确的历史观和史学方法论。三是通过书信指导我们。先生总是在需要的时候写信指导我们，有时将信寄到所里，有时将信寄给个人，有时将信寄给博士生团体，我们每个人几乎都保留有张先生的书信。这对我们而言是一笔宝贵的精神财富。前些时间，我在整理书信时，重新阅读了张先生在我论文初稿上的批语，虽时隔三年，读的时候我仍然深受教育和启发。人生有此明师，夫复何求？

张先生对自己的学生包括所里的学生要求很严，经常教导我们多读书。我们2001年9月入校，2002年3月，先生就提出明确的要求："2002年3月到6月，读完：1、《论语》全部；2、《老子》全部；3、《庄子》全部（务请在这部书上下工夫）。方向为中国近代思想，也要全读"。张先生在信中写到："读什么注本，请自选，务必将以上三部书从头至尾读完。我相信博士生——如诸君过去已读过，但不够。提高理论思维水平，需要从重读（再读）人文经典始。从实际出发看问题，博士生——如诸君过去并没有很充裕的时间来读人文经典。读毕上面三部书，请做三份笔记于今年7月初交我，作为博士课程《人文经典阅读与研究》评分标准。不交笔记，则此课程不予记分"。

我攻读硕士阶段的方向是近现代思想文化史，主要阅读近现代史的书籍和史料，以上三部书，虽有接触，但没有精读过。根据先生要求，我非常认真地精读了上面三部书，一句一句地写心得和体会，最后将心得体会整理成为笔记和文章。除了《论语》笔记我没有投稿外，其他两篇关于《老子》和《庄子》的笔记整理成文章后，都发表了。做完这件事情后，我才深深体会到先生之"提高理论思维水平，需要从重读（再读）人文经典始"的深意。至少我是受益匪浅。后来我在西安政治学院博士论坛作过关于《老子》的讲座，没想到200人的教室座无虚席，过道上还站满了人。在本部讲完后，北校区学生点名要我去讲，我感触很深，如果没有先生要求，精读《老子》，我不可能将《老子》理解全面，更不可能受到学生欢迎了。

对于道家和思想史研究，张先生有自己的见解，在《五十年中国古代思想史研究》（见《中国史研究》1999年第4期）一文中，先生指出："道家思想是中国思想史中宝贵的遗产"，"未来21世纪，世界人文学术和自然科学发展中，最能体现时代精神的，可能并不是拘守一家一派，成为一曲之士，而是像庄子的原天地之美、达万物之理的综合精神和博大胸怀。"先生博大的学术胸怀以及对道家积极肯定的态度，对我研究中国思想学术史，有极大的鼓舞和指导作用。先生无疑对老子很有研究，其客厅显眼处悬挂的是老子的"道法自然"书匾。先生清新的学术文风和宁静致远的学术风骨无不是道法自然的最好说明。

跟随张先生学习思想史，是我的荣幸。先生的崇高精神和他树立的良好学术风尚，到现在仍然在感召我，激励我，鞭策我。宋人范仲淹赞叹严子陵说："云山苍苍，江水泱泱。先生之风，山高水长。"我对张先生亦作如是观。就让我借范仲淹这几句话，表达后辈的敬意。最后，我衷心地祝愿张先生健康长寿！祝愿西北大学中国思想文化研究所繁荣兴盛！祝愿校友们工作顺利！（作者系西安政治学院军事社会学教研室副教授）

# 深入研究思想史　促进新的思想解放

周溯源

作为西北大学中国思想文化研究所毕业的一名博士,参加"中国思想史学科建设研讨会——关于中国思想史研究的回顾与展望"的盛会,心情格外高兴。

此次"中国思想史学科建设研讨会",有100多位专家学者莅临,可谓"群贤毕至,老少咸集"。大家不畏酷暑,来自五湖四海,"人人握灵蛇之珠,家家抱荆山之玉",踊跃与会,心情愉悦,在我看来,至少说明以下几点:

第一,中国思想史学科在市场经济大潮的冲击下,并没有被边缘化,没有走下坡路,仍然人才济济,阵容强大,前有老将带路,后有新兵跟进,老当益壮,雏凤争鸣,生机勃勃,士气高昂。在建设中国特色社会主义的大业中,特别是在弘扬优秀传统文化、建设社会主义现代文化的领域里,发挥着不可替代的重要作用。宣传和普及中国传统文化的新秀于丹,其《〈论语〉心得》已销售数百万册,盛况空前,《〈庄子〉心得》起印100万册,刷新了初版记录。7月5日人民日报报道,该书已售出韩文版权,日文、英文和中文繁体字的版权也在商谈之中。这说明思想史研究大有可为,先贤的智慧仍可滋润今天人类的心田。

第二,西北大学中国思想文化研究所是我国思想学术界的重镇之一。教育家梅贻琦说:"大学者,大师之谓也。"学术单位贵在有学术大师。中国思想文化研究所前有侯外庐,今有张岂之。五十多年来,张先生带领学术研究团队在侯老开创的研究基础上，以马克思主义为指导，筚路蓝缕，开拓进取，综合创新，独树一帜。研究所培育了一批又一批的学术新人，桃李芬芳，遍布天下，许多人已成为所在单位的骨干、支柱、学科带头人；出版的学术成果，不仅数量多，而且质量高，多个项目系省部级、国家级课题，多次荣获国家级、省部级奖励，泽被学林，获得好评。

第三，适逢尊敬的张先生八十大寿，请允许我代表研究所全体毕业生谨向先生表示衷心的祝贺。张先生从青年时代起便献身学术，志在振兴中华，大半个世纪以来一直耕耘在学术园地，不仅是一位大家学者，而且是一位经师、人师，同时还是一位社会活动家。张先生的学术成果和学术思想，享誉海内外。他不断推进中国思想史、史学理论、中国历史以及整个人文社会科学的教学和研究。特别值得我们学生高兴和骄傲的是，先生进入古稀之年以后的十来年，一直身体健康，精神饱满，"乐而忘忧，不知老之将至"，依然南来北往，活跃在学术前沿。现在虽已进入耄耋之年，仍然与时俱进，不断创新。"苍龙日暮还行雨，老树春深更著花。"我们衷心祝愿张先生健康长寿，继续带领我们奋力前行！

第四，《中国历史》（六卷）、《中国思想学术编年》（六卷）、《中国思想学说史》（六卷九册）等成功出版，值得庆贺。特别是《中国思想学说史》皇皇巨著，六大卷，洋洋数百万言，堪称里程碑之作。该书倾注了张先生等数十位专家学者的心血，数度寒暑，几易其稿，精心磨砺，体大思精，别开生面，自成体系，既继承前人，又超越前人，集思想史领域研究成果之大成。可以预期，该书将会引起学术界的关注和重视。"芳林新叶催陈叶，流水前波让后波。"不断创新是学术研究的宗旨，是张先生一直倡导并身体力行的原则。地处我们陕西的关学创始人张载说："为天地立心，为生民立命，为往圣继绝学，为万世开太平。"既要有学术创新的使命感，又要有学术创新的魄力和才华。张载之风在西北大学中国思想文化研究所得到了传承与弘扬。

尊敬的老师们、同学们，今年我国大事多、喜事多，七一是香港回归十周年，七七是全面抗战爆发七十周年，八一是人民解放军建军八十周年，十月份将召开举世瞩目的中共十七大。党中央的治国方略有何变化？中国将向何处去？因不发达存在的旧矛盾、因发展带来的新矛盾怎样化解？社会腐败、环境污染、人权保障、两极分化、公平公正、民主法制、社会和谐等等问题，都是人们经常思考、议论的话题。我们研究的是思想史，我们的学问和工作对解决这些矛盾与问题有何帮助？这也是我们在座的诸位不能不考虑的大事。

6月25日，胡锦涛总书记在中央党校省部级干部进修班发表了重要讲话，根据经验，这一讲话可视为十七大基本精神的披露。6·25讲话强调"三个始终"、"四个坚定不移"。即：做到思想上始终清醒，政治上始终坚定，作风上始终务实；解放思想必须坚定不移地加以坚持，改革开放必须坚定不移地加以推进，科学发展、社会和谐必须坚定不移地加以落实，全面建设小康社会必须坚定不移地为之奋斗。在这四个坚定不移中，解放思想居于首位。为什么这样排列呢？一部人类发展史表明，如果没有思想的解放，就没有观念的更新、制度的创新、生产力的进步、生产关系的变革。人类发展史也是一部思想不断解放的历史。思想史正是研究政治思想、经济思想、文化思想、哲学思想、逻辑思想、社会思想的发展轨迹和进化规律的，帮助人们从中汲取经验教训，得到启迪，生发智慧，提高理性，有效地改变现实。推进思想解放是研究思想史的首要职能。这正是我们工作的价值所在。

远的不说，从近代以来的史实就可看到思想解放的作用。鸦片战争后，魏源、林则徐提出"睁开眼睛看世界"，"师夷长技以制夷"，破除了"华夷之辨"、"天朝独尊"的陈腐观念，开启了思想解放的先河，使中国人看到了与西方的差距。后来，又有志士仁人相继提出不仅要学西方的坚船利炮、器物文明，还应学其制度文明，应变封建专制为议会宪政。解放思想的结果引发了辛亥革命,推翻了帝制,开创了共和。当袁世凯的倒行逆施导致全国混战后,新文化运动奋起批判旧思想、旧文化、旧道德,反对迷信与专制,请来了"德先生"、"赛先生",是又一次思想大解放。这次思想解放成为新民主主义革命的开端。新中国成立后,我们走上了社会主义道路,但是,由于理论的失误,发生了"左"的错误。文革结束后,中国仍然面临何去何从的选择。关于真理标准的大讨论,冲破了"两个凡是"的桎梏,恢复了实事求是的思想路线。这次思想解放启动了改变中国命运的改革开放。在1992年春季,邓小平发表南方谈话,引导中国建立社会主义市场经济体制,进一步解放生产力。实践证明,解放思想的意义是深远的。

随着经济全球化、政治民主化、文化多元化、科技革命化、信息网络化的不断推进,人们的生产方式、生活方式、思维方式在迅速变化。一方面民众的生活质量在提高,另一方面又带来新的不确定因素,带来新的失落和困惑。一部分人感到心灵空虚、理想迷茫、无所适从,抑郁症增多,不满情绪在滋长。最近有关媒体报导,山西洪洞县黑砖窑、黑煤矿非法使用童工,农民工被奴隶般地虐待,其情形令人震惊。这些说明我们的某些社会问题依然严重。要解决这些问题,需要我们继续不断地解放思想,寻求对策。我们应大力宣传"以人为本"的思想,深入贯彻落实科学发展观,推动和谐社会共建共享。

我们不仅要研究中国思想史,还要研究世界思想史。不仅应出版中国思想通史,还应出版世界思想通史。在比较中分辨优劣,寻找进化规律。用更宽广的眼光看问题,使中国的发展适应全球化,争取较多的主动和自由。

在思想史的述评中,我们既要肯定、褒扬那些进步的思想,也要批评那些阻碍社会进步的落后思想、腐朽思想、反动思想。要像鲁迅那样,"热烈地主张着所是,热烈地攻击着所非"。

我们不仅要做思想史专家,还要有人争取做思想家。不仅要熟悉旧的思想，更要创造新的思想。也就是说，我们不仅要善于"照着讲"，还要有胆识、有能力、有水平"接着讲"、"从头讲"、"重新讲"。几十年来，专著山积，论文川流，原创思想并不很多。当然，这里有社会环境方面的原因，如六朝以来形式主义文风的熏染，民主法制不健全对思想创新的干扰，"官本位"、"向钱看"带来的社会风气的浮躁，等等。同时，还应该承认，也有当今学人自身的不足。即使在极度专制的封建社会，李斯尚能写出《谏逐客书》，改变秦王朝的国策，推动历史的进步；陆贾的《新语》、贾谊的《过秦论》，引导汉初统治者开创了"文景之治"；范缜不怕高压，不卖论求官，力挫王侯和群儒，坚持了"神灭论"；魏征尚能写出《论十渐不克终疏》等一系列谏奏，督助唐太宗开创"贞观之治"，等等。他们"先天下之忧而忧，后天下之乐而乐"，"惟歌生民病，愿得天子知"，"笔落惊风雨，诗成泣鬼神"。这些先贤思想家的使命意识和善于阐述表达、宣传推广进步思想的艺术，值得今人学习。

马克思说："哲学家们只是用不同的方式解释世界，而问题在于改变世界。"怎样才能有效地改变世界呢？我们应该善于用自己的科学成果、思想智慧，让民众得到教益，让决策者得到启发，促进思想解放，有利于决策民主化、科学化。这就要求我们的成果具有真善美。只有真，才有认识价值；只有善，才有教育价值；只有美，才有欣赏价值。

最后，我想用清代名将、"天下第一廉吏"于成龙的一句名言与大家共勉："学者苟识得道理，埋头去做，不患不到圣贤地位！"（作者系《求是》杂志社文史编辑部副主任）

# 实事求是　谨严扎实

## ——在思想所学习的点滴体会

陈战峰

我在西北大学中国思想文化研究所攻读博士学位的三年中，感受良多，撮要而言：一是张岂之教授的谆谆诲诫，一是研究所浓郁的人文学术气氛和感人的师生情谊。

我在陕西师范大学中文系度过了大学和研究生学习生活，汉语言文学和学科教育专业曾伴随我多年，但对中国思想文化一直充满着浓厚的兴趣。在学习和工作中，深深感觉到对一些问题的真切理解和体认不能不触及对中国思想文化的研究和反思。2002年，我考入西北大学中国思想文化研究所，师从张岂之教授攻读博士学位，研究方向是中国儒学史。2005年顺利通过论文答辩，获历史学博士学位。

令我难忘的是，博士论文的选题、研究和撰写凝聚着不少师友的关切和期望，特别是张先生的相机指导和鼓励鞭策。在研究和撰写论文中，同其他学友一样，我也经历了一个苦乐兼具、短暂而漫长的过程。

在张先生的鼓励和指导下，我比较早地确定了将宋代《诗经》学与理学的关系作为博士论文考察的对象和重点。

《诗经》学是专门之学，理学阶段的《诗经》学又呈现出比较复杂微妙的面貌，如何爬梳和清理宋代《诗经》学与理学的关系，以期对某些思想学术问题（包括《诗经》学问题）提供比较贯通和清晰的理解，一直困扰和激励着我。第二学期我谈到自己这个选题意向和初步的资料勘查时，张先生很感兴趣，要求做进一步更加细致的资料跟踪和整理；同时，张先生认为我有汉语言文学学习的背景，因人选题，题目是比较合适的。但当时考虑题目难度大，问题是多方面的，并且专门做过指示，告诫："一篇博士论文如果没有难点，那就显示不出功力来；唯其有难度，才有做头，也才有趣味，才能培养科研的能力。"当时确定为《宋代〈诗经〉学与理学——关于〈诗经〉学的思想学术史考察》，直至出版这个题目都没有变化。将宋代《诗经》学成果作为思想史的史料以及在思想史背景下审视《诗经》学问题演变的脉络和解决途径，也许是这篇论文稿的一个特色。张先生觉得，可以在交叉研究中获得多方面的锻炼，对我来说，也无疑是一个比较有意义和趣味的挑战。

与古籍相伴，在寂寞和困惑中艰难跋涉，时时感受微亮曙光的召唤。张先生的相机鼓励和学术点拨，坚定了我心无旁骛、默默从事这个课题研究的信心和决心。先生前后多封书函，从入校时的开列书单，到开题报告、论文提纲和细目、论文初稿和二稿的修改以及通过答辩后对论文的进一步完善，呈现出逐步深入的特点，回味起来，这是一个完整的全程的指导过程。

选题阶段，张先生告诫选择难度较大、绵亘时间较长、有研究价值、经过自己努力能做的题目，简要地说，就是选题要"高"、"新"、"难"。先生认为时间较长，能看出研究对象的鲜明变化，写出历史学意义上的思想史论文，且要经过不断的提炼，形成一定的体系。最主要的是通过专题研究和论文写作形成实事求是的学术态度和谨严的学术追求。先生组织了严格的开题报告答辩委员会，审查和研讨博士论文研究的可行性、价值和问题。论文写作环节，先生亲自阅改了《大纲》及《细目》，对论文二稿作了仔细的审阅，提出一系列具体的指导意见，涉及材料考辨、剪裁处理、学术思想、论文结构、语体风格

## 实事求是　谨严扎实

等，明标页码和行数，这种严谨严格的治学精神和学术风范，不止一次感染和激励着我。

先生言传身教，虽很严厉，但不失活泼和幽默。聆听先生谆谆诲戒，沐浴先生道德文章，在思想学术和为人修养上都会多受启迪。先生每次和我们几个同级的学生交谈，慈祥中不无峻严，谈笑风生，不时有提醒之语，目光炯炯，让人难忘。一次，张先生给我讲治学和谋生的辩证关系，殷殷之中关切备至，其情其景，宛若在昨。

毕业留所工作后，关于博士论文，先生曾多次垂询鼓励，要求在冷静的状态下做进一步的反思和修改，特别是对那些敝帚自珍的地方，不能放松警惕。就是在这种严格要求的环境下，我对博士论文进行了不断的审视，删削了一些内容，使叙述更紧凑一些，文字等细节也作了部分调整。最重要的是，我将有关二程部分的《诗经》学，特别是程颢的《诗经》学资料作了抽换，使论据更加清楚明了，并且增加了考辨的力度。大约有一年多的时间，我在学习工作之余，反思自己，修改论文，辗转多次，后来经过学校发往校外专家双盲评审通过后，获得"西北大学学术著作出版基金"的资助，2006年7月由陕西人民出版社出版。

论文出版后，我在感动之际，又悄滋暗长出了难以名状的警省和不安了，唯恐自己的管见难孚先生的厚望，毕竟博士论文稿是研究的尝试和点滴心得，其中难免有不尽人意的地方。如张先生多次提到的，出版书籍，发表论文，只是供专家学者和有关学友进行商量研讨，目的主要是听取大家的批评和指点，出版和发表不过是征求宝贵意见和建议的平台。对我来说，更是这样。在论文的选题到出版的整个过程中，我深深体味到张先生对后学的严格要求，在先生书信的字里行间，谈话的细枝末节，都能体现出先生治学严谨的学术风范。张先生多次强调要戒骄戒躁，"学无止境"，要求精益求精，不断使研究趋于完善。

此外，张先生鼓励博士生从博士论文的写作中"走"出来，不是完全守住一个研究领域，使研究视野和学术眼光不断变得开阔起来、长远起来。张先生这种指导思想是一贯的，曾经对多届多位同学提到。当然，有的也鼓励做更加深入的或相关的研究，往往因人而异，不一而足，体现了原则性和灵活性、一般性和个别性的有机统一。就我而言，刚刚留所工作的时候，张先生就曾在多个场合提过，而且提供了不少很有意义的学术启发和思路，比如对朱熹等人的深入细致研究等。张先生指出，不能停留在博士论文的原地，必须想方设法在调研研究动态的基础上，重新拓展或深化研究的领域和空间。这些识见和论断，振聋发聩，常常启示我要不断加强学习、反省自己。

跟随张先生学习，方式是多样的，博士论文的指导过程之外，在对一些学术观点的分析和评判中，也往往能给人很多的启发。即使在一些细节上，这种学习的因素也是极为丰富的。比如，我们在张先生的信函、对大纲的修改、论文的审阅意见，或者文稿的眉批旁批中，都能发现这一点。有些文字的修改，体现了张先生对文字的斟酌，但深层次则表现为先生对学生的关注，注重学生的反映以及接受效果等。在和风细雨中夹杂着点清凉，使人默默受到启发和警醒。

除过论文写作外，从2006年上半年开始，我参与了张先生主编的《华夏文化》的编辑工作，这也是一个学习的过程。作为文化研究和普及的刊物，张先生长期主张"深入浅出"，将研究成果和心得体会通过平易、清楚、流畅、规范的现代汉语表述出来。在稿件的审阅和编辑过程中，张先生的提醒和改动（有时尽管是若干个字句的改动）都让人回味再三。

后来，我同时参与了对《中华人文精神》（增订版）的资料核对、对张先生与研究生书信的征集编辑以及与出版社责任编辑的部分联系协调工作。在这个过程中，更进一步体会到张先生一丝不苟、明快有序的工作作风和严谨扎实的学风。《中华人文精神》（增订版）与《张岂之教授与研究生论学书信选》两部书稿虽然出版时在形式上未必能

实事求是　谨严扎实

完全达到我们理想的境界，但是，至少在内容上，做过审慎的选择和斟酌。《中华人文精神》（增订版）从初稿到发排制片，经历过六次完整的审校，其中有三次是先生亲自推敲的，细密程度，很令我和两位责任编辑韦禾毅、黄刚同志感动。张先生特别注重措词的准确、流畅、简洁，有些句子，他稍稍调整一下，就变得明确起来，消除掉语义的歧义理解、色彩的褒贬难辨。这种斟酌再三、一丝不苟的谨严精神和学风对我震撼尤大，所以，在《中华人文精神》（增订版）出版后，看到美术编辑在制胶片前夕更换的一幅图效果出人意料时，我深感不安，同时也觉得自己在谨严的精神方面应该不断反省。《张岂之教授与研究生论学书信选》一书，出版印刷效果比较合乎我们编者的意图，尽管收集到的信件还只是冰山一角，但可以比较生动亲切地感受到张先生对学生的不倦教诲和深入指导。在书信的整理和编辑中，我们对部分书信作了调整。每封书信都保留了原有的面貌，但是张先生考虑到学生的具体状况，要求对时过境迁以及在具体情境下的针对性批评作些必要处理，体现出对学生的关怀和爱护。有不少很感人的细节，虽然我不能一一介绍，但当用心深入阅读和体味这些文字时，也许都不难感受到。责任编辑也多次给我说，在他们编辑的经历中，很少遇到这种严谨严格的文字修改，张先生谨严的治学精神也给了他们许多教益。

这里将我在研究所的学习体会粗略陈述如上，仅作一管之见，供读者朋友参考。

最后，我要强调的是，在读博士学位的三年中，得到西北大学中国思想文化研究所全体师生不少热情帮助和鼓励。研究所浓郁的人文气息和严谨学风，是我记忆中最难忘的一页。同学之间相互切磋，互相激励，书籍薄茗，谈笑扶助，可感可忆，难以尽表。

我曾经在毕业前夕写过一首七律，作为对自己博士研究生学习阶段生活的形象总结，后来附在书稿的《后记》中。直到今天，我依然觉得其中的情愫，也可以表达我目前的境况和感受。所以，我以这首七律概括自己在思想所学习的心得，供参考批评。其词曰：

> 三年情谊不蒙尘，恍惚之间自有真。
> 举杯笑语有师友，掩卷静思无古今。
> 庄子化蝶出彩梦，贾生陈谏入胸襟。
> 道德文字贵涵泳，诗解丛中觅宋心。

（作者系西北大学中国思想文化研究所博士）

# 春风化雨入心房

——谈对张岂之先生博士生教育的几点体会

潘俊杰

我是2002年进入西北大学中国思想文化研究所攻读博士学位的。在入校之前,我就对春秋战国时代和诸子百家的思想文化颇为神往,入校后我初步设想将研究方向定为战国诸子百家文化的研究。诸子之书的丰富与玄奥让我陷于其中而不能超拔,后人皆以研究诸子作为为学之本,我独着迷于诸子本身对前人文化的观念,然愈是着迷愈感到此问题的阔大与艰深,非学力深厚、数年之功难以廓清。我及时地将问题汇报于先生之后,先生没有否定我的努力而是予以详尽的分析,并指导我如何进行选题。在对整个20世纪及近几年诸子学研究成果及动态了解的基础上,我最终选定了《先秦杂家研究》这个学术史上鲜有研究且模糊不清的学派进行研究,事实证明,这个选题无论是大小和难度都很适合我。形诸为研究成果的博士论文,受到国内一些专家较高的评价,这是和导师张岂之先生的多次指导、探讨分不开的。这让我得出一点认识就是,做任何研究都应避免大而全的选择,在充分掌握研究的前沿动态情况之后,再选择自己的研究方向和课题才是科学的。

做博士论文的研究不是一件轻松的事。先生素来以对学业要求严格而著称。对于博士论文,先生一直是亲自把关批阅,毫不留情面。他多次讲,我们西北大学中国思想文化研究所的博士论文要经得起全国一流专家的评审。因此，他要求论文写作一定要扎实。要做到这一点，就必须全面充分地占有前人的研究成果和文献。根据先生的要求，博士论文必须是在充分掌握文献资料和20世纪以来中外研究成果的基础上，才能开始研究。为此，在先生的允许下，我在博二时先后用了两个假期的时间，先后到北京和上海查资料，将北大、北师大、清华、人大、复旦、华师大等著名学府的图书馆和国家图书馆的文献、资料、海内外的研究成果，凡是与我的研究课题相关的统统收集起来，并按我研究课题下的每个问题将其分类、整理、研究。有了文献、资料、前人成果的充分准备和研究，我后期博士论文的研究和写作得到有力的保证。

目前高校中的博士生群体大体可以分为两种类型，一是全脱产的统招生，另外一类就是在职攻读博士学位的学生。这两类人员各有自己的特点，全脱产的统招生攻读博士学位期间在时间和精力上能够保证，但在后期可能会遇到重新就业找工作的困扰，处理不好就可能会影响到学业和研究；在职攻读博士学位的学生虽没有就业和找工作的困扰，但由于有工作的拖累，在时间和精力上大多难以保证。对于这两类博士生，张先生不仅能够因材施教，而且在学业之外尽量为学子们解决后顾之忧。我是属于第一类学生，在博士论文写作的后期就面临着找工作的问题，对于此，先生也多次过问、关心并帮我出主意，使我能够安心地做好博士论文的研究和写作。据我所知，对于第二类博士生，先生除了对他们严格要求和管理督促之外，作为著名的学者经常不惜给这些博士生所在高校和单位领导打电话，让他们在工作上给以宽松的安排，以保证这些博士生博士论文的研究和撰写工作所需的时间和精力。可见，先生对于博士培养工作的严谨与细致，对学生无微不至的关怀。

我的博士论文从选题直到定稿，都得到了先生的亲身指导。先生总是神采奕奕、不厌其烦地接见我们、指导我们，每每受益匪浅。先

### 春风化雨入心房

生虽年届八旬，但一直笔耕不辍，学术专著及主持的大型学术项目的成果不断得以出版，而且先生还为中国传统文化的振兴和学术的繁荣发展奔走呼号。从他的身上，使我明白了什么叫"老骥伏枥"，什么叫"奋进不息"；做学问不仅仅是为了自己，而是为了整个国家和整个民族。恩师对于我的教导，可以让我受益一生。我以我的愚钝悟性、我的学习方式，在先生的指导下学到了很多东西。毕业后，我也不时打个电话向先生汇报一下学习和工作的事情，先生总是很关心地予以鼓励。让学生感受到先生身上超凡的人格魅力和壮心不已的浩然精神。先生的品德和学问让人景仰，最后我想引用《论语·子罕》中颜渊有感于孔子对弟子们教育的感受，来表达先生在我读博期间留给我的感受，当然我决不敢自比颜渊，只是借用一下他当时的心情来表达我那时和此时的心情。原文是这样的："颜渊喟然叹曰：仰之弥高，钻之弥坚。瞻之在前，忽焉在后。夫子循循然善诱人，博我以文，约我以礼，欲罢不能。既竭吾才，如有所立卓尔，虽欲从之，末由也已。"并谨借此言作为本文的结束语。（作者系中国石油大学人文社科学院中文系博士）

# 五、中国思想史的学科建设和发展

「"和而不同"的辩证思维,由此引导出来的兼综百家、独立思考与求实创新,是中国古代思想文化的优良传统,我们需要加以继承和发扬。」

# 在"中国思想史学科建设研讨会"上的发言

姜广辉

在张岂之先生八十华诞之际，由张先生主编的《中国思想学说史》（六卷九册）正式出版了，我想这是对张先生八十华诞的最好祝贺，也是对学术界的重要贡献。这部书，在我看来，是近一百多年以来中国思想史界（也包括中国哲学界）的一部部头最大、也最为厚重的著作。在历史学科中，思想史学科有一个特点，那就是每过几十年都要重新研究编著新的中国思想史著作。这不仅需要综合前面已有的学术成果，而且也需要及时调整我们的知识结构，更新我们自己的观念。侯外庐先生主编的《中国思想通史》在学术界的影响很大，但从这部书的出版到现在，已经有五十多个年头了。在这五十多年里，已经有许多新的研究成果，这些新的研究成果需要加以整合，而且对有些问题的研究视角也要调整，有的观点也要更新。《中国思想学说史》的出版就是这种整合、调整、更新的结晶。这部书我还没有来得及拜读，但是，我相信它应该是一部重要的学术著作。

我们讲侯外庐学派，不只是指侯先生及其弟子们所创立的学派，侯外庐先生在世的时候，有好几位侯先生的朋友都自称是侯外庐学派的成员。侯先生去世以后，侯外庐学派仍然在继续发展，尤其是西北

## 在"中国思想史学科建设研讨会"上的发言

大学中国思想文化研究所更是侯外庐学派的一个重镇。在北京,差不多一两年,侯先生的弟子都有一个聚会,所有侯先生的学生都会来。在侯先生的弟子中,大家都公认张岂之先生是掌门人。学派的发展需要好多条件,其中有一个条件就是学术之树常青。所以,我祝愿张先生健康长寿,也祝在座的各位身体健康!

我可以回顾一下我在侯外庐学派中的成长经历。我于1978年考入中国社会科学院研究生院,师从侯外庐先生、邱汉生先生修中国思想史课程,侯先生带弟子有个不成文的规定,就是后来的学生要向先来的学生请教。在我的学术成长过程中,曾得到张岂之、黄宣民等先生的许多指导。后来我又在邱(汉生)先生和张(岂之)先生的带领下,一起研究和编撰《宋明理学史》。《宋明理学史》是继《中国思想通史》之后的又一部重要著作。

侯先生是1987年去世的,此后,邱先生就着手进行经学思想史的研究,可是当时邱先生的身体已经大不如从前了,所以研究的工作长期处于停滞状态。他一直希望自己的身体能好起来,能完成这部著作。直到他去世前都念念不忘,所以,我们去医院看望他时就劝他安心养病,他要写一部中国经学史的愿望,我们一定会完成。邱先生于1992年病逝,之后,完成老师的遗愿、编撰一部中国经学思想史也就成了我自己的心愿。

在中国古代两千年的历史中,经学一直都处于主导地位。从《庄子·天下篇》到《汉书·艺文志》以及后世关于经史子集的文献等,有关传统思想文化的阐述,都是以经学为纲统摄儒学的。儒家经典是中国文化的"根",后来中国文化的发展,包括诸子百家在内的中国思想家和哲学家以及他们的思想,都可以说是受儒家六经思想影响演变出来的。如果不懂经学，如何能真正理解和解释中国思想史和中国哲学史呢？

这是我之所以长期从事中国经学思想史研究的两个主要原因。

现在侯先生的学生中有不少很有成就的学者，至今仍活跃在学术舞台上，我希望大家今后有更多的联系与合作。（作者系湖南大学岳麓书院研究员）

**说明：此文由研讨会学术组根据大会发言整理。**

# 宋明理学与湖湘学派的研究

## ——在"中国思想史学科建设研讨会"上的发言

### 朱汉民

各位先生,各位学者,今天根据会议的安排,要我讲《宋明理学与湖湘学派的研究》。我参与了《中国思想学说史》宋明理学部分的编写,要我讲湖湘学派不仅仅是因为岳麓书院是理学的重地,同时它还是湖湘学派的大本营。在南宋的时候,当时在地方上形成了许多的学派,而这些学派在当时的发展水平,很多都是以书院为基地建立起来的,而岳麓书院作为古代的一个书院一直延伸到今天,因它而建立的学科也成为我们在那里工作的职责。那么我所要研究的首要问题便是它的学科体系问题,但是我本人研究湖湘学派已经是十几年前的事情,所以我把湖湘学派改为地方学派研究成果、承传关系以及及它与理学的关系。但是这问题是否准确我也不好说。

大家知道,宋代理学的兴起和古代传统的学术派别的兴起有点不一样,汉代的汉学是由汉武帝通过董仲舒的建议自上而下传承的,而宋明理学的兴起是一种民间的兴起,他是儒家士大夫对民间学术的思考,创造出新的学术理念,提出一些新的学术思想,然后通过民间讲学的形式逐步发展成为一个国家的意识形态,并渗透到国家的官学体系里去。这个过程开始于宋代,在元代有较大的发展,到了明代才全面完成。所以这样的话,它就有点不一样,就是当时的地方学派都是以在民间讲学的方式传播的。

当时的湖南在历史上是一个比较偏远的地方,湖南文化,特别是儒家文化尤其落后，而这种情况在宋代发生了一个很大的变化，这就是宋代发生的社会思潮的兴起及湖南出现的湖湘学派的形成，对湖南整个地方的地位、形态以及特色产生了深刻的影响。这个时候出现了一大批的学术群体，他们就是胡氏家族，后来培养了一大批弟子，这个学术群体在当时来说是非常大的群体，后人对他们的评价很高。这个群体在当时形成了一个学术特色，对后世影响很大，那么这个特点的背后是什么呢？

我认为他们把道德价值的信仰、儒学的知识传统以及治术三者加以结合，在当时的学术界，他们和其他的学派区别也正好体现着这一点。一方面，作为道学，作为理学学派，把对儒家的价值信仰和学术研究结合起来，把原道与经典研究结合起来，这是当时理学一个比较普遍性的特点，也就是说，他们认为汉唐的考据、训诂有缺憾，必须把道、天道性命这些基本的东西探索清楚，需要把"道"和"学"结合起来，这是地区学说的一般特点。另外，道德学必须与现实的经世致用的学术结合起来，从整体上说，湖湘学派与其他学派比较起来，他们更注意经世致用，更注重道德理性，将它们结合起来，这构成了湖湘学派的特点，并且体现得比较充分。

当然，湖南的学派在明清之际特别在晚清时候又发生了一个很明显的变化。如果说南宋的学派兴起，标志着湖南作为一种地方学术的逐步确立的话，那么到了明清之际，它的地位又发生了更大的变化，不论在人才、地位及地方文化等方面，出现了大批学者，特别是晚清时候，从曾国藩、左宗棠到后来一代代学人兴起，从学术上说，这种兴起与湖南的传统文化有一种相关的联系。而这种联系通过书院代代相传，曾出现了今文经学派、古文经学派、宋学等三大学派，尽管三大学派在学术上各有自己的特点，但湖湘地方学派保留并吸收了宋代奠基的学术传统，但这个传统的形成无疑是一个漫长的过程。

我们现在来看这几个不同的学派对南宋湖湘学派的继承关系。

魏源，属今文经学派，有自己的学术，它提出"经以致用"的学说，批评道光时期的考据学说，即古文经学。他对当时儒学的治经、明道、政治之儒进行了很大的批判，分析其分化的原因，企图结合三个学派。如果这三者分裂了则会失去儒学最根本的东西，所以，魏源反对空谈心性的明道之儒，也反对只知考据训诂而对国际国内政事一窍不通的治经之儒，更反对没有价值信仰的政治之儒，他期望把三者结合起来。

曾国藩，属理学学派，他探讨经学和理学的道德，但它已经和现实经世治国的儒家学术有很大的分别。曾国藩，人们都认为他是一个宋明理学家，他的学术是通过注儒家经典而述作的。但他和其他理学不一样的地方就在于对理学与现实关系的处理。我们称之为理学经世派和理学顺世派，他们不仅仅把理学当作个人身心修养的个人事情，而且把它与治国、治世甚至治军结合起来，所以在这个意义上就形成了曾国藩治军的鲜明特色。曾国藩对考据之学颇有研究，认为考据、治经、道德之学都要研究，不能偏废，尤其是考据之学。

另外，晚清古文经学派的学者虽无大师，但他们把考据之学与经世致用之学相联系，主张求新、变革，不像汉学家为治经而治经，当时曾国藩和左宗棠都意识到传统的考据之学不能解决晚清面临的被帝国主义分裂的社会危机，所以他们主张变革、求新，力求发展，对当时的军务、商务等也做了大量的研究，同时也表现出了他们对宋学的价值的信仰。作为晚清重要的一个考据学派，它们没有在经、治、道方面偏废，在这几个方面他们持一种"兼和"的态度。

宋代的湖湘学派就有一种兼容并包的态度，这种态度在近代湖湘学派中一直保存着，这也是湖湘学派自宋以来不断发展壮大的内在原因。

以上就是我关于宋明理学与湖湘学派研究的一点个人心得。谢谢！（作者系湖南大学岳麓书院教授）

**说明：此文由研讨会学术组根据大会发言整理**

# 学派建设以及思想史研究可能的两个关注点

## 任大援

### （一）

《中国思想学说史》六卷九册的出版，是一件值得庆贺的事情。在我看来，其意义还不仅仅限于一部学术著作的出版，而从学术史的角度讲，这是一个值得关注的事件。从侯外庐思想史学派来讲，是一个新的生长点，或者说是一个标志。

从1960年《中国思想通史》第四卷出版从而完成五卷六册本《中国思想通史》之后，已将近半个世纪时间，《中国思想学说史》是又一部依靠学派的集体力量完成的思想史学术著作。如果我们回顾侯外庐先生开创的思想史学派，在《中国思想通史》完成以后，遭遇了"文革"的停滞，从1981年开始，先是出版《中国思想史纲（下卷）》（1981年），之后从《宋明理学史》（1984－1987）、《中国历史大辞典·中国思想史卷》（1989年）、《中国儒学思想史》（1990年）、《中国思想史》（全本和简本，1989年、1993年）、《陕西通史·思想史卷》（1998年）、《中国近代史学学术史》（1996年）等等，直到今天出版的六卷九册本《中国思想学说史》。

在这一系列关于中国思想史的著作中，《宋明理学史》是一个转折。也可以这样说，从《宋明理学史》之后，侯外庐学派开始以张岂之先生为学术带头人。上述一系列著作，都是在张先生的主编下完成的。在《宋明理学史》之后，侯外庐学派开始出现新的增长点。这三

## 学派建设以及思想史研究可能的两个关注点

十年,恰恰是改革开放以来高校学科建设和研究生培养不断扩大的三十年,使这个学派在培养新生力量方面得以天时地利人和。这和早期侯外庐学派相比,是大大前进了一步。是否可以说,在《宋明理学史》出版之后,在中国史学领域,从侯外庐学派中又产生了在张岂之先生领导下的西大思想史学派?从学术史的角度,这是可以讨论并加以论证的。这并不是我们刻意要这样说,而是这种现象耐人寻味:即在几十年的时间里,从几个学者到十几个学者,再到几十个学者,在一个领域辛勤耕耘,共同浇灌一个果实。

从侯外庐先生的回忆录《韧的追求》中我们看到,从1942年他完成《中国古典思想学说史》之后,在"抗战胜利前后一年多的时间","一个共同研究,共同撰写的集体,在长期交流,反复切磋中,最终形成了"。①如果从1946年算,到《宋明理学史》写作的80年代中期,是四十年时间;《宋明理学史》是一个转折时期,从80年代中期开始,对侯外庐学派来说,是一个新的发展时期,大家沿着中国思想史的道路,继续耕耘,至今又是二十多年,这样前后六十多年,大家在一个特定的研究领域、为一个特定的学术目标努力,应该说在中国现代学术史上并不是特别多见。这其中是不是有一些可以值得总结的东西?

首先,关于学派的作用。

回顾中国历史,学派对文化发展的促进作用是十分明显的。其中有两个最重要的时期。这就是先秦和宋明。在这两个时期,学派在历史上的作用也不一样。

在先秦,学派林立,他们是精神文化的生产者,学派是以某种独特的理论主张或独特的方法、技艺为基础而形成的学术团体。学派也是精神文化生产者在文化创造过程中结成一种特殊的社会关系。学派领袖也是诸侯之师。可以说,没有学派,就没有先秦的精神文化生产。

---

① 侯外庐:《韧的追求》,三联书店1985年版,第185页。

在宋明，学派是在书院基础上发展起来，学派领袖收徒讲学或个人在书院授课是宋代以后重要的教育形式，由师长提出某种学说，众多弟子接受、坚持和奉行这种学说，这样便自然地形成了以师长为奠基人和核心的学派。从黄宗羲《明儒学案》和《宋元学案》，可以很明显地看到这种特征。学派在宋代以后的历史上，具有学术上的求真精神和政治上的批评精神，在书院基础上形成的学派，有时带有政治的色彩，形成"党人"。在晚明更是如此。这样他们在推动社会进步方面又起到了独特的作用。

历史发展到今天，学派与古代相比，有继承也有差异。由于社会与政治的种种因素，学派既不能构成精神文化生产的主力，也不带有政治色彩。而师承关系和学术上的求真精神却较多地被继承了下来。她的主要作用，是对学科发展的贡献。西方科学史专家托马斯·库恩 (Thomas Kuhn, 1922–1996) 曾使用"科学共同体" (scientific community) 一词来称呼"学派"，他给科学共同体所下的定义是"由一些科学专业领域中的工作者组成。在一种绝大多数其他领域无法比拟的程度上，他们都经过近似的教育和专业训练。在这个过程中，他们都钻研过同样的技术文献，并从中获得许多同样的教益。……科学共同体的成员把自己看作、并且别人也认为他们是唯一的去追求同一组共有的目标、包括训练他们的接班人的人。"①库恩还指出，"科学共同体"是多等级的，最大的可以是自然科学和社会科学的区分，而最小的可以是每个专业领域内所包含的不同派别。库恩在《科学革命的结构》一书中，指出了学派对学科发展方面的贡献。因为学派的产生与发展是一个学科创生之后进入学科发展阶段的必然结果，它是学科发展的内在驱动力。

在中国古代，学派是学术生存的形式，在现代，学术则不一定非要依赖于学派，但学科的发展，学派的作用就显露了出来。例如，在

---

① 金吾伦、胡新和译：《科学革命的结构》，北京大学出版社2003年版，第159页。

中国,要发展中国思想史学科,就要大力发挥西大思想史学派的作用。因为就国内范围来看,中国思想史的研究形成学派,这里可以说是惟一的。

其次,关于学派的形成和发展。

学派的形成,有特定的条件,不是主观上要形成就可以形成的。侯外庐先生回忆当年"一个共同研究、共同撰写的集体,在长期交流,反复切磋中,最终形成"的过程,他写道:

> 抗日战争胜利后,大家都抱着民主和平建国的愿望。生活书店高屋建瓴地提出一项计划,准备发行一套《新中国大学丛书》,旨在清扫旧的半殖民地半封建的文化阵地,为新民主主义文化事业,能够系统的有所"立"。……于是,1946年,抗日战争胜利后的第一个春天,杜国庠、赵纪彬、陈家康和我,四人在黄家垭口中苏文化协会楼上,讨论了这个问题。我们自信,有把握完成一部用辩证唯物主义和历史唯物主义为指导的中国思想通史,深度和广度比《大学丛书》诸家哲学史有所超越,观点和方法更科学,与《大学丛书》诸家哲学史判然有别。①

由以上看,侯外庐学派的形成,具有天时、地利、人和的特殊条件。所谓天时,是指在抗日战争胜利的背景下新民主主义文化建设的需要;所谓地利,是生活书店《新中国大学丛书》计划在大后方的出台;所谓人和,是侯、杜、赵、陈四大家同在重庆,又有共同的学术交往基础。换言之,如果没有当时那样的天时、地利、人和条件,是否有后来的侯外庐学派,就不一定了。

---

① 《韧的追求》,第 185-186 页。

除了特定的条件之外，一个学派形成并在学术界立足，必须有她的特色。在上段引文中，我们看到早期侯外庐学派的一个学术志向，就是对诸家哲学史"有所超越"、"判然有别"。应该说，这不仅是早期侯外庐学派的一个初衷，而且是从侯外庐学派到西大中国思想史学派（如果说这个说法可以成立的话）的一个特色，这个特色，在今天也仍然在实践中。

　　我们知道，在人文学科领域，和思想史学科最为接近的就是哲学史，以至于在今天也有些人分不清二者的区别。就中国哲学史而言，建国以后最主要的学派是以四卷本《中国哲学史》为代表的中国哲学史学派，影响也非常大。这一学派在80年代曾出版《中国哲学发展史》，出版了四卷而搁置，非常可惜。与此相对比，侯外庐先生开创的中国思想史学派，却能六十余年来经久不衰，而且在80年代后有新的发展。这是值得思考和总结的。我们在这里只是从学派发展的角度立论，丝毫没有扬此抑彼的意思。

　　中国思想史学派的特色，主要有两个：第一，坚持思想史研究不能脱离历史的环境土壤，力图实现与相近学科的"判然有别"；第二，坚持思想通史的研究，不间断地有通史成果奉献，力图实现"有所超越"。前一个特色，使她能与历史的研究结合最紧密。后一个特色，不仅使她能与教学活动保持紧密的结合，而且可使一个学科延续不断地发展。

　　除了以上"条件"与"特色"两点之外，一个学派的形成和发展，有出类拔萃的学术带头人和延续不断的后继者（学术梯队），也是必不可少的条件。

　　科学史表明，并不是所有优秀的科学家，甚至包括最为杰出的科学家都能创立起自己的学派。西方很多研究学派的著作都提到这一点，例如数学和物理学界的高斯、普朗克、麦克斯韦、爱因斯坦等人，都做出了划时代的成就，在科学界拥有崇高的威望，但却没能够组织起自己的学派。法国著名物理学家德布罗意（Louis-Victor de Broglie,

1892—1987),曾经说过,"像爱因斯坦、薛定谔和我,都是单个作战的。我们每个人在过去都以自己所独有的且能被人所接受的方式获得了重大成果。我们无论如何也组织不成一个科学学派。"[1]因此,作为学派的学术带头人,特殊的才能是必不可少的,他不仅要站在学术的前沿,而且必须高瞻远瞩,具有人格魅力、宽容精神、知人善任和协调能力等优秀品质。

此外,对于学派,还要有持续不断的学术梯队。现代教育的研究生培养制度,为这一点提供了有利的条件。

综上所述,特定的条件、突出的特色、独特的学术带头人和持续的学术梯队,是学派形成和发展的几个最重要、也是最必要的条件。侯外庐先生开创的中国思想史学派无疑都具备了这些条件。

应该指出,在中国思想史及相关领域,也有一些擅长"单兵作战"的大学者,如北大的冯友兰先生(1895—1990),代表性的作品是7卷修订本《中国哲学史》[2]。还有如华东师大的冯契先生(1915—1995),代表性的著作是三卷本《中国古代哲学的逻辑发展》[3]。社科院的李泽厚先生,代表性的著作是《中国古代思想史论》、《中国近代思想史论》、《中国现代思想史论》[4]。我们在对学派的讨论中,也不应忽略那些单兵作战的大学者。在任何时代,都有一些学术上的天才人物。学派与"单兵"相较,各有优劣,可以在学术上互补。但是否可以说,学派在学科发展方面,更胜一筹?学派与"单兵",在现代学术史上,是学术发展的两翼。二者的特色,都应该继续发挥。

---

[1] 沈惠川:《L.德布罗意和E.薛定谔》,《自然辩证法研究》1994年第3期
[2] 七卷本中有六卷由人民出版社于1982—1989年出版,第七卷由广东人民出版社1999年出版。
[3] 1983—1985年由上海人民出版社出版。
[4] 《中国近代代思想史论》,人民出版社1979年版;《中国古代思想史论》,人民出版社1985年版;《中国现代思想史论》,东方出版社1979年版。

## 学派建设以及思想史研究可能的两个关注点

一个学派，在自身发展与学术竞争中，也有学派的自身建设问题。这种建设主要包括两个方面：（1）学派规范的建立（范式问题）；（2）继承与创新问题。

前面提到的托马斯·库恩，曾提出"科学范式"(scientific paradigm)的概念。库恩指出："一个范式就是一个科学共同体的成员所共有的东西，而反过来，一个科学共同体由共有一个范式的人组成。"[①]也就是说，在一个学派内部，有一种大家共同认同的范式，这种范式对外又构成了学派特色。汉斯·波塞尔也认为，范式"决定了我们的着眼点，决定着哪些问题是允许提出的，同时决定着如何回答所提出的问题以及解决这些问题的方法和手段。……范式是理论化了的坐标和罗盘，以此为基底，才有可能将某一研究范围归类与规范化。"[②]如果按照这样的观点，侯外庐开创的中国思想史学派在长达60年的发展过程中，是否有可以总结的学术规范？这是一个可以进一步检验思考的问题。

继承与创新问题与上述问题紧密联系。对于中国思想史学派来说，早期侯外庐学派的一些研究特色，在今天看来也还是需要进一步研究和继承的，如亚细亚生产方式的问题、封建土地国有制问题、早期资本主义萌芽问题等等，似乎仍有较大的讨论空间。

在继承学派传统的同时，对于当代社会的"文化热"，例如传统文化的重建问题、围绕《论语》以及"读经"所反映的学术界与大众所关注的热点问题、非物质文化遗产保护中一些理论问题等等，在相当程度上与中国思想史研究的相关性十分密切。作为中国思想史学派的一员，似乎有反思的必要，更可以有所回应，使学术研究服务于大众与社会。

---

① 金吾伦、胡新和译：《科学革命的结构》，北京大学出版社2003年版，第158页。
② 汉斯·波塞尔著，李文潮译：《科学：什么是科学》，上海三联书店2002年版，第118-119页。

## （二）

下面想讨论中国思想史研究今后可能的两个关注点。这个问题，完全是从我个人近年的工作接触有感而发，并不带有普遍的意义。提出来就教于诸位同道。

一个关注点，是将汉学研究的成果纳入中国思想史研究者的视野。

这里所说的汉学，是指从明朝中叶以来西方传教士开始对中国文化观察与探讨，直至今天的"海外汉学家"对中国文化的研究。也包括近三十年来对明末以来中西文化交流研究的成果、对西方汉学进行研究的成果。这些与思想史都有较大的相关性。

关于汉学以及明末以来中西文化交流对中国思想史的影响，本来是侯外庐学派所关注的问题，当年侯外庐先生主持《中国思想通史》第四卷，专门请何兆武先生写了最后一章《明末天主教输入什么"西学"？具有什么历史意义？》（以下简称《西学》），有七万字之多。即使以今天的眼光来看，这篇论文在资料丰富和立论严谨方面，都堪称楷模。但是，这个问题近年来有许多新的资料、新的研究成果，因此也应该有新的认识。继承老一辈的这方面的传统，中国思想史的研究者义不容辞。

这个问题可以从三个方面来考察。

第一方面，西方的耶稣会士，从利玛窦开始，对中国思想与中国文化，到底是如何解读的？

第二方面，中国的士大夫，对西学——基督教文化和西方科学，到底是如何解读的？

第三方面，西方的汉学家，作为"他者"，对这段历史是如何评价的？

关于头两个方面，仅就资料而言，当年何兆武先生所能见到的资料，现在国内的图书馆可能都找不到了。所幸的是，汉学研究界近些年一直没有放弃努力。例如，有一位加拿大籍的韩国人郑安德博士，从 1993 年起，在法国国家图书馆、梵蒂冈教廷图书馆收藏的中文文献中，进行了艰苦的搜寻和整理，在 2000 年，整理出 57 册的《明末清初耶稣会思想文献汇编》，这批材料，可以说多数是当年何兆武先生所没有能够见到的。这些材料虽然目前还不能正式出版（因为版权问题），但已经允许学者作为研究使用。它的整理印刷稿原件，收藏于北京大学宗教研究所，而北大也复印了若干部赠送给一些图书馆和科研机构。所以在今天见到这些资料可以说是非常容易了。这些资料，主要是明清之际天主教与儒家思想、佛教思想及民俗信仰之间护教辩论色彩较浓、较有代表性的内容。包括传教士所写的著作 23 部，中国信徒所写的著作 21 部，以及其他 12 部相关的天主教和基督教护教文献，还包括郑安德博士本人所写的《明末清初天主教和佛教的辩论资料选》一部。涉及的西方人物有罗明坚、利玛窦、艾儒略、庞迪我、孟儒望、马若瑟、利安当、利类思、南怀仁、白晋、沙守信、郭纳爵、冯秉正、陆铭恩。中国人有徐光启、雷翀、杨廷筠、朱宗元、刘凝、王徵、韩霖、段衮、张星曜、严谟、李祖白、邵辅忠、何世贞、罗广平、陈浔、昧德子、任斋主人、苏若望、文度辣、何大华、陆泰然、王丰肃、张雅各伯、艾约瑟迪谨、无名氏多人。①

---

① 其具体书目列于后：《天主圣教实录》、《天主实义》、《畸人十篇》、《辩学遗牍》、《交友论》、《二十五言》、《三山论学》、《万物真原》、《口铎日抄》、《天主降生言行纪略》、《天主降生引义》、《天主实义续篇》、《天学略义》、《儒家实义》、《天儒印》、《主制群征》、《不得已辩》、《善恶报略说》、《古今敬天鉴》、《真道自证》、《烛俗迷篇》、《盛世刍荛》、《释客问》、《辟释氏诸妄》、《辩学疏稿》、《破迷》、《天释明辨》、《鸦鸾不并鸣说》、《代疑篇》、《代疑续篇》、《答客问》、《拯世略说》、《觉斯录》、《畏天爱人极论》、《辨教论》、《辟略说条驳》、《天儒同异考》《天帝考》、《天学传概》、《天学说》、《圣教信证》、《崇正必辩》、《醒迷篇》、《开天宝钥》、《儒教信》、《论释氏之非等九篇》、《辩诬》、《天主教辩疑》、《圣教要紧的道礼等七篇》、《圣教理证》、《辟诬编》、《一目了然》、《邪正理考简言》、《辟邪归正》、《论上帝之有无等七篇》、《释教正谬》、《明末清初天主教和佛教辩论资料选》。

应该说，西学的传入和影响，是明清思想史中的大事件，我们不能忽略这些内容。这也是思想史比哲学史在研究对象上更丰富、更生动的地方。例如，利玛窦在用中文写的《交友论》中说："知友之益，凡出门会人，必图致交一新友，然后回家矣。"①这里将《论语》"有朋自远方来"的居家之乐，变成了出门之乐，表现了中西思想家的不同个性，这些都可以成为思想史的生动资料。

对于 16 世纪以来的中西文化学术交流，汉学家和西方学者也有许多研究和评论。这方面具有代表性的如西方华裔学者秦家懿（Julia Ching），德国哲学家孔汉思（Hans Küng）合著的《中国宗教与基督教》②，法国汉学家谢和耐所著《中国与基督教》③。这些"他者"的评论，不论其观点如何，对于明清思想史都是重要的参考资料，不能忽略。

如果从历史顺序方面考虑，西学对中国晚明思想史的一个重要影响，主要在方法论方面。在《中国思想通史》第四卷《西学》一章，正确地指出了当时的"西学"对亚里士多德哲学的介绍。其中说：

> 亚里士多德哲学有三部分曾经被正式介绍过来。（一）亚里士多德的逻辑学……（二）亚里士多德的四因论——质者，作者，为者，模者（质料因，形式因，动力因，目的因）……（三）亚里士多德关于本质（自立）与偶然（依赖）的学说以及前面所提到的关于"形式"与"质材"的学说。……④

但是，后面的分析，则侧重于说明亚里士多德在中世纪被经院哲

---

① 郑安德编辑：《明末清初耶稣会思想文献汇编》第五册，北京大学宗教研究所藏本。
② 吴华译，三联书店 1990 年版。
③ 耿昇译，上海古籍出版社 2003 年增补本。
④《中国思想通史》第四卷第 29 章，人民出版社 1960 年版，第 1236 页。

学阉割而成为近代科学家所批评的对象。事实上,欧洲思想史上的这种情况,似乎还不足以得出亚氏的形式逻辑在中国的影响也必然是消极的这样一种结论。

还有如火炮和其他技术的传入的影响问题,也必须从多角度看。在晚明思想史上,陕西学者李二曲已经提出了"明体之学"与"适用之学"并重的问题,后者包括"泰西水法"。还有像王徵这样的学者,对西方的机械力学,已经到"入迷"的程度。近年来,已经有人指出西方形式逻辑方法对乾嘉考据学的影响,甚至有人认为戴震的《孟子字义疏证》就是受到西方学术方法的影响。对这些问题,应该在考证的基础上得出实事求是的结论。

在对中国思想史的研究中,西方汉学家已经有不少专门的研究著作。例如先秦思想史,就有史华慈(B. J. Schwartz, 1916-1999)的《古代中国的思想世界》①和葛瑞汉(A. C. Graham, 1919-1991)《论道者——中国古代哲学论辩》②。这两位汉学家,分别代表了两派不同观点。

在思想史史料方面,例如剑桥大学鲁惟一(Michael J. Loewe)1993年出版的《中国古代典籍导读》③,不仅收入了1992年以前中国新出土发现的战国文献写本,还使用了多种日本出版的中国古代典籍的工具书,这就不仅可以使我们了解西方汉学家对中国典籍的认识,而且对中国学者而言,也不失为一种有用的工具书。西方汉学家对中国典籍用力颇勤。虽说也有许多不准确之处,但在许多方面具有启发性。

另一个例子,是西方汉学家对《论语》的考证。李泽厚先生在其

---

① 江苏人民出版社2004年版。
② 中国社会科学出版社2003年版。
③ 辽宁教育出版社1997年版。

## 学派建设以及思想史研究可能的两个关注点

《论语今读》"后记二"中,介绍了美国汉学家白牧之(Bruce Brooks)和白妙子(Teako Brooks)1998年在美国出版的《论语辨》,李先生说,"深感此书乃继崔述以及Aufhur Waleg等人辨析工作后之空前力作,为数十年来所罕见"①。此书逐章翻译《论语》,引证近人著述,加以论评。同时,还逐篇解析《论语》不断扩充增大的具体历程,以及考证孔子家世、家族、弟子等等,提出了十分大胆的判断。②像这类研究,都是不容忽视的。

至于日本学者对中国思想史的研究,也有不少可资借鉴的东西,如沟口雄三对中国近代思想史的研究等。

总而言之,海外汉学对中国思想史历来关注,近些年成果不断,这个领域,值得国内中国思想史学界的同仁去研究。若有它山之石,不用岂不可惜。

下面谈第二个可能的关注点,就是在思想史研究中关注"小传统"及其对观念形态的影响。

所谓"大传统"(great tradition)与"小传统"(little tradition)概念,是美国人类学家雷德菲尔德(Robert Redfield,1897-1958)在上世纪

---

① 《论语今读》,安徽文艺出版社1998年版。
② 以下引证李泽厚先生在《论语今读》中的说法:"此书认里仁第四前十七章(第15章为后羼入者)为孔子死后最近原意的最初记录,其他则依篇次而下(置学而第一于卫灵公十五之后,为政第二于子路十三之后,八佾第三于先进十一之后)为弟子、弟子学派而特别是鲁国的孔氏家族不断扩充撰述,历时230年(前479-前249)至鲁亡后始完成之结集。其中不但因时移世变,如经历封建制废除等等,使各种新旧观念纷然并陈,因而各篇章均大有歧异和冲突;而且还多羼入墨家、道家、法家以及反对它们的各种观念,也包括儒家自身的不同学派的争论。如子罕言利,与命,与仁(9·1),素称难解,白书认为此乃后起之儒家崇礼学派反对先前之讲仁孔学而撰是语。又如礼云礼云,玉帛云乎哉。乐云乐云,钟鼓云乎哉(17·11),素以为孔子语,白书认为此乃在鲁孔学为反对荀子而作。如此等等。其论颇繁,其文亦辩。"

50年代提出的一种对人类社会的二元分析的框架，用来说明在复杂社会中存在的两个不同文化层次的传统。大传统是指以城市为中心，社会中少数上层人士、知识分子所代表的文化；小传统是指在农村中多数农民所代表的文化。其后，欧洲学者使用"精英文化"与"大众文化"来表达相似的概念。中国学者也有用"雅文化"和"俗文化"来表述同样观点。

在思想史的研究中，以往只注意"精英文化"的传统，例如中国历史上的儒、释、道，都是大传统，也是以往的哲学史、思想史所关注的对象。在探索思想史新的研究方向时，有人提出以"一般知识、思想与信仰世界的历史"作为思想史的研究对象。这种"一般知识、思想与信仰世界的历史"既不是大传统，也不是小传统。实际上，这种"中间道路"，不仅在理论上有解释上的困难，而且在研究实践中也难于把握。按照这种理论写成的思想史著作，实际上是"大传统＋小传统＋新出土文献资料"，再加以新的排列组合。这样的尝试实践是十分可贵的。它给思想史研究的一个重要提醒，那就是将"小传统"所提供的资料纳入思想史研究的视野。

关于小传统的资料，包括两方面的内容。一是小传统本身。包括历史文化遗存以及考古资料所提供的反映古代民间社会生活和思想观念的资料。如家训、族规、劝善书、蒙学课本、宝卷、说唱词、野史笔记中的记载等等。20世纪以来，随着西方学者对中国西部的探险考察和西方学术方法的进入，考古学、人类学、民族学、方志学、社会学等学科在中国发展起来，通过田野考察的方法，"小传统"越来越受到重视和得到发掘。特别是近年来的非物质文化遗产保护活动，民间艺术和风俗等活动恢复起来，那些通过口耳相传、世代流传下来的风俗、歌舞、说唱、美术、工艺制作等等，反映了自古流传的民间文化观念，这些"草根文化"，为思想史研究提供了更丰富生动的资料。

另外一个方面，历史上小传统与大传统有着互动的关系，也值得思想史研究者的注意。作为非物质文化遗产的"小传统",与"精英社会"的"大传统"交相辉映,共同反映着社会心理与文化理念。

在这方面,西方汉学家中葛兰言(Marcel Granet,1884-1940)的例子具有代表性。葛氏1911年到中国留学,两年以后回到法国。1919年出版了《古代中国的祭日和歌谣》(Fetes e Chansons Anciennes de la Chine)一书。在这部书中,他着重探讨了《诗经·国风》中的诗篇与中国古代节庆、劳动、歌舞、爱情相生相成的关系。葛兰言认为,当时的农人并非为爱情而写诗或为写诗而体验爱情,而是他们的生活本身就是诗的、爱情的;风俗节日占有极其重要的地位,它催生了庄严与狂欢、爱情与诗。于是他考察了郑国、鲁国、陈国的春季节日与春天的宫廷节日。葛兰言通过对《诗经·国风》进行人类学、神话学等方面的分析,研究了中国远古时代原始祭祀的宗教学意义,书中大量引用了中国西南部少数民族的祭祀和恋爱时的歌舞作为证据。葛氏是20世纪最早研究中国少数民族民间文化的学者之一,对中国学者也产生了很大的影响。葛氏研究的意义在于,他通过"小传统"的研究,探讨了作为"大传统"之一的古代文献《诗经》的产生。

民间的文化,在表现形式上与精英文化不同,但却曲折地反映了大传统。例如,中国古代的儒家讲"孝",强调的是恭敬与道德精神的培养,是"守礼"的秩序观念,而不特别强调外在的形式。在《论语》中,孔子对于子游、子夏问"孝"的回答就充分说明这一点。儒家的这种思想反映到民间,则往往以具体的孝亲的形式表现出来,如西北地区流行的民间说唱"贤孝",有相当部分是反映忠孝践履的典型。在民间流传的忠孝案例中,大多是采用因果报应的形式。果报思想本来不是儒家的正宗理论,它的来源是佛学,唐代以后在民间盛行,在世俗的文化中,用来为"忠孝"的理论服务。

早期儒家的代表人物对待民间的小传统,采取非常包容的态度。例如,对于天旱拜神求雨、日月蚀拜天求助、占卜算命这些活动,荀子的看法是:"天旱而雩,日月食而救之,卜筮以决大事,百姓以为神,君子以为文。"①荀子对小传统采取了包容的态度。虽然他也指出"以为文则吉,以为神则凶"②,但这是对"君子"而言的。荀子的目的,是肯定"礼仪"对人生的教育作用。梁漱溟先生对此的分析很有参考价值,他说:"儒家非貌为宗教有意乎从俗而取信也。独在其深识乎礼乐仪文为社会人生所必不可少耳。"③从这个例子,也可以看到历史上代表精英的"大传统"与民间的"小传统"的互动与影响。

对非物质文化遗产与"小传统"的研究,应该成为思想史研究一个重要的关注点。前不久,国务院总理温家宝在参观中国非物质文化遗产专题展时说,"非物质文化遗产都是几百年、几千年传下来的,为什么能传下来,千古不绝?就在于有灵魂,有精神。一脉文心传万代,千户不绝是真魂。文脉就是一个民族的魂脉。"④在这里,强调了非物质文化遗产的思想精神内容,也就是要从小传统中发掘思想精华。这样的看法,对我们有重要启发。(作者系文化部中国艺术研究院中国文化研究所教授)

---

①《荀子·天论》
②同上。
③梁漱溟:《儒佛异同论》,《梁漱溟全集》第七卷,山东人民出版社2005年版,第167页。
④中新网6月9日电。引自http://www.chinanews.com.cn/gn/news/2007/06-09/954196.shtml

# 谈中西思想文化比较的体会

## ——在"中国思想史学科建设研讨会"上的发言

麻天祥

我是张岂之先生的学生。

我记得是这样的,在我博士论文答辩的时候,任继愈先生给我的论文写了评语,既作了充分的肯定并鼓励我不断前进,但也指出了一些不足,特别是有几句话至今令人难忘:一个人聪明可以办成一事,但是单靠聪明是办不成大事的。所以我永远记住这句话。我很惭愧,因为对思想史学科的建设我很难说说我自己的意见。但是我有另外一种感受,就是张先生对我的教诲至今令我受益匪浅。记得我在最初上张先生课的时候,张先生就让我读了几本书,一本是黑格尔的《西方哲学史讲演稿》,第二本就是费尔巴哈的《德国古典哲学原理》,最后就是汤用彤先生的几本书,还有宋明理学史和中国通史等。而我从这几本书里吸收了不少东西,使我走上了思想史研究之路,可以说走上了中国思想史的旁路和侧路,但不能说是走了绝路。

我今天就说说个人关于思想史的看法。提交的论文是《中国近代文化的哲学解读》,其实就是从文化、哲学的角度看中国近代化中关于学术的一些问题,其中一个问题就是对文化的界定问题;再就是古今中西文化争论的问题。以往对存在的界定是分属精神性的和物质性的,而我个人认为存在有三种形式,即物质的、精神的和文化的。而文化既非物质，亦非精神，而是体现精神的一种符号，简单地说，文化就是一种符号。我认为，文化就是在人类长期生存的社会历史长河中自然形成的。文化不是机器，它不能被创造；文化是一棵树，它只能修剪，这是我的一个观点。根据这个观点，我认为中西文化、古今文化之争，更多的人只看到了它们冲突的一面，我更看到的是它们"同"的、"和"的一面，换句话说就是趋同。对此我提出了三个程序：交流——冲突——趋同。我更看重的是近代中国文化在交流、冲突中与世界文化的一种趋同，也就是说，文化形成以后，在一定的地域（一个封闭性的地域）中会形成一种封闭性的文化，随着封闭地域的解体，文化也就走向了开放，换句话说，封闭性的地域文化变成了开放性的文化，使得文化的冲突逐渐地走向了趋同。实际上是在一种交流当中、冲突当中而呈现出的一种趋同。近代也不例外，因为我更多的是接触了佛学，我从中国思想史的眼光来看待佛学，我认为佛学是不同文化趋同的一个最好的解释，但这仅代表我自己的观点。汤用彤先生的观点是佛学传入中国后经历了一个与中国文化长时期的磨合过程，或者说是在交流冲突中的磨合与趋同，形成具有中国特色的佛教，因为它更多地体现了中国的特点。中国的佛教强调本体，而佛教本身是没有本体的，但正是中印文化的不同特点相互磨合在一起才形成了新的文化。这给我们近现代文化的争论提供了一个很好典范。举例说，电灯是西方传过来的，但现在没有人说这是西方的文化，而认为它是大家的文化，世界的文化和一个趋同的文化。实际上这种文化更多地表现为地域的瓦解、消除之后呈现的一种趋势，这与出版、电讯交通的兴起都有密切的关系，因此它们使原来相对封闭的地域变成了一个地球村。因此，近代文化强调的不应该是它的冲突面而是趋同的一面。这是我的一个观点。

另一个就是近代文化的趋同，从思想史上看有三种趋同的方式：第一是欧洲文化的趋同；第二是东方文化的趋同；第三是本国文化的趋同。实际上前两者都以自身文化为中心的趋同为主，它主张本位文化的趋同，但中国本位文化与东方文化的趋同有着相似处。不管怎样，我认为这三种文化的趋同更多的都是世界文化的趋同。而世界文化的趋同实际上代表着文化的发展方向。我这个判断既是一种方法，也是一个结论，如果有兴趣的话，以后可以多做研究。

张先生的教诲使我受益终身，再一次表达对张先生的感谢和良好祝愿，并祝中国思想史学科研究不断壮大！谢谢大家！（作者系武汉大学哲学学院宗教学系教授）

**说明：此文由研讨会学术组根据大会发言整理。**

# 魏晋玄学的研究进展及问题

## 康中乾

各位学者，我有幸参加了西北大学中国思想文化研究所的学术研讨会，适逢张先生的八十华诞，我在这里衷心地祝愿张先生健康长寿，学术之树长青！

我的题目是《魏晋玄学的研究进展及问题》。关于魏晋玄学的论题，我做学位论文时写过，当时主要用哲学思想，从本体论的角度对魏晋玄学进行解读。我在前人研究的基础上，从哲学发展的角度进行解读。2005-2006年，张先生主持《中国思想学说史》编写时，其中"魏晋南北朝卷"由刘学智先生负责，我有幸在刘老师的指导下参与了该书的编写。从而通过思想史角度对玄学进行深入的研究。刘老师刚才也说了，这个提纲是张先生提出的，好多问题也是我们原来提到的，例如中晋名士问题，谢安、王褒对玄学的影响。我写了一卷后，想法很多，但对东晋名士也说不了多少。关于魏晋玄学，在上个世纪胡适作《中国哲学史》以前，曾有人以传统的学术方法对其做过研究。胡适的《中国哲学史大纲》出版以后，中国有了一部和西方一样的专门哲学史。当时魏晋玄学也被拉到哲学的范畴来讲，但对于魏晋玄学到底是什么性质的哲学问题，胡适也没有很好地解释。到了上个世纪40年代汤用彤先生第一次把魏晋玄学界定为本体论哲学。汉代的学说如果是研究宇宙发生论的学说的话，魏晋玄学就属于本体论的学说，这是一个很大的进步。当然在40年代以后到上世纪50年代，魏晋玄学的发展基本上停在汤用彤先生的水平上。文化大革命结束后，人们开始从辨证法的角度分析，以唯物主义和唯心主义、辨证法与形而上的"两个对子"来解释魏晋玄学的发展历史。80年代初后，魏晋玄学的研究有了很大的进展，人们对许多问题的研究都是从唯心与唯物比较的角度进行阐述的。

我这几年研究魏晋玄学也思考着这些问题。下面我把问题提出来，向各位请教一下。共有十个问题：

第一，两汉经学为什么会演化成为魏晋玄学，经学的发展为什么会生发出玄学这么一门抽象的、真空的学问，以致使后来的汉代经学出现了瓦解？

第二，汉魏时代的时代课题是什么？大家都知道，任何一种思想的出现都与它的社会时代，跟当时的政治制度有密切的关系，它肯定会有一定的社会基础，一点社会基础都没有的思想是肯定不会出现的。那么，魏晋玄学的出现与当时的时代主题，与正始之音又有何关系呢？

第三，王弼、何晏都提出以"无"为本的本体论原则，可谓都是玄学的创始人。王弼的学说对整个魏晋南北朝玄学关系的逻辑演变有很好的指导作用。而何晏对以"无"为本的阐述更高于王弼。那么，他们两者关于以"无"为本的"无"的本质差异又何在呢？这涉及到哲学史如何鉴定的问题。

第四，王弼以"无"为本的"无"的含义是什么？不是零或没有。我曾经细分为五种。

第五，如何理解"竹林七贤"关于"自然"的理解，同时"竹林七贤"的"自然"观念与正始之音的"无"之间到底有何联系？

第六，什么是裴頠《崇有论》中的"有"的思想，它代表了魏晋南北朝怎样的研究方向？

第七，什么是郭象的"独化"论，它的结构是什么？在魏晋玄学研究中有何地位？

第八，正始之音源于注《老子》和《周易》，从"竹林七贤"开始注《庄子》，到郭象通过注《庄子》促进了玄学的更大发展，那么，魏晋时期注《老子》和《庄子》有何本质的区别，各自代表着当时社会的何种玄学发展方面，它们与先秦的《老子》和《庄子》又有何不同？

第九，中晋的思想路线是什么，为什么会出现张湛的《列子注》，《列子注》的出现有什么思想意义？

第十，从整体上回顾一下魏晋玄学的始末，回到开始的问题中，玄学到底有怎样的一个哲学境界和理论？这个理论在整个中国思想史中的地位何在？（作者系陕西师范大学政治经济学院教授）

**说明：此文由研讨会学术组根据大会发言整理**

# 略谈佛教思想研究中被忽视的几个领域

李利安

综观中国佛教思想史研究,有几个领域一直受到忽视,如异端佛教思想、民间佛教思想、低层佛教思想、超人间佛教思想、佛教史学思想、非主流宗派的佛教思想(主流宗派指禅宗)、专门领域的佛教思想。专门领域的佛教思想内容也很丰富,如佛教教育思想、佛教经济思想、佛教政治思想、佛教伦理思想、佛教管理思想、佛教交往思想、佛教史学思想、佛教家庭思想、佛教生命与死亡思想、文明交往中的佛教思想,尤其是印度文化、中亚文化、中国儒道文化、中国民间文化、藏传佛教等对汉传佛教的影响。

## 一、异端佛教思想

异端佛教被正统佛教称为附佛外道(而把其他非佛教或不依据佛教理论而建立的思想体系称为外道),被称为邪教、妖道,异端佛教就是依靠或仿照佛教理论与实践体系建立起来但又大量曲解佛教从而为正统佛教所排斥且受到打击的一种宗教文化现象。中国历史上这种文化现象一直十分盛行,它一方面同正统佛教相互斗争、相互呼应,另一方面又同中国传统文化相互激荡,密切联系,在政治挤压中顽强生存,具有继承传统又反传统、依靠佛教又歪曲佛教、惧怕政权又反抗政权的生存发展特征。所以,这种具有民间宗教特色的思想涉及到与正统佛教、传统文化、政府统治、低层民众生活等多重关系,代表了相当多的低层民众的心理，无论在思想方式、思想内涵、实践形态方面，还是在生存状态、发展轨迹方面，都具有强烈的个性，是理解中国古代社会特别是低层社会与低层文化的一个不可或缺的领域。可是，无论是古代社会还是近现代以来，中国社会无论是政界还是学界，历来对这种异端的思想采取鄙视、贬斥的态度，漠视其产生与存在的众多根源，也忽视其理论的内涵与特色，很少对其进行科学的、理性的、深入细致的研究，这种现象至今依然十分严重。缺少对异端佛教思想与实践的研究，则难以全面理解中国传统思想，也就难以全面而深刻地理解中国社会。

## 二、民间佛教思想

这里所说的民间佛教是指虽非正统但非异端、以佛教为内在依据或外在表现形式但又脱离正统佛教束缚的宗教文化现象。正统佛教一般把这种思想称为邪见。这种文化现象自从佛教传入中国后一直大面积存在，直到今天依然十分盛行，对民间文学、民间艺术、民间伦理、民间习俗、民众心理等民间文化以及中国的低层社会秩序、社会风气、社会生活等具有非常重要的影响，从影响人口的数量来看要超过正统文化。历代对这种文化现象多采取引导的方式，正统佛教则多采取劝化的方式，精英文化界采取宽容与批判并存的态度。与异端佛教所不同的是，民间佛教一般没有直接的激烈的背离佛教或攻击佛教，也一般没有反抗主流社会的心态与行动，甚至在主观上还力图符合正统佛教，并自觉遵守国家法律，维护社会秩序，促进社会正常运转，所以，这种文化现象虽然杂乱肤浅，但具有民众的亲和性、义理的通俗性、实践的生活性，是适合文化欠发达、经济生活贫困的低层社会的一种文化现象。对这种文化进行研究是我们理解民间文化、民间社会、乃至整个中国文化与中国社会的一个重要途径。学术界近年来开始重视对这类文化的研究，但还很不充分，很不成熟，需要继续呼吁，大力推进。

## 三、低层佛教思想

所谓低层佛教思想，是指属于正统佛教但不属于精英佛教，所以缺乏理论创新与理论情趣而重视通俗化佛教实践，主要流行于下层佛教信徒当中的一种佛教思想，这是佛教最深厚、最广泛、最持久也最可靠的社会基础，是佛教赖以生存和发展的基本因素。佛教的理论创新和理论传承虽然依赖精英阶层，但佛教的对民众的影响却需要经过低层佛教信众对佛教精神的简化、俗化、生活化，所以，与精英佛教所不同的是，低层佛教思想直面现实的生活、适应普通百姓的文化水平，满足广大民众的心理诉求，在保持佛教正统性的同时，呈现出生活化、通俗化的特性。如果说精英佛教更多呈现出文化的哲理性，那么低层佛教则更多地呈现出宗教的信仰性。这种信仰性和哲理性总是密切联系，相互激发，成为佛教发展演变的基本内在机制。过去的佛教思想史研究对这部分佛教思想基本是忽视的。

## 四、超人间佛教思想

佛教是一个庞大的体系，从思想内涵的角度来看，其中既有关于现实世界的学说，也有关于彼岸世界的学说，而彼岸世界的学说说到底还是源于现实世界。彼岸世界的学说就是超人间的信仰以及建立在超人间信仰基础上的各种学说。超人间佛教思想具有非理性或叫超理性、神圣性的特征，是以信仰为基础的、缺乏理论思辨的一种思想体系，也是全部佛教思想体系的基石所在，是佛教的魅力所在。

宗教作为人类的一种思想和实践，从来都是为了解决人类所遇到的各种现实问题的。不过,宗教在解释和解决人类问题方面有不同于其他思想学说的个性,这种个性的关键就在于它的超人间性,用李申先生的说法就是宗教解决现实问题之手段的"非现实性",而李申先生的"非现实性"说到底还是一种超人间性。所谓超人间性,是指各类宗教观念与宗教实践中对超出人类理性范畴的超人间力量和超人间境界的信仰和追求,笔者认为,这种超人间性是判定一种学说或一种社会现象是否属于宗教的关键。无论是从历史的角度来考察,还是从宏观的理论体系来剖析,佛教不同于古今其他学说或其他社会现象的关键因素也在于它的超人间性。佛教理论与实践的静态的任何一个方面及动态的任何一个环节,均直接或间接地建立在其超人间性的基础上。佛教源源不断地在世间传播、渗透的深层动力和影响一般民众的恒久魅力正在于它的超人间性。相应地,佛教之所以被现代学术划归为宗教之列,关键也在于它的超人间性。所以,无论过去、现在还是将来,佛教的任何一种发展与变革都不能摆脱它的超人间性,探讨或解释佛教中的任何一个新问题和新动向,也都不能离开佛教这一本质特征。

佛教的超人间性也由超人间力量和超人间境界两部分组成。超人间力量围绕手段而展开,总是关涉信仰者的各种具体行为;超人间境界围绕理想而铺陈,总是关涉信仰者的各种神圣追求。前者侧重于方法,后者侧重于借助这种方法而达到的目标。

以超人间力量来说,我们可以从佛教中看到几种密切联系的、结构完整的信仰体系。第一是含有超人间力量的原理,如业力轮回、因果报应、九品往生、佛力加持、咒语神力、诸佛世界、般若圣智、菩萨济世等。第二是具有超人间力量的人格化个体,如佛、菩萨、缘觉、声闻"四圣"以及"六凡"当中的天神、阿修罗以及饿鬼和地狱众生等。在中国,这类超人间力量信仰主要表现为佛、菩萨、罗汉、护法神四类信仰,其中佛信仰主要表现为空间上的横三世佛信仰和时间上的竖三世佛信仰,而最流行的则是对释迦牟尼佛和阿弥陀佛的信仰;菩萨信仰主要表现为四大菩萨信仰特别是对观音和地藏的信仰;罗汉信仰主要表现为十八罗汉和五百罗汉信仰;护法神信仰则主要表现为对四大天王和韦驮的信仰。第三是被认为可产生超人间力量的某些做法,如身结印契、口诵真言、心作观想、念佛菩萨名号以及诵经、摩顶、禅定、供养、回向等。第四是具有超人间力量的非人格化对象,如佛教的手印、坛场、舍利等圣物、圣迹以及被赋予神力的某些经典。这类超人间力量信仰一般来自对佛菩萨某种修法的神化和遵循,对佛菩萨智慧的神化和向往,以及与佛菩萨神力沟通的希望。

以上第一个方面代表了佛教超人间力量信仰的理论,后三个方面则代表了佛教超人间力量信仰的实践。这几个方面形成一个完整的、彼此依存的链条。作为超人间力量信仰中最典型的理论,因果报应及与之紧密相关的业报轮回学说也是整个佛教理论体系得以建立的关键。而佛教实践体系中最核心也最典型的超人间力量信仰则是上述四类中的第二类,即对具有超人间力量的人格化个体的信仰,佛教的非人格化超人间力量和具体做法中的超人间力量,实质上都只是这种超人间力量的派生而已。

以超人间境界来说,佛教的超人间境界可以划分为两类:一是绝对的超人间境界,二是相对的超人间境界。这两种超人间境界与佛教的宇宙结构论和解脱理论紧密联系在一起。绝对超人间境界指完全超出人间之外不为人类理性所认识的境界。根据佛教自身的说法,这种超人间境界又可分为三种:一是超出我们这个世界之外的其他世界,如西方极乐世界、东方琉璃世界,这主要是从空间位置的角度来讲的;二是三界当中不属于人类世界的境界,如欲界六天、色界和无色界诸天、地狱界等,这主要是从境界高下的角度来讲的;三是解脱之后的涅槃境界,特别是离开人间之后的小乘的涅槃境界,这是从解脱生死的角度来讲的。相对的超人间境界指在人间之中通过非理性的认识途经而达到的某种精神性境界,是一种不离开人间但又超越人间、运用于人间生活而不为人间万事所羁绊的境界。其中又可分为两种:一是解脱了的境界如实相涅槃、成佛、证智慧等;二是通过禅定、念佛、诵经、礼拜等修行法门而达到的超出人类正常理性认识所及的境界,与前者相比,这还属于尚未解脱的境界。

上述两种超人间境界同佛教的两种超越是密切联系在一起的。外在超越可以在对绝对的超人间境界的追求中实现,而内在超越则可以在迈向相对超人间境界的修行实践中实现。

佛教的超人间性在中国佛教中一直有着鲜明的体现。笔者认为,如果从信仰心态的角度进行分析,中国佛教主要有四种类型,即:参禅悟理的佛教、念佛往生的佛教、祈神护佑的佛教、行善积福的佛教。在这四种形态中,超人间力量和超人间境界信仰都十分突出的是第二个类型,即念佛往生的佛教。完全建立在超人间力量信仰基础上的现实功利性佛教是其中的第三个类型,即祈神佑护的佛教。第四个类型,即行善积福,则是建立在一种同样具有超人间因素的原理(因果报应)基础上,伴以对恶的超人间境界的恐惧和对美的超人间境界的希冀,以及具有超人间力量的圣者的感召,以行善为手段,以积福为目标,由此感得各类善报。这种善报可能在今生,也可能在来世;可能在此岸,也可能在彼岸;可能是自己,也可能是被回向者的他人。可见,这种形态的佛教也具有浓厚的超人间性。至于最流行的第一种类型,即参禅悟理型的佛教,它以般若智慧为认识的方法,以宇宙实相为认识的对象,通过明心见性,达到此岸成佛解脱,显示了明显的人间性特征。即使这种最具人间性特色的佛教信仰形态,也和超人间有深层次的联系,因为无论是般若圣智,还是实相涅槃,都已经超出了人类的理性,超出了相对,进入了绝对,从而都具有了超人间的意味。般若圣智可以归属于超人间的力量,实相涅槃则可归属于超人间的境界,当然,这种超人间力量和超人间境界和其他类型特别是第二和第三类型的佛教信仰形态中的超人间已大不相同。

传统的佛教思想史研究是不重视对超人间佛教思想进行研究的。

## 五、佛教史学思想

佛教的历史学建树具有世界性意义。如它对印度历史学的巨大贡献，被西方史学界认为是照亮黑暗的印度古代历史的一道光明。另外，佛教的历史学建树也表现在对中国哲学史研究的贡献，佛教历史记载的系统详尽所体现的史学特征以及佛教中大量存在的伪史传统，均值得我们深入研究。在这方面目前还比较薄弱。（作者系西北大学中东研究所教授）

# 从人口性比例和疾病状况看西域在汉晋时期佛教东渐中的作用

高　凯

佛教源于今南亚次大陆的古印度地区，输入中土以后，便与儒教、道教一起成为了我国三大主流文化之一，并在上层建筑、经济领域和社会结构等诸多方面产生了广泛而深远的影响。单以其政治影响看，早在十六国时期的后赵政权起，佛教就已开始直接影响当时的国家政治了。众所周知，十六国时期正是西晋灭亡后，国家极度混乱、政权纷立、南北对峙的时期；加之早在十六国时期之前，北方地区的佛教主要是经西域的"陆上丝绸之路"而来，因此，为了更好地探究汉晋时期佛教在中国传播、兴盛与发展的特点，就十分有必要研究十六国时期之前佛教在西域地区传播特征。

佛教的研究，在中国学术界源远流长。仅现当代时期的学者就数不胜数。以目前所掌握的资料看，系统研究过西域佛教史和当代研究成果中有西域佛教史内容的国内知名学者就有数十人之多。例如现代时期的蒋维乔《中国佛教史》是20世纪以来中国第一部佛教史[①]。该书取材于日本学者境野哲《支那佛教史纲》一书，并就佛教传入中国的时代提出了"我国知有佛教，应在武帝通西域后"的一家之言。1938年初版的汤用彤《汉魏两晋南北朝佛教史》一书，对汉魏时期佛教的

---

① 蒋维乔：《中国佛教史》，上海古籍出版社2001年版。

传入、传播、翻译、流派、宗师和佛教义理等等方面做了全方位的研究,一直是国内外佛教史界的经典之作①。梁启超的《佛学十八篇》,从佛教史的整理到佛教经典的梳理,从对佛教翻译史的考察和对佛教教义的发凡,再到对中印佛教文化交流史的研究,都有着振聋发聩之见②。陈垣的《中国佛教史籍概论》一书,在考证佛教史实、勾稽佛教典籍、考镜源流等方面有着卓越的贡献,对推动中国佛教史研究的深入和培养佛教史研究人才提供了一部简明的必读书籍③。又如改革开放以后,宗教史的研究相继进入高潮,有大量新作面世,如现当代著名学者季羡林的《季羡林文集》(24卷本),涵盖了他对印度古代语言、中印文化关系、印度历史与文化、中国佛教史、比较文学与民间文学、西域吐火罗文、梵文及其他语种作品的翻译的精湛研究④。还有由任继愈主编的《中国佛教史》⑤、郭朋的《汉魏两晋南北朝佛教》⑥、吴焯的《佛教东传与中国佛教艺术》⑦、杨曾文的《中国佛教史论》⑧、黄卓越的《中国佛教大观》⑨等书,在内容中都不同程度地涉及到西域佛教的传入、佛经的翻译、西域佛教与汉晋时期内地道教及玄学的关系等方面。除此以外,还有不少单独发表成篇的论文:如黄振华《魏晋时期楼兰鄯善地区佛教研究札记》⑩、夏雷鸣《从"浴佛"看印

---

① 汤用彤:《汉魏两晋南北朝佛教史》,上海书店1991年版。
② 黄夏年:《梁启超集·梁启超先生与佛学》,中国社会科学出版社1995年版,第1-3页。
③ 黄夏年:《陈垣集·陈垣先生与佛学》,中国社会科学出版社1995年版,第1-5页。
④ 季羡林:《季羡林文集》(24卷本),江西教育出版社1998年版。
⑤ 任继愈:《中国佛教史》,中国社会科学出版社1982年版。
⑥ 郭朋:《汉魏两晋南北朝佛教》,齐鲁书社1986年版。
⑦ 吴焯:《佛教东传与中国佛教艺术》,浙江人民出版社1991年版。
⑧ 杨曾文:《中国佛教史论》,中国社会科学出版社2002年版。
⑨ 黄卓越:《中国佛教大观》,哈尔滨出版社1995年版。
⑩ 黄振华:《魏晋时期楼兰鄯善地区佛教研究札记》,载《民族研究》1996年第4期,第84-88页。

# 从人口性比例和疾病状况看西域在汉晋时期佛教东渐中的作用

度佛教在鄯善国的嬗变》[1]、刘文锁《尼雅浴佛会及浴佛斋祷文》[2]、季羡林《鸠摩罗什时代及其前后龟兹和焉耆两地的佛教信仰》[3]、夏凌《论佛教入华早期对中国本土神学的依附》[4]、赵莉《克孜尔石窟分期年代研究综述》[5]、陈寒《略论鸠摩罗什时代的龟兹佛教》[6]、杨军《从大乘佛教向汉地的传播看中印早期文化交流的特点》[7]、才吾加甫《汉代佛教传入西域诸地考》[8]、介永强《我国西北地区佛教文化重心的历史变迁》[9]、李尚全《也论克孜尔石窟之开凿》[10]、尚永琪《北朝胡人与佛教的传播》[11]、霍旭初《克孜尔石窟故事壁画与龟兹本土文化》[12]

---

[1] 夏雷鸣:《从"浴佛"看印度佛教在鄯善国的嬗变》,载《西域研究》2000年第2期,第45-52页。

[2] 刘文锁:《尼雅浴佛会及浴佛斋祷文》,载《敦煌研究》2001年第3期,第42-49页。

[3] 季羡林:《鸠摩罗什时代及其前后龟兹和焉耆两地的佛教信仰》,载《孔子研究》2005年第6期,第29-41页。

[4] 夏凌:《论佛教入华早期对中国本土神学的依附》,载《甘肃教育学院学报》2001年第3期,第42-44页。

[5] 赵莉:《克孜尔石窟分期年代研究综述》,载《敦煌学辑刊》2002年第1期,第147-156页。

[6] 陈寒:《略论鸠摩罗什时代的龟兹佛教》,载《西北大学学报》2002年第1期,第87-90页。

[7] 杨军:《从大乘佛教向汉地的传播看中印早期文化交流的特点》,载《烟台师范学院学报》2004年第4期,第48-53页。

[8] 才吾加甫:《汉代佛教传入西域诸地考》,载《新疆师范大学学报》2004年第3期,第47-49页。

[9] 介永强:《我国西北地区佛教文化重心的历史变迁》,载《陕西师范大学学报》2005年第5期,第81-86页。

[10] 李尚全:《也论克孜尔石窟之开凿》,载《敦煌学辑刊》2005年第3期,第122-133页。

[11] 尚永琪:《北朝胡人与佛教的传播》,载《吉林大学社会科学学报》2006年第2期,第135-140页。

[12] 霍旭初:《克孜尔石窟故事壁画与龟兹本土文化》,载《新疆师范大学学报》2005年第4期,第62-66页。

等等，都从各个方面研究了西域佛教发展的情况，其中有许多论文和论著的研究成果具有启迪作用。然而，纵观以上前辈学者和当代学者的研究成果，均未言及汉晋时期西域地区人口性比例失调问题和疾病状况与这一时期西域佛教发展的关系问题，有鉴于此，笔者拟从地理环境尤其是地理环境下土壤微量元素有效锌和碘的变化与西域地区人口性比例问题和疾病状况的关系、地理环境下的土壤微量元素的变化及人口性比例问题和疾病状况与西域佛教的关系、汉晋时期佛经翻译的特点等方面来提出我的见解，以求教于方家。

众所周知，人体是由40多种元素组成的，这些元素可根据在体内的含量多少大致分成常量与微量两大类。其中常量元素，占人体体重的99.5%，它们包括碳、氢、氧、磷、硫、钙、钾、镁、钠、氯等十余种，主要构成机体组织，并在体内起电解质作用；微量元素，只占人体体重的0.5%，它们包括铁、铜、锌、铬、钴、锰、镍、锡、硅、硒、钼、碘、氟、钒等14种。虽然这些所谓的人体微量元素在体内的含量微乎其微，但却能够起到非常重要的生理作用[①]。同时，人体内微量元素与土壤微量元素是两个不同的概念范畴，但由于人类生活在生物圈中，就必定要与周围环境的所有成分发生关系，即人类与生物圈、水圈、大气圈和岩石圈中的无机物会产生频繁的交换关系；而且在生物圈中，人类生存最基本的生存条件都来自于土壤，所以，作为与人类生活有着最密切关系的土壤以及土壤中的微量元素水平必定要决定着生长、生活于此的人类本身和其周围赖以生存的动植物体内的微量元素水平，也必定会影响到人类自身的再生产和人类社会、精神生活的许多方面。

自然科学的研究成果证明：土壤微量元素的变化与成土母质、河水、大气、有机质含量、土壤酸碱度以及人类不合理开发与利用密切

---

[①] 王夔：《生命科学中的微量元素》，中国计量出版社1996年版。

## 从人口性比例和疾病状况看西域在汉晋时期佛教东渐中的作用

相关。所以，要进一步探讨在汉晋时代西域不同地区条件下土壤微量元素变化的规律和其对西域佛教传播的影响，就首先需要了解汉晋时期这些地区的历史气候状况、汉晋时期土壤微量元素的状况及其变化规律、土壤微量元素所造成的西域地区人口的性比例失调和众多疾病的产生以及对汉晋时期西域佛教传播的影响与汉晋时期内地佛经翻译的特点等几个方面来论述。

汉晋时期的西域是一个特定的地理区域。据《汉书·西域传上》"西域以孝武时始通，本三十六国，其后稍分至五十余，皆在匈奴之西，乌孙之南。南北有大山，中央有河，东西六千余里，南北千余里。东则接汉，阸以玉、阳关，西则限以葱岭。……西域诸国大率土著，有城郭田畜，与匈奴、乌孙异俗……"。由班固《汉书》的记载看，两汉时期的西域，当指西汉宣帝神爵二年（前60年）置西域都护府所辖的范围。具体而言，大致是指玉门关、阳关以西，葱岭以东、包括乌孙、大宛在内的天山南北地区。从时代相承的角度，本文所论两汉和魏晋时期的西域，都指同一地区。根据《汉书·西域传》的记载，并依据西域各国各自与汉首都长安的远近距离和大致沿着今新疆天山南路的塔里木盆地周围，依次分布着婼羌、"本名楼兰……地沙卤，少田，寄田仰谷旁国"的鄯善、于阗国、"其人皆深目，多须髯，善贾市，争分铢。贵女子，女子所言，丈夫乃决正"的大宛国、莎车国、疏勒国、尉头国、乌孙国、姑墨国、龟兹国等西域小国。而据传世文献记载，以上龟兹、于阗、疏勒等地都是汉唐时期著名的佛教盛地。关于这一点，正如释慧皎《高僧传》、《后汉书》、《三国志》和《晋书》等典籍记载的情况：从东汉到两晋时期里，参与当时译经活动的僧人有四五十位。据梁启超先生《佛教与西域》一文的研究成果显示："后汉、三国以安息、月支、康居人为多；两晋以龟兹、罽宾人为多；南北朝则西域诸国与印度人中分势力；隋唐则印度人居优势，而海南诸国亦有来者。"①另外，近有尚永琪《北朝胡人与佛教的传播》一文，谈及东汉到三国时期共有传教译经高僧 21 人。其中"有明确记载是来自印度及西域的僧人 15 人，其中天竺僧人 5 人，安息国僧人 3 人，月支 3 人，康居国 4 人，占了 71%；而支曜、昙果、竺大力、帛延、竺律炎 5 人，文献中虽没有明确记载他们来自何国，但从他们的支、竺、帛等姓氏以及他们同上列其他外籍僧人同行而至或合作译经的行迹来看，至少不会是汉族人，大多也是来自西域或天竺的僧人。"故此他认为：从外籍僧人的比例占到 95%的比例看，"这一时期的传教僧人主要还是来自西域的胡人和印度僧人……可见，西域人在此时的佛教传播中具有特殊的重要意义"②。

由于汉晋时期西域地区佛教的兴盛与传播，对广大中原王朝的佛教传播产生了深远的辐射作用；同时，结合考古发掘的成果表明，在汉晋时期西域地区的龟兹国所发现克孜尔石窟、古楼兰国和古于阗国所发现的有关佛教的佉卢文文献等，亦可知汉晋时期分布天山南路、今塔里木盆地周围的于阗、楼兰、龟兹等地是西域佛教的主要传播和兴盛地区。以现代地理环境的调查资料显示：塔里木盆地的中心为塔克拉玛干大沙漠，这里属于暖温带干旱荒漠区。塔里木盆地≥10℃年积温为 3900-4300℃，全年日照时数 2800-3200 小时，无霜期 180-270 天，冬季 1 月份平均气温零下 5-零下 10℃，夏季 7 月份平均气温 25-27℃，年降水量 20-70mm，年蒸发量 2000-3000mm，年平均相对湿度 35-55%。位于塔里木盆地中心的塔克拉玛干沙漠面积 $33.7\times10^4 km^2$，是我国第一大沙漠，它以流动风沙土为主，其面积占整个沙漠面积的 85%，固定、半固定风沙土多分布于沙漠的边缘地带及深入沙漠的河

---

① 梁启超：《佛教与西域》，载黄夏年《梁启超集》，中国社会科学出版社 1995 年版，第 107-117 页。

② 尚永琪：《北朝胡人与佛教的传播》，载《吉林大学社会科学学报》2006 年第 2 期，第 135-140 页。

# 从人口性比例和疾病状况看西域在汉晋时期佛教东渐中的作用

流两端①。所以,为了更好地了解上述地区佛教与人口性比例失调问题及疾病问题的关系,就必须了解上述地区地理环境下土壤微量元素的变化和主要影响土壤微量元素变化的汉晋时期西域地区的历史气候的变化情况。

据研究,西域历史上气候的变化,有赖于自20世纪七八十年代以来在新疆地区的大量考古发掘和对孢粉、古土壤、树木年轮、湖泊水面升降规律和沙漠形成等具体的研究成果。如八九十年代考古工作者利用卫星图片对克里亚河流域进行了全面的地形地貌研究:在最早的克里雅河尾闾、现已荒无人烟的地带,发现了一座早于战国时期的古代城市和墓葬群;并将于阗喀拉墩遗址内的沙漠微粒进行电镜分析后,发现有关沙粒并非传统意义上的风沙堆积,而是由水搬运过来的沉积物②。说明在早于战国时期之前,该地区水资源远较今天丰沛。又如:完成于20世纪80年代后期的中部天山南麓和静县哈尔莫敦乡境内的察吾沟墓地的发掘,共发掘墓葬600座,出土文物5千件。该墓群反映的时代从公元前1000年到两汉时期的以游牧经济为主与部分农业经济相结合的社会生活模式③。同时,从这些墓葬群中大量木棺墓的出现,亦反映当地有着比较丰富的森林资源。

根据新疆的地层资料、冰川进退、孢粉分析和碳14鉴定等的研究成果证明:新疆冰后期气候以暖湿为主,但有几次冰进,其冷暖波动和欧洲等地相似;全新世晚期(距今2500-现在)则以温干为主④。

---

① 季方、樊自立、赵贵海:《新疆两大沙漠风沙土土壤理化特性对比分析》,载《干旱区研究》1995年第1期,第19页。

② 新疆文物考古研究所、新疆维吾尔自治区博物馆《新疆文物考古新收获(1990-1996)·新疆考古文化与研究》,新疆美术摄影出版社1997年版,第6页。

③ 新疆文物考古研究所、新疆维吾尔自治区博物馆《新疆文物考古新收获(1990-1996)·新疆考古文化与研究》,新疆美术摄影出版社1997年版,第8页。

④ 李江风、桑修诚、季元中、陈荣芬:《新疆气候、全新世时期气候》,农业出版社1991年版,第276-290页。

## 从人口性比例和疾病状况看西域在汉晋时期佛教东渐中的作用

1901年斯坦因在尼雅河下游以北处发现一废弃城堡中有文书出土；文书中有晋武帝太始五年（269年）的年号，文书中常记"对当地官吏士卒减少口粮的命令。有当地不能自给的困难"；最后文书的日期是建兴十八年（330年），说明该城堡应在建兴十八年之后即被废弃。又位于罗布泊西北畔的古楼兰城，所出土的佉卢文书反映：约在4世纪时，出现了严重的用水紧张、口粮减少、种子不能入地、耕地面积缩小、粮价飞涨等一系列问题①。作为全新世晚期的1951-1980年之间新疆气候中降水的统计结果表明，新疆的降水量极不平均：如伊犁河上游巩乃斯林场附近，年降水量可达到1000mm；而塔里木盆地四周地区的库尔勒只有50mm、伽师54mm、焉耆64.6mm、尉犁40.8mm、和静50.6mm、喀什60mm、和田48mm；最少的吐鲁番盆地中托克逊年降水量仅6.9mm；总体降水分布规律是北疆多于南疆、西部多于东部，从西北向东南减少；山区多于平原，迎风面多于背风面②。从降水时间看，北疆降水多在冬季，而南疆以夏季为多。各地最长连续无降水日数以南疆远多于北疆：如阿勒泰最多56天，伊宁最多47天；而南疆的库尔勒268天，库车154天，阿克苏150天，喀什183天，和田252天，若羌268天③。

总之，新疆位于欧亚大陆的中心地带，是世界上离海洋最远的陆地；在8000-2500年的"仰韶温暖期"，是西域地区气候远较今天温暖，雨水也较为丰沛，森林资源分布较广的时期。这种较为温暖和湿

---

① 李江风、桑修诚、季元中、陈荣芬：《新疆气候、全新世时期气候》，农业出版社1991年版，第285-286页。
② 李江风、桑修诚、季元中、陈荣芬：《新疆气候、全新世时期气候》，农业出版社1991年版，第100页。
③ 李江风、桑修诚、季元中、陈荣芬：《新疆气候、全新世时期气候》，农业出版社1991年版，第106页。

润的时期可能延续到西汉中后期。但之后必定会随着北半球变冷变旱过程会有所变化。具体而言，在新疆封闭和多沙漠、戈壁的特殊地理环境中，西域佛教兴盛区的气候会在西汉中期以后的东汉、三国、两晋时期变为温暖而干旱的气候；与之相对应的是：必定会出现温度升高，干旱事件增多，绿洲面积缩小，大的城邦国家走向分裂与消亡的历程。

根据医学研究的成果表明：人体微量元素虽有铁、铜、锌、铬、钴、锰、镍、锡、硒、钼、碘、氟、镉、钒等 14 种之多，而且仅占人体体重的 0.5%，但各元素在人类生存的一生中以及再生产繁衍中所起的生理作用各不相同[1]。研究表明：锌作为构成人体 26 种必需元素之一，人体中有 80 多种酶的活性与锌有关。它不仅参与 200 多种酶、核酸及蛋白质的合成，而且与 DNA、RNA 聚合酶关系密切；锌可通过含锌酶的作用，促进核酸和蛋白质的合成，加速激素的产生和释放，进而促进细胞的生长和分裂；锌能改善食欲及消化机能，缺锌会提高大肠癌、肺、肝等肿瘤的发生率，还会导致神经衰弱等，总之，锌不仅是人体生长、发育、智力、生殖、遗传、免疫、内分泌、神经、视觉等生理过程的必需物质，还是癌症、冠心病及很多疑难杂症的防治因子和延缓衰老、促进长寿、预防胎儿畸形的重要手段[2]。随着近几

---

[1] 王夔：《生命科学中的微量元素》（第二版），中国计量出版社 1996 年版。
[2] 徐国平：《妊娠与锌营养》，《国外医学卫生学分册》1988 年；韦戈煊、江金华：《儿童锌缺乏症防治存在的问题与对策》，载《广东微量元素科学》1995 年第 2 期；涂明华、王野坪：《微量元素锌的生理作用及其临床》，载《九江医学》1995 年第 10 期第 3 页；管宁等：《微量元素锌与儿科疾病》，载《微量元素与健康研究》1995 年第 12 期，第 3 页；曲莉莎：《微量元素锌与男性生殖》，载《微量元素与健康研究》1994 年第 11 期，第 3 页；杨幼易：《锌与妊娠》，载《中国优生与遗传杂志》1994 年第 2 期；齐荣义：《孕妇并发症与孕早期血清锌关系探讨》，载《中国优生与遗传杂志》1994 年第 2 期；高志东等编译《锌缺乏与儿童发育》，《国外医学医学地理分册》2000 年；韩国安：《母体血清铜锌镉与胎儿神经管缺损的关系》，载《中华妇产科杂志》1990 年。

十年来生命科学和妇科学的发展,人们发现微量元素对人类的再生产,尤其是在育龄妇女妊娠、生育和喂养过程中也发挥着极为重要的作用。孕妇在妊娠期间,须有足够的营养物质供应,以满足孕妇自身和胎儿的需要。当孕妇体内锌、锰、碘、铁、铜等微量元素不足时,容易导致流产、早产、死产、胎儿畸形,增加新生儿的患病率和病死率。同时,由于微量元素缺乏所造成的孕妇妊娠贫血,会引起早产儿的机率的增多和影响婴儿智力发育等严重的后果。[①]锌与人体中有80多种酶的活性有关,它不仅参与200多种酶、核酸及蛋白质的合成,而且与DNA、RNA聚合酶关系密切;锌可通过含锌酶的作用、促进核酸和蛋白质的合成,加速激素的产生和释放,进而促进细胞的生长和分裂。总之,锌不仅是人体生长、发育、智力、生殖、遗传、免疫、内分泌、神经、视觉等生理过程的必需物质,还是癌症、冠心病等胎儿遗传病及很多疑难杂症的防治因子和预防胎儿畸形的重要手段[②]。医学研究发现,孕妇需锌量比健康妇女几乎高一倍[③]。同时,根据现在医学调查和统计的结果看,锌缺乏病对育龄妇女和婴幼儿的生命安全威胁最大。如大量的医学及临床实践证实:孕妇锌营养不良可引起染色体的畸形,会引起分娩并发症、羊水早破和早产危险增加。相反补锌使孕期延长、降低羊水早破危险和减少阴道出血[④];碘是甲状腺素中的重要组分,而甲状腺素是调节物质代谢和能量代谢的重要激素,碘能通过脂肪进入胎儿体内。羊水及卵巢中亦有碘存在,胎儿体内从第4至第8个月即逐渐增加。碘通过甲状腺素加速其生长发育,妊妇及胚胎

---

[①] 于占洋、侯哲:《微量元素与优生优育》,人民军医出版社1999年版。
[②] 徐国平:《妊娠与锌营养》,《国外医学卫生学分册》1988年;涂明华、王野坪:《微量元素锌的生理作用及其临床》,载《九江医学》1995年第3期;杨幼易:《锌与妊娠》,载《中国优生与遗传杂志》1994年第2期。
[③] 徐经采:《食品、微量元素与健康》,贵州科技出版社1994年版,第6-21页。
[④] 王咏梅等编译:《胎儿生长发育期的微量元素》,《国外医学医学地理分册》2001年。

## 从人口性比例和疾病状况看西域在汉晋时期佛教东渐中的作用

早期缺碘则可造成生长发育停滞,胎儿出生后即会出现克汀病(呆小病),在妊娠的第10至18周间的神经元增殖期中,缺乏碘的供给可导致神经系统的损害,严重缺碘者可导致细胞代谢异常,能量供应不足,生殖能力低下,智力及精神发育受限,脑电活动降低,甚至痴呆或聋哑。所以,孕妇缺碘,早产、死产和先天畸形发生率会相应提高①。所以,与锌、碘在妇女妊娠中的重要作用相比较,微量元素锰、铁、铜的作用相对少许多,加之现代人体微量元素的调查结果显示,中国人普遍不缺铜②;同时,土壤中有效锰含量机制与有效锌相近,两者之间没有拮抗关系,所以,本节述及汉晋时期西域佛教兴盛区域的土壤微量元素状况及其变化规律时是以土壤有效锌为主,同时只兼及土壤中碘元素的情况。

众所周知,新疆地区是我国最大的干旱区。所谓干旱区,是指干燥度系数>3.5的地区。这里的生态系统十分脆弱,除局部高大山脉的降水较多外,大面积地区都为荒漠及流动沙丘所占据,年降水量不足200mm。同时,上述地区的绿洲面积往往不足总土地面积的10%,但却承载了约90%以上的人口和80%以上的经济产出。以新疆地区为例,则更是以4.27%的土地,养育着全疆95%以上的人口③。干旱地区土壤的形成类型与分布,严重地受制于局部区域内气候条件、植被发育程度和地貌与水文条件的影响④。

根据干旱区土壤类型和有机质含量及盐化程度的规律看,汉晋时期西域佛教兴盛区的土壤主要是灰漠土、灰棕漠土、棕漠土和灌耕土

---

① 付立杰等:《畸胎学》,上海科技教育出版社1995年版,第267-268页。
② 于占洋、侯哲:《微量元素与优生优育》,人民军医出版社1999年版。
③ 王根绪、程国栋:《西北干旱地区土壤资源特征与可持续发展》,载《地球科学进展》1999年第5期,第492页。
④ 王根绪、程国栋:《西北干旱地区土壤资源特征与可持续发展》,载《地球科学进展》1999年第5期,第492页。

等类型。灰漠土、灰棕漠土、棕漠土和灌淤土都属于石灰性土壤，再加上新疆塔里木盆地环境闭塞，属暖温带大陆荒漠气候，气候极端干旱，年降水稀少，仅20-40mm，蒸发量3000mm，地表水主要来自塔里木河周围的高山融雪水；光照资源丰富，年日照时数为3000h；年平均温度高于10℃，最低气温-20℃，最高气温39℃，无霜期平均180-270天。自然灾害多风沙、干旱、干热风、霜冻、低温、冰雹等，尤以风沙危害最重。同时，由于补给水量减少，地下水位下降，造成自然植物日趋减少，生态环境日益恶化。在沙尘暴天气的影响下，裸露的地表部分形成流动沙丘。所以，新疆地区土壤微量元素有效锌含量极低。

以20世纪八九十年代国家土壤微量元素的两次普查情况看，新疆土壤pH值较高，达到7.5-8.5，有的pH值高达9-10；土壤有机质含量较低，平均含量11g/kg：其中南疆平均含量为8.9g/kg，北疆平均含量为13.5g/kg；从而造成土壤有效锌含量也低。根据新疆农业科学院李文先等对新疆81个县市耕地1853份土样的分析结果看，新疆土壤全锌量平均值为84.8mg/kg，低于全国100mg/kg的平均值；有效锌含量平均值为0.996mg/kg。按土壤极缺锌0.5mg/kg的临界值水平看，新疆土壤有效锌极缺的土样占39.68%，微缺锌（0.5-1.0mg/kg）的土样占41.05%，适量（1-2mg/kg）的土样占15.00%，丰富（>2mg/kg）的土样占4.26%，极缺和微缺锌的土样总计高达80.73%。土壤有效锌含量的分布规律，有由西向东和由北向南逐渐降低的趋势，即伊犁、塔城等地区>博尔塔拉州>昌吉州>东疆各地；阿勒泰地区>昌吉州>巴音郭楞州>和田地区。据第二次土壤普查资料显示，新疆自治区1182个样本分析结果，土壤有效锌含量为0.18-6.16mg/kg，平均含量为0.7mg/kg。极缺锌的土壤为81%，微缺锌土壤为14%，两者总计高达95%。全兵团垦区，除农三师外，其他各师（局）土壤极缺和微缺锌机率总计都在95%以上。

由此可见，新疆土壤普遍缺锌①。

结合以上的情况看，汉晋时期西域佛教兴盛区的气候条件与土壤类型与现代社会具有相当的一致性。由于汉晋时期西域佛教兴盛区土壤为灰漠土、灌淤土等都是石灰性土壤，土壤粘度低，水肥容易流失；加之气候极度干燥和蒸发强烈以及地表径流以高山雪融水为主的特点，故造成了当地土壤低植被率、土壤低有机质含量和较高的土壤酸碱度；所以，汉晋时期西域佛教兴盛区土壤微量元素有效锌含量应与20世纪八九十年代所测定的土壤微量元素有效锌含量水平的相似，都属于土壤微量元素有效锌含量缺乏占到土壤总量80%以上土壤类型。

关于汉晋时期西域佛教兴盛区土壤及空气中生命元素碘的含量水平，可依据现代医学调查的结果。根据大量的统计资料表明：碘缺乏病是世界上分布最广泛、危害人数最多的一种地方病，曾在世界各国都有不同程度的流行；我国缺碘的地区分布在除今上海市以外的全国29个省、区、市、县的广大区域内；而且碘缺乏病主要流行区为东北的大小兴安岭、长白山山脉；华北的燕山山脉、太行山、吕梁山、五台山、大青山一带；西北的秦岭、六盘山、祁连山和天山南北；西南的云贵高原、大小凉山、喜玛拉雅山山脉；中南的伏牛山、大别山、武当山、大巴山、桐柏山、沂蒙山区；华南的十万大山等地带。已查清的病区有1762个县，据1988年报告资料，现在全国地甲病人3500多万，地克病人25万多。此外，还有为数更多尚待查清的亚临床克汀病人②。碘是通过甲状腺素而发挥作用的。人体甲状腺素的生物作用包括促进蛋白质合成，调节能量转换，加速生长发育，维持中枢神经系统结构，保持正常的生理机能和新陈代谢等重要功能。幼儿缺碘，

---

① 朱和明：《新疆土壤的锌及缺锌的矫正》，载《新疆农垦科技》1994年第6期，第26-27页。

② 安笑生、符绍莲：《环境优生学》，北京医科大学中国协和医科大学联合出版社1995年版，第68-69页。

会引起甲状腺功能低下，生长发育将显著受阻，特别是骨骼和神经方面更为明显，因而会形成呆小病。又因病人的组织蛋白合成会发生障碍，故体形矮小，性器官发育不良。成人缺碘会引起地方性甲状腺肿和地方性克汀病。甲状腺肿大，患者颈部粗大，压迫周围器官时，会产生呼吸和吞噬困难；克汀病是在地方性甲状腺肿病区居民后代中出现的一种以智力低下、甲状腺功能低下和生长发育迟缓为特征的先天性疾病，其患病率可高达 10-100%。该病临床表现为智力低下、聋哑、生长发育迟缓、身材矮小、神经运动障碍及甲状腺功能低下等症状。医学发现，人体缺碘可以通过经常食用含碘丰富的是海产品，如海带、紫菜等即可补充[1]。另外，碘的吸收还可以从土壤及饮水中获取。一般说来，土壤的成土母质决定砂质土和沼泽土含碘最少；从人类饮水的角度看，一般地面水含碘量较地下水低，约为 2-20ug/L，深层地下水含碘量可高达几百 ug/L。从人体对碘的需要量看，人体碘的来源中 80%-90%来自食物，10%-20%来自饮水，5%左右来自空气。植物中的碘主要是无机碘，以碘化物或碘酸盐形式存在，动物体的碘量取决于饲料中的碘量，淡水鱼的含碘量远低于海鱼。动物体的碘主要以有机结合物形式存在。医学调查表明：现代缺碘地区大都生产落后，经济不发达，食品单调，主要以谷物维持生命，所以碘的摄入量极低[2]。而按照 1988 年由卫生部葛继乾收集和由中国地图出版社周德芳、张桂兰编绘的全国碘缺乏病分布图所显示的内容看，新疆塔里木盆地，即汉晋时期西域佛教兴盛区是我国最严重的碘缺乏病的分布区[3]；1993 年全国进行的碘盐预防碘缺乏病效果监测的结果为： 8-10 岁儿童中缺

---

[1] 邢光熹、朱建国：《土壤微量元素和稀土元素化学》，科学出版社 2003 年版
[2] 安笑兰、符绍连：《环境优生学》，北京医科大学中国协和医科学学联合出版社 1995 年版，第 73-76 页。
[3] 安笑兰、符绍连：《环境优生学》，北京医科大学中国协和医科学学联合出版社 1995 年版，第 69 页。

碘性甲状腺肿的发病率，在四川等13个省区为中病区，而新疆高达43%以上属重病区，孕妇及婴幼儿缺碘状况尤其严重。此外，严重的碘缺乏还会造成胎儿的早产、死胎、畸形等。据调查，青海省的碘缺乏病区妇女流产、死胎发生率在碘缺乏轻度和重度病区分别为19‰和43.2‰，畸胎的发生率分别为2.4‰和8.6‰，这些均与缺碘的程度明显相关。碘缺乏还会对妇女的生殖功能造成危害，常表现为女性月经初潮年龄滞后，无月经，严重者无生育能力。据调查青海省的碘缺乏病区女性月经初潮年龄平均为14.83-15.58岁，明显要晚于非碘缺乏病区[①]。

综上所述，汉晋时期西域佛教主要兴盛区域的土壤微量元素水平，因所处经纬度的不同、气温与降水的不同、成土母质和植被类型的不同、海拔高低和离海远近的不同、河湖密度和地下水深浅的不同、人口密度和生产方式的不同等众多因素而具有强烈的地域性差异。由于西域佛教主要兴盛区域大多集中在欧亚大陆离海较远的中心地带、地理环境十分闭塞、生态环境相对脆弱、气温高和降水条件远低于相同纬度的沿海地区和河湖密度低等因素，以致汉晋时期上述区域的土壤微量元素有效锌、碘值水平都处于极度缺乏状态。

与汉晋时期西域佛教主要兴盛区域大都处在高纬度、远离大海的内陆非季风区，在气温高、干旱、少雨、多风、高蒸发量的气候条件下和植被稀少、成土母质多为风积物、河湖密度低、盐碱度高的土壤环境下，西域绝大多数地区的土壤微量元素水平有效锌、碘水平都处在缺乏或极缺的临界值下西域（今新疆）土壤微量元素有效锌、碘缺乏相关的是必然会影响到动植物和人类自身体内微量元素有效锌的水平。而从当代所发现的先秦及汉晋时期大量墓葬中人骨材料反映的情况看，汉晋时期西域佛教主要兴盛区域内各少数民族应存在人体微量元素有效锌严重缺乏的问题；而正是由于这一问题的存在，使得该区

---

① 李健群、闫玉芹：《碘缺乏病研究的进展》，载《中国地方病学杂志》1994年第3期。

## 从人口性比例和疾病状况看西域在汉晋时期佛教东渐中的作用

域内各少数民族育龄妇女大量死亡,以致在育龄人口中造成严重的女少男多的性比较失调和大量的疾病问题而最终影响到这一地区佛教传播的特点。首先,先秦及汉晋时期西域地区的墓葬中的人骨资料,即反映出当地人口存在着男多女少的性比例失调问题。

新疆独特的地理位置与自然环境,众多的文化遗址、古墓葬、古城堡、石窟寺和岩画等文物资源得以保存下来。单以 1990-1996 年公布的墓葬发掘报告的情况看,就有哈密寒气沟墓地、鄯善苏贝希墓、阿拉沟竖穴木棺墓、和静县察吾呼沟 1-5 号墓地、轮台群巴克墓、楼兰古墓、且末县扎洪鲁克墓、吉木萨尔大龙口古墓等几十处古墓葬群。虽然,许多古墓或毁于盗墓者之手,或墓群很大但挖掘不多,或埋葬太浅、骨骸损毁;更多的是,许多古墓群出土人骨没有进行人类学分析,以致可供我们分析与研究的人骨资料并不太多。但即使是这样,还是可以很轻易地看出人骨材料所反映的人口性比例失调问题。

1、从地域的重合性特征看,和静县和焉耆同处在焉耆盆地之中。从地理位置看,都属于汉晋时期西域佛教兴盛区的范围中。1983-1988 年,新疆文物考古所先后对和静县哈尔莫墩乡察吾呼沟一号—五号墓地进行了发掘。其中一号墓葬群有古墓 700 座,考古人员共发掘 230 座古墓[①],其人骨统计资料如下:西周至春秋从墓葬群人骨所反映的情况看,婴幼儿死亡率极高,占人骨总数的 71%;男女成年人骨数 29 例,其中可明确性别的男性 11 例,女性 6 例,两者性比例男(100):女(54.5),明显女少男多;同时,从人骨死亡的年龄看,有明确性别的男性 11 例中,死于青壮年期者占 77%;有明确性别的女性 6 例之中,死于青壮年期者占 80%;可见,在察吾呼沟墓葬群可鉴别的 99 例人骨资料,不仅反映出当时存在十分惊人婴幼儿死亡率和成年男女性

---

① 新疆文物考古研究所、新疆维吾尔自治区博物馆:《新疆文物考古新收获·和静县察吾呼沟一号墓地》,新疆美术摄影出版社 1997 年版,第 174-223 页。

## 从人口性比例和疾病状况看西域在汉晋时期佛教东渐中的作用

中,女少男多现象严重的现象;同时,从成年男女死亡的年龄看,死于育龄期的女性高达80%,而男性只有77%,亦说明在成年男女中存在着十分严重的男多女少的性比例失调问题。

2、伊犁河谷察布察尔锡伯自治县索墩布拉克墓葬群:该墓群南倚天山山脉西段的乌孙山,山南是昭苏盆地;以西数十公里处是中国与哈萨克斯坦共和国边界。察布察尔锡伯自治县有各类土墩、石堆和石圈墓3000余座,其中位于索墩布拉克村周围的墓葬约120座。考古工作者在1990年8-9月对33座墓葬进行了发掘与整理,墓葬类型有竖穴偏室墓、竖穴土坑墓、双室墓等三类①。反映的墓葬时代在距今2500-2000年左右,约略相当于中原地区的战国至西汉时期②。从墓葬群人骨所反映的情况看,可明确鉴别的成年男女的性比例为男(100):女(75),明显男多女少;而且以成年男女死于青壮年比例看,男性为73.6%;成年女性却为92%。

3、1961年至1962年和1976年,由新疆维吾尔自治区博物馆考古队的同志在靠近中苏边界的昭苏夏台、波马等地的土墩墓发掘的墓葬群人骨所反映的情况看,成年男女死于青壮年期比例,男性为78%;成年女性却为100%;除上述几个墓葬群人骨材料比较全面外,还有哈密焉不拉克墓葬群人骨材料比较全面,但由于其人骨材料中有多例反映是死于砍杀;又如尼雅遗址发掘中的人骨材料和楼兰平台墓地的人骨材料以及罗布淖尔东汉墓人骨材料、帕米尔高原古墓有土葬与火葬及殉葬墓人骨材料相混,同样难以反映原貌,考虑到回避人为因素问题,故此本文未采用。另外,且末县扎洪鲁克古墓1989年清理简

---

① 新疆文物考古研究所、新疆维吾尔自治区博物馆:《新疆文物考古新收获·察布察尔锡县索墩布拉克墓葬》,新疆美术摄影出版社,1997年版,第371-373页。
② 新疆文物考古研究所、新疆维吾尔自治区博物馆:《新疆文物考古新收获·察布察尔锡县索墩布拉克墓葬》,新疆美术摄影出版社1997年版,第384-385页。

报显示①，在 M2 发现一死于难产孕妇和一具赤裸的婴儿干尸，亦可证明育龄妇女死于难产的例证。

总之，从以上各墓葬群人骨材料所反映的问题看，多有婴幼儿高死亡率和成年男女中男多女少的问题。而且，这种男多女少的人口性比例失调问题是由育龄妇女 15-35 岁的大量死亡造成的。同时，从文献的记载看，先有《汉书·西域传》记载："贵女子，女子所言，丈夫乃决正"的大宛国，又有着如《梁书》卷 54《诸夷传》"滑国者，车师之别种也。……元魏之居桑乾也，……少女子，兄弟共妻"的现象，正好亦从文献的角度说明了西域地区存在着女少男多性比例失调问题。至于《梁书》中所记载的此"滑国"即是南北朝及隋元时期的"嚈哒"国。关于嚈哒国的情况，《魏书·嚈哒传》亦记载："嚈哒国，大月氏之种类也……多寺塔，皆饰以金。风俗与突厥略同。其俗：兄弟共一妻，夫无兄弟者，其妻戴一角帽；若有兄弟者，依其多少之数，更加角焉。"另外，《周书·嚈哒传》亦有内容大致相同的记载。而如前所述，由于西域地区土壤微量元素有效锌、碘极度缺乏，必然造成育龄妇女流产、难产、死胎、胎儿畸形等高比率。所以，在某种程度上讲，恶劣的地理环境和土壤微量元素有效锌、碘等生命元素的缺乏，是造成当时育龄妇女的大量死亡现象和正常人群大量疾病发生的重要原因。

其次，关于汉晋时期西域地区正常人群大量疾病现象的发生，可以参见现当代新疆地区，尤其是南疆塔里木盆地周围地区数十年来的疾病调查报告，大致可推测为以下几种情况：

一、妊高症多发：妊高症是产科的常见病，根据流行病学的调查显示，妊高症已成为仅次于产后出血孕产妇死亡的第二重要原因。新

---

① 新疆文物考古研究所、新疆维吾尔自治区博物馆：《新疆文物考古新收获·且末县扎洪鲁克古墓1989年清理简报》，新疆美术摄影出版社1997年版，第327页。

疆克州医院在1993年元月至1997年12月共收住院的维族、柯族、汉族产妇共6170例,其中柯族370例,维族4820例,汉族产妇980例。从统计资料中看,在克州地区柯族、维族妊高病发病率高于汉族,其中柯族占首位,为3.24%,维族次之为1.91%,汉族仅占0.61%[1]。这个结果,与整个西北地区对孕产妇死亡主因的顺位排序发现造成孕产妇首位原因是产后出血、其次是妊高症的结果一致[2]。

二、地甲病多发:从新疆地甲病分布特征看,地甲病的流行与地质地理有密切的关系。凡位于第三纪红层附近,或由第三纪红粘土形成的土壤地带,均为非病区或轻病区;而位于白云岩或结晶岩形成的土壤地带则为重病区,有粘液性水肿克汀病的流行;土壤中有红色粘土夹层的地带为中病区。由第三纪红粘土形成的土壤平均含碘量134.4ug/kg,白云石或结晶岩形成的土壤含碘量为32.0ug/kg,后者明显缺碘。调查的结果显示,新疆碘缺乏病的重病区主要集中在南疆,而南疆又主要集中在和田地区和喀什地区的个别县[3]。甲功低下的妇女,甲状腺肿大,会造成死胎、流产、死产、新生儿甲低、矮小、智力低下、聋哑、痉挛性瘫痪和畸形、失明等一系列问题。医学调查显示,碘严重缺乏区妇女的流产、死胎发生率为43.2‰,畸胎的发生率高达8.6‰[4]。

三、恶性肿瘤多发:1963年5月–1993年5月期间,解放军第12医院病理科共收治新疆南疆喀什地区肿瘤病人19153例,其中恶性肿

---

[1] 玛力亚、亚森、茹先古丽、热衣丁:《新疆克州四年住院各族孕妇妊高症分析》,载《江西医学院学报》1999年第41期,第96-98页。

[2] 郑全庆、金辉等:《西北地区孕产妇死亡的危险因子及死因分析》,载《中国初级卫生保健》1994年第8期,第21页。

[3] 王建平、王新平等:《新疆碘缺乏病流行现状与病情预测》,载《地方病通报》1995年第2期,第86-88页。

[4] 吐尔逊江、周燕:《碘对母子健康影响的研究进展》,载《中国妇幼保健》2004年第19期,第90页。

瘤 2308 例，男性占 52.82%，女性占 47.18%，男女之比 1.12 : 1；恶性肿瘤患者年龄，男性平均 46.5 岁，女性 44 岁；男性以胃癌为第一位，女性以宫颈癌为第一位①。以医学调查的结果显示，新疆喀什维汉两族分别检出率分别是 12.8%，3.6%；维族男女 4 : 1，汉族 3.4 : 1；发病年龄维族 55 岁，汉族 58 岁；发病高峰维族以 51-60 岁居多，汉族以 61-70 岁居多。维族胃癌以农民居多占 90.3%，汉族仅 41.3%。结论反映维族好发胃癌，发病高峰年龄较汉族提前②。另外，宫颈癌也是新疆喀什妇科最常见的恶性肿瘤，死亡率占喀什肿瘤的第三位，特别是维族宫颈癌死亡率居全国之首。通过对 442 例调查统计的结果：维族该病最小患病为 19 岁，年龄最大的 75 岁，平均为 42.75 岁，较当地汉族提前 7.5 岁③。

四、麻风病等皮肤疾病多发。流行病学调查资料表明，南疆地区还是新疆地区麻风病、头癣、包虫病、内脏利什曼和艾滋病最主要流行区。新疆麻风病以其主要分布区看，塔里木盆地周围和昆仑山边缘地区是病人最多地区。通过回顾 1952-2004 年麻风病的防治资料显示，新疆累计发现麻风病人 3973 例：其中男性 2762 例，女性 1211 例；民族构成是：维族 3547 例，汉族 367 例，其他民族 58 例；地区构成是：和田地区 2455 例，喀什地区 784 例，阿克苏 217 例，巴州 129 例，其他地区 388 例。结论是现代麻风病在局部地区仍呈低流行状态④。关

---

① 谭德银、戴鑫琦等：《新疆喀什地区 2308 例恶性肿瘤病理统计分析》，载《肿瘤防治研究》1995 年第 22 期，第 51 页。
② 李泽纯、王桂平、陈刚：《新疆喀什地区维吾尔族和汉族胃癌 443 例流行病学分析》，载《肿瘤研究与临床》2006 年第 18 期，第 135 页。
③ 谭德银、余良宽：《新疆喀什地区维吾尔族子宫颈癌的临床病理学研究》，载《实用肿瘤学杂志》1994 年第 4 期，第 21-22 页。
④ 居来提、克里木、黄万江、杨永光等：《新疆麻风病的流行及防治研究》，载《地方病通报》2006 年第 21 期，第 75-78 页。

于这一点，文献记载中亦有异证。如据梁·释僧祐《高僧传·鸠摩罗什传第一》记载：其母龟兹人，婚前"体有赤黡，法生智子，诸国娉之，并不行"①；许慎《说文解字》释"黡"为"中黑也"；《康熙字典》引《正韵》释之"黑痕"；而以此看鸠摩罗什母亲身体上的"赤黡"，当为红里泛黑的痣，是否为肿瘤或麻风病征等，今天虽已无法考证，但无可辨析的是，当属一种疾病体征，颇类于现代皮肤病中的"花斑癣"；现代医学介绍"花斑癣"的症状为：初起皮肤出现豌豆到蚕豆大小的斑点，色淡红，或赤紫，或棕黄、或淡褐，尤多见于缺水地区不常洗澡者②。但以20世纪七八十年代以前，新疆头癣的发病率为17%以及南疆疏附三角洲地区还是内脏利什曼病、包虫病和现在艾滋病最严重的疫区的情况看③，汉晋时期西域地区的疾病状况是不容乐观的。由此，我甚至以为西域地区之所以长期盛行以独善其身、苦练苦修为特征的小乘教，或与极度干燥的环境下、信众为防止麻风病及皮肤病等恶性流行性疾病有着密切的关系。同时，据沙漠工作者的研究，历史上塔里木盆地东部及南部地区发生土壤沙漠化的时间主要在公元3-5世纪、公元7-9世纪和公元15世纪以后④；而从西域佛教的发展史的情况看，前两个时期基本上是小乘教非常繁盛的时期，由此不难看出，恶劣的地理环境与人类信仰之间也存在着密切的联系。

总之，从以上先秦至汉晋时期众多墓葬人骨材料所反映的婴幼儿

---

① (梁)释僧祐：《高僧传》，中华书局1995年版，第530页。
② 马馨：《妙方金典》，黑龙江人民出版社2006年版，第263页。此书释"花斑癣"的症状为：初起皮肤出现豌豆到蚕豆大小的斑点，色淡红，或赤紫，或棕黄、或淡褐，尤多见于不常洗澡者。
③ 李贵生、周明贵等：《新疆喀什地区近10年头癣病原菌的构成变化》，载《中国皮肿病学杂志》1994年第8期，第226-227页。
④ 朱震达：《塔克拉玛干沙漠化过程及其发展趋势》，载《中国沙漠》1987年第7期，第3页。

高死亡率和成年男女中育龄妇女高死率问题，与现代医学调查和研究的南疆地区多恶性肿瘤、麻风病、艾滋病的情况以及南疆碘缺乏病、锌缺乏病与麻风病、艾滋病等流行区具有高度的一致性的情况看，必然与南疆地理闭塞，气候温暖而干燥、多风多沙和土壤微量元素有效锌、碘等生命元素的极度缺乏密切相关。而且从更新世晚期即2500年以来，南疆地区的气候、地理和所居民族没有大的变化，所以，今天医学所调查的疾病状况，除艾滋病的流行之外，大致可与汉晋时期西域地区的情况相吻合。而这种疾病状况的流行，必然影响到汉晋时期当地少数民族佛教信仰的特点。

要谈佛教传入中原的时间，实应探讨佛教翻译之源流。所以，在某种程度上暂时撇开佛教何时传入中原王朝的时间不谈，单论佛教传入西域地区，实有助于解开佛教何时传入中原王朝的时间之谜。而以本文前引之近年学术研究的情况看，即有多篇文章论及此事。如才吾加甫认为佛教应是公元前87年经克什米亚传入于阗的[①]；尚永琪以3-6世纪应是佛教的传播期[②]；李尚全认为克孜尔中心柱石窟创建于东汉时期，则佛教传入西域定在秦始皇时代[③]；而季羡林先生《鸠摩罗什时代及其前后龟兹和焉耆两地的佛教信仰》一文，虽在论文提要中未明言佛教传入西域的时间，但他是以"鸠摩罗什前"来确定龟兹佛教已进入前期鼎盛期的，那么，即暗示佛教当远在鸠摩罗什前就早已传入西域[④]；而且他还注意到龟兹佛教传播中"最初译为汉文的一些佛

---

① 才吾加甫：《汉代佛教传入西域诸地考》，载《新疆师范大学学报》2004年第3期，第47-49页。
② 尚永琪：《北朝胡人与佛教的传播》，载《吉林大学社会科学学报》2006年第2期，第135-140页。
③ 李尚全：《也论克孜尔石窟之开凿》，载《敦煌学辑刊》2005年第3期，第122-133页。
④ 季羡林：《鸠摩罗什时代及其前后龟兹和焉耆两地的佛教信仰》，载《孔子研究》，2005年第6期，第29-41页。

教术语，是通过吐火罗文的媒介，这个事实虽然是铁证如山，可是时间和过程，至今仍然是隐而不彰。我们只能推测，在佛教传入中国的初期，龟兹和焉耆曾起过中介作用（另外还有一条由大夏、大月支直达中国的道路），吐火罗文曾被使用来翻译佛经，否则就无法解释那些汉文初期佛教术语是怎样产生出来的。"

我认为无论是西域小乘佛教的长久兴盛问题，还是比丘尼较多问题，实际上都与西域地理环境所提供的条件、男多女少人口性比例失调问题和疾病状况有着密切的关联。而且佛教对西域的这种适应，不仅仅影响了西域当地佛教传播的特点，而且也通过以西域当地文字为中介的向汉地传播的佛教经典的内容与翻译，也最终影响到了汉晋初期中原佛教的传播特点。这些影响大致表现在以下几个方面：

首先，从考古发掘的西域地区出土文献所反映的情况看，汉晋时期西域地区的佛教传播已出现俗化的迹象。要谈论汉晋时期西域地区的佛教传播已出现俗化迹象的问题，就需先涉及西域的语言问题。关于西域地区诸国的语言问题，历代史家多有关注：如梁释僧佑《出三藏记集》、唐玄奘《大唐西域记》等都记载西域小国多有胡语；吕征《佛典泛论》亦认为：佛教传入西域后，一方面既有梵本存在，又有着各种文字，诸如龟兹、于阗、窣利、回鹘、突厥等五种胡本[①]。而其中佉卢文是其中之一，它是与古印度梵文关系密切的一种语言。现存于大英博物馆、并为《新疆出土佉卢文残卷译文集》一书所收录的从尼雅遗址出土的第511号佉卢文书就是一个很好的例子。该文书即是鄯善国与浴佛活动有关的祈祷词。从该出土文献的内容看，实际上说明佛教在西域传播的过程中，已经就满足当地信众的生活化的愿望和企求，而对佛教的祷文做了适当的通俗化改动。从这一角度，夏雷

---

① （转引自）王文颜：《佛典汉译之研究、翻译史略》，（台北）天华出版事业股份有限公司1984年版，第30-35页。

鸣先生《从"浴佛"看印度佛教在鄯善国的嬗变》一文中的观点无疑是正确的[①]。据前述,西域地区存在着干旱、少雨、炎热和性比例失调、麻风病、恶性肿瘤、头癣等一系列疾病问题。所以,佛教在传播中通过修改斋祷文的办法,无疑可以事半功倍达到宣讲佛教、吸引民众信仰的目的。1901年斯坦因在尼雅河下游以北处发现文书中有晋武帝太始五年(269年)的年号,文书中常记"对当地官吏士卒减少口粮的命令。有当地不能自给的困难";最后文书的日期是建兴十八年(330年),说明该城堡应在建兴十八年之后即被废弃。又位于罗布泊西北畔的古楼兰城所出土的佉卢文书反映:约在4世纪时,出现了严重的用水紧张、口粮减少、种子不能入地、耕地面积缩小、粮价飞涨等一系列问题[②]和《汉书·西域传》所记鄯善所处"地沙卤,少田"的恶劣环境看,第511号佉卢文书所反映"浴佛"祷文足以满足当地信众对生老病死和企求风调雨顺等各种心理需求;而同时从佉卢文书所书,亦可看出佛教在对西域民众传播过程中所出现的俗化迹象。

其次,西域汉晋时期佛教俗化的迹象,已经通过以西域各地语言为媒介的胡本佛经,影响到了汉晋时期佛教在中原传播过程中的祭祀活动。

从《后汉书·楚王英传》、《后汉书·西域传·天竺传》和《后汉书·襄楷传》记载的相关史实看,至少有两层含义是十分清楚的:一是无论东汉初年的楚王英,还是东汉后期的桓帝刘志,都以"浮图"(佛教)和黄老之术作为养生修道的神仙方术;二是从东汉明帝时期(58-75年)到公元166年襄楷上书汉桓帝时期,汉传佛教一直没有获得独立的祭祀地位,而是作为道教的附庸存在着。因此,佛教在这

---

① 夏雷鸣:《从"浴佛"看印度佛教在鄯善国的嬗变》,载《西域研究》2000年第2期,第45-52页。
② 李江风、桑修诚、季元中、陈荣芬:《新疆气候、全新世时期气候》,农业出版社1991版,第285-286页。

一时期之所以为皇帝及达官贵人所接受,就在于"浮图斋戒"能够和黄老之术一样,给信仰者带来养生求仙等功利方面的期望,以致于到东汉末年袁宏奉汉献帝之命修撰《汉纪》之时,也以为佛教与修炼成神、医治百病、白日飞升的神仙方士道术一样神奇,属于方术一类。这就无怪乎汉晋时期的封建皇帝和达官贵人会对之深信不疑了!

再次,西域汉晋时期佛教俗化的迹象,已经通过以西域各地语言为媒介的胡本佛经,影响到了汉晋时期佛教在中原传播过程中的佛经翻译活动。

从楚王英到之后汉桓帝宫中"黄老浮屠"并祠及其后佛教经典的翻译与传播情况看,汉晋时期的佛教翻译有两个十分显著的特点:一、佛教在传入之初,许多专有名称、仪式和传播内容是仿效道教的,以致统治者误认其为神仙方术之一[①];二、印度佛教当中注重养生的经典,在汉晋时期的佛经翻译中得到重视,往往同部经中相关内容,一再被翻译与摘抄;这种作法,不仅成功地获得了最高统治者的关注,而且也为佛教的进一步传播奠定了基础。

其一、众所周知,中国历来都有医道同源之说。其根本的原因就在于植根于中华民族这块土地上所产生和发展起来的黄老之术。它不仅有着丰富的古代社会哲学思想,而且其内容也多涉及中医中药学、生命科学和原始化学等自然科学的许多方面。黄老之术的精髓所在就是它的养生术,以长生不老、羽化登仙为最高境界,讲究的是今生今世的修练。而由以上范晔《后汉书》、袁宏《汉纪》等典籍所记载的史实看,从东汉初年开始到汉晋时期,佛教和黄老之术一直是封建皇帝及达官贵人共同信仰与斋戒的对象,可见其也必有与黄老之术相媲美之养生与医疗思想存在。如:小乘佛教讲求独善其身,其教理主要是从戒、定、慧三方面来阐述,戒、定、慧三者是循序渐进的修练过

---

① 萧登福:《道家道教与中土佛教初期经义发展》,上海古籍出版社2003年版。

程；三学当中的戒、定两学，属于道德修养范畴；而慧学所涉及的是对宇宙和人生的认识。佛教的目的在于拔苦得乐，寻求解脱。小乘认为要实现理想，非出家过禁欲生活不可；如戒学，是指信徒应遵守的戒规，用以防非止恶，其中沐浴之法、说戒犍度、自恣犍度、药犍度、止持戒等种种规定，都可以很好地调节信徒的身心状态。如五戒当中的"不邪淫"，是禁止夫妇之外的淫欲，有助于家庭伦理及家庭的和睦①。小乘定学，讲求人心如何专注于一境而不散乱。东汉安息国沙门安世高翻译的《安般守意经》称："安为清，般为净，守为无，意名为，是清净无为也"；"安般守意旨在藉由数息、相随、止、观、还、净等六妙门来求得禅定"，其目的在于调和信徒的呼吸和训练心意的专注，这与道教借由导引吐纳、清净无为等法术来修练成仙，有着共通之处②。其养生作用是让信徒忘却喜、乐、哀、怨，进而获得寂静美妙的心理感受和更高尚的身心状况，其养生作用是显而易见的。另外，汉传密教中的杂密，早在汉末三国时期即已传入中国，留下了许多的经典咒禁③。如尸梨蜜多罗，最值得注意的是他长于咒术。所译《佛说灌顶拔除过罪生死得度经》，信仰的主尊是药师佛，又名药师如来、大医王佛等。该经咒的最大特点在于密切关注现实人生所遇到的诸如生老病死、衣食住行等基本问题；同时称尊崇此佛，可以满足信徒渴望长生、财富、权势、来世和宗嗣方面的需求，从而具有极强的吸引力④。如密教中的延命法在属于息灾、增益、敬爱、调伏、钩召、延命六法之二，是极为重要的二套佛教修法⑤。修佛之法希望众生具有无诸病苦、增益寿命的身心，使贪、瞋、痴三毒逐渐减少微薄，除

---

① 萧登福：《道家道教与中土佛教初期经义发展》，上海古籍出版社2003年版。
② 萧登福：《道家道教与中土佛教初期经义发展》，上海古籍出版社2003年版。
③ 严耀中：《汉传密教》，学林出版社1999年版，第9页。
④ 李小荣：《敦煌密教文献论稿·〈药师经〉及其弘传》，人民文学出版社2003年版。
⑤ 全佛编辑部：《长寿命本尊·序言》，中国社会科学出版社2003年版，第1-3页。

去一切罪业，最终圆满成佛①。

咒语，作为起初用来招神驱鬼的源自远古时期的巫术，是当时人以为可与鬼神相通的语言。而佛教将咒禁作为一种医疗手段，广泛地应用于佛教医学中，亦正是佛教俗化的证明之一。咒禁疗法则能起到心理上的暗示作用，可以排遣患者在精神和心理上的焦虑与恐慌心理，从而达到增强战胜疾病的信心的目的。由于从先秦、秦汉以来，中国古代社会盛行阴阳五行、"天人感应"之说和谶纬天定之风，所以，佛教中以心理暗示为手段的咒禁疗法，便得以被汉晋时期的信众顺理成章地接受下来了。同时，由于尸梨蜜来自于汉晋时期的佛教再传的圣地西域，其《孔雀王经》、《佛说灌顶拔除过罪生死得度经》及咒术也应是流行于西域佛经和法术；而这些佛经和法术在西域的流行和逐渐被介绍到汉地，亦可从侧面证实西域佛教俗化的迹象和对汉地佛教的影响。

其二、而由以上范晔《后汉书》、袁宏《汉纪》等典籍所记载的史实看，汉晋时期佛教和黄老之术一直是封建皇帝及达官贵人共同信仰与斋戒的对象，可见其也必有与黄老之术相媲美之养生与医疗思想存在。而从对《大藏经》佛教经典中有关养生与医疗思想方面内容的统计情况看，有大量的佛经涉及佛教中所蕴含着的大量的有关医药方面的内容。如：佛经中专论医理或涉及医理的经书有400多部；在《大藏秘要》第1—5卷中，有着大量涉及内、外、妇、儿、五官等疗病的方法：如《药师经》、《佛说婆罗门避死经》、《佛说温室洗浴众僧经》、《安般守意经》、《佛说佛医经》、《佛说胞胎经》、《佛说佛治身经》、《佛说活意经》、《佛咒时气病经》、《佛悦咒齿经》、《佛说咒目经》、《治禅病秘要经》、《佛说疗痔病经》、《金刚药叉嗔怒王息灾大威神验念诵仪轨》、《大药叉女欢喜母并爱子成就法》、《延寿经》、《佛说医喻经》、《耆婆脉经》、《耆婆五脏论》、《千手千眼观世音菩萨治病合

---

① 全佛编辑部：《长寿命本尊·总论》，中国社会科学出版社2003年版，第5-10页。

药经》等①。在《大藏经》涉及养生方面的 400 多部经文中，有《药师经》、《佛说婆罗门避死经》、《佛说温室洗浴众僧经》、《安般守意经》、《佛说佛医经》、《胞胎经》、《佛说佛治身经》、《佛说医喻经》、《耆婆脉经》等早在魏晋时期即已传入中国。其中的《药师经》、《佛咒时气病经》、《佛悦咒齿经》、《佛说咒目经》《佛说止女人患血至困陀罗尼》、《治百病诸毒陀罗尼》、《观音菩萨说除一切眼痛陀罗尼》等经是属于密宗的经典。据（梁）僧佑《出三藏记集》记载：在东汉桓帝时期，"安息国沙门安世高"所翻译的 34 部凡四十卷佛经中，即有《安般守意经》、《人本欲生经》、《转法轮经》等涉及佛教的养生思想。曹魏时期，有密宗已传入迹象，如《微密持经》、《佛从上行三十偈》等即由"天竺沙门康僧会"译出。而《耆婆脉经》、《耆婆五脏论》、《胞胎经》、《四妇喻经》、《鹿母经》等，在西晋武帝时期，即由"沙门竺法护到西域得胡本还，自太始中至怀帝永嘉二年以前所译出。"至于《禅要秘密治病经》等则于"宋元孝建二年于竹园寺译出"。然僧佑又言：《禅要秘密治病经》由"伪河西王从弟沮渠安阳侯京都译出"，以沮渠安阳侯乃高昌人士而言，此经必来自西域高昌，且应是在西域地区流行已久的胡本经书。此外，（梁）僧佑《出三藏记集》还大量记载了汉晋时期"虽缺译人，悉是全典"的佛经之名，其中就有《福经》、《无病第一利经》、《人民疾疫受三归经》、《九伤经》、《毒草喻经》、《咒毒》、《咒龋齿》、《咒牙痛》、《咒眼痛》、《药经》、《造浴室法经》、《婆罗门避死经》等涉及养生治病思想的佛经之名。对于这些经文，僧佑以为："将是汉魏时来，岁久录亡；抑亦秦凉宣梵，成文屈止；或晋宋近出，忽而未详。译人之缺，殆由斯欤。"可见，许多以西域语言为媒介的胡本佛经中，即蕴含着丰富的有关医药方面的养生治病思想，而且很快通过来自西域地区的僧侣之手迅速传入汉地；同时，从另一角度看，汉晋时期的佛教经典翻译与传播，不仅与僧人对

---

① 邓来送：《佛教与中医心理学》，载《五台山研究》2002 年第 4 期。

来自印度佛经的好恶取舍有着密切的关联，有着所谓"有译乃传，无译则隐"[1]的倾向；而且从对释僧祐《出三藏记集》卷1-2中针对萧梁时期存世佛经的统计看，汉晋时期以来所翻译的佛经，不仅多是节录的抄本，而且1卷本的佛经占汉晋时期至萧梁时期存世本佛经70%以上。如《般若波罗密多心经》在中国历史上曾出现至少九个译本，见于传世文献的最早本子是晋末姚秦鸠摩罗什所译；大般若经有六百卷，而《般若波罗密多心经》不过260个字[2]。此外还有北魏菩提流支、陈朝真谛、隋朝笈多、唐朝玄奘等；古来持诵此经者极多，历代有关持诵此经的灵异效验、消灾除厄、祛病延寿更是屡见于书[3]。而正因为如此，汉晋时期这种一鳞半爪式的佛法，根本无法满足华夏僧众追求至真佛法的要求，所以，为了达到求真问实、修炼真正佛法的目的，汉地佛僧从公元3世纪起，西行取经者达到络绎不绝的程度。

综上所述，由于汉晋时期西域佛教兴盛地区地理环境恶劣，造成土壤微量元素有效锌、碘等生命元素的缺乏，进而造成了西域佛教兴盛区比较严重的男多女少的人口性比例失调问题和许多恶性疾病的肆虐流行，在这种恶劣的生存环境形势下，佛教传播者为了更好的传播佛教思想，有意识使佛教义理走向俗化。而同时在此过程中，也正是佛教逐步向中原传播的过程，故此，反映在汉晋时期中原佛教义理的翻译过程中，许多经典佛经中有关医疗、养生方面的内容被一次又一次翻译，不仅吸引了作为封建国家最高统治者皇帝和封建达官贵人的注意，逐步吸引了广大百姓的眼光，而且也引发了魏晋以后汉地僧侣屡次西天取经的活动，从而为最终开启佛教在中土迅速传播的大门奠定了基础。（作者系郑州大学历史学院副教授）

---

[1]（梁）释僧祐：《出三藏记集·竺法护传》，中华书局1995年版。
[2] 华严座主应慈法师讲，何子培记录：《般若波罗密多心经浅说》，上海佛学书局1933年版，第1-2页。
[3] 全佛编缉部：《长寿命本尊》，中国社会科学出版社2003年版，第212-213页。

# 论慧远对道安的突破和超越

## 普 慧

慧远是东晋时期继道安之后又一位佛门龙象。当代佛学大师汤用彤评论慧远说:"提婆之毗昙,觉贤之禅法,罗什之三论,三者东晋佛学之大业,为之宣扬且特广传于南方者,俱由远公之毅力。"①汤氏对慧远评价重在其佛学理论方面的建树。其实,慧远除了佛学理论上的贡献外,他在继承其师道安的佛学思想体系的基础上,还在佛教的诸多方面审时度势,因地制宜,勇于开拓,大胆创新,对道安有了诸多方面的突破和超越,表现出一代大师的卓越胆识和气魄。慧远之所以能够成功,首先在于他有着良好、独特的个性、才情、能力、胆识等领袖人物的素质和品行;其次是他长期积累的学识、修养使他能够时时把握先机,独占鳌头;再次是他身上潜在的审时力和创造力能够及时得以充分发挥。总结慧远这些成功的事实和特点,对于今人的处世,不无借鉴的作用。

一

慧远同其师道安一样,是一位具有远见卓识、宏大理想的人物。这些卓识、理想具体表现在他的好学、志向、勤修、律己、爱好、兼

---

① 汤用彤:《汉魏两晋南北朝佛教史》,北京大学出版社1997年版,第239页。

容等方面。

**一、虚心好学，志向远大。**

在道安的诸多弟子中，慧远最为好学，也最具学养：

> 弱而好书，珪璋秀发。年十三随舅令狐氏游学许、洛。故少为诸生，博综六经，尤善《庄》、《老》。性度弘博，风览朗拔，虽宿儒英达，莫不服其深致。[1]

后闻道安讲说《般若经》，豁然开悟，大叹"儒道九流，皆糠粃耳"[2]。遂与弟从道安出家学佛。

> 既入乎道，厉然不群。常欲总摄纲维，以大法为己任。……远藉解于前因，发胜心于旷劫，故能神明英越，机鉴遐深。安公常叹曰："使道流东国，其在远乎！"年二十四，便就讲说。尝有客听讲，难实相义，往复移时，弥增疑昧。远乃引《庄子》，义为连类，于是惑者晓然。是后安公特听慧远不废俗书。[3]

慧远不同于一般僧人，他有理想，有抱负，又有以弘扬大法为己任的雄心。为了实现自己的宏愿，他夜以继日，刻苦钻研，深得道安赏识。二十四岁就能讲经说法，这在当时绝无仅有。特别是他的说法，引《庄子》语来解释佛经义理，这在当时是属于"格义"的方法。而

---

[1]慧皎:《高僧传》卷6《慧远传》,汤用彤校注,中华书局1992年版,第211页。
[2]慧皎:《高僧传》卷6《慧远传》,汤用彤校注,中华书局1992年版,第211页。
[3]慧皎:《高僧传》卷6《慧远传》,汤用彤校注,中华书局1992年版,第211-212页。

这种附会之法是为道安所反对的①。但是，由于慧远的独特解释，道安才特准许慧远可以不废佛典以外的书籍。由此看出，道安对慧远的特殊态度。

慧远上庐山后，已是声名大震，但他还是慨叹江南禅法无闻、律藏残缺。为了了解更多的佛教经典，掌握佛法真谛，慧远采用了多重步骤：一方面，派弟子各路寻求佛教经典，如，"乃令弟子法净、法领等，远寻众经。逾越沙雪，旷岁方反，皆获梵本，得以传译。"②另一方面，则把入华的外国名僧设法请至庐山，如罽宾（kasmira）名僧僧伽提婆（Samghadeva）、佛驮跋陀罗（Buddhabhadra）等请上庐山翻译佛典。再一方面，如不能请来的，则致信通好：

> 初弗若多罗（Punyatāra）诵出《十诵》，未竟而亡。庐山释慧远闻支（昙摩流支）既善毗尼，希得究竟律部，乃遣书通好，曰："……传闻仁者赍此经自随，甚欣所遇，冥运之来，岂人事而已耶。想弘道为物，感时而动，叩之有人，必情无所悋。若能为律学之徒，毕此经本，开示梵行，洗其耳目，使始涉之流，不失无上之津，参怀胜业者，日月弥朗。此则慧深德厚，人神同感矣。幸愿垂怀，不乖往意一二。悉

---

① "格义"之法为道安同学竺法雅首创。《高僧传》卷4《竺法雅传》："法雅，……少善外学，长通佛义，衣冠士子，咸附谘禀。时依门徒，并世典有功，未善佛理。雅乃与康法朗等，以经中事数，拟配外书，为生解之例，谓之格义。及毗浮、昙相等，亦辩格义，以训门徒。雅风采洒落，善于枢机。外典、佛经，递互讲说。"（第152-153页）《高僧传》卷5《僧先传》："道安后复从之，相会欣喜，谓昔誓始从，因共披文属思，新悟尤多。安曰：'先旧格义，于理多违。'先曰：'且当分析逍遥，何容是非先达。'安曰：'弘赞理教，宜令允惬，法鼓竞鸣，何先何后。'"（第195页）
② 慧皎：《高僧传》卷6《慧远传》，汤用彤校注，中华书局1992年版，第216页。

诸道人所具。"①

闻罗什入关，即遣书通好，曰："……仁者曩绝殊域，越自怀宝来游，至止有问，则一日九驰，徒情欣雅味，而无由造尽，寓目望途，固已增其劳伫。每欣大法宣流，三方同遇，虽运钟其末，而趣均在昔。诚未能扣津妙门，感彻遗灵。……今往比量衣裁，愿登高座为著之，并天漉之器，此既法物，聊以示怀。"②

正是这种虚心求教、不耻下问的道德风尚，使得"葱外妙典，关中胜说，所以来兹土者，远之力也。"③慧远也由此深得鸠摩罗什（Kumārajīva）的高度称赞：

经言，末后东方当有护法菩萨，勖哉仁者，善弘其事。夫财有五备，福、戒、博闻、辩才、深智，兼之者道隆，未具者疑滞。仁者备之矣，所以寄心通好，因译传意，岂其能尽，粗酬来意耳。④

鸠摩罗什为大乘龙象，曾名震西域，入长安后，又成为北方佛教的核心人物。他把慧远比作"东方菩萨"，即说明在汉地佛教丛林中，慧远的确是一位继道安之后的执牛耳者。当鸠摩罗什见到慧远所著《法性论》后，感叹道："边国人未有经，便暗与理合，岂不妙哉。"因此，"外国众僧，咸称汉地有大乘道士，每至烧香礼拜，辄东向稽首，

---

① 慧皎：《高僧传》卷2《昙摩流支（Dharma-ruci）传》，汤用彤校注，中华书局1992年版，第62页。
② 慧皎：《高僧传》卷6《慧远传》，汤用彤校注，中华书局1992年版，第216-217页。
③ 慧皎：《高僧传》卷6《慧远传》，汤用彤校注，中华书局1992年版，第218页。
④ 慧皎：《高僧传》卷6《慧远传》，汤用彤校注，中华书局1992年版，第217页。

献心庐岳。"① 慧远作为整个汉地佛教丛林的领袖,确实是当之无愧。

## 二、殷勤修炼,勇猛精进

慧远的勤于修炼是他以一贯之的作风。早在他刚出家后即表现出来:

> 精思讽持,以夜续昼,贫旅无资,缊纩常阙,而昆弟恪恭,始终不懈。有沙门昙翼,每给以灯烛之费。安公闻而喜曰:"道士诚知人矣。"②

及至庐山,慧远有了更大的发展空间。他"率众行道,昏晓不绝"③,同时也更加注重自我修炼和精进。

> 远神韵严肃,容止方棱,凡预瞻睹,莫不心形战慄。曾有沙门持竹如意,欲以奉献,入山信宿,竟不敢陈。窃留席隅,默默而去。有慧义法师,强正少惮,将欲造山,谓远弟子慧宝曰:"诸君庸才,望风推服,今试观我如何。"至山,值远讲《法华》,每欲难问,辄心悸汗流,竟不敢语。出谓慧宝曰:"此公定可讶。"其伏物盖众如此。④

慧远那磅礴的气势、飞扬的才情、高尚的素养、深厚的定力、严肃的神韵、阔绰的仪容,没有长期勇猛精勤禅智的修炼和渊博深厚知识的积累是根本难以达到的。因此,慧远从不放过每一次参修的好机会。当由慧远提议描绘的佛影竣工后,他又是"发愤忘食,情百其慨;

---

① 慧皎:《高僧传》卷6《慧远传》,汤用彤校注,中华书局1992年版,第218页。
② 慧皎:《高僧传》卷6《慧远传》,汤用彤校注,中华书局1992年版,第211页。
③ 慧皎:《高僧传》卷6《慧远传》,汤用彤校注,中华书局1992年版,第214页。
④ 慧皎:《高僧传》卷6《慧远传》,汤用彤校注,中华书局1992年版,第215页。

静虑闲夜,理契其心。"①这种精神、这种内力、这种风神,构成了他成为佛教领袖的内在的基本条件。然而,与慧远庐山僧团相比,当时京师佛门之事却是混乱不堪:

> 夫神道茫昧,圣人之所不言,然惟其制作所弘,如将可见。佛所贵无为,殷勤在于绝欲,而比者陵迟,遂失斯道。京师竞其奢淫,荣观纷于朝市。天府以之倾匮,名器为之秽黩。避役钟于百里,逋逃盈于寺庙。乃至一县数千,猥成屯落,邑聚游食之群,境积不羁之众,其所以伤治害政,尘滓佛教,固已彼此俱弊,实污风轨矣。②

桓玄虽着眼于社会政治的统治,却也一针见血地指出了当时建业佛教的弊乱。僧祐《弘明集》卷1《正诬论》、卷6道恒《释驳论》等,皆载有其时抨击佛教之秽杂的言论。所以,桓玄决定料简沙门,把那些混迹于佛门的秽杂之徒清理出去。然而,这样的举动并不针对慧远等有着高尚情操和风范的庐山僧团:

> 沙门有能伸述经诰、畅说义理者,或禁行修整、奉戒无亏、恒为阿练若者,或山居养志、不营流俗者,皆足以宣寄大化。亦所以示物以道,弘训作范,幸兼内外。其有违于此者,皆悉罢遣所在。……唯庐山道德所居,不在搜简之例。③

---

① 慧远:《万佛影铭序》,见于道宣《广弘明集》卷15,载《弘明集·广弘明集》,上海古籍出版社1991年影印宋版碛沙藏本,第205b页。
② 桓玄:《桓玄辅政欲沙汰众与僚属教》,见于僧祐《弘明集》卷12,载《弘明集·广弘明集》,上海古籍出版社1991年影印宋版碛沙藏本,第86a页。
③ 桓玄:《桓玄辅政欲沙汰众与僚属教》,见于僧祐《弘明集》卷12,载《弘明集·广弘明集》,上海古籍出版社1991年影印宋版碛沙藏本,第86a页。

而慧远对其时佛门的混乱也是甚为不满：

> 佛教陵迟，秽杂日久，每一寻至，慨愤盈怀。常恐运出非意，混然沦湑。此所以夙宵叹惧，忘寝与食者也。见檀越澄清诸道人教，实应其本心。夫泾以渭分，则清浊殊流；枉以直正，则不仁自远。……符命既行，必二理斯得。然令饰伪取容者，自绝于假通之路，信道怀真者，无复负俗之嫌。如此，则道世交兴，三宝复隆于兹矣。①

慧远虽在信中劝桓玄要按实际情况筛汰僧人，不要不分青红皂白，但总的来说，他是赞成这次对佛教僧人大规模精简的。只有这样，才能使佛教僧侣队伍自觉恪守戒律，勇猛精进。

桓玄的筛汰僧侣，只是从外部推动了佛教僧侣整肃，而在慧远看来，更为重要的是要加强僧侣队伍内部的自身建设和约束：

> 经教所开，凡有三科：一者禅思入微；二者讽味遗典；三者兴建福业。三科诚异，皆以律行为本。②

慧远认为一切佛教活动，都是以戒律为根本的。这完全沿用了佛教传统观念。在天竺佛教那里，戒律的作用是"防非止恶"，它是佛教三学（戒、定、慧）的基础，所谓定因戒起，慧由定生。佛教僧侣能依照戒律自我约束，就可以金刚无畏，精勤修持，提高自身的素质和定力。所以，慧远特别注重律学的修习与戒条的修持。当弗若多罗

---

① 慧远：《与桓太尉论料简沙门书》，见于僧祐《弘明集》卷12，载《弘明集·广弘明集》，上海古籍出版社1991年影印宋版碛沙藏本，第86ab页。
② 慧远：《与桓太尉论料简沙门书》，见于僧祐《弘明集》卷12，载《弘明集·广弘明集》，上海古籍出版社1991年影印宋版碛沙藏本，第86b页。

在关中诵出《十诵律》以及鸠摩罗什译出该律时，他特别激动。"及闻昙摩流支入秦，复善诵此部，乃遣弟子昙邕致书祈请，令于关中更出馀分，故《十诵》一部具足无阙。"①只有按照戒、定、慧三学的关系修习，才能成为合格的佛教僧侣：

> 夫称沙门者何耶？谓能发矇俗之幽昏，启化表之玄路，方将以兼忘之道，与天下同往。使希高者抱其遗风，漱流者味其馀津。若然，虽大业未就，观其超步之迹，所悟固已弘矣。②

这就是慧远心目中合格的佛教僧侣标准。而慧远自己就是按照这个标准严于律己的。及至他生命垂危之际，弟子"请（饮）以蜜和水为浆。乃命律师，令披卷寻文"③。由此可见，慧远要求自己是何等的严格。

## 三、迹不入俗，不绝尘埃

慧远与道安个性爱好最大的不同是，他不像道安长期习惯于都市生活④，依附统治者来发展佛教事业，而是极不适应都市的喧嚣、繁杂、倾轧。他生性喜好清静安谧、自然自足，尤其热爱自然美景：那松风山月、仙露明珠、密林潺溪、花香鸟语，是他最为向往的生活。

---

① 慧皎：《高僧传》卷6《慧远传》，汤用彤校注，中华书局1992年版，第218页。
② 慧皎：《高僧传》卷6《慧远传》，汤用彤校注，中华书局1992年版，第220页。
③ 慧皎：《高僧传》卷6《慧远传》，汤用彤校注，中华书局1992年版，第220页。
④ 道安初在邺都中寺，又住受都寺，又受请入住石赵王家华林园；躲避北方战乱至襄阳，住檀溪寺；被符秦俘至长安，住五重寺。邺为石赵国都城；襄阳为长江中上游著名的大都市；长安为符秦国都。道安一生的绝大部分时间是在大都市度过的。（卷5《道安传》）

还在出家之前，慧远就曾想渡江，从范宣子"共契嘉遁"，是因为"值石虎已死，中原寇乱，南路阻塞，志不获从"①，才北上投奔道安出家。后随道安至襄阳不久，慧远即感襄阳这座长江中上游的大都市甚为嘈杂，便想与同门好友慧永一起去岭南的佛道中心罗浮山，"远既为道安所留，永乃欲先逾五岭。"②在苻秦进攻襄阳时，道安"分张徒众，各随所之"时，迫不得已才让慧远带领一路弟子逃出襄阳。慧远仍想去岭南罗浮山。当他们行至浔阳时，"见庐峰清静，足以息心"，即决定留住庐山。东林寺的建成，更给慧远提供了一个十分理想的修道场所：

> 远创造精舍，洞尽山美，却负香炉之峰，傍带瀑布之壑，仍石垒基，即松栽构，清泉环阶，白云满室。复于寺内别置禅林，森树烟凝，石筵苔合。凡在瞻履，皆神清而气肃焉。③

这样优美清静、幽谧闲雅的环境，怎不沁人心脾、令人神清气爽呢？

慧远居庐山，不仅利用自然山水作为审美对象，而且还能把自然山水与佛教教义紧密结合起来。在慧远看来，佛之神明、神理乃是"精极而为灵"的，它"圆应无生，妙尽无名，感物而动，假数而行。感物而非物，故物化而不灭；假数而非数，故数尽而不穷。"④所以，佛之神明是无处不在、无所不现的；而山水草木鸟兽则因有了佛之神明、神理而显得更加光辉美妙。正是基于这样的认识，慧远不顾年渐

---

① 慧皎：《高僧传》卷6《慧远传》，汤用彤校注，中华书局1992年版，第211页。
② 慧皎：《高僧传》卷6《慧远传》，汤用彤校注，中华书局1992年版，第232页。
③ 慧皎：《高僧传》卷6《慧远传》，汤用彤校注，中华书局1992年版，第212页。
④ 慧远：《沙门不敬王者论·形尽神不灭》，见于僧祐《弘明集》卷5，载《弘明集·广弘明集》，上海古籍出版社1991年影印宋版碛沙藏本，第32b页。

古稀，连续于隆安四年（400年）、元兴元年（402年）、元兴二年（403年）率众游玩庐山胜景石门①。现存《庐山诸道人游石门诗序》载，释法师②"交徒同趣"三十馀人，"因咏山水"而游石门。他们完全被美妙秀丽的石门山水美景所打动，以致于"众情奔悦，瞻览无厌。""虽乐不期欢，而欣以永日。""会物无主，应不以情，而开兴引人，深致若此，岂不以虚明朗其照，闲邃笃其情邪！""悟幽人以玄览，达恒物之大情。其为神趣，岂山水而已哉！"③慧远撰有《庐山记》，细致描绘庐山美景，对"其中鸟兽草木之美，灵药万物之奇"④欣赏不已。在慧远看来，就是在这种自然山水的审美欣赏过程中，体会和感悟出了佛教的神威和神奇。因此，慧远才"卜居庐阜三十馀年，影不出山，迹不入俗。每送客游履，常以虎溪为界焉"⑤，保持自己的相对独立性。

然而，慧远隐居庐山并不是一尘不染，他深知师父道安的"不依国主，则法事难立"⑥教导的正确性。所以，他身虽在庐山，却与世俗社会有着广泛的联系。除了文人名士外，更与东晋和姚秦上层保持着密切的接触。如东晋的辅国将军何无忌、太尉桓玄、荆州刺史殷仲堪、司徒王谧、护军王默等以及会稽王司马道子、晋安帝司马德宗、宋文帝刘裕、姚秦王姚兴、左将军姚嵩等。但是，他与道安所处的社会背景不同，因而不能完全照搬道安的做法。慧远所处的东晋中后期，虽然社会整体比较稳定，经济增长也比较快，但是在统治集团内部却长期潜伏着各种危机，以至于导致统治集团内部的相互攻杀。如隆安

---

① 普慧：《南朝佛教与文学》，中华书局2002年版，第53页。
② 释法师者，已被学界普遍认定就是慧远法师。
③ 《全晋文》卷167，载严可均《全上古三代秦汉六朝文》，中华书局1995年版，第2437ab页。
④ 《全晋文》卷167，载严可均《全上古三代秦汉六朝文》，中华书局1995年版，第2398b-2399a页。
⑤ 慧皎：《高僧传》卷6《慧远传》，汤用彤校注，中华书局1992年版，第211页。
⑥ 慧皎：《高僧传》卷5《道安传》，汤用彤校注，中华书局1992年版，第178页。

二年（398年）的桓玄、殷仲堪起兵讨伐专权的司马道子及其子司马元显；隆安三年（399年）的桓玄攻杀殷仲堪；元兴元年（402年）司马元显称诏伐桓玄及桓玄举兵攻入建康杀司马元显；元兴三年（404年）的刘裕、何无忌杀伐篡夺帝位的桓玄；义熙六年（410年）的曾参与孙恩起义的卢循攻杀何无忌以及刘裕回杀卢循。统治集团内部的相互倾轧和伐戮，使得慧远无法专依国主。他只能审时度势，实事求是，对上层内部各派采取若即若离、不偏不倚的态度，相对超然于世俗矛盾之外，不得罪任何一方，而受到各方的敬重。如殷仲堪到荆州，路过庐山，上山与慧远交谈，"见而叹曰：'识信深明，实难为庶。'"王谧、王默等，"并钦慕风德，遥致师敬"[1]。桓玄见慧远，"不觉致敬"，谓左右"实乃生所未见"[2]。宋武帝刘裕曰："'远公世表之人。……'乃遣使赍书致敬，并遗钱米。"[3]后秦王姚兴"钦德风名，叹其才思，致书殷勤，信饷连接。赠以龟兹国细缕杂变像，以申欵心，又令姚嵩献其珠像"[4]。历史的事实证明，慧远改变其师道安"不依国主则法事难立"的告诫而采取"迹不入俗"的策略是成功的。

## 二

慧远又是一个积极进取，敢于创新，与时俱进的人物。他的进取和创新不光体现在佛学理论方面，更为主要的是他在一系列的佛教活动中展现出了非凡的创造力，显示出勇于开拓的精神。

慧远何时到达庐山，文献丝毫未载。慧皎《高僧传》只说他于苻秦建元十五年（379年）别师离开襄阳，先住荆州上明寺，后欲往罗

---

[1] 慧皎：《高僧传》卷6《慧远传》，汤用彤校注，中华书局1992年版，第215页。
[2] 慧皎：《高僧传》卷6《慧远传》，汤用彤校注，中华书局1992年版，第219页。
[3] 慧皎：《高僧传》卷6《慧远传》，汤用彤校注，中华书局1992年版，第216页。
[4] 慧皎：《高僧传》卷6《慧远传》，汤用彤校注，中华书局1992年版，第218页。

浮山,行至庐山而止。荷兰著名佛教学者许里和(Erich Zürcher)认为,"慧远约在公元380年来到庐山"。①在上庐山后的至少五年里,慧远还是寄居在慧永的西林寺里,在佛教创新上还没有任何举动。根据慧皎《高僧传》载,慧远的东林寺是时任江州刺史的桓伊出资修建的。而桓伊任江州刺史的时间为太元九年(384年)至太元十七年(392年)②。这就是说,东林寺是在桓伊任职的这九年时间里建的。就在东林寺建寺之前,慧远师父道安即于苻秦建元二十一年(东晋孝武帝太元十年,385年)二月八日③卒于长安。道安的圆寂,使得北方关、陇、洛三大佛教中心失去了领袖和核心人物,也使得北方佛教在鸠摩罗什到达长安④之前,其影响和地位逐渐下降。这给南方佛教的兴盛带来了很大的机遇,也为慧远成为南方佛教丛林的领袖和核心创造了条件。因此,当东林寺建成后,慧远立即抓住了这个发展的大好机遇,对佛教的诸多方面采取了一系列的改革与创新举动,展现自己的风采,实现平生的理想和抱负,使得庐山旋踵成为南方佛教中心,慧远也由此成为南北僧俗崇拜的领袖⑤。

## 一、对讲经说法方法的独创

许里和指出:"慧远似乎引进了讲经说法的新方法,据说后来广为采用。"⑥这个新方法即被称为"唱导"⑦:

---

① [荷]许里和:《佛教征服中国》,李四龙、裴勇等译,江苏人民出版社1998年版,第339页。
② 《晋书》卷81《桓宣传附》,百衲本,浙江古籍出版社1998年版,第135c页。
③ 汤用彤考证道安卒于二月八日之后。[1](p139)
④ 鸠摩罗什于姚秦弘治三年(401)十二月二十日抵达长安。[2](卷2《鸠摩罗什传》,pp51-52)
⑤ 道安既往,其门下多有南投慧远者。如:昙邕(《高僧传》卷6《昙邕传》)等。
⑥ [荷]许里和:《佛教征服中国》,李四龙、裴勇等译,江苏人民出版社1998年版,第341页。
⑦ 《高僧传》卷13《唱导论》:"唱导者,盖以宣唱法理,开导众心也。"

## 论慧远对道安的突破和超越

> 庐山释慧远，道业贞华，风才秀发。每至斋集，辄自升高座，躬为导首。先明三世因果，却辩一斋大意。后代传受，遂成永则。故道照、昙颖等十有馀人，并骈次相师，各擅名当世。①

而在此前，佛教的讲经说法比较单调：

> 昔佛法初传，于时齐集，止宣佛名，依文致礼。至中宵疲极，事资启悟，乃别请宿德，升座说法。或杂序因缘，或傍引譬喻。②

慧远对此很不满意。但是，对于这种长期以来的状况，诸多高僧大德虽不甚满意，但却无意于改革创新甚或不敢标新立异。慧远不同于一般高僧大德的是，他敢于开拓，大胆创新，走前人未走过的路。他根据梵语及汉语语音、声调的不同特点，将二者融会贯通；又根据经文的内容以及讲经者自身的学养、才力等，赋予了自创"唱导"的四个特点：

> 夫唱导所贵，其事四焉：谓声、辩、才、博。非声则无以惊众，非辩则无以适时，非才则言无可采，非博则语无依据。至若响韵钟鼓，则四众惊心，声之为用也。辞吐后发，适会无差，辩之为用也。绮制雕华，文藻横逸，才之为用也。商榷经论，采撮书史，博之为用也。若能善兹四事，而适以人时。如为出家五众，则须切语无常，苦陈忏悔。若为君王长者，则须兼引俗典，绮综成辞。若为悠悠凡庶，则须指事

---

① 慧皎：《高僧传》卷13《唱导论》，汤用彤校注，中华书局1992年版，第521页。
② 慧皎：《高僧传》卷13《唱导论》，汤用彤校注，中华书局1992年版，第521页。

造形，直谈闻见。若为山民野处，则须近局言辞，陈斥罪目。凡此变态，与事而兴。可谓知时知众，又能善说。虽然故以恳切感人，倾诚动物，此其上也。①

"唱导"的"声、辩、才、博"四个特点，给僧人们提出了很高的要求。不仅如此，讲经法师还要针对不同的听众层次，采用不同的讲说方法和讲说内容，而不是千篇一律。特别是"唱导"所强调的"适时"、"适以人时"、"知时"之"时"，既有具体的当时之意，又包含着时代、新潮（人们需求什么）之意。归结起来，就是审时度势，与时俱进。这些特点在慧远初创"唱导"时，可能并没有如此具体详备。但是，基本的内容和模型则可以肯定地说是由慧远奠定的。正是有了这样的特点，唱导师们的讲经说法才丰富、生动、具体，极富感召力和震撼力：

> 灯惟靖耀，四众专心，叉指缄默。尔时导师则擎炉慷慨，含吐抑扬，辩出不穷，言应无无尽。谈无常，则令心形战栗；语地狱，则使怖泪交零；徵昔因，则如见往业；覈当果，则已示来报。谈怡乐，则情抱畅悦；叙哀感，则洒泪含酸。于是，阖众倾心，举堂恻怆。五体输席，碎首陈哀。各各弹指，人人唱佛。②

慧远的这一创举，开佛教讲说风气之先，其意义甚为深远。及至南朝，唱导已成为僧人的一门专业。慧皎于《高僧传》中专列"唱导"一门。

---

① 慧皎：《高僧传》卷13《唱导论》，汤用彤校注，中华书局1992年版，第521页。
② 慧皎：《高僧传》卷13《唱导论》，汤用彤校注，中华书局1992年版，第521-522页。

慧远首创"唱导"方法的时间，文献中语焉不详。根据《高僧传》载，应该在江州刺史桓伊为慧远建成东林寺之后。因为建寺之前，慧远还是寄居在慧永的西林寺，没有属于自己的讲经说法的专门场所。而东林寺的建成，使慧远有了充分发挥才能和展现魄力的场所：

> 及远创寺既成，祈心奉请，乃飘然自轻，往还无梗。方知远之神感，证在风谚矣。于是率众行道，昏晓不绝，释迦余化，于斯复兴。既而谨律息心之士，绝尘清信之宾，并不期而至，望风遥集。①

"率众行道，昏晓不绝"，正符合"唱导"的特点。正是有了这样行之有效的讲说方法，慧远的声望不胫而走，迅速传遍大江南北。僧人、文人，一时聚拢门下；帝王、达官，频频布施座上。全国佛教中心在鸠摩罗什到来之前，迅速南移。

## 二、信仰弥陀，共期西方

门人的增多和领袖地位的确立，更加激发了慧远求实创新的愿望。在师父道安入灭②后的十八年，即东晋安帝元兴元年（402年）七月二十八日，慧远率领庐山僧俗弟子123人③举行了改变其师道安弥勒（Maitireya）信仰而尊崇阿弥陀佛（Amita-buddha）、共期西方净土（Buddhavisayah；Buddhaksetra）的活动：

> 彭城刘遗民、雁门周续之、新蔡毕颖之、南阳宗炳，并

---

① 慧皎：《高僧传》卷6《慧远传》，汤用彤校注，中华书局1992年版，第214页。
② 道安卒于苻秦建元二十一年（东晋孝武帝太元十年，385年）二月八日。
③ 许里和认为"123"这个数字意味了所有弟子都参加了这项活动（《佛教征服中国》，第353页）。按照慧远当时的声望及庐山在佛教丛林中的中心地位，其门下绝不会仅有123人。此处的123人，可能为众僧之代表。

弃世遗荣，依远游止。远乃于精舍无量寿像前，建斋立誓，共期西方。其文曰：

>惟岁在摄提，秋七月戊辰朔，二十八日乙未，法师释慧远，贞感幽冥，宿怀特发。乃延命同志，息心清信之士百有二十三人，集于庐山之阴，般若台精舍阿弥陀像前，率以香华，敬荐而誓焉。①

慧远是道安最为得意、最为器重的弟子。师徒二人，不仅情谊笃深，且佛教思想基本一致，如二人皆为"本无宗"的代表。但是为何却在终极信仰上一信弥勒、一信弥陀，表现出很大的不同？我们认为，慧远改变道安的弥勒信仰而选择弥陀净土信仰是适应了求实创新、与时俱进的要求。在慧远之前，弥勒信仰长期占据着主导地位。从中亚、西域的造像来看，弥勒一直是仅次于释迦牟尼佛的。在汉地，下层的百姓之中，弥勒信仰也很兴盛。由于道安大师的皈信，弥勒信仰又在整个知识上层掀起了新的浪潮。但是，与此同时，弥陀信仰也在汉地逐渐兴起，特别是南方，弥陀信仰在知识僧当中已有一定的影响。如阙公则和卫士度师徒、支道林、竺法旷、竺道隣、竺僧显等人。特别是支道林的《阿弥陀佛像赞并序》②，盛赞西方净土，并说："遁生末踪，忝厕残迹，驰心神国，非所敢望。乃因匠人，图立神表，仰瞻高

---

① 僧祐：《出三藏记集》卷15《慧远传》，苏晋仁、萧鍊子点校，中华书局1995年版，第567页。按：慧皎《高僧传》卷6《慧远传》文字与此基本相同，但记录该文为刘遗民所作。

② 支道林所撰《佛菩萨像赞》中，同时还撰有《弥勒赞》。但是，《阿弥陀佛赞》是与《释迦文佛像赞》并列，而《弥勒像赞》是与诸菩萨像即文殊、维摩、善思、法作、闲首、不昫、善宿、首立、月光童子菩萨像赞并列。由此看出，在支道林那儿，弥勒已比弥陀低一等级。

仪，以质所天，咏言不足，遂复系以微颂。"①为弥陀信仰的进一步展开奠定了基础。慧远选择弥陀信仰，正是准确把握住了时代脉搏，适应了这样一个时代、社会、宗教信仰的新要求。

根据大乘净土学说，弥勒净土与弥陀净土均为该学说的重要内容。但是，就二者经典所宣扬的内容相比，在层次上还是有一定的区分。一、根据佛教神谱体系来看，弥勒虽为候补佛——未来佛，但在现时尚属菩萨；而弥陀本身即为佛，自然比弥勒菩萨高一个等级。二、弥勒所居兜率天宫，尚在欲界六天之第四天，仍在三界之中。欲界之中，仍具有淫欲、情欲、色欲、食欲等，因男女参居，多诸染欲，故称欲界；而西方净土则超出三界之外，所居者一色男性，无有欲念。三、兜率天宫的居民虽寿命很长，约为四千岁，但毕竟仍有生死之转；而西方净土的居民，超脱生死，与佛齐寿，永恒持久。四、兜率天宫的环境虽优美无比，但不能有益修道；而西方净土的环境则更有益修道。这四个方面的对比，在慧远的时代尚未进行，而是到了隋唐时代才对此二者有了深刻的比较。此前，就西方净土与弥勒兜率净土相比，三国曹魏康僧铠（Samghavarman）译的弥陀经典《无量寿经》（Aparimitāyus-sūtra）未作正面比较，而是说，人间的帝王虽然尊贵，容貌美好，但与转轮圣王相比，就很低劣，像乞丐站在帝王面前一样。而转轮圣王威仪堂堂，但与忉利天王相比，则又显得丑陋，相差万倍。但忉利天王与第六天王相比，相差又是百千亿倍。但第六天王与极乐世界的菩萨、声闻相比，光明庄严的容貌就更差了，无法记知。②这在一定程度上贬低了兜率净土而提高了弥陀净土的地位。因此，弥陀净土对于慧远这一代学僧来说，是一个全新、超然、恒常的境界。慧远要想保持自己在僧界的领袖形象和地位，要想脱离生死，就不能重走师父道

---

①道宣《广弘明集》卷15，第204b页。
②《大正藏》第12卷，台湾佛陀教育基金会赠印本，1990年版，第271c-272a页。

安弥勒信仰的老路，而必须走出一条崭新的、更高层次的道路。因此，慧远坚定地选择了弥陀信仰，率众共期西方，从而把佛教信仰推向了一个新的高潮。

### 三、描绘佛影，彰显像教

慧远不仅在讲经说法上突出其艺术性、生动性，他还继承了道安重视佛教像教①艺术的传统，并在此基础上，加以强化。早在襄阳时期，道安铸丈六金佛像时，慧远即授师命，以极其饱满的热情撰写了《晋襄阳丈六金像颂并序》：

> 夫形理虽殊，阶途有渐；精粗诚异，悟亦有因。是故拟状灵范，启殊津之心，仪形神模，辟百虑之会。使怀远者，兆玄根于来叶；存近者，遘重劫之厚缘。……于时，四辈悦情，道俗齐趣，迹响和应者如林。……②

佛身虽与法身、佛理有所差别，但是他给信众感悟佛理提供了依据。这种模拟状描佛祖神威和道德典范，可以启迪人们关键的心灵和开辟各种思虑的时机。这样就可以使怀想遥远的人，在后长的绿叶上显示幽深的根柢；使思念新近的人，凭着深厚的缘分在多重劫难之后相遇。所以，当丈六金佛像铸成后，众情奔悦，僧俗欢庆。这种直观、可感的宗教审美形象，直接诉诸人们的感官，充分表现出宗教审美形象带给人们的崇高审美感受。这正是自佛陀灭后其弟子们重视的像教作用。

慧远到庐山后的第三件壮举即是描绘"佛影"（Buddha-chāyā）。

---

① 像教：又称像法（saddharma-pratirūpaka）。佛陀入灭后，依其教法发展过程，分为正法、像法、末法等三时，像教乃为三时之第二时。像教又指此时期佛法之总称，以佛教造像和经论教化为主。

② 道宣《广弘明集》卷15，第206a页。

> 远闻北天竺有佛影,欣感交怀。乃背山临流,营筑龛室,妙算画工,淡采图写,色疑积空,望似轻雾,晖相炳暧,若隐而显。遂传写京都,莫不嗟叹。①

这个举动,据慧远自己说是在晋义熙八年(412年):

> 晋义熙八年岁在壬子五月一日,共立此台。拟像本山,因即以寄诚。虽由人匠,而功无所加。至于岁次星纪赤奋若贞于太阴之墟九月三日,乃详检别记。②

佛影故事,根据佛驮跋陀罗(Buddhabhadra)译的《观佛三昧海经》(Buddhadhyāna-samādhi-sāgara-sūtra)卷7载,发生在北天竺那竭呵城③。据说佛陀尝于该城石窟中感化毒龙王眷属。龙王感激至诚,劝请佛陀留在窟中。佛陀遂作十八变,跃身入石壁,犹如明镜。佛陀隐身在石壁内,影像复映现壁面。距十余步远望,佛像清晰,光明炳然,如同真形;近观,佛像冥然不见;以手触摸,则更无感觉。这个故事随着往来于天竺与中土的僧人广泛流传:

> (慧远)遇西域沙门,辄餐游方之说,故知有佛影,而传者尚未晓然。及在此山,值罽宾禅师、南国律学道士,与

---

① 僧祐:《出三藏记集》卷15《慧远传》,苏晋仁、萧链子点校,中华书局1995年版,第566-567页。
② 慧远:《万佛影铭序》,载道宣《广弘明集》卷15,第205c页。
③ 那竭呵(Nagarahāra)城:又音译为那揭罗曷,即今阿富汗之边境城市贾拉拉巴德(Jelālābād),位于沙费德岭(Shafed-koh)的北麓。

昔闻既同，并是其人游历所经，因其详问，乃多有先徵。①

慧远对"佛影"更为细致的了解主要是从罽宾禅师②、南国律师③而来。佛影建成，慧远及其他僧俗更是情绪激越，他又亲自撰写了《万佛影铭序》：

> 爰自经始，人百其诚，道俗欣之，感遗迹以悦心。于是情以本应，事忘其劳。于时挥翰之宾，金焉同咏，咸思存远猷，托相异闻，庶来贤之重轨，故备时人于影。集大通之会，诚非理所期，至于伫襟遐慨，固已超夫神境矣。④

---

① 慧远：《万佛影铭序》，载道宣《广弘明集》卷15，第205b页。
② 上庐山与慧远深交的罽宾禅师，据《僧传》载主要有二人：一为僧伽提婆，一为佛驮跋陀罗。慧皎《高僧传》卷1《僧伽提婆》："僧伽提婆，……罽宾人。……提婆渡江，先是庐山慧远法师翘勤妙典，广集经藏，虚心侧席，延望远宾，闻其至止，即请入庐岳。以晋太元（376-396）中，请出《阿毗昙心》及《三法度》等。提婆乃于般若台手执梵文，口宣晋语，去华存实，务尽义本，今之所传,盖其文也。"（《高僧传》，第37页）《高僧传》卷2《佛驮跋陀罗传》："佛驮跋陀罗，此云觉贤，本姓释氏，迦维罗卫人，甘露饭王之苗裔也。……常与同学僧伽达多共游罽宾，同处积载。……出生天竺那呵利城，族姓相承，世遵道学。"（《高僧传》，第69-70页）慧远达庐山约在380年，僧伽提婆抵庐山的时间应在380-386年间。觉贤抵庐山约在410-411年。佛影绘成的时间是在412年。从时间上看，觉贤更直接一些。尤其是觉贤出生于那呵利（Nahāri）城，情况似更熟悉。然僧伽提婆也可能会讲到佛影故事。
③ 南国律师难以确考。谢灵运《佛影铭并序》中提到法显："法显道人，至自泥洹，具说佛影，偏为灵奇。"（《全宋文》卷33，第2618页）法显归国时间，汤用彤考订为"义熙八年（412）也。显归到京，当在次年秋间也。"（《汉魏两晋南北朝佛教史》，第271页）从时间上看，尚有可能。但法显未上庐山，慧远又影不出山，不可能亲耳听闻。
④ 慧远：《万佛影铭序》，载道宣《广弘明集》卷15，第205c页。

这种审美感受不是一般的欣赏，而是带着强烈的审美愉悦，情绪激昂，热烈奔放。"佛影"注重的是审美观赏性，"唱导"强调的是审美听闻性，这种视觉审美和听觉审美的结合，相辅相成，相得益彰，构成了完美的宗教艺术审美。它使人们在这种完美的艺术审美过程中，感受、体悟佛理的广大无边、佛法的威力无穷。这比单纯的说教显然具有更大的魅力和震撼力。

综上所述，慧远绝非一般循规蹈矩、墨守成规的僧人，他的虚心好学、不断进取、审时度势、实事求是、勇于创新、与时俱进等这些综合因素。这些综合因素构成了卡里斯马①的品质，决定了他对道安的必然突破和超越，也决定了他对自己人生目标的更高要求。这主要体现对弥陀信仰的选择上。而这个信仰使得他的生活有了更高的层次、更高的质量、更高的密度、更高的意义和价值。因此，慧远不仅是一个单纯的宗教僧侣，比起道安来说，他的一生既是宗教的又是审美的。当他即将结束经验世界的生命时，他没有对死的极度恐惧、害怕，也没有对生的无限留恋、遗憾，而是带着满足，充满希望，依然恪守戒律，直到涅槃。（作者系西北大学文学院教授）

---

① 卡里斯马(charisma)：源于希腊语 kharisma，意为"天赐的恩惠"。马克斯·韦伯（Max Weber）首次在其著作《经济与社会》一书中使用。他认为"卡里斯马"指的是一个人的一种非凡的质量和力量。这种质量和力量具有一种统治的权威，被统治者凭着对这种特定的个人质量的信任而心甘情愿、俯首帖耳地服从其统治。一切社会秩序的缔造者和维护者及宗教先知都是"卡里斯马"式的人物。参见马克斯·韦伯《儒教与道教》（汉文本），王容芬译，商务印书馆2003年版，第 26、35、76 页。

# 敦煌文献与禅学研究略述

## 闵 军

敦煌文献的发现对于 20 世纪以来的中国禅学研究起了极大的推动作用。敦煌文献保存了六朝至两宋时期大量的文书、典籍，其中以唐人的佛教写经为最多。隋唐时期佛教在中国发展到了鼎盛时期，中国化程度最高的佛教宗派——禅宗更是得到了善男信女的信赖。因此遗留下来的敦煌佛教文献中，除了一些常见的佛经，如《金刚经》、《维摩诘经》、《法华经》等之外，有一些很重要的禅宗典籍，这些典籍对 20 世纪的禅学研究曾经起到了重大推动作用，目前仍有学者在这方面做进一步的研究。

敦煌禅宗文献的整理工作目前已经比较完备。例如，1993 年江苏古籍出版社出版的《中国佛教丛书·禅宗编》（任继愈主编）收录的敦煌文献有十多种，包括：《菩提达磨大师略辨大乘四行观》（又称《达摩论》）、《信心铭》、《六祖坛经》、《观心论》、《南阳和上顿教解脱禅门直了性坛语》、《绝观论》、《菩提达摩南宗定是非论》、《历代法宝记》、《楞伽师资记》、《传法宝记》。其中，《六祖坛经》、《南阳和上顿教解脱禅门直了性坛语》、《菩提达摩南宗定是非论》既收录了藏于英法两国的敦煌本，又收录了后来发现于敦煌县博物馆的敦博本。[①] 再

---

[①] 分别是敦煌本《坛经》（斯坦因 5475），敦博本《坛经》（敦博 077）；敦煌本《南阳和上顿教解脱禅门直了性坛语》（伯希和 2045），敦博本《南阳和上顿教解脱禅门直了性坛语》（敦博 077）；敦煌本《菩提达摩南宗定是非论》（伯 2045），敦博本《菩提达摩南宗定是非论》（敦博 077）。

如林世田等编的《敦煌禅宗文献集成》（上、中、下三册，中华全国图书馆文献缩微复制中心 1998 年出版）收录了许多敦煌禅籍的影印照片，是目前收录敦煌禅宗文献较为完备的一部书。该书将敦煌禅籍分为五大类：史传部、宗义语录部、经疏要抄部、疑伪经典部和偈颂杂文部，其中史传部和宗义语录部包含了许多禅宗史和禅宗思想方面的重要文献，如史传部的《传法宝记并序》、《楞伽师资记》、《历代法宝记》，宗义语录部的《南天竺国菩提达摩禅师观门》、《大乘无生方便门》、《大乘北宗论》、《观心论》、《禅源诸诠集都序》、《南阳和尚顿教解脱禅门直了性坛语》、《菩提达摩南宗定是非论》、《南阳和尚问答杂徵义》、《顿悟无生般若颂》等。这两部书是目前国内收录敦煌禅宗文献较为完备的书。但内容多为影印敦煌遗书的照片，不便于一般研究者直接研究。其中有些重要禅籍，已经被校勘和整理入大藏经，一般的研究者可以参考其校勘本。

敦煌文献内容庞杂，其中有许多只是一些残章断片，仅具有校勘价值。其中的禅宗文献也是种类繁多，名称多样。据有关学者统计，大约有 100 种，300 件[①]。内容包括灯史类、语录类、偈颂类、杂集类等四类。在这四类中，从已有的研究成果来看，对于禅宗思想史研究来说，价值较高的敦煌禅籍主要有两类，即史传类（即灯史类）和禅法类（即语录类）。

一、史传类。敦煌发现的禅宗史书主要是《传法宝纪》、《楞伽师资记》和《历代法宝记》，这三部书均已失传，上世纪二三十年代由中、日、朝三国学者在敦煌文献中发现并整理出来。《传法宝纪》和《楞伽师资记》记载了达摩以来的中国禅宗传承世系，对北宗神秀禅法发展史的研究具有重要意义。《历代法宝记》则记载了禅宗之

---

① 林世田：《敦煌禅宗文献的整理与研究》，见于林世田等编《敦煌禅宗文献集成》（上），中华全国图书馆文献缩微复制中心，1998 年版。

中的四川保唐寺一系的发展状况，证明了在慧能南宗禅法兴盛之前，禅宗并非只是南宗一派。也就是说，南宗禅法的兴起有一个历史的过程。

二、禅法类。敦煌发现了许多有关早期禅宗禅法的著述。其中对禅学研究影响最大的是神会和尚语录和敦煌写本《坛经》。

神会是慧能禅法的弘扬者。慧能在世时，南宗禅并没有占据统治地位。发展到神会时，南宗通过与北宗神秀一系的辩论才逐渐扩大了影响，成为后来中国禅宗发展的主流。但是，尽管神会对禅宗的发展壮大做出了巨大贡献，然而，神会一系禅宗生命短暂，在神会去世后不久便销声匿迹，而南宗禅法的其他两个宗派南岳怀让系和青原行思系则发展兴盛，一直延续到五代两宋时期。现存的传灯史都是后来这两系的门徒所著，因而记录神会的资料很少。敦煌文献中发现的神会语录则弥补了这一历史空白，为我们重新展现了南宗禅的发展脉络。神会语录最早由胡适发现并整理成《神会和尚遗集》，1930年由上海亚东图书馆出版，在国际学术界曾引起巨大反响。该书收录了胡适在法国巴黎国家图书馆所见到的《神会语录》、《菩提达摩南宗定是非论》和在伦敦大英博物馆发现的《顿悟无生般若颂》（《显宗记》的异本），三种书皆为残卷，胡适对这些文献进行校订和整理，并据此写出了《荷泽大师神会传》，第一次肯定了神会在禅宗发展史上的重要地位。该书出版后，日本又相继发现了神会语录的其他敦煌异本，中国学者在上世纪80年代又发现了敦煌博物馆所藏的神会语录（敦博077），包括《菩提达摩南宗定是非论》、《南阳和尚顿教解脱禅门直了见性坛语》、《南宗定邪正五更转》三种，杨曾文把这些新材料和以往发现的神会语录进行对勘，编校成《神会和尚禅话录》，中华书局1996年出版，该书对有关神会语录的敦煌文献作了综合性整理，具有很高的学术价值。

敦煌文献中发现的写本《坛经》对禅学研究也起了巨大的推动作

用。《坛经》作为禅宗禅法类书籍中唯一被禅门后学尊称为"经"的书，在禅宗发展史上具有崇高的地位，而且流传很广。但宋元以来人们所能看到和留传下来的《坛经》并不是《坛经》的本来面目。它是元代人宗保整理的本子，学术界称为宗保本。上世纪20年代，日本人矢吹庆辉在英国大英博物馆发现了敦煌本《坛经》，其成书年代大约为唐末五代时期，是目前发现的最早的《坛经》版本。在此之后，学术界又相继在日本和朝鲜发现了《坛经》的异本，据柳田圣山主编的《六祖坛经集成》统计，所有异本的数量总计达11种之多，后经学术界研究认为11本中，最主要的《坛经》版本有四种，即敦煌本、宋本（日本兴圣寺本，因其为北宋初年惠昕所编定，又称惠昕本）、曹溪原本（北宋初年沙门契嵩根据曹溪古本校勘而成，又称契嵩本）和宗保本。对勘不同版本的《坛经》，可以看出《坛经》一书的形成经历了一个演变过程。许多晚出的本子中夹杂了一些原本《坛经》所没有的东西。例如敦煌本《坛经》没有后来《坛经》中出现的"风幡之辩"的故事，这个故事最初出自于《历代法宝记》；敦煌本《坛经》中的慧能偈颂有两个，而通行的宗保本只有一个，内容也很不相同，前者作"佛性常清净，何处有尘埃"，后者作"本来无一物，何处惹尘埃"。同样在上世纪80年代中期，中国学者在敦煌县博物馆又发现了敦博本《坛经》。敦博本《坛经》虽然只是敦煌本《坛经》的异抄本，但是相较之下，字体清秀得多，没有缺行，错字也很少，因此具有较高的学术价值。关于敦煌写本《坛经》的研究，学术界已经有不少成果。郭朋《坛经校释》（中华书局，1983年），是国内第一部对敦煌本《坛经》进行录校、注释的著作。杨曾文《敦煌新本六祖坛经》（上海古籍出版社，1993年），首次对敦博本《坛经》进行了录校。但两书的录文都不够完善。潘重规《敦煌坛经新书（佛陀教育基金会，1994年），以影写的方式对《坛经》重新做了录校。邓文宽《大梵寺佛音——敦煌莫高窟〈坛经〉读本》（台北如闻出版社，1997年），用敦煌学方法对《坛经》进行了整理①。周绍良《敦煌写本坛经原本》（文物出版社，1997年出版）收录了现存的五种敦煌《坛经》本子的影印照片，并做出校勘，较为完善。这些敦煌本《坛经》的整理之作对于《坛经》的研究以及慧能思想的研究都有重要参考价值。

除以上几种文献外，敦煌文献中还有许多重要的禅宗文献，如反映达摩祖师思想的《菩提达磨大师略辨大乘四行观》，反映三祖僧璨思想的《信心铭》，反映北宗神秀思想的《观心论》，反映禅宗宗派发展状况的《禅源诸诠集都序》等，还有反映禅宗传入藏地的《顿悟大乘正理决》等等。伴随着敦煌文献的整理与研究，一些不为人们所知和重视的禅宗资料也相继被发现，如在研究《坛经》版本的过程中，日本学者在日本所藏的经藏中发现了《曹溪大师别传》，据胡适考证，后来的契嵩本《坛经》中插入的内容有不少正是取材于此书②。又比如《顿悟入道要门论》，是慧能的三传弟子大珠慧海所著，此书在中国早已失传，但由于惠能禅宗研究的启发，在朝鲜发现了该书的遗本，它对于了解慧能之后的佛性思想的发展有重要意义③。总之，敦煌禅宗文献的发现和整理对于禅学的研究具有重要的推动作用。

通过对于敦煌文献的发现与禅宗研究的历史考察，我们不难发现，在禅宗史和禅宗思想史的研究过程中，对新出土资料的整理和应用是非常重视的。在敦煌禅宗文献整理和研究的过程中，日本学者非常重视新资料的挖掘，值得我们学习。例如，敦博本《坛经》早在上世纪40年代就被向达发现，并初步记录在其所著《西征小记》中，但在国内一直未受到重视，而日本学者却对此事相当关注。据杨曾文回忆，

---

① 2005年，辽宁教育出版社新版改名为《六祖坛经——敦煌〈坛经〉读本》。
② 胡适：《坛经考之一》，《坛经考之二》，黄夏年主编《胡适集》，中国社会科学出版社1995年版。
③ 书中有这样的记载："曰：一切众生皆有佛性，如何？师曰：作佛用，是佛性；作贼用，是贼性；作众生用，是众生性；性无形相，随用立名。"

他 1982 年去日本研修时，日本学者曾委托他打听敦博本《坛经》的下落，回国时，柳田圣山还特意把向达《唐代长安与西域文明》中的《西征小记》赠给他，嘱托他打听向达在此文中介绍的任子宜本敦煌《坛经》的下落，这个任子宜本就是敦博本《坛经》。后来中国学者周绍良终于在一次偶然的机会中，发现此书①。之后，学术界出了好几种敦博本《坛经》的校勘本。日本学界对于敦煌文献的重视由此可见一斑。

在敦煌禅宗文献的研究过程中，国际间学术交流也起到了相当大的作用。例如，胡适是中国最早注意敦煌禅宗文献的人，他的早期禅宗史研究曾经轰动国际学术界，但在国内竟然影响甚小。日本学术界很重视胡适的研究，铃木大拙的禅宗研究起初并没有注意到敦煌文献，在胡适启发后，才开始了敦煌禅籍的整理与研究工作。而胡适对神会的研究也积极吸取了日本学者入矢义高新发现的神会和尚语录异本——《南阳和尚问答杂征义》，这些在柳田圣山编著的《胡适禅学案》中都有详细记载。正是通过这种不断的学术交流，中国禅宗史和禅宗思想史的研究才取得了丰硕的成果。

总之，学术研究，尤其是中国思想史的研究，需要重视新出土的文献，新出土的文献可以带动对现有文献资料的深入挖掘，推动学术研究向纵深发展。同时，加强学术交流，尤其是新资料的交流与共享，包括国内的和国外的，这样既有利于扩大学术视野，又有利于学术的健康发展。（作者系北京大学哲学系博士生）

---

①杨曾文：《新版敦煌新本六祖坛经》序文，宗教文化出版社 2001 年版。

# 东周伦理形态的转型与演进

## 王美凤

  东周时期是中国古代社会从奴隶制向封建制转变的特殊时期,旧的社会体系日趋瓦解,新的社会体系逐步确立。受社会形态转型的制约,社会意识也在发生着显著的变化。春秋中期以后新兴地主阶级在经济、政治领域夺权斗争的胜利,只是新旧势力交锋的初步胜利。新政权的稳定与巩固,亟待一种新的理论形态来支撑。这就使得东周时期在文化领域出现了一种特殊的态势:一方面,商周以来传统的宗教文化逐渐动摇,士阶层中一些较有远见、能正视现实的人物,企图摆脱传统文化的束缚,并通过独立思考,开始提出种种新的理论观点,试图解决一些新的现实问题;另一方面,传统的宗教文化在整个社会意识中仍有一定的地位与影响,束缚、制约着新的观点、新的文化,牵制着新文化体系的孕育成长。新、旧文化体系虽然有相互的碰撞,但其总的趋势则是向前演进的,新的文化要素在孕育着、成长着,这种趋势也就促使东周时期的伦理思想发生形态上的转变。本文试图通过对东周时期伦理形态的转变与演进的解析,揭示中国封建伦理基本范型形成的具体过程。

## 一、西周时期神人关系下的政治宗教伦理

  西周时期的伦理形态是一种政治宗教伦理,其伦理思想是围绕着神与人的关系展开的。受殷人天祖合一宗教观念的影响,周人的伦理

思想也始终贯穿着"尊祖"、"敬德"的精神。周人认为崇拜祖先是后人的神圣义务，后人应该颂扬祖先的功德，效法祖先的威仪，"追孝于前文人"①。"孝"这一道德范畴就是周人从尊祖观念中滋生出来的观念。同时，殷人曾创造了一个至上神——"天"，认为天可以主宰人间的一切事物。周人承继了这一点，不仅向天顶礼膜拜，而且把"天"与"命"结合在一起，祈求"受命"、"永保天命"②，并且为其赋予了强烈的道德因素，主张"敬德保民"、"以德配天"。通过"民"和"德"两个范畴，把天的主宰作用与人的道德行为联系了起来，在此基础上产生了周代早期的伦理形态——政治宗教伦理。

西周的天命观特别重视"民"。认为民为天所生，天是民的宗主。上天选择敬天有德者做国君，付与他以人民和国土，让其履行代天保民的神圣使命。《尚书·召诰》中提到，殷末人民痛苦到了极点，呼吁苍天，诅咒帝辛快点灭亡，"天亦哀四方民，其眷命因懋（易）"，把天命转移给周，"欲王以小民，受天永命"，君若能使民安乐，天就高兴，君也才能永保其位。《孟子·万章上》引《泰誓》曰"天视自我民视，天听自我民听"，《尚书·酒诰》中亦有"人无于水监，当于民监"的话，说明民心是天心的依据。因此，统治者要"怀保小民，惠鲜鳏寡"③，实行惠民政策，以德配天，从而获取天命。

周人更重视"德"。其所宣扬的"德"，除了严肃克己的行为规范外，主要强调的是统治者要厚民即与民予善。《诗经·公刘》刻画公刘之德乃体恤民众，顺应民心。《史记·周本纪》记载文王的品德时，说他"笃仁、敬老、慈少、礼下贤者"。这些品德是对当政者最基本的道德要求，尽管不具备刑罚的效力，但却使"德"的意义脱离了王者自任的弊病，产生了一定的约束力。除了政治上的道德涵义外，西

---

① 《尚书·文侯之命》
② 《尚书·仲虺之诰》
③ 《尚书·多方》

周时期的"德"也是具体德行的概括,如孝、友等。据《尚书·康诰》记载,周公将"不孝不友"视为"元恶大憝","子弗祗服厥父事,大伤厥考心;于父不能字厥子,乃疾厥子。于弟弗念天显,乃弗克恭厥兄;兄亦不念鞠子哀,大不友于弟"。《诗经·大雅·既醉》也提到"威仪孔时,君子有孝子;孝子不匮,永锡尔类"。"慈"、"孝"、"友"、"恭"等已趋细致的德行种类的划分,说明了周人关于德的认识已不再是抽象的公诰文类记载了,而是生活中有肯定价值的表现了。敬德保民,父慈子孝,兄友弟恭成为周人道德的主要内容。

周人的道德与政治是相结合的。认为只有做到敬德保民,恪守父慈子孝、兄友弟恭的道德伦理,才能"受天永命",否则将"早坠厥命"。这就把天命从殷人信奉的盲目的神意改造成维护人间统治的政治与道德的权威。"德"成为联系天意与人的行为的纽带。通过"德",周人完成了天、人的统一,实现了从对天命的纯粹敬畏到依据某种理性的原则处理天人关系的转变。

周人的伦理关系是围绕着神与人的关系进行探讨的。周人通过"德"这一范畴,赋之以具体细致的道德内涵,巧妙地实现了上天、国君、臣民三者间关系的和谐。虽然周人在思想观念上极其重视天人关系,但在具体的道德实践过程中,却把这种关系落实到现实生活中的君民关系,并且把这种关系上升到能否永保天命的重要地位。天人之间玄妙深远的关系最终还是通过君民关系来体现的。在周人看来,"天"虽然威严无比,高高在上,但终归像一件虚悬的法器,只有依靠现实的君民关系才能显示出它的作用。

西周伦理观念转变的原因,是与当时的社会状况分不开的。夏、商时期受社会发展状况的限制,人们对于自然和自然物的崇拜,完全是出于对自然的信赖和恐惧,因而表现出人对自然的祈求和敬畏,是一种单一的神人关系。西周时农耕文化得到了长足的发展,这种日渐发达的农耕文化使人可以从自然取得生活用品,让人们过上相对稳定的生活，因而人与社会的关系便从人与自然的关系超拔出来。而社会关系中人与人之间最基本、最重要的原则就是通过礼乐制度加以体现的，而礼乐制度的核心又是通过宗法制度对人们的尊卑贵贱、长幼之序、男女之别等加以规范和调节，诚如此，人间的宗法关系就逐渐超越了人对自然的关系，于是，原先的比较注重的神人关系，就转变成祖先崇拜以及对人世间等级贵贱关系的崇拜了。事实上"慈"、"孝"、"友"、"恭"等伦理观念，在这时也就无一不是这种现实社会关系的写照。正是基于这样的原因，周人的伦理思想观念中既有传统的神道统辖下天神的威严形象，又有现实社会关系中人们的灵动身影。

## 二 春秋时期的社会伦理形态

春秋时期由于政治的混乱，诸侯之间激烈地争霸战争和自然灾害的侵袭，造成了人间苦难的加深，引发了思想文化领域的"变风"、"变雅"现象，抱怨天神对人间灾难的冷漠，怀疑天神的公正性，已经成为一种社会思潮。对天命神学的怀疑已经从社会情绪逐步向理性思考发展。这种不安于天命、怀疑天命以至遗弃神道、呼唤人道的行为，促使春秋时期伦理思想形态发生转变，开始抛开宗教的桎梏，向着现实性的人与人的关系迈进。

这种变化表现在一些有识之士在继承周代"敬德保民"思想的基础上，加以改造、发挥，提出了"重民轻神"的进步观点。如《左传》桓公六年记载随国大夫季梁的话："夫民，神之主也。是以圣王先成民而后致力于神。"明确指出了"民"是"主"而"神"是属的相互关系。《左传》庄公三十二年载虢国史嚣的话："吾闻之：国将兴，听于民，将亡，听于神。神，聪明正直而壹者也，依人而行。"强调神意要以民意为转移的观点，反映出一些进步的思想家对于民众在社会变革潮流中显示的强大作用的关注。虽然他们没有否定神的作用，但他们一致认为神是依据人民的愿望行事的,人民一致希望国家兴旺,神就会让国家兴旺,所以治理国家应该把修政和人民摆在第一位。这就把传统的神人关系颠覆过来,将侧重点从神的一端转到了人的一端。受此影响,天人关系也出现了新的变化,"神"逐渐地被弃置一旁。如《左传》僖公十六年记载,有五块陨石自天而降落于宋国,又有六只鹢鸟倒退着飞过宋国都城。周内史叔兴认为此乃"阴阳之事,非吉凶所生也。吉凶由人。"把自然界出现的奇特现象,看作是自然界本身所固有的阴阳二气交互作用的结果,和天的兆示无关,至于人事的吉凶是由人们自己的行事所决定的,从而否定了当时流行的、把自然灾异和社会人事吉凶相比附的神秘主义观点。此外,《左传》昭公十八年记载执政大夫子产的话:"天道远,人道迩,非所及也。"这种"天人相分"的思想割断了"天"与"人"、"天道"与"神道"之间的神秘联系,对东周时期思想文化产生了深远的影响。

受这种思想文化的影响,东周时期伦理思想的表现形式抛开玄远虚幻的神、人关系,向着深切关注现实的人与人关系迈进。这种发展表现在春秋时期出现了众多反映各种社会伦理关系的道德范畴,如"信"、"仁"、"贤"等。

"信"是春秋时期出现的重要道德范畴,本指人所说的话,亦即许下的誓言、诺言,常与忠、诚连用为忠信、诚信。《说文》也说"信,诚也",即真实无妄,指对某种信念、原则和语言出自内心的忠诚。人的生活只有符合自己的本质,成为本质的自然呈现时,才是真正道德的生活,才能处理好自己与他人及社会的关系。因此,"信"作为重要的道德范畴为当时人所重视,被提升为立人立国之本。孔子说"人而无信,不知其可也"[1],"信则人任焉"[2];孔子还把信看作是统治者

---

[1]《论语·为政》
[2]《论语·阳货》

立国之本。他说:"上好信,则民莫敢不用情"①,"敬事而信"、"主忠信"②。可见信是人与人、国与国之间相互交往的精神依归,反映了春秋时期动荡不安的社会状况下人们社会地位、社会关系的急剧变化。在这种现实情况下,人们之间的社会关系变得越来越缺乏保障,亟需一种道德力量对人们之间的基本行为进行约束,使之在交往中有一定的可信度,以免朝秦暮楚,出尔反尔。"信"作为一个重要的道德范畴被孔子所看重,是与其深刻反映当时社会现实下人与人关系的复杂性分不开的。

  "仁"是春秋时代使用很广的伦理范畴。段玉裁《说文解字注》释"仁"时说:"独则无耦,耦则相亲,故字从人二。"这说明"仁"所表明的是一种人与人之间的关系。孔子对"仁"赋予了新的意义。其一,仁的核心精神是"爱人"。爱在孔子看来有不同的层次:首先是"爱亲"、"事亲",其集中的体现是"孝悌",然后是"爱人"。"爱人"作为一种心理情感,是孔子对人的一种生命关怀,它集中体现在孔子关于"忠恕"的思想中。曾子说:"夫子之道,忠恕而已矣。"孔子强调"爱"的目的,就是希望凭借道德的力量将每一个道德主体纳入积极、温馨、和谐的社会人际关系之中,从而实现社会秩序和谐共处的理想状态。其二,"克己复礼为仁"。朱熹注:"克,胜也。己,谓身之私欲也。"孔子在这里强调的是修身对于社会担当的重要性。这里,仁体现了人的内在精神,其精神方向就是内省修养。如果人们都能"克己"修身,就能使"天下归仁",整个社会就会趋于和谐和有序化。其三,仁又是可以概括所有道德的概念。"能行五者于天下,为仁矣。"五者即"恭、宽、信、敏、惠"。这为孟子从内在的道德修养这一精神方向上加以阐发奠定了基础。总之,这种以自然之人体作为道德主

---

① 《论语·子路》
② 《论语·学而》

体、以道德之仁为基础所建立的仁学理论体系,关注的是如何才能达致理想的道德境界,实现道德之要旨。无疑这一理论体系需要以人为本位、以人与人的关系为基础进行架构,如果离开了现实社会的人人关系,这一理论大厦就是空中楼阁。

"贤"作为一个道德范畴也是春秋时期才出现的。它最初的含义是指有技能,即拥有优异技能的人被称为贤者。东周时期大国争霸,各诸侯国为了获得霸主的地位,迫切需要有治国安邦之术的人才相佐。这就需要打破传统的"亲亲"原则,把人的实际才能提到重要的地位。《左传·僖公三十三年》记载:晋国大臣臼季见冀缺夫妻相敬如宾,认为冀缺有德,请求晋文公任用他。文公对任用其父有罪的人是否合宜有怀疑,臼季则认为,舜流放了有罪的鲧,并不妨碍起用鲧的儿子禹。管敬仲是桓公的仇人,后来当了桓公的相,使桓公取得霸业。并引用了《康诰》的话曰:"父不慈,子不祇,兄不友,弟不恭,不相及也。"认为父不慈爱,子不诚敬,兄不友爱,弟不恭顺,不能连累别人。"君取节焉可见。"国君只要看到他本人的长处就可以了。晋文公任用冀缺为下大夫,后来在与狄人作战中果然立了战功。臼季言论中体现的是"任人唯贤"的观念,这与西周以前"任人唯亲"的观念截然不同,表明尚贤是春秋时代的一种新思潮。①

贤者既然具有治国、治军的才能,自然也就会与伦理道德发生联系,成为一个重要的伦理范畴。前述臼季推荐冀缺的理由就是他为人恭"敬"有"德"。认为"敬,德之聚也。能敬,必有德。德以治民,君请用之!"《左传·僖公二十七年》记载:晋臣赵襄向晋文公推荐郤縠"说礼乐而敦诗书。诗书,义之府也。礼乐,德之则也。德义,利之本也",提出德、义两种品德作为贤的标准。《国语·晋语七》记载:魏绛被推荐为卿,理由是"夫绛之知能治大官,其仁可以利公室

---

① 刘宝才《先秦秦文化散论》,陕西人民出版社2001年版,第186页。

不忘,其勇不疚于刑,其学不废其先人之职。若在卿位,外内必孚",提出知、仁、勇、学四种品德作为贤的主要内容。所以,贤成为一种新的伦理范畴。但无论如何,"贤"这一范畴从春秋时代起就具有德才兼备的含义,它的展开始终是围绕着现实社会中那些德才兼备、出类拔萃的人,是现实社会道德楷模的形象代表,因此,完全是一种人与人关系的道德再现。

此外,还有忠、义、智、勇等道德范畴,都是适应当时现实社会发展变化而出现的,也是围绕着春秋时期社会现实中出现的各种人伦关系展开的,并规定了道德主体在对应的社会关系中应该遵循的道德操守。正是这诸多道德范畴的不断涌现,使西周时期政治宗教伦理形态下神、人之间的虚幻关系开始被现实的人与人关系所取代,祖先崇拜、自然崇拜下彰显血缘关系的宗教伦理形态开始更多地打上了现实社会人际关系的烙印,为战国时期诸子伦理思想体系的构建创造了条件。

## 三、战国时期社会伦理形态的基本范型——"五伦"体系的确立

东周是社会形态发生巨变的转型期,而社会形态的转型又引发了各种社会关系的急剧变化。西周以来严格意义上的礼乐制度已经执行不下去了,建基于其上的政治宗教伦理也渐渐地淡出了历史舞台,宗法伦理形态下的神人关系、人人关系及其对应的伦理关系也不再适应时代的变化,不能全面地概括纷繁复杂的社会关系,也不能正确指导人们的行动了,这就向战国诸子提出了重新审视社会现实中各种伦理关系的任务,找出各种伦理关系下应该遵守的道德原则,探讨道德的起源、道德的理想等任务。然而,明确应该履行的道德义务的首要前提是确定道德主体所对应的伦理关系,只有明确了所对应的伦理关系,才能走向道德践履的进程,才会有一个不断努力的目标与明确的行为

标准，因此，构建一个能概括各种社会关系、体现各种道德原则的人伦关系坐标，遂成为时代的课题。

最早把中国古代社会各种社会关系进行总结概括，并凝炼为君臣、父子、夫妇关系的，是孔子为代表的儒家学派。《论语·颜渊》记载了孔子与齐景公的对话：

> 齐景公问政于孔子。孔子对曰："君君，臣臣，父父，子子。"

把君臣与父子关系并举，表示其间存在着血缘关系，也表明了社会最基本的关系是君臣、父子关系。子思在叙述当时社会的人伦关系时，又提出了"君臣也，父子也，夫妇也，昆弟也，朋友之交也"①，较之孔子的说法多出了夫妇、兄弟、朋友关系，他还说："子以事父，臣以事君，弟以事兄，朋友先施之。"②把父子关系放在了君臣关系之前，位列人伦第一，意在凸显人伦关系的血缘宗法性质，似乎所有社会成员之间都有着天然的血缘联系，父子、君臣、兄弟、朋友并举，仿佛社会就是一个大家族，所有的社会关系都包括在此家族里面。为了突出家庭的重要性，子思对构成家庭、家族的夫妇关系加以强调："君子之道，造端乎夫妇，及其至也，察乎天地。"③然而，近年出土的郭店楚简《成之闻之》篇则记载了子思学派的一段话："天降大常，以理人伦，制为君臣之义，作为父子之亲，分为夫妇之辩。"明确地将"人伦"精炼为君臣、父子、夫妇关系。并且将这种社会人伦关系看作是天制定的，这种伦常天定的观点成为汉代董仲舒神化"三纲"的滥觞。

---

① 《中庸》第十三章
② 《中庸》第十九章
③ 《中庸》第十二章

到战国中期，孟子提出了"五伦"说，概括了当时社会的各种伦理关系，基本完成了先秦儒家伦理思想表现形式的转变。

"五伦"是指父子、兄弟、君臣、朋友、夫妇五种伦理关系。对于这种人伦建构原理，《周易·序卦》曾经作过揭示："有天地，然后有万物；有万物，然后有男女；有男女，然后有夫妇；有夫妇，然后有父子；有父子，然后有君臣；有君臣，然后有上下；有上下，然后礼义有所错。""五伦"中父子、兄弟是家族血缘关系，属于天伦；君臣、朋友是社会伦理关系，属人伦；夫妇则是介于天伦与人伦之间，担负着伦理关系不断组织、不断组建的重要任务与实践过程。在"五伦"设计模式中，天伦是基础，人伦本于天伦而立。就是说，家族伦理是社会伦理关系的原型，社会伦理关系是家族伦理的扩充与延伸。

孟子的"五伦"设计模式既体现出西周社会重视天伦的伦理特征，又体现出春秋以后人伦关系越来越受到重视的发展趋势，呈现出东周社会转型时期伦理形态所特有的轨迹。孟子对这五种伦理关系作过阐述。《孟子·滕文公上》说："父子有亲，君臣有义，夫妇有别，长幼有序，朋友有信。"父子、君臣、夫妇关系是前三伦，父子关系作为天伦更是放在首位，表明中国上古时期血缘宗法关系深深地植根于中国文化的土壤中，体现血缘特征的天伦关系继续得到了社会的承认与肯定，并且在新的时代条件下得以重新排序、重新组合，成为新伦理关系中最重要的组成部分，获得了进一步的发展。孟子还提到了长幼、朋友关系，对于前者，我们可以看成是前三伦关系的延伸，或多或少地包含着血缘之间的关系；对于后者，则是一个较特殊的社会关系，是完完全全的社会性的人伦关系。这种关系之所以被孟子提到了重要地位，是与战国后期宗法制遭到严重破坏分不开的。西周以来靠宗法等级制度维系的社会地位、尊卑关系已被彻底打乱，人们需要依靠自己的道德努力和才能，以确立自己的社会地位，人与人的社会关系需要重新诠释与解构，于是，朋友关系说就成为这种特定文化背景下的产物。

首先，朋友关系是衡量一个人社会身份、地位、等级的参照。所谓物以类聚，人以群分。其次，朋友还可以满足情感交流的需要，使人获得价值上的认同。孔子曾经说过："居是邦也，事其大夫之贤者，友其士之仁者。"①住在一个邦国，就要事奉有贤德的官长，结交那些有仁德的知识分子。曾子也说："君子以文会友，以友辅仁。"②君子通过学问、文章来聚会朋友，通过朋友来帮助仁德的成长。朋友即是人生的良师，在道德主体向善的进境中，志同道合的朋友是不可缺少的。

由于"五伦"设计模式典型地代表了周代以来家国一体社会结构下中国古代伦理的特色，因而成为中国古代社会伦理形态的典范，为古代人伦关系提供了一个坐标。就是说，"五伦"以外的其他伦理关系都可以在其内得以定位并找到参照。因而在先秦诸子的伦理思想体系中，它的影响最大，也是最具有生命力、被发挥得最系统的伦理模式。战国末期韩非子在总结前人的基础上，提出了"臣事君，子事父，妻事夫，三者顺则天下治，三者逆则天下乱，此天下之常道也"③。进一步将"五伦"凝炼为君臣、父子、夫妻关系，并且将三者间的关系做了强性的规定，将儒家伦理思想体系下道德、义务双向性、相对性的特征发挥为单向、绝对的境地，谱写了汉代"三纲"理论的前奏曲。同时标志着东周时期伦理形态表现形式的演变至此划上了句号。可以说，从西周时的政治宗教伦理到先秦诸子伦理思想体系的建立，从围绕神人关系到围绕现实中的人人关系的伦理关系的形成，中国古代伦理形态在东周时期发生了一次大的转变。如果说殷周时期血缘宗族伦理较多地带有自然形态特征的话，那么，诸子伦理思想形态更多地体现出它的社会特征，此可谓社会转型在伦理思想领域带来的一个重要变化。（作者系西安文理学院历史系教授）

①《论语·卫灵公》
②《论语·颜渊》
③《韩非子·忠孝》

# 孟子"性善论"质疑

田正利

"孟子主张性善"历来是学术界的共识。人们对此深信不疑,似已成为定论。最近拜读张岂之先生的《中华人文精神(增订本)》①,深受启发,并对孟子的人性理论有了新的看法。张先生在这本书中深刻地指出:"人禽之辨,即人与其他动物的区别——这是中国古代文化探讨的一个重要问题。""中华古代人文精神所阐述的道德含义,大体上有三方面的内容:一是人与其他动物的区别何在;二是生活的意义是什么;三是人们如何区别善与恶,如何尽自己的责任,从善去恶。在这三方面都有完整的思想体系。"②按照张先生的观点和思路,重新审视孟子的人性论,便不难看出,孟子也是从"人禽之辨,即人与其他动物的区别"入手阐发他的人性理论,并以"从善去恶"为基本原则构建自己的伦理道德体系。在孟子心目中,与"人禽之辨"紧密联系的"性"与"人性"是有着严格区分的两个概念。他主张的只是"人性善";至于"性",在他看来,不仅不善,而且恰是导致恶的根源。搞清孟子思想中"性"与"人性"的关系,不仅有利于正确把握孟子人性论的主要涵义,也有助于进一步领会孟子整个伦理哲学思想的基本内容,故有必要对孟子的人性学说进行辨析和探讨。

---

① 张岂之:《中华人文精神(增订本)》,陕西人民出版社2007年版。
② 张岂之:《中华人文精神(增订本)》,陕西人民出版社2007年版,第103、105页。

## 一

孟子所处的时代，人性学说已成为人们议论的热门话题，出现了各种立论各异的人性学说。据《孟子·告子下》载，当时已有"性有善有不善"、"性可以为善，可以为不善"、"有性善，有性不善"等各种不同的人性论。孟子之后还有荀子的"性恶论"，商鞅和韩非的人性"好利恶害"说（见《商君书·错法》，《韩非子·难二》）等思想观点。这些人性学说基本上都是以人的"食色"等自然属性来定义或理解人性的，唯有孟子的人性论独树一帜。他对人的自然生理属性和社会道德属性作了严格的区分：认为前者只是"性"，后者才是"人性"，由此提出了自己的人性学说。

《孟子》中的"性"字共37处，其中出于孟子本人之口（不包括引用告子的话）且作名词使用者共计20处，大体可分三种情况：一是表示物性，如"山之性"、"水之性"、"牛之性"等；二是表示人的道德属性，如"君子所性，仁义礼智根于心"（《孟子·尽心上》，以下引用该书只注篇名）；三是表示人的自然属性，如"口之于味也……性也"（《尽心下》）。

可见，"性"在孟子心目中是个意义相当广泛的概念，不光为人所专有，山、水、牛、犬、杞柳等亦各有其性。他所说的"性"，实际就是事物的属性。我们知道，任何事物的属性都是多方面的，如果以能否体现该事物的基本特征，使之与其他事物相区别为标准来划分，可将它们分为本质属性和非本质属性两种。那么，孟子所说的"物之性"到底是指事物的哪种属性呢?让我们看看孟子和告子关于"性"的一段对话："告子曰：'生之谓性。'孟子曰：'生之谓性，犹白之谓白与?'曰：'然'。'白羽之白，犹白雪之白，白雪之白，犹白玉之白与?'曰：'然。''然而犬之性犹牛之性，牛之性犹人之性与?'"（《告

## 孟子"性善论"质疑

子上》）告子在这里所说的"生之谓性"和他在另一处所说的"食色、性也"（同上）是一个意思，即把人生而具有的饮食男女等生理本能视为人性。孟子是反对这种观点的。他敏锐地意识到"食色"等生理本能为人和动物所共有，而共有的属性，即共性是不能使不同的事物相区别的；如同白羽、白雪和白玉所共有的"白"不能作为它们相互区别的特征一样，根据"食色"等动物性也不能把牛、犬、人区别开来。所以，他主张抓住能够使不同事物彼此区别的基本特征，即本质属性。他所谓的"物之性"就是体现某事物基本特征的本质属性，如决定白羽、白雪、白玉之所以成为羽、雪、玉的特殊规定性，即是它们三者各自的"性"。同告子的观点相比较，孟子关于物性的见解显然要深刻得多。

孟子的兴趣并不在于研究物性，而是要进一步探讨"人性"。他认为人同物一样，也有其本质属性和非本质属性，所谓"人性"就是人的本质属性，即能够把人和动物相区分的基本特征，用孟子的话说就是"人之所以异于禽兽者"（《离娄下》），包括"恻隐之心"、"羞恶之心"、"恭敬之心"和"是非之心"。他认为，凡是人，不管怎样，总有此"四心"；没有"四心"就不能算作人（见《告子上》，《公孙丑上》）。可见，"四心"就是人之所以为人的本质之所在，即人性的具体内容。"四心"又被说成是仁义礼智"四德"的萌芽或发端（《公孙丑上》："恻隐之心，仁之端也；羞恶之心，义之端也；辞让之心，礼之端也；是非之心，智之端也。"），属于伦理道德范畴。以伦理道德作为人和动物相区别的基本特征，表明孟子已经意识到人的本质在于其社会性。这一思想无疑是十分可贵的。但人的社会性并不限于伦理道德，更不是仁义礼智等封建道德规范所能概括得了的，这又表现了孟子思想的片面性和局限性。

人是从动物发展进化而来的，作为一种自然存在物，人也依然具有与动物相同之处，对此，孟子并不否认。他说"人之所以异于禽兽者几希"(《离娄下》),言外之意,人之同于禽兽者必定不少;但他并不把这些看作人的本质属性,因而也不认为它属于"人性",只称之为"性":"口之于味也,目之于色也,耳之于声也,鼻之于臭也,四肢之于安佚也,性也。"(《尽心下》)他所说的"性",显然就是人的感官和肢体的生理欲求,即人同于动物的自然属性。而说到"人性",孟子则将它规定为"人之所以异于禽兽"的道德属性,集中表现为能够把人和动物区别开来的仁义礼智等善德;同时还不忘在"性"之前加上"君子"、"其"等限定语,以免与表明人的"食色"等生理欲求的"性"相混淆,如"君子所性,仁义礼智根于心","存其心,养其性,所以事天也","尽其心者,知其性也"(《尽心下》)。

孟子对人的道德属性和自然属性,即他所谓的"人性"与"性",是有着严格区分的。他说:"人之有道,暖衣饱食,逸居而无教,则近于禽兽。"(《滕文公上》)一味满足人的自然属性(即"性")而不进行道德教化,人就会变得同禽兽相差无几。足见作为人的生理欲求的"性"为陷人于不仁不义的罪恶之源了。所以,一提到"性"和"欲",他就告诫人们要"忍"、要"寡"(见《滕文公上》、《尽心下》);而一谈起"人性"或"四心"时,则视为"善端"并赞美备至,极力主张要"养"、要"存",要"扩充"。(见《尽心上》、《公孙丑上》)可见,"性"和"人性"在孟子心目中是泾渭分明,不容混淆的。他所主张的实际是"人性善"而非"性善"。对于表明人的自然欲求的"性",在他看来不仅不善,甚至竟可以说是"性恶"了。

至于《孟子》中的"孟子道性善"(《滕文公上》)和"今曰性善……"(《告子上》)中的"性善"俱非出于孟子本人之口或是孟子引用别人的话与之论辩的议题,并非孟子的本意,故不属本文讨论范围。

孟子对"性"和"人性"的看法表明,他既强调人异于禽兽的社会属性,即个性,又承认人同于禽兽的自然属性,即共性;既见同,又见异。这种见解,较之告子那种只见同、不见异的人性理论,其辩证法因素是显而易见的。由此出发,孟子只主张"寡欲"(《尽心下》)而不空谈"绝欲"。宋明时期,理学家论人性,视"天理"与"人欲"绝对对立,不容共存,提出"存天理,灭人欲"的极端主张,形似孟子人性论中"性"与"人性"的对立,其实并非孟子原意。

## 二

正确区分孟子的"性"与"人性"概念,有助于准确把握孟子的伦理观乃至他的整个哲学思想体系。已往探讨孟子思想的学者多把孟子的"性"与"人性"混为一谈,致使一些问题难以解释清楚。朱熹在《孟子集注》中曾解释说:"性者,人生所禀之天理也。"显然指孟子所说的"人性"。但他又看到孟子以"性"作为人的"食色"等自然属性,故又指出:"所谓性,亦指气禀食色而言耳。"本来在孟子那里有着严格区分的两个概念被他说成了一回事,都是"性"。及至他提出"性即理也,未有不善者也"就离孟子的本意更远了。

对"性"和"人性"的混淆,直接影响到对孟子伦理思想的理解。例如,孟子在讲述舜、傅说、胶鬲等古圣贤的事迹时,引出了一段影响深远的名言:"天将降大任于是人也,必先苦其心志,劳其筋骨,饿其体肤,空乏其身,行拂乱其所为,所以动心忍性,曾(增)益其所不能。"(《告子下》)对其中的"动心忍性"(《告子下》),汉代赵岐的《孟子注》的解释是"动警其心、坚忍其性"。此后,自朱熹的《孟子集注》到今人杨伯峻的《孟子译注》一直沿用此说,似已成定论;其实是以讹传讹,并不符合孟子的本意。

孟子从"人性"为善端,"性"为恶源的认识出发,进而提出扩充善端,抑制恶源的道德修养原则。所谓"存其心、养其性"《尽心上》)、"养其大者"(《告子上》)、"养浩然之气"(《公孙丑上》)等都属于"扩充善端"的内容。由于"仁义礼智根于心"(《尽心上》),"心之官则思，思则得之，不思则不得也。"《告子上》"扩充善端"全靠"心"的作用，因而又可以把这方面的道德修养称之为"动心"。

所谓"寡欲"《尽心下》，"体有贵贱，有小大，无以小害大，无以贱害贵"《告子上》等都可归入抑制恶源（即"性"）方面。故这方面的道德修养又被孟子概括为"忍性"。所谓"动心忍性"（即张先生所说的"从善去恶"）就是孟子关于道德修养的总原则。孟子是以舜、傅说、胶鬲等古圣贤作为人之楷模的，从考察他们的经历中引出道德修养的原则本是十分自然的事。如果将"动心忍性"解释为"动警其心，坚忍其性"，或"震动他的心意，坚韧他的情性"（《孟子译注》第299页），则不仅与孟子"性"的意义格格不入，而且也不符合孟子关于道德修养的基本原则。

明确了"性"和"人性"的意义及它们之间的关系，对孟子的一些为人们长期争论不休的命题和论断也就容易理解了。如"口之于味也，目之于色也，耳之于声也，鼻之于臭也，四肢之于安佚也。性也，有命焉，君子不谓性也。仁之于父子也，义之于君臣也，礼之于宾主也，智之于贤者也，圣人之于人天道也；命也，有性焉，君子不谓命也"《尽心下》，这里的"命"以往都被解释成"命禄"、"命运"、"本分"等，其实都是望文生义，误解原文。

思孟学派认为人性为天所赋予，故《中庸》（相传为子思所作）有"天命之谓性，率性之谓道"之说。"率，循也。"（朱熹《中庸集注》）"性"既可"循"，则无疑为善。故《中庸》之"性"即孟子的"人性"。"人性"既为天之所命，亦可称之为"天命"或"命"。前面说过，孟子所谓"人性"的内容就是仁义礼智的萌芽，上面引文中的"命"也就仁义礼智而言，因而把"命"说成是"人性"当不会有什么问题。问题在于，对"圣人之于天道"应如何理解？孟子说过："诚者，天之道也，思诚者，人之道也。"《离娄上》又说仁义礼智四种美德"思则得之，不思则不得也，此天之所与我者也。"《告子上》

"诚"为"天之道",仁义礼智为"天之所与";二者俱源于"天",且都是"思"的对象,由此可知"诚"和"仁义礼智"实为一回事。质言之,"诚"即仁义礼智的概括,仁义礼智皆统摄于"诚"。"圣人"被孟子视为"人伦之至"(《离娄上》),自然,仁义礼智"四德"俱备。因而以仁义礼智相对于一般人伦关系而言,独以"天道"(诚)与"圣人"相对,自然就是情理中的事。此外,《中庸》中有"诚者,不勉而中,不思而得,从容中道,圣人也"的说法,与孟子的"诚者,天道也"相对照,亦足见"圣人"应与"天道"相对应。

这样以来,上面那段话的意思就很清楚了:人固有的口目耳鼻和肢体的生理欲求就是"性",但由于同时又有"命"(即人性)的约束,因而"君子"不把它单纯视为"命"。同样,人具有以仁义礼智为内容的"命"(人性),但又有与之结合在一起的"性",所以"君子"也不把它笼统地称作"命"。在孟子看来,"性"与"命"是紧密结合,不可分割的,必须用"命"("人性")来限制、制约和统帅"性",以防止纵"性"妄为的行为发生。基于这一认识,他提出了"动心忍性"、"扩充善端"等道德修养原则和一系列具体的修身养性的方法。这些论断和主张不仅在孟子思想体系中具有十分重要的地位,而且对后世儒家的思想学说也有极为深远的影响。

## 三

孟子的人性理论,特别是他关于"性"和"人性"论断,在人类对自身的认识史上有着十分重要的意义。我们知道,人类的认识是从自身之外的自然界开始的。在我国,直到春秋时期,人们所探讨的还只是"天命"、"鬼神"、"阴阳"、"五行"之类,未能深入到对人自身的研究。春秋末期,孔子才提出"人性"问题,但也只是很简单的一句:"性相近也,习相远也。"(《论语·阳货》)连他的弟子子贡都说:

"夫子之言性与天道不可得而闻也。"(《论语·公冶长》)可见,孔子对人性即对人自身的探讨并不是十分具体深入的。孔子之后,对人性的研究渐多,表明人们已经从对客观外界的探讨,深入到对人自身的认识。但直到战国中期,人们对这个问题的理解都还比较肤浅:只看到了人同于动物的自然属性,而没有意识到人异于动物的社会属性。告子的"性无善无不善"说和当时流行的"性可以为善,可以为不善"的观点,以至后来荀子的"性恶论"都是如此。这说明人们只把自己看作自然存在物,还"没有把自己同自然界区分开来"(列宁《哲学笔记》)。孟子批判地总结了人们研究人性问题的成果,提出了他的独具一格的人性学说。

　　孟子的人性论对已往的人性学说有些什么发展呢?让我们先看看他对当时流行的那些人性学说的总的评价:"今天下之言性也,则故而已矣,故者,以利为本。"(《离娄下》)自朱熹以来,多以"顺"释"利",意思牵强,且与孟子的其他论述多有抵牾。笔者认为,这里的"利"就是与"义"相对的利益之"利"。崇义贬利历来是儒家的传统,孔子曾有"君子喻于义,小人喻于利"(《论语·里仁》)之说。孟子则进一步提出:"欲知舜与跖之分,无他,利与善之间也。"(《尽心上》)这里的"善"与"义"同义。在他们眼中,"君子"和"小人","圣人"和"强盗"的区别唯在"义"(善)、"利"之间。孟子还认为,或为"君子"、"大人",或为"强盗"、"小人",其根本原因则在于"从其大体"还是"从其小体"(见《告子上》)。"大体"和"小体"分别指人心和感官,亦指人心对理义的喜好和感官对声色嗅味等的欲求。"从其大体"就是依循"人性",用仁义道德来约束自己;"从其小体"则是纵"性"妄为,一味追求口腹之欲的满足。这样看来,"义"、"利"之别即可归结为依循人的道德属性("人性")还是听任人的自然属性的问题。以人的道德属性作为人性即是"以义为本",以人的自然属性作为人性则是"以利为本"。

## 孟子"性善论"质疑

孟子认为，当时社会上关于人性的种种说法，都只是追求"故"而已。"故"的意思是原有的，旧有的，转指人生而具有的形态。以"故"作为探讨人性问题的出发点，这在孟子看来并没有错，但这个"故"必须"以义为本"，即必须以人的道德属性作为人性，而不能把人性归之于人的口腹之欲等自然属性；否则就是"以利为本"了。前者（"以义为本"）是孟子人性论的主旨，后者（"以利为本"）则是当时社会上所流行的人性论的要点。这说明，直到孟子时期的许多人性论者，对人和禽兽都是只见其同、忽视其异，只见一般，漠视特殊。实际上，正是被人们所忽视的人的特殊性或"人之所以异于禽兽者"才是人的本质之所在。所以，孟子在承认人具有自然属性和社会属性的基础上，第一次把人异于禽兽的社会属性作为人性，表明人对自身的认识已经由非本质属性的层次深入到本质属性的水平。列宁指出："在人面前是自然现象之网。本能的人，即野蛮的人没有把自己同自然界区分开来，自觉的人则区分开来了。范畴是区分过程中的一些小阶段，即认识世界过程中的一些小阶段……"（列宁《哲学笔记》第90页）孟子提出的"性"和"人性"的范畴，正是人类在对自身不断深化的认识过程中的小阶段，它使人们能够把自身同自然界相区分，标志着人类对自身认识的一次飞跃。自孟子之后，人们多以属于人的社会性的伦理道德作为人性，各种人性理论渐趋精细缜密。当然，对人性问题要做出科学的回答，还只能是在马克思主义产生以后的事，由于阶级、历史及认识上的局限，古代的剥削阶级思想家还没有，也不可能解决这一问题。但从人类认识发展的历史中来考察，则不能不肯定他们，特别是孟子在人性理论上的贡献。（作者系西北政法大学政治与公共管理学院教授）

# 儒墨孝道简析

## 王长坤

墨家的创始人与主要代表人物是墨子。墨子曾"学儒者之业,受孔子之术,以为其礼烦扰而不说,厚葬靡财而贫民,久服伤生而害事,故背周道而用夏政。"①墨子的学说在战国初期影响很大,"杨朱、墨翟之言盈天下。"②"世之显学,儒、墨也。"③"孔、墨之后学显荣于天下者众矣,不可胜数。"④近代学者柳诒徵也曾论道:"诸子之学之影响及于当时者,其初以墨学为最盛,南被楚、越,西极秦国,故其时有东方之墨者,西方之墨者,南方之墨者。世称为显学。"⑤有关墨家学派之书,今仅存《墨子》残卷五十三篇。这五十三篇,除《经上》、《经下》、《经说上》、《经说下》、《小取》、《大取》6篇是后期墨家著作外,大部分可信是墨子学说的记录。墨家是先秦诸子中唯一代表下层平民思想的学派⑥,在先秦诸子中墨子是论"孝"最多者,《墨

---

① 《淮南子·要略》,刘文典《淮南鸿烈集解》,中华书局1989年版,下引《淮南鸿烈》同此版本。
② 《孟子·滕文公下》,杨伯峻《孟子译注》,中华书局1960年版,下引《孟子》同此版本,只注篇目。
③ 《韩非子·显学》,陈奇猷《韩非子集释》,上海人民出版社1974年版,下引《韩非子》同此版本。
④ 《吕氏春秋·当染》,陈奇猷《吕氏春秋校释》,学林出版社1984年版,下引《吕氏春秋》同此版本。
⑤ 柳诒徵:《中国文化史》(上卷),上海古籍出版社2001年版,第317页。
⑥ 赵小雷:《论墨家学说的理论形态及其成因》,《广东社会科学》1999年第5期,第89-95页。

## 儒墨孝道简析

子》一书凡"孝"48见,班固亦谓墨家"以孝视天下"①。墨家之孝,以"兼爱"、"利亲"、"交孝子"为要义,与儒家之孝大相异趣,墨家论"孝"主要集中于《兼爱》、《非攻》、《节葬》、《天志》、《尚贤》、《明鬼》、《非命》、《非儒》诸篇。

## 一

"兼爱"是墨子学说的核心,也是墨家理论的伦理原则和政治原则。所谓"兼爱",即不分人我、不避亲疏、无论贵贱、无所差别地爱一切人。由此原则出发,墨子认为"不相爱"是一切社会"乱"的根本原因,而所以不相爱,又在于人们"亏人"而"自利"。由此,墨子提出了"兼相爱,交相利"②(《兼爱中》)的政治和伦理原则。"夫爱人者,人亦从而爱之;利人者,人亦从而利之;恶人者,人亦从而恶之;害人者,人亦从而害之。"(同上)如何才能做到"兼相爱,交相利"呢?墨子又提出了"仁人所以为事者,必兴天下之利,除天下之害","然则何谓天下之害?""国之与国之相攻,家之与家之相篡,人之与人之相贼,君臣不惠忠,父子不慈孝,兄弟不和调,此则天下之害也。"(同上)换言之"天下之害"就是国与国、家与家,君臣、父子、兄弟之间不相爱。"诸侯不相爱,则必野战;家主不相爱,则必相篡;人与人不相爱,则必相贼;君臣不相爱,则不惠忠;父子不相爱,则不慈孝;兄弟不相爱,则不和调;天下之人皆不相爱,强必执弱,富必侮贫,贵必敖贱,诈必欺愚。凡天下祸篡怨恨,其所以起者,以不相爱生也。"何以为之?"以兼相爱,交相利之法易之。"(同上)要求做到,"视人之国,若视其国;视人之家,若视其家;视人之身,若视其身。是故诸侯相爱,则不野战;家主相爱,则不相篡;

---

① 《汉书·艺文志》,[东汉]班固《汉书》,中华书局1975年版。
② [清]孙诒让《墨子间诂》,《诸子集成》,上海书店1986年版,下引《墨子》同此版。

人与人相爱，则不相贼；君臣相爱，则惠忠；父子相爱，则慈孝；兄弟相爱，则和调；天下之人皆相爱，强不执弱，众不劫寡，富不侮贫，贵不敖贱，诈不欺愚。凡天下祸篡怨恨，可使毋起者，以相爱生也，是以仁者誉之。"（同上）

何谓天下之利？"老而无妻子者，有所侍养，以终其寿。幼弱孤童之无父母者，有所放依，以长其身。""睹其万民，饥则食之，寒则衣之，疾病侍养之，死丧葬埋之。"（《兼爱下》）墨子认为"兼相爱、交相利"是符合人们利益的，为治国安民之道。"人之于就兼相爱、交相利也，譬之犹火之就上，水之就下也"，"王公大人之所以安也，万民之食之所以足也"，"此圣王之道，而万民之大利也。"（同上）

既然以"兼爱"为其伦理原则和政治原则，墨子从根本上讲并不反对孝道，但在墨子的思想体系中，"孝道"观念仅仅是其"兼爱"原则的体现，父子关系只不过是社会上普遍的人伦关系中普通的一种而已，与其他人之间的爱、利关系并无亲疏远近之别。"墨家对于'孝'虽然不加以非难，但只承认为社会普通的伦理之一。"因而，孝和慈"在墨家的眼光中，不过是'兼爱'大德目底下的两个小德目，或兼爱之表现于亲子间的两个名词。"①在此基础上墨子强调君惠臣忠父慈子孝的重要性：

> 君臣不惠忠，父子不慈孝，兄弟不和调，此则天下之害也。（《兼爱中》）
> 
> 人君之不惠也，臣者之不忠也，父者之不慈也，子者之不孝也，此又天下之害也。（《兼爱下》）
> 
> 为人君必惠，为人臣必忠，为人父必慈，为人子必孝，

---

① 周予同：《"孝"与"生殖器崇拜"》，《古史辨》第2册，上海古籍出版社1982年版，第234页。

> 为人兄必友，为人弟必悌。（同上）

与儒家相比，孝在墨家思想中并不显得那么重要。儒墨虽都以"爱人"为其思想的核心和出发点，但在"爱人"的内容和方式上却是大为不同的。儒家的爱人，是以孝悌为本，"孝悌也者，其为仁之本与！"①"尧舜之道，孝弟而已矣。"（《告子下》）儒家的爱人是以亲亲为其出发点，由此逐渐扩大到家族、宗族、民族以至到全人类，儒家所讲的"爱人"是由一种由近及远，推己及人的等差之爱，所以肯定"亲亲之杀，尊贤之等"②（《中庸》）。孟子讲"亲亲而仁民，仁民而爱物"（《尽心上》），"老吾老以及人之老，幼吾幼以及人之幼"（《梁惠王上》），要点都在于由近及远，推己及人。因此，孝在儒家思想体系中居于核心的地位，是"仁之本"，以至曾子，以孝为核心，将孝提升到最高范畴的地位。儒家所讲孝道，是建立在血缘宗法等级制度上等差之爱的根本，是建立现存社会关系的基础与前提，离开它，则天下必将陷入混乱与无序的禽兽状态之中。而墨家主张："爱无差等"（《尚贤上》），"不避亲疏"（《兼爱下》），以爱己为出发点，转而再去爱亲和爱人，"若使天下兼相爱，爱人若爱其身，犹有不孝者乎？视父兄与若其身，恶施不孝？"（《兼爱上》）墨家是从爱己为出发点的，但墨子又反对只爱自身不爱他人的行为，"子自爱不爱父，故亏父而自利；弟自爱不爱兄，故亏兄而自利。"（《兼爱上》）而且墨子从爱己为出发点，极力要打破血缘宗法等级制度的"亲亲"之爱，主张爱无差等，不避亲疏，强调"不党父兄，不偏富贵，不嬖颜色。"（《尚贤书》）在这点上是与孔子有根本分歧的。墨子以爱己为出发点，主张

---

① 《论语·学而》，杨伯峻《论语译注》，中华书局1980年版，下引《论语》同此版本，只注篇目。
② [宋]朱熹《四书章句集注》，中华书局1983年版。

爱己与爱人的统一，因此，爱人既不能以"亲亲"为标准，而且"孝"亦不能仅仅局限于爱利自己的双亲和长辈，还应包括爱民利众之意，"亲贫，则从事乎富之；人民寡，则从事乎众之；众乱，则从事乎治之"（《节葬下》）。在爱亲、利亲上，墨子认为应从他人之亲考虑，只有"先从事乎爱利人之亲"，人才能"报我以爱利吾亲也"（《兼爱中》），"夫爱人者，人亦从而爱之"（《兼爱上》），可见，在"爱人"的内容和方式上，墨子的观点是与儒家截然相反的。为了实现"兼爱"的原则，墨子在其孝道观念中提出"交孝子"的原则，他说：

> 姑尝本原之孝子之为亲度者。吾不识孝子之为亲度者，亦欲人爱利其亲与？意欲人之恶贼其亲与？以说观之，即欲人之爱利其亲也。然即吾恶先从事即得此？若我先从事乎爱利人之亲，然后人报我以爱利吾亲乎？意我先从事乎恶人之亲，然后人报我以爱利吾亲乎？即必吾先从事乎爱利人之亲，然后人报我以爱利吾亲也。然即之交孝子者，果不得已乎。毋先从事爱利人之亲者与？意以天下之孝子为遇，而不足以为正乎？（《兼爱下》）

孝子从有利其亲角度考虑，仅仅自己孝其亲，不如他人也能爱利其亲。而要做到这一点，就必须自己先爱利他人之亲。这就是墨子在对时人谓其"兼爱"、"爱无差等"观念为"不忠亲之利，而害为孝乎"（同上）之诘难辩护时所提出的实现孝亲之"交孝子"原则。按此由"兼爱"而"爱无差等"而孝亦无差等的"交孝子"原则，孝子就不应做仅于其亲有利而于他人之亲无利之事。假若有一种药，万人食之，有效者仅四五人，则此药很难说是有效之药，"故孝子不以食其亲"（《非攻中》）。墨家后学继承了这一思想，"孝，以亲为芬，而能利亲，不必得"（《经说上》），"智亲之一利，未为孝也。亦不至于智不为己之利于亲也"(《大取》),可见,墨家"交孝子"原则,"将儒家孝道所确立的爱由亲始,进而有差等地波及到所有人的爱人次第,倒转为'我先从事乎爱利人之亲,然后人报我以爱利吾亲'。其由'爱无差等',而派生的'能能(能兼)利亲'为孝的观念,将其推至逻辑的结论,就是厚亲为己分内事,厚人之亲亦己分内事。概言之,即人、己之亲无分,一以厚之",从而"与儒家孝道相较,卑父母而尊世人是墨子孝道的一大特征,亦是与儒家孝道纷争的焦点"[①]。

墨家"交孝子"的原则改变了儒家的爱人次第,将爱人之亲上升到爱己之亲的同等高度,从而使己之亲与人之亲无别,父子之亲难以彰显,所以孟子直接指责墨子是"无父"(《滕文公下》)。班固也指出:墨家"不知别亲疏","乃蔽者为之"(《汉书·艺文志》)。通观墨子论孝,孟子、班固的批评是中肯的。朱熹也有同感:"人也只孝得一个父母,那有七手八脚,爱得许多!能养其父母无阙,则已难矣。想得他之所以养父母者,粗衣粝食,必不能堪。盖他既欲兼爱,则其爱父母也必疏,其孝也必不周至,非无父而何。"[②]

## 二

墨家主张"兼相爱、交相利","兼相爱"、"交相利"是不可分割的。墨子认为"兼相爱"这种道德理想,具体落实到处理人与人之间的关系时,应以对对方有利为原则,"仁之事者,必务求兴天下之利,除天下之害,将以为法乎天下,利人乎即为,不利人乎即止。"(《非乐上》)因此,"兴利"是墨子的一个根本观念,反映到墨家的孝道观念就是"利亲"(《经上》),"利亲"是墨家孝道观念的基本内容和行为准则。

---

[①] 查昌国:《论墨子之孝与"无父"》,《安庆师院社会科学学报》1998年第4期。
[②] 《朱子语类》卷五五《孟子五》,[宋]黎靖德《朱子语类》,中华书局1986年版。

由于墨子把"利"作为实现"兼爱"的行为准则,因此,在墨家那里,"利"也就是"义","重利"也就是"贵义"。后期墨家更是强调利的重要性,认为义和爱的内容就是利。"义,利也。"(《经上》)"义,志以天下为芬(爱),而能能(善)利之,不必用。"(《经说上》)既然爱就是利,因此他们所谓的"孝"也是以父母获得实利为行为标准,"孝,利亲也"(《经上》),"孝,以亲为爱,而能能(善)利亲,不必得"(《经说上》),"智亲之一利,未为孝也,亦不至于智不为己之利于亲也"(《大取》),因此,所谓孝就是要"利亲",而"爱亲"就在于能够善利亲,这种对"孝"的解释使"孝"具有浓厚的功利主义色彩。

但是,墨家的孝道观念并不局限于自己的亲人,而具有泛社会化的倾向,"墨子把'孝'社会化了:'孝'不仅仅限于爱利自己的亲人,还包含爱民利众的意思。"①

>今孝子之为亲度也,将奈何哉?曰:"亲贫,则从事乎富之;人民寡,则从事乎众之;众乱,则从事乎治之。当其于此也,亦有力不足,财不赡,智不智,然后已矣。无敢舍余力,隐谋遗利,而不为亲为之者矣。若三务者,孝子之为亲度也。"(《节葬下》)

这里墨子将爱利其亲和爱民利众都集中于物质之利,认为子于亲于众能增此"利",则为孝,否则为不孝。而且墨子认为富贫、众寡、治乱也是仁者之事,"仁者之为天下度也,辟之无以异乎孝子之为亲度也"(《节葬下》),在此意义上,墨子说"仁也,义也,孝子之事也"(同上),认为仁者就是孝子。

"利亲"既然是墨家孝道观念的基本内容和行为准则,因此墨子

---

① 沈善洪、王凤贤:《中国伦理学说史》上册,浙江人民出版社1985年版,第139页。

据此认为厚葬久丧为非孝。"厚葬久丧实不可以富贫、寡众、定危、治乱乎？此非仁非义，非孝子事也。"（同上）所以墨子强烈抨击儒家孝道中厚葬久丧主张。"儒以天为不明，以鬼为不神，天鬼不说，此足以丧天下。又厚葬久丧，重为棺椁，多为衣衾，送死若徒，三年哭泣，扶后起，杖后行，耳无闻，目无见，此足以丧天下。"（《公孟》）厚葬久丧既造成"国家必贫，人民必寡，刑政必乱"（《节葬下》）的严重后果，又使得当事人出则无衣，入则无食，以至父子反目，群臣离间，怨声鼎沸，"为人弟者，求其兄而不得不弟弟，必将怨其兄也；为人子者，求其亲而不得不孝子，必是怨其亲矣；为人臣者，求其君而不得不忠臣，必且乱其上也"（《节葬下》）。可见，厚葬久丧决不能富贫众寡，安危治乱，"非仁非义，非孝子之事也"。墨子坚决反其道，而主张薄葬、短丧。其葬埋之法是：

棺三寸，足以朽骨；衣三领，足以朽肉。掘地之深，下无菹漏，气无发泄于上，垄足以期其所，则止矣。哭往哭来，反，从事乎衣食之财，佴乎祭祀，以致孝于亲。（《节葬下》）

墨子还通过历史的考察，说明丧葬只是一种习俗而已。他举边邻小国的习惯为例，如越之东有輆沐国，其大父死，负其大母而弃之，曰："鬼妻不可与居处。"楚之南有炎人国，其亲（父母）死，朽（当作刳）其肉而弃之，然后埋其骨，乃成为孝子。秦之西有仪渠国，其亲戚死，柴薪而焚之。这都是"便其习，义其俗"的结果，"非先王之道也"（同上）。

墨子站在下层平民立场上对儒家厚葬久丧的批判是有积极意义的，但墨子过于强调孝道观念中"利亲"的内容，"故衣食者，人之生利也，然且犹尚有节；葬埋者，人之死利也，夫何独无节于此乎？"（《节葬下》）而否定了儒家提倡厚葬久丧中子女所表达的对父母养育之恩的感激和回报之情的合理因素。当公孟子谓墨子曰:"三年之丧,学吾之慕父母。"墨子答曰:"夫婴儿子之知,独慕父母而已,父母不可得也,然号而不止,此其故何也?即愚之至也。然则儒者之知,岂有以贤于婴儿子哉。"(《公孟》)"圣人之法,死亡亲,为天下也。厚亲,分也;以死,亡之,体渴兴利。有厚薄而毋伦列之兴利,为己。"(《大取》)可见,"墨子之孝就成为一种与人情、人性无关,与自我实现、自我需要无涉甚至对立的外在规范。此孝观念孕育出的孝子,既无内在'不安'之自觉,亦无精神层面敬亲、爱亲之实践"①。此类孝子,按孔子"今之孝者,是谓能养,至于犬马,皆能有养,不敬,何以别乎?"(《为政》)的原则评判,孝亲与养犬马何异,难怪遭到时人和后人的讥评。孟子骂曰:"禽兽。"(《滕文公下》)荀子讥曰:"则是曾鸟兽之不若也。"②在朱熹看来,则其"良心已死了也"③。这类孝子,仅是墨家实现其"兼相爱,交相利"的伦理原则与政治原则的工具而已。

## 三

综上,儒墨在孝道观念上是根本对立的,这也正反映了墨子受业于儒家,又另辟蹊径反对儒家的思想历程,儒墨关于孝道观念的对立实质也反映了战国初期,下层平民要求冲破宗法血缘等级制度的束缚,要求民主与平等的朴素的观念,也反映了这一时期宗法制危机、宗族瓦解的历史事实。但春秋战国社会变革的实质,"是社会结构上宗法宗族制度向宗法家族制度的转化,是政治上从宗法血缘统治向地缘政治统治的过渡。"④随着小农经济的确立,家庭代替宗族成为整个经济

---

① 查昌国:《论墨子之孝与"无父"》,《安庆师范学院社会科学学报》1998年第4期。
② 《荀子·礼论》,[清]王先谦:《荀子集解》,《诸子集成》,上海书店1986年版。
③ 《朱子语类》卷四七,[宋]黎靖德:《朱子语类》,中华书局1986年版。
④ 姜广辉:《中国经学思想史》(第一卷),中国社会科学出版社2003年版,第682

生产和活动的基本单位。在小农家庭中，年长者由于其丰富的生产经验而受到人们普遍的推崇和尊敬，这是孔孟"孝亲"、"敬长"的经济基础。同时，小农经济有一重要的特征，这就是崇尚权威。

他们不能代表自己，一定要别人来代表他们。他们的代表一定要同时是他们的主宰，是高高站在他们上面的权威，是不受限制的政府权力，这种权力保护他们不受其他阶级侵犯，并从上面赐给他们雨水和阳光。[1]

小农经济的脆弱性与松散性，使得王权的产生和建立有着强烈的社会政治需求。孔孟主张"忠君"就满足了小农生产者在政治上的要求。可见，春秋战国正是父权确立、君权彰显时期，儒家思想正迎合了这一时代发展的需求。相反，墨子主张"兼爱"，使父权难以确立，也使小农家庭难以兴固，而杨朱"为我"，更是对"君权"的否定，难怪孟子痛心疾首破口大骂曰："杨朱为我，是无君也；墨子兼爱，是无父也。无君无父，是禽兽也。"（《滕文公下》）甚至发出召唤："能言距杨墨者，圣人之徒也。"（同上）墨家思想与春秋战国社会发展的大势在根本上是相违背的，所以庄子称墨子"反天下之心，天下不堪，墨子虽独能任，奈天下何？"[2]这大概是墨学虽兴盛于一时而难以行于后世的主要原因吧！（作者系西安理工大学人文学院副教授）

---

[1]《马克思恩格斯选集》第1卷，人民出版社1972年版，第693页。
[2]《庄子·天下篇》，陈鼓应：《庄子今注今译》，中华书局1983年版。

# 论道家政治文化研究视角

## 商原李刚

从政治行为模式及其取向即政治文化视角研究道家，是当代道家研究创新的一个重要方面。

### 一、道家政治文化研究的创新

道家的政治文化研究，是一种中观的研究，不限于政治思想研究的范围，是对近代以来的道家研究的哲学思想分析、文献考证、训诂注解、政治思想研究、文学以及文化人类学研究等方面成就的一种整合。曾几何时，"中国哲学的合法性"问题以及"中国哲学史"还是"中国思想史"研究模式之争促使我们进一步反思道家研究的理论创新问题。文献考证和训诂注释是道家研究的基础，哲学思想和政治思想集中地反映了道家的言论，文化人类学揭示了道家的文化背景。但是，道家之言与行、理论与实践是有一定距离的。因此，研究道家怎么做，即研究道家的政治行为模式及其取向，既能从道家的思想看其行为，又能从道家的行为进一步透视其哲学、政治等思想。换言之，道家的政治文化研究是一种更深层次的政治哲学研究。因此，这是深化道家研究成果、寻找新的研究视角的一种尝试。

关于道家的政治行为模式及价值取向，汉代学者司马谈和班固看得最为清楚。司马谈在《论六家要旨》中说：

> 夫阴阳、儒、墨、名、法、道德，此务为治者也，直所从言之异路，有省不省耳……道家使人精神专一，动合无形，赡足万物。其为术也，因阴阳之大顺，采儒墨之善，撮名法之要，与时迁移，应物变化，立俗施事，无所不宜，指约而易操，事少而功多。

司马谈尽管说的是汉初的黄老道家，但他准确地看到了道家"事少而功多"的政治行为模式、"指约而易操"的政治哲学原则、"与时迁移，应物变化"的价值取向。班固在《汉书·艺文志》也说：

> 道家者流，盖出于史官，历记成败存亡祸福古今之道，然后知秉要执本，清虚以自守，卑弱以自持，此君人南面之术也。合于尧之克攘，易之嗛嗛，一谦而四益，此其所长也。及放者为之，则欲绝去礼学，兼弃仁义，曰独任清虚可以为治。

班固所说的"道家者流，盖出于史官"，点出了道家的政治文化渊源；"秉要执本"即司马谈的"指约而易操"的"道法自然"之论；"清虚以自守，卑弱以自持，此君人南面之术"，也是指道家清静无为的政治行为模式。班固特别指出的是：单任"清虚"的政治理念，是"放者"的政治行为。班固和司马谈从道家的政治行为取向方面评论道家，实际上已开了我们今天从政治文化视角研究道家的先河。近代的今文经学家魏源在《论老子》中，详细分析了道家的政治行为，并把《老子》看作"救世书"[①]。当代学者韦政通进而认为先秦诸子包括道家：

---

[①] 魏　源：《魏源集》（上卷），中华书局1976年版。

支持他们生活最强烈的因素是用世,是直接参与政治并影响社会,他们对政治社会有强烈的责任感、使命感,能遇明主采纳他们的意见,实现他们的抱负,才是人生最大的愿望。①

道家参与政治的方式,不是直接地积极用世,而是以"清静无为"的方式影响政治。但其行为的政治性质是很明显的。

道家从产生起就与政治现实有着直接和间接的联系。道家创始人老子代表着史官传统。班固在《汉书·艺文志》中登录了 37 位道家人物的 993 篇著作,得出了"道家出于史官"的结论。《国语》、《左传》中的记言、记事的史官也有着与道家人物老子、范蠡等一致的政治智慧和世界观。司马迁在《史记·太史公自序》中也把他父亲司马谈这个道家人物的世系追溯到了史官家族。史官的重要地位,王国维有深入地分析:

> 史为掌书之官,自古为要职。殷商以前,其官之尊卑虽不可知,然大小官名及职事之名多由史出,则史之位尊地要可知矣。②

史官在西周还是统治集团中的重要力量之一,处于社会的中心。但到了春秋时代,贵族没落、庶民上升趋势迅速加剧,整个社会发生了一场类似于英国法学家梅因所说的"从身份到契约"③的社会解放运动,传统的礼乐政治文明受到挑战,个体理性自觉出现,史官也逐渐由中心走向社会的边缘。这是一个天崩地裂、王纲解纽的变革时代,

---

① 韦政通:《中国思想史》,上海书店出版社 2003 年版。
② 王国维:《释史》,载《观堂集林》(第一册),中华书局 1959 年版。
③ [英]亨利·梅因:《古代法》,沈景一译,商务印书馆 1996 年版。

整个社会结构重新整合。在这一巨变中，逐渐边缘化的道家式人物在反思政治危机中发展成一个具有独特的自然主义政治价值取向及政治不服从行为，即对政治权威的比较明确的逆向态度和行为的社群。早在老子、孔子的时代，像楚狂接舆、长沮、桀溺之类的隐士已不少见；战国时代的隐士俨然成了有一定影响的社会力量。《庄子·刻意》中列举的"非世之人"、"避世之人"、"导引之士"以及庄子所标榜的"游世之人"等道家人格形象，就是先秦被边缘化的、有着明显的自然主义价值取向及政治不服从倾向的人格形象。

道家的自然主义取向及其政治不服从行为，与中国古代的社会政治结构是分不开的。中国古代是在"平土治水"的过程中，以集体的力量，较早地进入了文明社会，但也把原始的血缘组织改造成阶级社会的结构，形成了独特的、"早熟的"宗法社会，人与人的社会关系一般被限定在血缘伦理的圈子之内，人与人的信任也是这一圈子内的一种特殊的信任主义。中国社会的各种力量，都不同程度上与宗法制政治相联系。因此，中国古代的社会是一个由中心与边缘所组成的社会。道家多少代表着不被信任也不愿被信任的边缘社会力量与情绪，淡出血缘伦理的包围圈，与儒家形成互补态势，构成中国思想文化的重要方面。

近代以来，道家的政治思想研究也占有非常重要的地位。孙思昉《老子政治思想概论》、历劫余生的《老子研究与政治》等，专门讨论了老子的政治思想。杨幼炯、陶希圣、萧公权、吕振羽、刘泽华等学者的《中国政治思想史》对道家政治思想都列有专章专节。特别是梁启超、刘泽华的《先秦政治思想史》，对道家政治思想有比较系统的论述。此外，胡适的《中国哲学史大纲》、冯友兰的三种《中国哲学史》、英国汉学家葛瑞汉的《论道者：中国古代哲学论辩》以及任继愈等的哲学史，既论述了道家的哲学，也涉及到了道家的政治思想。在哲学史中大篇幅写政治思想，这本身就说明了道家思想的政治文化性质。

因此，道家研究从哲学到政治思想，从政治思想到文化背景，都需要我们进一步从政治哲学和政治文化的高度深入研究道家。就目前来看，较早涉及道家政治文化的著作，只有意大利籍华人贺荣一的《老子的朴治主义》（1988年），但该书并未从政治文化研究的角度自觉地思考道家政治文化问题。另外，吕锡琛的《道家、方士与王朝政治》（1991年）及其修订版《道家道教与中国古代政治》（2002年），从政治伦理的角度涉及道家的政治文化倾向，但也没有把政治文化作为全书的主要视角。因此，全面地展开道家政治文化研究，自觉地从政治文化视角研究道家，有利于实现道家研究的理论创新。

## 二、政治文化视角重在政治行为的取向性模式

"政治文化"视角是从当代西方政治学借来的，但是，中国古代的道家研究，天然地具有政治文化研究传统；西方学者的政治文化研究一开始就与中国文化直接相关。因此，我们一方面要自觉克服生搬硬套之弊，另一方面也要大胆借用西方政治学的政治文化研究成果，遵循政治文化研究的基本规范。那么，政治文化研究视角新在何处呢？

政治文化视角是西方政治学的最新领域之一。初看起来，"政治文化"是老观念的新名词[①]，但"政治文化"是从研究政治行为开始的，是当代西方政治学中的一个有特定内涵的新概念。

1850年以前，西方政治学大体上为古典时期。该时期的政治学与哲学、伦理学融合在一起，多以规范为主题，以演绎为方法，大多数人只关心政治评价的标准，很难与哲学区别开来。1850-1900年为制度时期，开始采用历史与比较研究法，集中于法律与制度，主要描述当时的政治制度与过程，以法律文件与宪法规约为主要的资料基础。1900-1923年为过渡时期，开始正视观察、调查和测量方法，力求借

---

① 王惠岩：《当代政治学基本理论》，天津人民出版社1998年版。

用心理学、社会学、人类学等成就，开拓政治学的新领域。1923—1969年是行为主义时期，偏重于人类行为的变项，强调个人行为是政治研究的基本单位，采用经验性的测量方法来探讨政治活动，开始追求普遍性的经验理论。"政治文化"理论，是行为主义末期即20世纪五六十年代的政治理论的重要组成部分，它强调对政治行为的研究不能忽视政治系统内成员的政治行为和政治评价的主观取向。1970—1980年为后行为主义时期。该时期的代表人物伊斯顿批评行为主义者忽略了政治问题与目标价值的关联，对政治文化研究也提出了批评，为行为主义补充了更广阔的视野及"政策研究"等领域。尽管这一批评并未得到学术界的广泛支持，但也使政治文化研究进入衰落期。80年代中期以来，政治文化研究再次受到关注，在广度和深度上都走向了新的阶段。由此可见，"政治文化"研究是一个经过了近现代科学洗礼的研究视角和跨学科研究领域，并不真是一个老观念的新名词；它的独特含义可以通过其方法与内容表现出来。

"政治文化"概念最早是由美国政治学家加布里埃尔 A·阿尔蒙德（Gabriel A·Almond）1956年在《政治杂志》上发表的《比较政治系统》一文中提出来的。他认为，政治文化是政治体系的心理方面，指对政治客体的情感、态度和信仰的取向性模式：

> 政治文化是一个民族在特定时期流行的一套政治态度、信仰和感情。这个政治文化是由本民族的历史和现在社会、经济、政治活动进程所形成。人们在过去的经历中形成的态度类型对未来的政治行为有着重要的强制作用。政治文化影响各个担任政治角色者的行为、他们的政治要求内容和对法律的反应。[①]

---

① [美]阿尔蒙德等：《比较政治学：体系、过程和政策》，曹沛霖等译，上海人民出版社1987年版。

它包括：（1）"认知取向"，指的是关于政治制度、政治制度的作用以及这些作用的执行者以及政治制度的输入输出的知识和信仰；（2）"情感取向"，或者说是对政治制度、政治制度的作用、执行者及执行的情感；（3）"评价取向"，指的是凭借信息和情感对典型地包含价值标准和尺度的结合的政治目标所作的判断和评价。①

这一概念从产生开始就有许多不同的定义，但总的来看，这些定义基本上都是在阿尔蒙德定义的基础上展开的。国内学者的定义显然有泛化的倾向，一种认为政治文化包括政治思想、政治心理和政治制度；一种认为包括政治思想和政治心理两个层次；一种认为只研究政治心理层面。②其实，政治文化起初就是一种行为主义视角，从政治行为进而研究政治心理与行为模式，这是政治文化的主导理念和研究范围。政治文化是一个民族在特定时期流行的一套政治态度、信仰和感情，只有经常而明显地影响政治发展的那些态度和情感，甚至许多非政治信念，如对人际关系的基本信任感以及世界观等，都深深地影响着政治发展，也应该纳入政治文化范畴。西方的政治文化研究专指政治心理或政治行为取向，时间上基本限于现代。但美国学者派伊等对中国政治文化研究及美国学者墨子刻的《摆脱困境——新儒学与中国政治文化的演进》③一书，基本突破了西方学者政治文化的界限，出现了政治文化研究上的"非西方化"倾向。

政治文化的核心是政治态度，即政治行为的取向性模式，是政治

---

① [美]阿尔蒙德、维巴：《公民文化——五国的政治态度和民主》，浙江人民出版社1989年版。
② 王乐理：《政治文化导论》，中国人民大学出版社2000年版。
③ [美]墨子刻：《摆脱困境——新儒学与中国政治文化的演进》，江苏人民出版社1995版。

制度的"软件"和"灵魂"。在各种文化中，政治文化无疑居于核心地位，最直接地体现着人与人的社会关系和利益选择。一个人无论是否喜欢政治，都不能全然置身于某种政治体系之外；任何角色都有自己独特的政治文化取向和心理。台湾人类学家李亦园把文化区分为可观察文化和不可观察文化。他把可观察文化分为物质文化（技术文化）、社群文化（伦理文化）及精神文化（表达文化）三个层次和方面。不可观察文化是一套意义和符号系统，对可观察文化起着调控和整合的作用。因此，所谓"政治文化"，不只是一种社群文化，更是一套不可观察的意义和符号系统，即政治的价值取向系统。

从各个国家的政治文化入手，就可以把宏观分析与微观分析集中到一个共同的焦点上，即把研究整个系统以及构成整个系统的个人行为结合起来，是一种"中观"式的研究；政治文化视角为考察政治行为与社会及经济等因素之间的联系提供了有益的观察点和联结点；同时还能使我们进一步认识到理性与非理性因素在政治行为中的作用。

政治文化研究有自己的分析系统。在一个国家中，政治态度的不同分布构成了政治亚文化。阿尔蒙德和西德尼·维巴在《公民文化——五国的政治态度和民主》一书中，对政治文化做了独特的分类：他们把心理上远离国家管理机构的居民定义为"地域民"；把屈从或只是被动地不屈从政府法令和规章制度的人们定义为"臣民"；把那些不仅意识到政府机构的"输出部分"，而且还准备对掌握政府的"输入部分"的人施加影响的公民定义为"参预者"。这些不同的政治态度类型的区分，特别是对"地域民"的分析，有助于深入理解道家政治文化的性质。

在一定的社会中，政治文化表现在政治系统的体系、过程和决策三个方面。体系文化指民众和精英人物对政治合法性的信念以及对国家和权威人物的认同。过程文化指政治过程的一套倾向，主要包括：（1）对自己的政治影响能力的看法；（2）对人己关系的看法，如信任或敌视。政策文化指对公共政策的倾向性模式，其核心是如何看待理想社会。从政治文化的发展来看，它表现为一个世俗化和具体化的过程；它越来越能接受新信息，更倾向于把政治作为达到其目标的途径。这些方面的分析，是我们进行道家政治文化研究的基本内容。

阿尔蒙德所开创的政治文化理论，对中国政治文化特别是道家政治文化研究有着非常重要的意义。

## 三、道家研究与政治文化视角有天然联系

道家研究早在先秦就已经开始，但古代与现代的道家研究却出现了明显的断层。道家研究作为一种学科，严格说来是从胡适开始的。蔡元培为胡适出版于 1918 年的《中国哲学史大纲》（上册）作序时，充分肯定了胡适在中国哲学特别是在道家研究上的创新，认为胡适的开创性贡献有四：第一是证明的方法，第二是扼要的手段，第三是平等的眼光，第四是系统的研究。从胡适开始，道家在中国思想史上重新获得了"国民待遇"，成了一个能被人们公平对待的学派；道家研究也成了重要的学科研究方向。蔡元培这一具有历史意义的评价，揭示了道家研究新时代的到来。从这一传统开始，道家研究走向多样化发展的方向，形成了哲学思想分析、文献考证、注解训诂、政治思想探讨等四个主要的方面，其中以道家哲学的研究最为突出。这些成就使道家研究进入了现代形态，在学科上获得了自己的地位。但是，站在当代的高度，这些研究由于主要采用西方哲学的理念、模式及逻辑方法，并不能深入揭示道家思想文化的内在结构及整体性质，反而无形中"肢解"了研究对象。特别是从西方的形式逻辑看道家的不完全归纳等方法，只会对中国思想文化持否定的态度。因此，中国现代的道家研究与古代出现了断层现象。

中国古代的道家研究尽管学派不同，但他们与道家拥有共同的思

想文化背景,他们对道家的看法更为深入和准确。

早在老子的时代,孔子就对老子的行为模式作了评介:

> 鸟,吾知其能飞;鱼,吾知其能游;兽,吾知其能走。走者可以为网;游者可以为纶,飞者可以为矰。至于龙,吾不能知,其乘风云而上天。吾今日见老子,其犹龙耶!(《史记》卷十)

由此可见,老子是一位"被褐怀玉"(《老子·第七十章》)的圣人。孔子周游列国,遇到许多隐士,如长沮、桀溺等等,他认为:"贤者避世,其次避地,其次避色,其次避言。"(《论语·宪问》)他对不降其志,不辱其身的"逸民"充满了同情和敬意;孔子本人也有隐逸倾向:"道不行,乘桴浮于海。"(《论语·公冶长》)但他的同情是有限的:"天下有道则见,无道则隐。"(《论语·泰伯》)孔子与当时的道家人物同病相怜,有大体相同的生活地位和经历,他本人的无为思想和退隐倾向,使他能更深刻地理解道家人物的思想和行为,只是他本人不愿意像他们那样离群索居罢了。孟子骂杨朱"无君",明确地指出了"拔一毛而利天下不为也"的道家人物的自然主义政治态度。《荀子·非十二子》也是从"枭乱天下"、"足以欺惑愚众"的角度评价道家。宋明理学家尽管从性命天道的高度批评道家,但也没有离开这一基本立场。

韩非子受黄老之术的影响,在《解老》、《喻老》中对老子学说的政治性质有许多独到见解,但韩非子的基本立场是隆君重法,在《显学》中对"义不入危城,不处军旅,不以天下大利易其胫一毛"的道家式人物的政治倾向非常痛恨,认为这种人是无用之徒,应该予以打击清理。韩非子的看法,正好从反面说明道家人物的政治不服从行为倾向。

汉代司马谈的《论六家要旨》揭示了道家特别是黄老道家的学派

特征和宗旨。司马迁也说："老子修道德，其学以自隐无名为务。"班固的《汉书·艺文志》指出了道家政治态度的特点。汉初七十年，黄老道家思想占主导地位，道家清静无为的政治态度和行为，近两年也是一大学术热点。魏晋玄学注重思辨，但并不缺少道家的政治不服从行为倾向；阮籍、嵇康等的代表性言论，往往都与道家的政治态度有关；特别是鲍敬言的无君论，再次突出了道家的政治不服从行为倾向。

　　魏源对道家的政治文化论述较多：第一，老子的无为，其根本在无欲；第二，老子之教，是淳朴忠信之教，启西汉先机；第三，曹参、文、景之无为而治，网漏吞舟，而天下化之，是因秦之苛政而发，故可勿药而自愈；第四，无为并非枯坐拱手，而是以无为的方式治理天下；第三，无为之道有一个发展过程，即太古之无为、中古之无为、末世之无为；第六，老子主柔宾刚，其体用皆出于阴。①他力图从《老子》中为僵化的清王朝政治寻找活力，撰成《老子本义》及四篇《论老子》，进一步深化了对道家政治文化的认识。另外，中国的四本御批《老子》，直接把《老子》看成了政治著作。

　　由此可见，中国古代的道家研究，从政治文化视角入手，能比较深入地分析道家的性质，是我们今天值得认真继承和发扬的传统；重新恢复道家的政治文化研究，是当代道家研究创新的重要途径。但是，我们也要看到：第一，古代道家与道家研究尚未分化，道家的发展体现在道家的阐述和研究中。道家思想的演进，体现在由"注"到"疏"、由"集解"到"正义"的变迁中，缺乏近代以来"系统的研究"。第二，古代的道家研究，主要集中在道家的政治倾向的描述上，缺少近代以来"证明的方法"。第三，对道家的批评往往是"党同伐异"的态度，缺乏"平等的眼光"。第四，古代的道家研究不分正史与神话、不重历史与源流，缺少"扼要的手段"。由此可见，古代道家不自觉

---

①魏　源《魏源集》（上卷），中华书局1976年版。

的政治文化研究倾向是现代道家研究创新的良好起点；进一步弘扬古代道家研究的优良传统，也非常需要近代以来道家研究的基本方法和学科规范。

因此，近代以来的道家研究，在注重哲学、政治思想研究的同时也不自觉地接触到了道家政治文化的问题。胡适一方面分析哲学思想，另一方面不自觉地继承了中国古代的道家研究传统，注重分析道家的政治行为及倾向，带有政治文化研究的色彩。在胡适之前的近代启蒙思想家严复，把《老子》、《庄子》与西方近代的政治自由、民主等联系起来，也是在不同程度上从政治文化方面研究道家的。胡适的这种倾向的影响若隐若现地表现在现代道家研究及中国哲学史、中国政治思想史著作中，只是少而零散而已。这从另一方面说明道家研究应该回到中国思想文化的立场上来。

那么，道家政治文化研究如何使古代的传统与近代以来的"证明的方法"、"扼要的手段"、"平等的眼光"、"系统的研究"等范式话语结合起来呢？

首先，确立"平等的眼光"，为道家政治文化研究准确定位。道家政治文化研究视角是道家研究的视角之一，其独特之处在于对道家政治行为及其取向性模式的研究，能比较贴切地揭示道家学派的性质，因而是道家研究最新的视角之一。它不能代替其他研究方法，但却可以整合道家研究其他方面的成果，从而实现"综合创新"。道家政治文化研究与儒家等的政治文化研究是平等的，应该互相借鉴、互相促进。

其次，采用"扼要的手段"，完善道家政治文化研究的现代学科规范。道家研究史料庞杂，需要胡适当年"截断众流"的手段，在"臣民文化"的大背景下，从道家的自然主义政治态度和政治不服从行为入手，明确道家政治文化研究的范围和限度。道家政治文化是中国传统政治文化的一大亚政治文化类型，它既具有"地域民"在心理上疏离权威的特点，又有准备对掌握政府的"输入部分"的人施加影响的"参预者"的特征，是一种清代学者胡文英所说的"眼极冷，心肠极热"①式的政治态度类型。因此，借助于政治文化研究的政治系统的体系、过程和决策分析等"扼要的手段"，我们会看到道家许多被忽视的新的方面。

再次，借鉴西方政治文化研究"证明的方法"，使道家政治文化研究方法现代化。政治文化研究主要采用抽样抽查法、面对面访谈法、资料与历史文献研究法这三种基本方法。道家政治文化研究只能采用历史与文献研究法，不能用实地调查、个案调查方法。但本尼迪·肯特对日本民族性格的研究、托克维尔对美国民主制的考察特别是派伊、墨子刻对中国政治文化的研究，为道家政治文化的研究提供了方法上的参考。中国古代道家研究多是不完全归纳的方法，如果能采用统计分析等方法，并结合道家政治文化在当代的影响如知识分子、农民等的政治态度的实际调查和个案调查，道家政治文化研究方法会发挥重要的作用。

第四，重视"系统的研究"，不断提高道家政治文化研究的水平。中国古代的道家研究往往散见于各种评论、注解文字中，难于走向深入。胡适所开创的"系统的研究"传统，已取得了丰富的经验和成就，为我们进一步把道家政治文化研究系统化提供了基础。

总而言之，在反思"中国哲学史"学术范式之际，道家研究的创新也要求我们探索新的研究视野。政治文化研究视角既是现代政治学的最新视角之一，也与道家研究有天然的联系，是实现当代道家研究创新的一个理想途径。因此，全面认识道家政治文化研究的意义，尽快推进道家政治文化研究的综合创新，是非常迫切的。（作者系长安大学人文学院教授）

---

① 谢祥皓、李思乐：《庄子序跋论评辑要》，湖北教育出版社2001年版。

# "道法自然"的卓越智慧

## ——解析《老子》

### 周益锋

老子身处东周王室衰弱之际。作为东周王室管理图书的史官，老子可以接触许多历史的记载。历史与现实的对比、冲突是老子思想产生的根据。老子思想其实就是他对历史与现实这一对"矛盾"进行思考和阐释的结果。它来源于历史与现实，但又超越历史与现实。《老子》书只有五千言，但却博大精深。不同时期，不同年龄阶段去读《老子》，体会不一样，这恐怕便是《老子》的玄妙处，也是《老子》的生命力所在。

对于《老子》，学术界的意见并不一致。有的认为《老子》就是一部哲学书；有的认为《老子》是治世的书，是君人南面之术；有的认为《老子》是言兵事，言诡计的书。总上三种看法，都各有自己的根据和道理。《老子》是一部什么样的书？老子的思想是什么思想？我以为，《老子》是一部溯"本"的书。后人将《老子》运用于哲学、运用于治世、运用于兵事，皆是《老子》的"用"，非《老子》之"本"。整个一部《老子》，一言以蔽之，言"道"与"德"。虽然就两个字，但不同的人对这两个字的思考却完全不一样。

## "道法自然"的卓越智慧

### （一）

什么是"道"？这颇不好说，所以"道可道，非常道"，"名可名，非常名"。如果"道"能够说出来，那就不是那个永恒的"道"了。所以道不可以说。"道"不可以说，但还必须要说，如果不说的话，那《老子》也就没有用处了。"道"无言，言者非"道"。但老子非常人，所以老子言"道"。本不可言的"道"，在老子数千言中，硬是被他描述出了一个端倪。

道冲，而用之或不盈。渊兮似万物之宗……湛兮似或存。吾不知谁之子，象帝之先。（《道德经》第4章）①

"吾不知谁之子"一句的注释，一般都认为，这里是讲"道"上面没有东西了，借以引申"道"为万物之始、之母，此言恐误。我以为，老子在此言"不知谁之子"，并非是说"道"上就没有东西，当然也没说"道"上就有东西，也许有，也许无，但那已非其思维能力所能把握的了。"象帝之先"，象帝，与老子其他章节言"玄牝"、"谷神"一样，是类比。所谓"象帝之先"的"帝"，一般注家都解释为"上帝"。这是说"道"在"帝"之先、之上，"道"比宗教观念中的鬼神、上帝更根本。老子对"道"的这种论述打破了殷周以来以天帝为创世之最高主宰的传统天道观，从而使"道"摆脱了宗教鬼神观念而具有哲学意蕴。

老子言"道"，还有几处谈到：

---

①《道德经》（王弼注本），诸子集成（三），中华书局1986年版。下同。

## "道法自然"的卓越智慧

谷神不死，是谓玄牝。玄牝之门，是谓天地根。(《道德经》第6章)

道之为物，惟恍惟惚，惚兮恍兮，其中有象，恍兮惚兮，其中有物。窈兮冥兮，其中有精，其精甚真，其中有信。(《道德经》第21章)

有物混成，先天地生，寂兮寥兮，独立而不改，周行而不殆，可以为天下母。吾不知其名，强字之曰"道"，强名之曰"大"，大曰逝，逝曰远，远曰反。(《道德经》第23章)

"道"常无名朴，虽小，天下莫能臣。(《道德经》第32章)

道之出口，淡乎其无味，视之不足见，听之不足闻，用之不足既。(《道德经》第35章)

道生一，一生二，二生三，三生万物，万物负阴而抱阳，冲气以为和。(《道德经》第21章)

从这些片断我们可以了解《老子》中"道"的含义。什么是"道"？"道"是无，是虚，是静，但"道"又不是真无，真虚，真静。道"无味"、"不足见"、"不足闻"，但"道"又不是真的"不足见"、"不足闻"，其中有象，有物，有精，有信，所以"道"又是"有"。但"道"的"有"又不是具体的实有，只是"道"含有"有"的原因和根据。以此知："道"虚，但虚中含有"实"的原因和根据；"道"静，但静中含有"动"的原因和根据。"道"的最大特点，就是不执著、不偏执、不固定、不必然，与此相对应，"道"永远具有各种可能性。正因为如此，"道"才恒、常。如果"道"是固定的无，固定的虚，固定的静，那"道"就是僵化的，是必然的，是偏执的。这样，"道"就失去了它永远的可能性，就不能恒、常。正因为"道"永远具有各种可能性，所以，"道"可以为天下母，可以"独立而不改"，"周行而不殆"。"道"为天下母，为天地的根本，"道生一，一生二，二生三，三生万物"，并不是说"道"可以生万物，或万物生于"道"，而是指"道"的法则是万物生化的根据、原因。"生"非"生殖"之谓，而是"化育"、"滋养"之意。"道"是"种子"，"道"中蕴含了天下万物的生化的根据和原因，万物循着"道"的法则（式）活动，便成为"有"，便成为"显"，便成为"器"。所以"道"不生万物，万物自然而然生。"道"不生万物，是指"道"不以"是万物生的根据"而居功，"道"对于万物，无所谓生，无所谓不生，一切都是自然而然。"道生一"是指"一"循"道"而生。"道生一"以后，"道"并不居功，如果"道"以"生一"而居功、而执着，以"生一"为必然，那"道"就"自持"、"自夸"、"自见"、"自矜"了，这样，就失去了"虚"和"无"。所以，"道生一"后，不居功，又回到"无"、"虚"、"静"的状态。"一生二，二生三，三生万物"，是虚语，是为了说明事物由简单到复杂的过程。在这个过程中，"道"与万物之间有一种类似于血脉关系的连接。"道"隐则为"无"，"道"显则为"有"、为"德"、为"名"、为"器"、为万物。"道"显以后，不以"显"为功，又回到"隐"。所以老子说："反者道之动。"

## （二）

老子思想中第二个重要概念是"德"。"德"就是循"道"。"道"与"德"是体用、无有、隐显的关系。老子说：

> 上德不德，是以有德，下德不失德，是以无德，上德无
> 为而无以为。（《道德经》第 38 章）

"上德"不执着于德，不追求"德"，即不为了"上德"而去"为""德"，唯其无为，是以有德。"下德"执着于德，去追求"德"，害怕

失去"德",是有意为"德",是以反而无德。"上德"不去有意为"德",这就合"道"、循"道",所以无为而无以为,不为"德",反而有"德"。因此,真正的"德",必合于"道",故老子说:

孔德之容,惟道是从。(《道德经》第21章)

老子花费洋洋五千言,其目的是为了"体道"、"合道",成为"有德"的人。老子不讲得"道",得"道"的思想是庄子才具有的。老子只讲"体"、"合"。合"道"的人,老子称为"圣人"。"圣人"就是"体道"的人、"合道"的人。圣人具有"玄德",惟"道"是从。如何"体道"、合"道"？老子认为"道"虽是无,是隐、是恍惚,但"道"的法则在万物当中却有体现,所以,通过"有"、"器"、"显"、"名",可以去"体道"、合道。通过"有"体悟"无",通过"动"体悟"静",通过"实"体悟"虚",通过"刚强"体悟"柔弱"。无、静、虚、柔弱便是"道"的特点。只有无、虚、柔弱、静,才会永久。如果"动"、"实"、"刚强",则就执着于"有"和"为",失去了"道"的"自然"的特点。物"刚强"则壮,"物壮则老,是谓不道,不道早已"。物一旦失去"道"的"自然"的特点,便僵化、便老、便不"道"、便早死。"圣人"知道这个道理,所以常常"知其雄,守其雌"。而俗人不知道这个道理,所以不能体"道"、合"道"。老子说:

天下莫柔弱于水,而攻坚强者莫之能胜,以其无以易之。
弱之胜强,柔之胜刚,天下莫不知,莫能行。(《道德经》第78章)

---

① 高明:《帛书老子校注》,中华书局1996年版。

又说：

> 燥胜寒、静胜热。清静为天下正。（帛书《老子》甲本，第45章）

这都是讲柔、弱、静、寒与"道"相合的道理。天下万物，由"道"而来，最终会归复于"道"，所以"夫物芸芸，各复归其根，归根曰静，静曰复命。复命曰常，知常曰明"（《道德经》第16章）。"道"的本性便是静，万物的本性，根本也是静，所以圣人通过"抱一"，"守雌"，"处静"可以合"道"。"抱一"，"守雌"，"处静"，便要"无为"，便要"自然"。

> "道"常无为而无不为。（《道德经》第37章）
> 为学日益，为道日损。损之又损，以至于无为。无为而无不为。（《道德经》第48章）

老子痛苦于俗人不懂这个道理，常常去"为"各种"为"，结果伤"道"、害"道"、失"道"。老子讲的"无为"，并不是什么事也不做，而是以"道"为法则的"为"，是自然而然的"为"，是不以"为"为"为"。即"为"了，但不以这个"为"而居功、而自持、而自见、而自矜。正因为不居功、不自见，所以，"为"了等于"无为"，又退回"虚"、"无"的状态，这样就会恒、常。如果有意而"为"，"为"而居功，则就会失去"虚"与"无"，就会壮、就会不合"道"。"道"为万物而不居功，何况人？物壮则老，老则早死。所以，合"道"的"为"便是不有意去"为"，即不"妄为"。正因为不是有意去"为"，所以，"为"了，但不知道"为"了，"为"等于"无为"，无所谓"为"与"不为"，"为"就是"不为"，"不为"而"无不为"，这就是自然。

### "道法自然"的卓越智慧

所以老子说：

> 功成事遂，百姓皆谓我自然。(《道德经》第17章)

"功成事遂"，是指依顺"道"的规约而成功遂事。"百姓皆谓我自然"，人们皆不以"事功"而侵害本性，故曰"自然"。人的法则依于地，地无私载；地的法则依于天，天无私覆；天的法则依于"道"，"道"的法则依于自然，"道"本自然，无为而无不为。自然、无为便是"体道"、"合道"的实际运用。

俗世的人不知道这个道理，常常妄为。所以，老子反对俗世中的"仁、义、礼、智"。有人认为老子反文明，此说恐误。老子说：

> 大道废，有仁义；智慧出，有大伪；六亲不和，有孝慈；国家昏乱，有忠臣。(《道德经》第18章)

又说：

> 失道而后德，失德而后仁，失仁而后义，失义而后礼。(《道德经》第38章)

可见，老子也有"德"、"义"的观念，否则就不会说"失德"、"失义"之语了。但老子所谓的"义"、"礼"不是俗世人所讲的义、礼。俗世之人不懂自然无为的道理，其仁、义、礼、智，并非真正的仁、义、礼、智，其文明并非真文明，是有弊的文明。"上仁为之而无以为；上义为之而有以为；上礼为之而莫之应，则攘臂而扔之。"(《道德经》第38章) 所以老子说：

> 夫礼者，忠信之薄而乱之首。(《道德经》第38章)

我以为，老子并不反文明，但他提倡的文明是真文明，是澄明无弊，没有私毫人为痕迹的文明，并非指现实生活中"礼崩、乐坏，妄为不已的文明"，这种俗世人自以为是的"文明"社会，其实从圣人的眼光看，不是真正的文明，是有弊有昧的假文明，这种文明，老子并不喜欢。所以老子主张：

> 绝圣弃智，民利百倍；绝仁弃义，民复孝慈；绝巧弃利，盗贼无有。(《道德经》第19章)

俗人眼中的"圣"、"智"、"仁"、"义"，其实并不是真正的圣、智、仁、义，所以应该抛弃。抛弃以后，才能"虚"。"虚"，才能容万物，才具有各种可能性，才合自然。合自然，才合"道"，才是真正的智、圣、仁、义。

老子讲"相反相成"，是从圣人和俗人两方面来谈的。如俗人眼中的"智"，在圣人眼中其实是"愚"，反之亦然，所以老子说"大智若愚"。这种论述，在《老子》中有许多，如："大成若缺"，"大直若屈"，"大巧若拙"，"明道若昧"，"将欲取之，必固与之"，"将欲废之，必固兴之"。合"道"之人，才是真正"大成"，"大直"，"大巧"，但在俗世之人看来，却认为是"缺"，是"屈"，是"拙"。殊不知俗世人眼中的"成"非真"成"，"直"非"真直"，"巧"非"真巧"。合"道"之人不去追求"大成"、"大直"、"大巧"，所以"若缺"、"若屈"、"若拙"，但反而能"大成"、"大直"、"大巧"，这就是无为而无不为的道理。俗世之人执著于大成、大直、大巧，反而得到的不是真的"大成"、"大直"、"大巧"。所以，真正体"道"的人，在俗人看来"若昧"。

## "道法自然"的卓越智慧

"将欲取之,必固与之","将欲废之,必固兴之"(《道德经》第36章),是提醒人们注意事物的自然变化,万物要顺其自然,留有余地,适可而止,讲求平衡。物物之间依"道"的规约而调节,所以"取"极则会返回"与","兴"极而会返回"废"。人们知道这个道理,才算合"道"。世人以为此是老子教人以权谋,且以韩非《喻老》为佐证,恐误解老子、低估老子了,此非体老子本意之言。

老子的这种顺应自然、无为而无不为的思想在社会中的体现便是人与人不相伤害,人与物和谐相处,这蕴涵着深刻的环境伦理思想。(作者系西安政治学院军事社会学教研室副教授)

# 先秦杂家与黄老道家之关系

潘俊杰

黄老道家和楚地原始道家不同，许多学者将其称之为"道法家"或者"新道家"，现在学界多认为秦汉之际产生、盛行的黄老道家，正是战国中晚期南北文化交流、融合下兴起的道家主流学派——黄老道家。黄老道家是近些年研究的热点，但是在有关什么是"杂家"（多认为与道家有关），先秦有没有杂家学派，以及黄老道家和杂家关系方面，学者们争论不休，笔者不揣浅陋略作辨析，待方家指正。

## 一、"道家即杂家"和"道家非杂家"

黄老道家与阴阳五行学说是战国中后期的显学。从先秦杂家代表作的思想中，我们既可以发现百家学说的踪迹，亦可以找出它们深受黄老道家学说影响的地方，清人江瑔曾言："其得道家之正传，而所得于道家亦较诸家为独多者，则惟杂家。盖杂家者道家之宗子，而诸家者道家之旁支也。惟其学虽本于道家，而亦旁通博综，更兼采儒墨名法之说，故世名之曰杂家。"[①]黄老道家对先秦杂家思想形成的影响是显著而深刻的，以至于许多学者都将先秦杂家的著作，例如《吕氏春秋》、《管子》、《鹖冠子》等归结为黄老道家的作品，这是欠缺细致甄别研究的表现。

---

① 江瑔：《读子卮言·论道家为百家所从出章》，转引自熊铁基《秦汉新道家略论稿》，上海人民出版社1984年版，第2页。

## 先秦杂家与黄老道家之关系

先秦杂家和黄老道家之间有着学术上的渊源关系，二者在理论方法上也有颇多的相似之处，从司马谈和班固对于道家和杂家的界定与评述中可见其端倪。《史记·论六家要旨》说道家是：

> 道家使人精神专一，动合无形，赡足万物，其为术也，因阴阳之大顺，采儒、墨之善，撮名、法之要，与时迁移，应物变化，立俗施事，无所不宜，指约而易操，事少而功多。

《汉书·艺文志》对于道家和杂家的界定及评述如下：

> 道家者流，盖出于史官，历记成败存亡祸福古今之道，然后知秉要执本，清虚以自守，卑弱以自持，此君人南面之术也。合于尧之克攘，《易》之嗛嗛，一谦而四益，此其所长也。及放者为之，则欲绝去礼学，兼弃仁义，曰独任清虚可以为治。

> 杂家者流，盖出于议官。兼儒、墨，合名、法，知国体之有此，见王治之无不贯，此其所长也。及荡者为之，则漫羡而无所归心。

司马谈和班固所评述的道家都指的是黄老道家，司马谈是从它的理论特色、理论方法、社会实际功用几个方面进行评述的，而班固则是从其学术的渊源、学术的特色、不纯正的道家学说几个方面进行界定评述的。最有意思的是，如果我们将司马谈所论的道家与班固所界定的杂家做一比较，将会发现司马谈说道家"因阴阳之大顺，采儒、墨之善，撮名、法之要"，与班固说杂家"兼儒、墨，合名、法"如出一辙；而司马谈说道家是"历记成败存亡祸福古今之道"的"君人南面之术"与班固所说杂家是"知国体之有此，见王治之无不贯"基本上也是相似的，正因为道家和杂家在理论方法上的相近和学术宗旨上的相似，使得现、当代的一些学者将黄老道家与杂家混为一谈；既或是承认有先秦杂家的存在，却也将《吕氏春秋》、《管子》等杂家代表作作为道家来看待。例如：蒙文通说："司马谈说的道家，显然是杂家，这就是黄老。"①吴光说："战国末期，伴随着全国统一趋势的日益明朗乃至统一帝国的出现，在社会思想领域内出现了'百家合流'，要求思想'定于一尊'的趋势。当时，各派思想家都试图以某家思想为基础，杂糅别家思想而建立新的理论体系。有的思想家尝试做学术总结工作，通过总结或评论百家学说的优劣短长而独尊本派本家的理论。于是所谓'兼儒墨，合名法'的'杂家'出现了，总结性的思想史专著也出现了。有的即使不属'杂家'，其著作中也明显地吸取了别家的思想资料。"②台湾的陈丽桂亦说："黄老思想是以道法思想为主，而撷采各家的君术。战国时期的法家，如申不害、慎到、韩非诸人，都深带黄老气质。司马谈《论六家要旨》与班固《汉书·艺文志》或称之为'道家'，或称之为'杂家'。"③蒙、吴、陈三位先生都承认先秦有杂家，也都或直接或简接地提出杂家即是黄老道家，吴光先生将杂家的《吕氏春秋》和《鹖冠子》通统归为黄老家，他说："被后人视为'杂家'的《吕氏春秋》，被称为'若散乱无家'的《鹖冠子》、被埋没二千多年的《黄老帛书》，也就在这样的时代条件下产生了。从古代思想史发展的自身逻辑来说，黄老之学也是战国末期百家合流趋势的产物。"④并说："秦汉之际的黄老学派，大体可分为楚

---

① 蒙文通：《略论黄老学》（遗稿），载《道家文化研究》第十四辑，三联书店1998年版。
② 吴光：《黄老之学通论》，浙江人民出版社1958年版，第107页。
③ [台湾]陈丽桂：《秦汉时期的黄老思想》，文津出版社1997年版，第1页。
④ 吴光：《黄氏之学通论》，浙江人民出版社1958年版，第108、122页。

国黄老学派,齐国黄老学派及《吕氏春秋》学派这样三大流派。"①陈丽桂也认为《吕氏春秋》、《淮南子》与《黄老帛书》的黄老道家是一脉相承的②。三位先生均是将杂家视为黄老道家,黄老与杂家不分,实际上是在学术史上取消了先秦杂家的存在,即只有黄老,黄老即是杂家。

笔者以为先秦杂家与先秦黄老道家虽然有上述两点相近和相似之处,但杂家和黄老道家之间是既有联系又有区别的。二者之间的区别主要表现在:其一杂家兼摄诸子融合百家的理论方法与黄老道家相同,很有可能袭自于先秦黄老道家,不同之处在于,黄老道家是以"道、法"为主吸取百家的思想,而先秦杂家是以"王治"为主旨平等地吸取百家的思想;其二,杂家以"王治"为思想的主旨,先秦黄老道家以"历记成败存亡祸福古今之道"和"君人南面之术"作为其思想的主要内容,但并非将其作为思想的主旨。以黄老道家的代表作《黄老帛书》为例,高正说:"黄老之学是中国古代的法哲学,是先秦道家的殿军。它的产生标志着由老子开创的道家,已走向了为现实政治服务的道路。黄老帛书正是为曾经有资格与秦并称西帝的田齐来制造统一天下的理论的作品。或许它还是激发吕不韦编撰《吕氏春秋》的原因之一。"③笔者认为正代表着黄老道家对杂家思想主旨形成方面的影响。但在杂家的思想体系中,所有思想成分均是为"王治"服务的,包括养生、修身、认识论等等都是如此;而黄老道家中的宇宙论、养生说并不都是为其政治理论服务的,只是其中的"因道全法"的刑名论、"虚静因任"的无为术、儒道兼采的政治论才和治国之道有关。其三,先秦杂家对于黄老道家的思想也有较多的吸取,杂家六本代表作

---

① 吴光:《黄氏之学通论》,浙江人民出版社1958年版,第108、122页。
② [台湾]陈丽桂:《秦汉时期的黄老思想·序》,文津出版社1997年版,第1页。
③ 高正:《诸子百家研究》,中国社会科学出版社1997年版,第110页。

中均多少、不等地表现出来，但先秦杂家吸取黄老道家的思想，并非以黄老的思想为主旨。因此，从以上三个方面的分析中，我们可以说先秦杂家并不等同于先秦的黄老道家，先秦杂家在理论方法、思想内容和先秦黄老道家有一定的渊源关系，说先秦杂家有受黄老道家影响带有道家的色彩和特征，是比较客观的，但要说先秦杂家就是先秦黄老道家，则是颇为勉强的。

## 二、黄老道家对先秦杂家的影响

就先秦杂家的代表作来看，每本著作中都吸收有黄老道家的思想，尤以《管子》、《鹖冠子》、《吕氏春秋》三本著作为多。《管子》书中有《心术》上、下，《白心》、《内业》四篇，以前郭沫若等认为是宋钘、尹文的遗著，后来许多学者均认为并非宋钘、尹文所著，被称为《管子》"四篇"的这些论文集中，论述了从黄老道家所吸取来的"精气"说和"刑名法术"之学。《鹖冠子》书中有黄老阐述气与法、万物生成的宇宙论，施政要因循、效法天道，君主保形养神、君逸臣劳、兼重刑德等治术思想。《吕氏春秋》中则有黄老"精气"与阴阳结合的宇宙生成论，护养"精气"、"顺生"、"适欲"的养生论，"是法天地"无为而治、"君无为而臣有为"的政治论等思想。至于说先秦杂家受"天、地、人"一体思维模式的影响，笔者以为黄老道家之中有"天、地、人"一体的论述，阴阳家也讲三才一贯，在此点上倒不宜说是完全受了黄老道家的影响。总起来说，先秦黄老道家对于先秦杂家的影响主要涉及宇宙论、政治论、养生论三个方面，当然先秦杂家这三个方面的思想不是全都袭自黄老道家，而是百家之学，只不过对于黄老道家吸取得多一些而已，关键在于杂家不是以其为主导。因此，先秦杂家带上黄老道家的色彩和特征，主要是因黄老道家在战国晚期为显学，而其理论方法又有利于杂家思想体系的构建的原因。

先秦杂家在吸取百家思想构建其思想体系时，带有黄老道家的色彩和特征，尚有着学术体系完整性的需要和现实政治需要的双重考量。先秦杂家吸取黄老道家的宇宙生成论和天人关系论是为其政治论和养生论做哲学上的铺垫；吸取黄老道家"君道无为而臣道有为"是为了政治体制内君臣之间分工、分职，使臣"尽力于事"，君主"执名责实"控制臣属以管理天下，将道家的"无为"与儒、道等家的积极"有为"结合起来，"有为"有利于天下一统的早日实现，但"有为"无形之中会加重民众的负担，而争霸天下的战争会破坏生产，使民众流离失所；"无为"有利于休养生息、发展生产，对于战国时期连年征战的社会生产的恢复有所考量，但"无为"不利于社会秩序的维持与重建，不利于国家势力向外拓展以统一天下。因此，将"无为"与"有为"统一起来，既有社会性方面的考虑又有政治方面的权衡。先秦杂家吸取黄老道家的"养生"论，是为了与儒家修身以治国的思想结合起来，从"养生"到修身、到治国，与体察天地之道合一，从而构成完整的思想体系。

## 三、先秦杂家对黄老道家的超越

学术的发展也遵循自身的规律，那就是不断地超越。李泽厚说："自战国晚期起，它们在长久相互抵制、颉抗和论辩中，出现了相互吸收、融合的新趋势。从荀子到《吕氏春秋》，再到《淮南鸿烈》和《春秋繁露》，这种情况非常明显。旁及《文子》、《鹖冠子》、陆贾、贾谊以及地下发现的《经法》等等，无不在各种不同的程度或不同角度上表现出这一综合趋向。"[①]这种思想学术的综合是学术思想本身发展规律的表现，存在着多种形态，"有同一学派内部不同分支思想的综

---

① 李泽厚：《秦汉思想简议》，载《中国思想史论》，安徽文艺出版社1999年版，第140页。

合，有企图兼取百家构筑新思想体系的综合，有主于一家吸取它家思想成分的综合，有某专门领域学术思想的综合。"①同一学派内部不同分支思想的综合，比如儒家的《礼记》与《易传》，弥合了儒家后学中"主内派"（注重"仁"的品德的修养）与"主外派"（注重"礼"的社会功用）之间的纷争；主于一家吸取他家思想成分的综合，有儒家的《荀子》和法家的《韩非子》；专门领域学术思想的综合，《鬼谷子》、《墨经》等可以归为这一类；企图兼取百家构筑新思想体系的综合，战国中后期的黄老道家是其代表，黄老道家的《文子》、《黄老帛书》等著作可资证明。而比黄老道家更为晚出并在其基础上有了进一步推进的则是先秦杂家。先秦杂家是不主任何一家"兼摄诸子、融合百家"的学术统一学派，他是对黄老道家立足"道法"兼取百家思想的超越，也可以说是对诸子百家乃至学术整体上的一种超越。以《管子》、《吕氏春秋》等为代表的先秦杂家以一种更新和更高的形式综合了先秦时期的文化思想学术。

先秦杂家不是"学无所主"，政治实用主义之"王治"就是其主旨；先秦杂家不是道家"以道法为主，兼摄诸子，融合百家"的简单模仿，而是根据大一统现实政治的需要，平等地兼摄诸子、融合百家；在思想体系的构建上，它将阴阳五行和"天、地、人一体"观念作为理论大厦构建的经纬和框架②。先秦杂家这种学术上的努力，是建立在黄老道家等学派综合、融会其他学派思想的基础之上的，但先秦杂家又超越于黄老道家之上，西汉"霸、王道杂之"的治国方略，就是杂家大一统"王治"理论在统一帝国的实践与应用。（作者系中国石油大学人文社科学院博士）

---

① 刘宝才：《求学集·导言》，陕西人民出版社2004年版，第30页。
② 潘俊杰：《战国中晚期之杂家》，载《西北大学学报》(社科版)2006年第6期。

# 论中国古代皇权监督的有限性

陈春会　李怀祖

中国古代有严密的权力监督机制，对中央各部门官吏和地方长官进行监督，促使他们依法行政、勤于行政，防止他们胡作非为、贪污腐化、欺侮百姓。在稳定社会秩序、促进社会发展上起了很重要的作用。然而，中国古代的监察监督机制对皇权的制约却显得很软弱，起不到应有的作用。虽然在制度上也设立了针对皇权的谏官和封驳制度，但其作用却是极其有限的。这是因为无论是古代的思想家、政治家还是老百姓都认为皇权是至高无上的，所谓普天之下莫非王土，率土之滨莫非王臣。国家权力是皇帝一家一姓的权力，一切监督监察都是为了维护皇帝的权力和皇家的江山，监督监察官直接对皇帝负责。他们对皇帝的监督也必须经过皇帝的同意方能发挥作用，监督效力可想而知。

## 一、监察目的是为了皇权的稳固

监察职能最早出现在商朝，其目的是监督别的邦国对商王的忠诚。甲骨文中有"东吏来"，"乃另西吏"的记载，所谓"东吏"、"西吏"即指派至东或西的使者①。对于危险的邦国，商王派亲信监察之。如商纣王曾派崇侯虎监督周文王，崇侯虎向其汇报说："西伯积善累德，诸侯皆向之，将不利于帝。"纣王于是"囚西伯于羑里"。商王还直接

---

①陈梦家：《殷墟卜辞综述》，中华书局1988年版，第520页。

带领随从省视诸侯国，进行监察。监察自其发生之日就是为了统治者权力的稳固。

最早出现的专职监察官员——御史，本是跟随君王左右的记事官，受到特别信赖，经常陪伴君王左右，受皇帝亲自指派，执行特别的监察和监视任务。如《史记》记载秦始皇曾派御史追查和审讯那些诽谤、诅咒他的人。著名的坑儒事件就是因方士侯生、卢生不满秦始皇暴虐而逃亡，始皇认为自己对诸生"赐之甚厚，今乃诽谤我，以重吾不德也"。于是大怒，"使御史悉案问诸生"，并坑杀四百六十余人。秦始皇三十六年，有人在陨石上刻"始皇帝死而地分"，始皇"遣御史逐问"，并将陨石旁全部居民诛杀。陈胜起义后，有人称其为"反"，有人称其为"盗"，秦二世不愿听"反"字，"令御史案诸生言反者下吏"，给予严厉惩罚。御史还有权审讯罪官，甚至受命处死重臣，在战时还奉命充当监军。可见，御史成为专制君主巩固统治的工具。

古代监察直接对皇帝负责，如皇帝对监察工作不满意，可随时更换监察官员，甚至随意撤消和建立监察机构以保障其为皇权服务。如汉文帝时便由丞相府代替御史府实施监察，并兼任监察御使的工作。这就是《通典·职官典》记载的："文帝十三年，以御史不奉法，下失其职，乃遣丞相出刺，并督监察御史。"汉武帝时皇室贵戚多信巫术，武帝晚年多病，"疑左右皆为蛊祝诅"，特置司隶校尉一官，"捕巫蛊，督大奸滑"，后司隶校尉成为监察中央机关及其官员，京师附近诸郡长吏，住京贵戚及进京述事的郡县吏员使者等的监察官。三国时期，世家大族和皇权关系紧张，魏、吴二国特设校事一职，刺探世家大族的动向并上报最高统治者。校事以天子亲信身份实施监察，不隶属任何机构，而直接对皇帝负责。南朝宋、齐、梁三代特置监察官典签，对地方掌有行政、军事和监察大权的刺史尤其是由宗室诸王出任的刺史实行控制，防止威胁皇权的行为发生。监察权始终掌握在皇帝手中并越抓越紧。魏晋以后，御史机构成为皇帝手下直接控制的部门。到宋代，不仅中央的御史直属皇帝，地方监司和通判也直隶于皇权。从中央到地方的御史任用，都由皇帝亲自选用，不许宰执推荐。唐朝定制，御史只对皇帝一人负责。在皇帝指挥下，御史有充分独立的职权，握有很高权力。正如《通典》所言"御史为风霜之任，弹纠不法，百僚震恐，百官雄峻，皆莫比焉"。

在君主专制时代，监察大权牢牢掌握在皇帝手中。正因如此，破坏监察制度的也恰恰是皇帝本人。皇帝不遵守制度，任何人也无可奈何。而皇帝往往包庇贵戚宠臣的不法行为，对那些"刚直"的监察官予以打击，这样的事每个朝代都有发生，不胜枚举。如《汉书》记载西汉元帝时司隶校尉诸葛丰因坚持弹劾"奢淫不奉法度"的外戚许章，多次受到元帝责难，直至最后被罢官，"免为庶人"。东汉顺帝时，外戚梁冀任大将军，独掌朝政，施行暴虐。监察官张纲上书弹劾其"甘心好货，纵恣无底，多树谄谀，以害忠良"，并"条其无君之心十五事"，但因梁冀之妹为皇后，张纲的奏劾没有被采纳。又《晋书》记载西晋时外戚杨琇"放恣犯法，每为有司所贷，其后司隶校尉刘毅劾之，应至重刑，武帝有旧恩，直免官而已。寻以侯白衣领护军，顷之，复职"。由于皇帝的这些作为，使刚直的监察官遭受不平待遇，另一些监察官则曲意逢迎，甚至助纣为虐。如《隋书·裴蕴传》记载，御史大夫裴蕴以善于揣摸隋炀帝御意著称。（炀帝）"若欲罪之，则曲法顺情锻成其罪；欲有宥者，则附从轻典，从而释之"。又如后赵石虎喜欢打猎，命令御使监察那些冒犯禽兽的人，对其处以大辟之刑，御使因之掠夺百姓牛马，对不肯就范者诬告其冒犯禽兽而处死。监察制度成为君主和贵戚宠臣手中的玩物，非但不能限制他们的权力，反而成为他们胡作非为的工具。

在专制皇权下，监察官是天子的耳目、喉舌、鹰犬，监察的根本目的是为维持君权，维护君主专制服务，皇帝握有最高的监察权。开明皇帝当政时，监察制度才能在某种程度上成为"纠百官罪恶之司"；

遇暴君、昏君当道，监察机关则成为包庇恶吏、打击良臣的罪恶之司。不管哪种情况，监察对象绝对不得指向至高无上的皇帝，不能对皇帝的权威和权力有丝毫触犯。

## 二、谏官制度不能防止君主独裁

中国古代确实有对皇权干涉的制度，即谏官制度。它通过臣下进谏的方式约束皇帝的行为，上至国家大事，下至日常生活小事，在辅助皇帝正确决策的同时也在某种程度上对皇权有一些限制。

谏官制度早在先秦时已经设立。谏官的职掌是规谏君主，如西周的保氏职责是"掌谏王恶"，即"以礼义谏正王也"，"使王谨慎其身而归于道"①。春秋时齐国曾设置大谏为言谏官员，战国赵国置左右司过。秦设谏议大夫，专掌规谏。即《通典·职官典》中所说："秦置谏议大夫，掌论议，无常员，多至数十人，属郎中令。"两汉时期谏议大夫也无常员，"并属光禄勋"。可见秦汉虽然设置了言谏官员，但没有像作为监察官的御史那样设置专门的言谏机构，而是将谏议大夫隶属于九卿之一的主管皇帝侍卫的郎中令或光禄勋。这种制度上的安排是有意味的。说明在时人的观念中，言谏官员像皇帝的侍从警卫一样，只是为皇帝服务的官吏，并没有在政治法律上拥有抑制君权，防止君主专制独裁的权力。

唐代谏官制度进入成熟阶段，甚至达到了重谏官而轻御史的程度。如宋人洪迈说："唐人朝制，大率重谏官而薄御史。"即便如此，到了唐代晚期，也不许谏官参与朝政，谏官大多不被君主召见，且进谏范围仅限于诏敕有否不便与除授适当与否两个方面。自宋以后，由于皇权的膨胀，谏官组织不断萎缩，谏官的职权也发生了变化，由给皇帝

---

①[唐]贾公彦：《周礼注疏》卷十四，《十三经注疏》，中华书局1980年版，第731页。

进谏变为《宋史》所记载的:"凡朝政阙失,大臣至百官任非其人,三省至百官事有违失,皆得谏正。"元代干脆取消了谏院,余下的给事中转而隶属起居院。明代将给事中改为六科给事中,主司"稽察六部百司之事",其职权基本与御史相同。清代索性将六科并入都察院,科道合一。至此,谏官随着皇权的极端发展而销声匿迹。

在封建皇权下,进谏"仅仅属于政治责任感与道德品质范围的事而已,是君主专制制度的一种补充"①。如果说进谏是一种责任,而纳谏则是不受任何制度所约束的,完全取决于君主的好恶。由于谏言常常抑制封建皇帝的欲望,很多时候,皇帝是听不进去的,秦时虽置谏官,形同虚设。正如《史记·秦始皇本纪》所载"忠言未卒于口而身为戮没矣","是以三主失道,忠臣不敢谏"。汉代谏大夫因进谏而受处罚的事也很典型。如《通典》记载,成帝时欲立婕妤赵飞燕为皇后,因赵出身下贱,谏议大夫刘辅上书说:"陛下乃触情纵欲,以卑贱之女母天下乎?俚语曰:'腐木不可以为柱,卑人不可以为主。'臣辱谏诤之官,不敢不尽死。"书奏上之后,触怒了汉成帝,结果"受辅系掖庭秘狱"。即使是史上被称誉为纳谏如流的唐太宗,也是在小事上可以采纳谏言,一旦进谏之事与其志向相抵触,他亦不轻易让步。据史书记载,太宗的三次拒谏均与其东征高丽和治理高昌有关。可见一旦进谏之事与君主的欲望相抵,往往得不到采纳,说明专制君主对进谏的接纳是有条件的,也是有禁区的。即使这样,随着时间的推移,太宗也"不悦人谏"。后代皇帝不采纳谏言甚至因直言犯谏置谏官于死地者不在少数。

谏官制度的设立不是为了监督皇权,而是为决策提供参考建议,所以谏官不可能触动皇帝的权力地位。相反谏诤的效果,完全取决于皇帝个人的态度。一旦暴君当政,谏官制度就被破坏殆尽。隋炀帝对

---

① 刘泽华:《洗耳斋文稿》,中华书局2003年版,第29页。

谏官制度的破坏就是一个典型。炀帝残暴任性，痛恨谏官制度，对上谏言者赶尽杀绝。《新唐书》记载他曾说："有谏我者，当时不杀，后必杀之。"他在第三次游江都时，三位大臣冒死力谏，当即被杀。他曾对佞臣虞世基说："我性不欲人谏，若位望通显而来谏我，以求当世之名者，弥所不耐。至于卑贱之士，虽少宽假，然卒不置之于地，汝其知之！"①在这样的氛围下，谁还愿进谏？还敢进谏？只有缄口沉默。诚如唐太宗所说："隋炀帝暴虐，臣下钳口，卒令不闻其过，遂至灭亡。"②

在暴君统治下，没有谏言，谏官制度破坏遗尽。即便是中国历史上最能虚心纳谏的开明皇帝唐太宗，也是在他高兴的时候臣子方敢进谏，若他不高兴时，臣子是万不敢进逆言的，否则也可能遭遇杀身之祸。著名谏臣魏征就因强谏而险被太宗扑杀，后因长孙皇后的劝解才免魏征一死。皇帝的爱臣又是著名谏臣的魏征尚且要看皇帝颜色进谏，其他臣子岂敢不顾皇帝的感受犯颜直谏乎？即便有这样的臣子，往往谏言未被采纳而身为戮矣！这样的事情各朝都有，举不胜举。

进谏难免拂逆皇帝意志，触及其痛处而激怒皇帝。正如《韩非子·说难》所说："夫龙之为虫也，柔可狎而骑也，然其喉下有逆鳞径尺，若人有婴（撄）之者，则必杀之。人主亦有逆鳞，说者能无婴人主之逆鳞，则几矣。"历史上能平心静气让人拂自己逆鳞的皇帝毕竟不多，所以谏官制度只能在皇帝的权力下苟延，只有在明君当政时它才能发挥一些效用，若遇昏君它非但不能发挥作用，还会使忠臣罹难。即便是明君当朝，它也只能在君王愿意改正的事情上发挥作用，而君意已决的事情它是发挥不了作用的。它没有足够的权力对抗君权，因而它是软弱的，起不了多大作用。

---

① [唐]魏徵等：《隋书》，吉林人民出版社1995年年版，第401页。
② [唐]吴兢：《贞观政要》，上海古籍出版社2006年版，第61页。

## 三、封驳制度无碍皇帝专权

　　谏官制度通过臣下进谏辅助皇帝决策，封驳制度则是通过对诏书的封驳防止决策失误。封驳制度的核心内容是对诏敕的"封驳"、"涂归"。隋唐时期中央行政机构为三省即中书、门下、尚书。三省的职权是中书起草诏书，门下封驳，尚书施行。中书省得到皇帝同意或命令后，由中书舍人起草诏书，舍人在接到命令后，认为不合法的可以不予起草。舍人起草好的命令必须经过门下省给事中审读，审读通过，给事中签名副署，才能行下到尚书省实施。对于不合适的诏书，给事中可以驳回不予副署，称为封驳，或封奏、执奏等。甚至可以在诏书上涂窜后奉还，谓之涂归。这似乎是很严厉的限制皇帝滥用职权的制度。它在中国历史中所起的作用值得我们做一探究。

　　封驳诏书出现于汉代，封驳成为制度则在唐太宗时期。《贞观政要》记载，唐太宗曾多次督促臣子封驳诏书，他曾命令诸司："若诏敕颁下有未稳便者，必须执奏，不得顺旨便即施行。"贞观元年，他对黄门侍郎王珪说，中书省所出的诏书，有很多不同意见，或者有错误的地方，本来设置中书、门下两省，就是为了防止失误，你们一定要灭私徇公，坚守正义，相互负责，不要得过且过。贞观三年，太宗又对侍臣说："中书、门下，机要之司。擢才而居。委任实重。诏敕如有不稳便，皆须执论。比来惟觉阿旨顺情，唯唯苟过，遂无一言谏诤者，岂是道理？若惟署诏敕，行文书而已，人谁不堪？何烦简择，以相委付？自今诏敕疑有不稳便，必须执言，无得妄有畏惧，知而寝默。"

　　尽管太宗再三诚恳地要求官员们封驳诏书，但唐代封驳诏书的情况还是比较少的，其原因除了官员"阿旨顺情，唯唯苟过"而外，唐代实际能封驳的诏书种类极少也是重要原因。唐代诏书共有七种，即《大唐六典》卷九记载的"凡王言之制有七：一曰册书；二曰制书；三曰慰劳制书；四曰发日敕；五曰敕旨；六曰论事敕书；七曰敕牒。"其中前三类事关国体，唐人称为"大事"，而后四类是关于国家日常政务的运行、操作，被称为"小事"。门下官员只能对"小事"类诏书封驳，而对"大事"类则只履行一下手续而已。这即是《大唐六典》卷八所说的："凡制敕宣行，大事则称扬德泽、褒美功业，复奏而请施行，小事则署而颁之。"实际上，并非所有的"小事"，门下官员都能"署"即封驳，其中也是"小事"的敕牒是宰相奉皇帝旨意而牒所司，由宰相署敕，门下官员对此种文书没有封驳之职责，甚至连审勘权力也没有；论事敕书是慰谕、诫约臣僚的圣旨，其内容体现了皇帝的最高权力，虽过门下而不封驳。即《大唐六典》卷八门下省侍中执掌条记载的"凡制敕慰问外方之臣，及征召者，则监其封题"，说明门下省对论事敕书的审查只涉及题目，不能审查内容。如此，门下省真正能审核的就只有发日敕和敕旨。可见能封驳的诏敕种类是很有限的，也就是说门下省的权力是有限的。

即便如此，封驳制度毕竟在一定程度上限制了皇帝权力，使其不能为所欲为。很快便有皇帝想办法改变。自唐玄宗起，皇帝们通过设置翰林侍诏、翰林供奉、翰林学士，以代表皇帝批答表疏，并草拟诏制。翰林学士在特设的学士院办公，"专掌内命"，"至号为'内相'，又以为'天子私人'"。皇帝的深谋密诏皆从翰林学士出，不经过中书门下直接颁发。中书门下根本没有封驳的权利和机会，形同虚设。这样皇帝意志便得以贯彻。

北宋时期封驳制度遭到严重破坏。北宋初年未设封驳机构，淳化四年（993年）才设立通进、银台司作为正式封驳机构，但却没有官印，当时有官员要求铸封驳司印，宋真宗没有同意，下诏说"如有封驳事，取门下省印用之"。连大印都没有的封驳机构徒有虚名，不能顺利实施封驳事务，也没有人去真正施行封驳。正如著名清官包拯上疏所云："未尝见封一敕，驳一事，但有封驳之名，而无封驳之实。"元丰改制后，封驳制度遭到破坏，改制后的中书省和门下省皆有封驳职能，实际上使门下省的封驳职能被废黜。因为改制后的门下省要封驳中书省拟就的诏书，必须经过中书省审阅签字方能执行，门下省失去了独立封驳的权力，很难有所作为。司马光曾说，门下省虽有"驳议，必须却中书取旨，中书或不舍前见，复行改易"，致使"门下省一官殆为虚设"。当时也有士大夫指出这一改制是对原有制度的破坏，如翰林学士曾肇上书说："门下之职，所以驳正中书违失，近日给事中封驳中书录黄，乃令（中书）舍人书读行下，隳坏官制，有损治体。"①

　　南宋时封驳成为具文而已。虽然在制度上仍规定国家命令之出须由中书、门下封驳，但当时由于战争繁多，所有诏敕都先下给有关机构执行，然后再让给事中和中书舍人在敕文上署押，这样以来即使敕文有不当处，封驳官"虽欲论执封驳，而成命已行于有司"。到金朝审官院封驳的主要内容是任官问题，元朝虽设给事中，但已不掌封驳之职，成为"兼修起居注"之官，至此，封驳制度无疾而终。

　　综上所述，封驳制度在唐太宗时正式设置，但即使那时也没有很多被封驳的诏敕，因为能封驳的诏敕种类很有限。至唐玄宗后各位皇帝明修栈道，暗渡陈仓，虽然在制度上仍设有门下省给事中封驳诏敕，但皇帝另设翰林学士等官直接起草并颁发诏书，不用经过给事中，使其根本没有封驳的权力，皇帝的诏敕便可大行天下无阻挠了。宋代几经设置和废除封驳制度，使封驳制成为具文，元朝时给事中已不掌封驳之职，封驳制度迅速消亡。综观其发展历程，封驳制度在古代政治生活中并没有起到多大的限制皇权的作用。

## 四、结论

　　中国古代也试图在制度上限制皇帝滥用权力，期望将君主的行为

---

①[唐]杜佑：《通典》，中华书局1984年版，第121页。

限制在一定的范围内，不至因君主的不当行为导致民众罹难，国家灭亡。但是这些制度都没有发挥应有的作用。

首先，这些制度的出现或制定其目的都是为了维护和保障封建君主制度，而不是为了限制君主独裁。监察机关的首要任务不是抑制君权，而是作为皇帝耳目，为维护君主专制独裁服务。谏官、封驳制度虽然在客观上发挥了某些限制君权的作用，但就制度设计的目的来说，它是为了防止制定政策时发生偏颇，为正确决策而出谋划策的机构。它们的主要职能是在决策时提出建议并针对中书省的决策进行议论、驳正，而非针对皇帝的所作所为行事监督。虽然有时候政务的决策是由皇帝意志决定的，因而谏官和给事中的驳正某种程度上限制了皇权的发挥，也有时候对皇帝的生活琐事谏臣也可提出批评，但这些皆是为维护封建皇帝的长久统治，而非为了国家、苍生的利益监督皇帝的胡作非为。这些机构不是由公民选出的抑制君权，防止君主独裁的机关，而是维护皇权长治久安的工具。没有形成制约关系的政治制度是监督皇权不力的首要原因。

其次，在中国古代，封建皇帝拥有至高无上的权力，掌握国家的统治权，是国家政策的最高决策人，君主意志即国家意志，君主号令即国家法令，君主好恶即国家的是非标准。君主对监察人员可随意调遣、对监察机构可以任意取缔，甚至对监察官、言谏官及封驳官吏拥有生杀予夺的权力。一旦他们拂逆君主须鳞，轻则罢官免职，重则失掉生命，他们没有与君主对抗的足够的力量和权力。虽然孟子说过"君有大过则谏，反复之而不听，则易其位"的话，但易位不是靠舆论能解决的问题，中国历史上没有哪一个皇帝是被舆论"易位"的，没有权力做后盾的舆论是无力的。没有分权制衡机制是古代限制皇权起不了多大作用的重要原因。（作者系西安交通大学公共政策与管理学院副教授）

# 《大学》与学术研究之"日新"

## ——以中国思想史的教学与研究为例

### 查昌国

《大学》讲"大学之道","日新"之方,它影响了无数的中国人。历代学子沿斯道求"日新",成就学业,创建学派,不可胜计。就今天中国思想史教学与研究而言,无论是提高教学研究水平,抑或是造就创新团队,形成独树一帜的学派,接着斯道走,或接着走斯道,都不失为一个可久可大之术。

一

《大学》之"新",又曰"日新",用今天术语表述,就是创新,但比创新的内涵深沉得多,也博大得多。《大学》"传"之第二章专讲"新",现全文引录如下:

> 汤之《盘铭》曰:"苟日新,日日新,又日新。"《康诰》曰:"作新民。"《诗》曰:"周虽旧邦,其命惟新。"是故君子无所不用其极。①

---

① 朱熹:《四书章句集注·大学章句》,中华书局1986年版。下引《大学》经、注,未注出处者,均出自本书。

在讨论这段话对中国思想史研究的启示意义之前，先对其文本内涵作一简略疏陈。"苟日新，日日新，又日新"，意思是思想精神要除旧自新，且不能一日间断。"自新"与持之恒久是其要义。"作新民"一语，出自《尚书·康诰》，意思是说，通过教化，使百姓成为新民。中国的儒家、佛家都讲日新、自新。所不同的是，佛教徒是出家的自了汉，只顾一己的日新。儒生则以兼济天下为己任。孔子说："己欲立而立人，己欲达而达人。"这个原则要求儒家要与他人共享自己的进步与成就，强调与自己周围的人共进，双赢。《大学》把这个原则概括为"作新民"。其路径由"自新"推及到周围人，甚至天下人，使他们也经由"日新"而成为新民。"周虽旧邦，其命惟新"，语出《诗经·大雅·文王》，意思是说，周朝虽然是一个古老的国家，但到文王时，其精神气象却是新的。《大学》借用这句话，表达如下思想：君子之"日新"，首先是自己"日新"，进而推及开来促进周围的人也"日新"，行之日久，化而成俗，使自己生活的环境得到"惟新"。"惟新"后的环境，自外表看，天地依旧，人亦如故，但其精神生命，则焕然一新。"君子无所不用其极"。"无所不用其极"，今天是贬义词，《大学》里是褒义词。意思是君子在"日新"、"新民"和社会"惟新"诸方面，都能致广大而尽精微，做得恰到好处。

汇综上述，《大学》所言之"新"，或者说"日新"的内容，包括"自新"、"新民"与"惟新"三项，推及到思想史教学与研究的创新中，涉及到个体发展、团队凝聚和风气养成诸方面，而贯穿其中的一条主线，就是要在研究者和其所在群体之间，形成一条顺畅的思想交流通道。

《大学》曰："如切如磋者，道学也；如琢如磨者，自修也。"朱注："道者，言也。学，谓讲习讨论之事。自修者，省察克治之功。……道学、自修，言其所以得之之由。"从朱熹的注释可知，《大学》这两句话是讲，人要养成"德容表里之盛"的君子，无出"道学"与

## 《大学》与学术研究之"日新"

"自修"两途。"自修"由于"自新",也就是"苟日新,日日新,又日新"的"省察克治之功";"道学"则成于群体切磋。以下引用一段《学记》关于群体切磋的论述,以便我们对《大学》的"道学"于个人学术研究的影响有一个较为具体真实的认识。

《学记》说:"独学而无友,则孤陋而寡闻;燕朋逆其师,……教之所由废也。"①这里的"学"与师友活动,也适用于我们的教学与学术研究活动。"独学而无友",就是离群索居,独自学习研究,或精神上自我封闭,不与他人交流切磋,结果是学识的孤陋而寡闻。"燕",亵慢之意。"燕朋逆其师",孔颖达疏:"燕亵朋友,不相遵(尊)敬,则违逆师之教道。"这段话从自学与交友两个角度,从反面说明了群体及群体环境对其成员发展的极端重要性:个体学习研究,即便是个人的研究,也要行于群体之中,成于群体的切磋交流之中。若"燕朋","独学而无友",不仅是使自己的学问"孤陋而寡闻",更甚者在"教之所由废"——其害足可以使化民成俗的教育堕废。整个教育尚不存在,遑论个人的学术研究!学术群体与群体环境对个人学术研究的重要性,由此而可见一般。《学记》与《大学》皆出于《礼记》,成于汉代,在文献上是姊妹篇,其思想精神则相通流。《学记》"独学而无友,则孤陋而寡闻;燕朋逆其师,……教之所由废也"的论述,可以作为《大学》"道学"的注解,其个人学术成就成于有效的群体内之交流的论断,为我们理解《大学》"日新"精神提供了一个具体真实的视角。

笔者读《学记》与《大学》有一种感觉,就是羡慕其描述的学者气度与治学环境,这当然是有感而发的。我在教学科研中,时有一种寂寞孤独感。自己研究的所得所乐所苦所困,很难,也很少与人交流

---

① 孔颖达:《礼记注疏》卷三十六《学记第十八》,《十三经注疏》,中华书局1980年版,第1523页。

共享。当然，我的同事也与我一样，独自享受自己研究的所得所乐，终没有孟子所说的与人同乐的那种畅快；独自承担研究中的所苦所困，茫然四顾，连一个倾诉的人都没有，这种寂寞无助的凄凉真不知消磨了人的多少意志。这种一人擎天的研究，很苦很累，而也终难成大气候。我们常惊叹古人学术研究之恢宏博大，其博大是有原因的。这个原因，上引的《学记》从反面为我们作了说明，《大学》则从"日新"——作正面了揭示。二者告诉我们成就学者气象的一个道理：个人的学术研究成于其群体与群体环境中。我们就是未参悟这个道理，往往反其道而行之，像只吃第三个馒头的愚人。这样的学问，岂能不孤陋，置身其中的人岂能不心力交瘁。

从《大学》的"日新"、"新民"、"惟新"的思想理路看，个人学术研究所需的群体与环境，要自己去营造，需自己做建设性的贡献，这也是孔子以来儒家的一贯立场。颜渊是孔子最欣赏的学生，其学识和人品都得到孔子的高度赞赏，但孔子对颜渊有一点遗憾。他说："回也非助我者也，于吾言无所不悦。"[1]孔子认为，颜回不是对自己有帮助的人，因为他对孔子的话，从来没有不同意见。颜回这一点，与其学习个性有关系，这一点也为孔子所注意到了。孔子说："吾与回言终日，不违，如愚。退而省其私，亦足以发，回也不愚。"[2]孔子整天给颜渊讲学，颜渊从没有疑问，也不提反对意见，像一个蠢人。但他回去能自己研究，能发挥，可见颜渊不愚。颜渊的这个学习特点，不能说是错误，也不能由此说颜渊与孔子及其同门就没有建设性的切磋交流。如《论语·公冶长》记："子谓子贡曰：'女与回也孰愈？'对曰：'赐也何敢望回？回也闻一以知十，赐也闻一以知二。'子曰：'弗如也；吾与女弗如也。'"这是孔子问子贡，他和颜回哪一个强些？子

---

[1]《论语·先进》
[2]《论语·为政》

## 《大学》与学术研究之"日新"

贡说,自己不及颜回,孔子同意子贡的意见。孔子与子贡的谈话表明,他们对颜渊的情况十分熟悉,彼此没有密切交往是做不到这一点的。尽管如此,孔子对颜渊的这一个性还是不无遗憾,即颜渊在切磋辩难方面,对这个群体没有什么建设性的作用。这个例子说明,孔子要求个体在营造群体环境方面要有建设性的贡献。

一般而论,大凡搞学术研究的人都知道切磋的重要,也希望有一个精神上息息相通的群体以为支撑,但为何结果多不理想呢?这涉及到"道学"的态度与切磋的交往的原则。《论语》开篇的三句话,或许对我们思考这个问题有所启发。子曰:"学而时习之,不亦说(悦)乎?有朋自远方来,不亦乐乎?人不知而不愠,不亦君子乎?"孔子这里自述其学为君子过程中所获得的"悦"、"乐"、"不愠"三种情感体验。撇开"悦"不说,后二句都与交往有关。"有朋自远方来,不亦乐乎?""朋",即朋友,郑玄注"同门曰朋,同志曰友",孔子之世,师弟子群体可称朋友。孔子曰:"文王得四臣,丘亦得四友焉。自吾得回(颜回)也,门人加亲……自吾得赐(子贡)也,远方之士日至……自吾得师(子张)也,前有辉,后有光……自吾得由(子路)也,恶言不入于门。"[①]从孔子称其弟子为朋友表明,孔子师弟子群体是一个志同道合、学术联系密切的群体。从孔子以"乐"来表述与弟子交往的感受,以及《论语》中孔子师徒间许多切磋论学与人生的记载看,这是一个渴望交往、乐于交往、以道义相交相处相琢磨的群体。交往中,共享彼此的所得所乐,并辩难析惑,以推进学术与修身的"日新至善",这样的交往自然其乐无穷。在切磋过程中,免不了有不同意见,自己的意见与所见不为人认可,即所谓"人不知",自己也"不愠(怨恨)"。这种"乐"与"不愠"正是儒家"道学"所追求的

---

① 陈寿祺《尚书大传辑校》一,《清经解续编》第二册,上海书店 1988 年版,第 409 页。

至高境界，也是《大学》"日新"而"新民"而"惟新"的"大学之道"所要营造的精神家园。

上引"学而"章的三句话，可以视为个人置身所在环境中的自我感受，《大学》"传"之第三章则是讲君子气象对环境与风气的影响。《大学》曰：

> 《诗》云："有斐君子，如切如磋，如琢如磨。瑟兮僩兮，赫兮喧兮。有斐君子，终不可谖兮！"如切如磋者，道学也；如琢如磨者，自修也；瑟兮僩兮者，恂慄也；赫兮喧兮者，威仪也；有斐君子，终不可谖兮者，道盛德至善，民之不能忘也"。

这段材料可分为前后两部分。前者是引用《诗经》的诗，引录它仅是为了引文文意完整，可略去不论。后者是对所引诗的阐释，其中前两句，是讲君子经"道学"、"自修"以成就其德，已论于前。后三句则讲君子气象。朱注："瑟，严密之貌。僩，武毅之貌。赫喧，宣著盛大之貌。谖，忘也。""恂慄，战惧也。威，可畏也。仪，可象也。……道学、自修，言其所以得之之由。恂慄、威仪，言其德容表里之盛"①。

朱熹这里把《大学》这段话的内容归结为两点："道学、自修，言其所以得之之由。恂慄、威仪，言其德容表里之盛"。"道学、自修"是指君子成就其德性的两条必由之路；"恂慄、威仪"是指君子的精神气象。"恂慄"，诚于中而严谨之貌，此为君子"德容表里之盛"的"德容"之"里"；"威仪"，指外在敬畏庄严的形象，此为君子"德容表里之盛"的"德容"之"表"；合而观之，就是一个完整的君子精

---

① 朱熹：《四书章句集注·大学章句》，中华书局1983年版。

神气象。王夫之在《读四书大全说》中,特别指出这里讲的是旁观者之印象。他说:"'恂慄'二字,'威仪'一例",是写君子"成就后(的)气象",皆是"就旁观者可见可闻,寓目警心上说"的①。君子形象进入人的脑海,对人是有影响的,这个影响就是"道盛德至善,民之不能忘也"。其意为"道盛德至善"之君子,使人敬而爱之,思而慕之而效法之而"不能忘"。"民之不能忘"一语甚可注意,它表明君子之行之德,为人效法,积久而化民成俗,形成为新的风气,传之久远,泽被后人。

孔子所言的"悦"、"乐"、"不愠"及其相关的交往方式,是孔子自述其与弟子的感受,表明孔子师徒"日新"之作用还只是行之于其群体内,这属于"新民"。《大学》的"道盛德至善,民之不能忘也",则是讲君子之"自新"对他人与后世的影响,这属于"惟新"。

以上把《大学》"日新"观念的内涵按"自新"、"新民"、"惟新"三个层次,做了一个简略的疏陈。这样写,主要是着眼于叙述方便,"日新"精神在其实际社会的流行过程中,并不是完全按这个逻辑顺序演进的。但不论其演进顺序如何,"日新"精神都是以"惟新"为最高目标。也就是说,"日新"所言的创新,其目标是要把创新的行为、机制升华为精神生命形态的生活方式,价值观念,乃至社会风气。这样说,并不是坐而论道,更不是神化"日新"精神,而是中国社会中的活生生的现实,当代的原子弹"攻关"工程就是例证。

我们通常把"二弹一星精神"概括为,特别能吃苦,特别能战斗,特别能奉献,特别能攻关。这当然是正确的。物理学家、制造原子弹的总指挥彭桓武院士,把当年原子弹"攻关"经验概括为:

---

① 王夫之:《读四书大全说》卷一《大学·传》第三章,《船山全书》(六),岳麓书社1991年版,第407页。

日新、日新、日日新
集体、集体、集集体

彭桓武先生这副对联，上联出自"苟日新，日日新，又日新"。下联也明显是《大学》"新民"和"惟新"精神的现代表述。我国著名的科技史专家席泽宗院士谈到这副对联时说道："可见《大学》精神的威力，中国传统文化不可丢。"①这说明席泽宗也认为这副对联出自《大学》，而且断定《大学》的"日新"观念在原子弹"攻关"过程中发挥了"精神的威力"。

当然，我们不能根据这付对联，就断定彭桓武是用《大学》来组织其攻关团队，但可以断定的是，《大学》的"日新"精神对他组织团队发挥了重要作用，显示了"精神威力"，因而感念不忘，写成对联，昭示后人。即"二弹一星"精神要继承，《大学》"日新"精神更要继承。就后者而言，彭桓武的这副对联又是警示后人：中国传统文化不可丢。行文至此，我为这个团队的伟大精神所震憾。其伟大之处不仅在于搞出了原子弹，更在其身体力行地见证了"日新"观念巨大的创新精神和现代生命活力，并将"日新"观念寓于"二弹一星"精神中，传给后人，泽被民族。这一点，对从事思想史教学与研究的学人来说，具有特别的启示意义。

中国思想史的内容，决定了其教学与研究，不仅仅是一个知识层面的求真问题，更关涉中华民族精神之延续与开拓。它的一项重要任务，就是通过现代诠释，把传统文化尤其是儒学延续到现代大学生以至中国人的记忆中，在全社会形成当年原子弹"攻关"团队那样的"日新"意识。所以，以《大学》"日新"精神求学术研究之"新生"，

---

① 席泽宗：《中国传统文化里的科学方法》，《科学史十论》，复旦大学出版社2003年版，第72页。

不仅仅是中国思想史学科自身发展的需要,更是本学科承担的文化使命。即以本学科之"日新"为社会活生生的"见证",以之推动中华民族"日新"精神的复兴。借用杜维明话说则是:"如果这一历史意识不能再次出现,我觉得将是很大的悲剧。"①

《大学》"日新"观念的内涵与现代生命活力,及其对中国思想史教学研究创新的启示意义,具如上述。以下就"日新"观念对思想史研究者主体精神开拓的启示意义,试为论述如下。

## 二

思想史教学与研究者要求自己研究的"日新",无论是提高学术水平,出学术成果,还是建设学术群体与营造学术环境,均要以自己的精神生命"日新"为支撑。研究者求自己精神生命之"日新",《大学》谓之为"在明明德"。

"大学之道,在明明德。"朱熹注:"明德者,人之所得乎天,而虚灵不昧,以具众理而应万事者也。"②"人之所得乎天",即"明德"是天予人的,生而具有,用孟子的话说,乃人的"良知"、"良能"。它是人的"天眼",有了它,人就能看见自己的人生之路。这也许是在德字前加明字而为"明德"的原因。"明明德"的前一个"明"字是动词,意思是使"明德"明。《大学》认为,教育的首要目的是教人"做人","做人"的要旨就是使人这双生而具有的良知的"天眼"亮起来。西方哲人也是这样看的。柏拉图说:"教育不是要在灵魂中创造视力,而是肯定灵魂中本身有视力。"③教育的目的,不过是把这个视力保护好而已。

---

① 杜维明:《一阳来复》,上海文艺出版社1997年版,第15页。
② 朱熹:《四书章句集注·大学章句》,中华书局1986年版。
③ 柏拉图:《理想国》,商务印书馆1996年版,第278页。

"明德"这双良知的天眼，不仅照亮人生存之路，而且还具有人走这条路所需的各种能力。朱熹"具众理而应万事"一语，就是对此的合理解释。理学家认为，万物与人都是天所生，都具有天理，所以人之理中，就包括了物之理。孟子说"万物皆备于我"①，陆九渊说"宇宙便是吾心，吾心便是宇宙"②，都是说人性中具有物理。这个物理就是内涵在"明德"之中，朱熹称之为"具众理"。人"明明德"，不仅要明"众理"，包括精于本职工作，更要把所明"众理"用之于自己的业务及人伦日用之中，并且事事处处都能做得恰到好处，这就叫"应万事"，用《大学》"传"第二章的话说，就叫"君子无所不用其极"。

　　这一创新能力无限的"明德"，是以人之潜能形式存在的，朱氏称其为"虚灵不昧"。这一潜能若无后天修养，弄不好就会昧而不明，用中国人的话说，叫昧良心。在《大学》话语模式中，人"明德"不"明"，昧了良心，不仅表明斯人道德堕落，亦标志其"具众理而应万事"的智商、情商具一并蔽而昧了。庄子"其耆欲深者，其天机浅"③的判断，可为是论的注脚。进而论之，中国人主张做学问要先做人的原则，其所强调的不仅是做人，亦认为"做人"的高度从根本上说亦决定了其学问的高度。

　　中国思想史研究者自己要"明德"常"明"，精神生命"日新"，成为一个有"良知"的主体。这关乎学者以及学科专业的安身立命，其重要性自不待言。"明明德"的一个重要下手处，就是关注社会民生。张岂之先生在给其思想史学科组成员的一封信中曾谈及此事。他说：

---

①《孟子·尽心上》
②陆象山：《陆象山全集》卷三十六，中国书店1992年版，第317页。
③王先谦：《庄子集解》卷二《大宗师》，《诸子集成》，上海书店1990年版，第38页。

## 《大学》与学术研究之"日新"

我有一个小小的建议,在时间允许的条件下,请你们多多关注现实社会问题……一个学者如果不为民说真话,说实话,不了解现实情况那是不好的。因此,还是要看点报纸,重要的文件,要做些研究。胸中有全局,有自己的心得体会,这样做学问才会有时代感。……我们生活无虞,但我们所见农民和城市下岗工人,生活过得并不美好。作为学者,应当关心这些问题……学者要成为社会的良心、良知,就必须要关心社会现实问题。……报纸是应当读的,问题是如何读,从研究的角度去读。①

从中国思想史研究"日新"层面看,张先生要求学科组成员关心社会现实问题的建议,其直接意义就是使学术研究有时代感。时代感不仅可使学术研究趋时更新,不致枯槁;亦可使学术胸襟臻于博大,免于狭隘。若把这个建议置于中国学术安身立命传统的大背景下审视,盖又蕴含着"良知"根于民生的殷殷深意。"学者要成为社会的良心、良知,就必须要关注社会现实问题。"这个判断很中肯,得中国文化的真谛。学者要有良知,须内省修身,读书明理,更要关注社会人生。中国文化认为,人的"良知"得之天,求"良知"本应眼睛向天,但中国文化之天不像西方的上帝,她是与民一体的。这一原则在《尚书》中就确立了,并被反复强调。如《皋陶谟》:"天聪明,自我民聪明;天明畏,自我民明畏。"②《泰誓》:"天视自我民视,天听自我民听。"③按这个原则,"天何言哉?"看天实就是看百姓。民心就是天意,天所予我的"良知"、"明德",实就是栽根于民心民意之中。所以"明

---

① 《张岂之教授与研究生论学书信选》,陕西人民出版社2007年版,第31-32页。
② 孔颖达:《尚书正义》卷四《皋陶谟》,《十三经注疏》,中华书局1980年版,第139页。
③ 孔颖达:《尚书正义》卷十一《泰誓中》,《十三经注疏》,中华书局1980年版,第181页。

明德"，或"求放心"，就这样地与关注民生一体相关。

　　这里有二点必需予以特别指出。一是学者关注民生，不是简单的认识社会，采用价值中立的态度把社会民生作为客观研究对象。它应遵循《大学》的"絜矩之道"，推己及人，以己心度人心：自己喜安乐，亦乐见人之安乐，见民生安乐，亦如己之安乐；自己恶贫困，亦"不忍"心见人之贫困；自己生活无忧，见民生艰难，则于心"不安"，于心"不忍"。"我们生活无虞，但我们所见农民和城市下岗工人，生活过得并不美好。作为学者应关心这些问题。"这些平淡的话语中透露出的正是一个学者的"不安"之心、"不忍"之心。是心就是良心，必须怀着是心去关注民生，方有可能使是心常"明"、"日新"！

　　需要指出的第二点是，这里所说的良知，是人的主体，而不是主体的人之对象。我们说，通过内省修身，关注社会民生，培养"不安"之心，"不忍"之心，使自己的良知常"明"。从发生学角度说，这是自我努力在前，良知"明"现在后。但不能由此而认为，自己是主体，良知是对象。牟宗三对此曾予以过特别的提示。他说："《大学》中所说的'大学之道在明明德'……这个'明'的学问大极了"，它是"使我们的生命明"，①这个生命就是"明德"，或曰"良知"。"良知"是"明"之主体，不是"明"之对象。"良知所表示的这个主体永远不能客体化，不能对象化，如果你把它客体化当个对象看，那你是看不到良知的。良知只有你不把你自己当成对象，而存在地归到你自己身上来，……良知这个明才显现出来。"②撇开复杂的学理，单就人生体验而言，牟宗三所谓良知是"明"之主体，而不是"明"之对象的判断，确之不误。孟子的"恻隐之心"可为此提供经典例证。

　　孟子曰：

---

①牟宗三：《中国哲学十九讲》，上海世纪出版集团2005年版，第23页。
②牟宗三：《中国哲学十九讲》，上海世纪出版集团2005年版，第25页。

> 所以谓人皆有不忍人之心者,今人乍见孺子将入于井,皆有怵惕恻隐之心,非所以内交于孺子之父母也,非所以要誉于乡党朋友也,非恶其声而然也。(《孟子·公孙丑上》)

"恻隐之心",就是看见别人痛苦、不幸而哀痛的心情,也可曰是良知。孟子说,当人突然看见("乍见")小孩子将跌入于井时,任何人都会顿然出现"怵惕(惊恐)恻隐(哀痛、怜悯)"之心。人产生这种心情的原因,不是为了和孩子的父母攀亲结友,也不是为了在乡里朋友间博取名誉,更不是厌恶孩子的哭声,而是人"良心"的呈现,它是非认知、非功利的人之直觉。因为,在这一毫无心理准备的瞬间,人无法形成理性认识和功利计较之心。孟子这里以人"乍见孺子将入于井"时瞬间的心性直觉为例,不仅证实了人"恻隐之心"的存在,而且证实了良知("恻隐之心")是人的主体。也就是说,是良知使人"明",而非人"明"良知;是良知支配人去救这个小孩,而非人支配良知做此事。孟子所说的这些,不是逻辑推理,是生活经验的体证,而且多数人都有过类似体验。这种良知支配人的事例在历史与现实中屡见不鲜。如孟子说的大丈夫气概,就是大丈夫气概支配人去舍生取义,而非人支配大丈夫气概去杀身成仁。

据于上述,中国思想史教学与研究求"日新"而"新民"而"惟新",以及研究者关注社会现实而"明明德"、良知"明",这些确乎是"学问大极了"的事,需我们"行远自迩,登高自卑"地勉力以行。(作者系安庆师范学院人文与社会学院教授)

# 对中国思想史学科建设的思考

## 童 强

侯外庐先生《中国思想通史》（五卷六册）出版以来，中国思想史研究取得了丰富的成果。近日出版的张岂之先生主编的《中国思想学说史》（六卷九册），就是这一研究领域具有示范意义的标志性成果。气魄宏大，筹划周详，编撰严谨，富有创新，它不仅是数十年来中国思想史研究的集成之作，同时也将是在未来很长一段时间里产生重要的学术影响的里程碑。

就在思想史研究迅速发展的时期，我们也应当看到，这一学科正遇到来自多方面的挑战。

思想史研究并不是一个迅速生长的学科。在人文社科领域中，不及新闻、影视传媒、社会学、工商管理等学科。人文研究虽然在发展，但对比其他快速成长的学科，它因为自身发展及规模扩张的速度较慢，成果对学界及社会领域的影响力较弱，而好像是在趋于萎缩。在新的经济快速发展、消费社会逐渐成熟的时代，思想史学科只有给自身提出更高的要求才适应时代的需要。

作为学科，思想史研究的界限比较含混。它一方面属于历史学，一方面与哲学及其他许多学科关系密切。若与其他经典学科对照，思想史研究的"学术形象"则显得比较模糊。诸如城市社会学、经济学、唐史研究、辞赋研究，这些研究的学术形象及对象大多很明确，人们从他们的专业方向、学科名称中就可以推测他们的研究大体是做什么的。但告诉别人做魏晋思想史研究，人们很难想象这个研究是做什么的。这种情形可能与"思想"这个术语有关。思想是什么？思想是无形的，每个人都可以按照个人的"思想"给思想一个外形各异的气球并充上气。想象魏晋思想史研究的最好的一种可能，恐怕是将它与玄学、哲学研究看作一回事。但这样一来，思想史学科就似乎可有可无了。

有鉴于此，我们建议，学科建设从如下五方面着手。

一是确立"边界意识"。

从某种程度上讲，没有"边界意识"就没有所谓的专业化。专业化、专门化过程就是边界明晰的过程。可以成为思想史研究的内容很多，但恐怕并不是所有的问题在任何时候都是思想史的。有些问题偏向于哲学，那么从理论上讲，它可能就不是一个典型的思想史研究的对象。应该明确问题才是思想史研究最为典型的问题。

二是建立自身的体系化的知识系统。

"化学思想史"虽然也是思想史，但化学的知识系统过于专门，实际上至少目前还无法将其纳入到我们的研究视野中。从这里，我们可以看到，由于化学知识系统的专门，因此其学科的边界较为清晰严格（当然这只是相对而言，因为对其专业人士而言，他们也会说与物理学的边界有交叉重合而显得边界模糊的地方）。那么，思想史同样应该具有自身由基本理论、术语、解释框架、个案研究、史料分析技术、文本解读方法等构成的复杂的知识系统，并通过这一知识系统确立自身的相对清晰的边界。（通俗的比喻：流行歌曲的知识系统相对简单，普通人都能够轻易进入，但京剧的知识系统复杂得多，进入十分困难。）在这些方面，我们当然已经有不少积累，但需要进一步条理化、系统化。

三是加强学科的理论建设。

侯外庐先生《中国思想通史》在理论层面上的主导思想就是强调中国思想史的发展过程中唯物主义与唯心主义之间的争论与斗争。当然在今天看来，这一争论与斗争在具体历史条件与社会情境中会呈现更为复杂的形态，但研究者自觉的理论意识是非常明确的。

不少前辈思想史家非常具有建树，但他们的工作有时缺少理论意识，或者理论建构不够完善，或者理论的指导受到时尚的过分影响，这往往造成了他们的研究完成之后，后人很难重新构建起他们的理论框架，并在这个框架上继续建设，很难"接着说"。理论的重要性在于它具有框架意义。理论框架仿佛建筑钢筋结构的框架和脚手架，没有钢筋结构和脚手架，人们只能盖起很低矮的房子，但有了框架结构与脚手架，就可以建起很高的大厦。今天仍需要强调理论建构。至于理论如何形成，是什么样的理论，与具体研究之间的关系，理论又如何突破，这些更复杂的问题在这里无法讨论。

思想史研究不仅要为自身学术的发展提出具有框架结构意义的概念术语，而且还必须能够提出对现代思想和社会生活有所影响的关键性术语。马克思的"阶级斗争"，马克斯·韦伯的"合理性"、"去魅"，涂尔干的"社会分工"、"失范"等后来都成为其他学术领域共享的重要概念。

四是重视学术积累。

学科建设所需要的时间比我们想象的要长得多，它首先需要时间积累。理论建构需要时间，知识系统的建立需要时间，只有通过长时间的努力，思想史研究的一个具有强势的学术形象才可能得到确立与提升。

为了配合这种积累，我们建议几方面合作，创办一个刊物或者集刊，专门发表思想史的研究论文。持之以恒，坚持不懈。

五是成立学会，加强学者间相互联系。

成立真正具有学术自律与交流性质的"中国思想史学会"。加强交流，明确边界，紧密合作，对外形成一个明确的充满活力的学术形象。（作者系南京大学中国思想家研究中心副教授）

# 关于中国思想文化史研究的几点体会与认识

王继训

一、什么是思想史？什么是文化史？什么是思想文化史？

这实际上是一个为思想文化史正名的问题。"思想"一词古来有之，而"文化"却是一个近代的产物，"思想"与"文化"这两个词也是直到现在才在中文里被连用为"思想文化"的，所以"思想文化史"是一个新鲜的词汇。关于"思想文化史"的正确含义，在国内很少被人认真地讨论也就可以理解了。这也是我们为什么要弄清楚它正确含义的意义之所在。在讨论这个问题之前，我们有必要先搞清楚"什么是思想史"和"什么是文化史"。

"思想史"被翻译成英文是 thought history，其实"思想史"是历史地或实践地研究思想史发展的。需要说明的是思想史与哲学史是有明显分界的，"哲学史"被翻译成英文是 philosophy history，"哲学史"是哲学史家历史而单独地研究哲学或哲学思想发展史的学科。我们不能以西方标准为标准，如果我们把这个问题追述到本世纪初把西方哲学介绍到中国的那位先驱胡适那里，我们就不难找到答案了。1931年胡适在北京大学写"中国中古思想史提要"时，就曾将书稿的原名《中国中古哲学小史》改名为《中国中古思想小史》。显然胡适是很了解和重视"哲学史"和"思想史"是有区别的。在胡适看来，"哲学"是西方学术传统中一门很重要也很严肃的学科，而中国古代的思想史就不这样,它不太重视"知识论"和"逻辑方法",所以就不宜称作"哲学"。"文化史"被翻译成英文是 cultural history。其实"文化史"是研究某一历史时代以物质文化、地理条件、社会经济为基础的文化主体行为的。通过以上界定,我们可以清楚地看到"思想史"与"文化史"的区别,"文化史"主要是研究物质文化的,而"思想史"主要是研究某一历史时代物质条件和社会背景是如何影响和决定一个人、一个学派、一个时代思想的。顾名思义,"思想文化史"涉及的中心命题是"思想"与"文化"。在当代西方人文社会科学领域内,最纠缠不清的就应该是"思想"与"文化"了。其实思想文化史的界定是很简单的,它被翻译成英文为 intellectual history。从这一点上看,"思想文化史"包括人对自然环境、物质条件的认知与适应,人对人类社会生活、组织、制度的改造与适应,以及人对已知或未知世界的想象、信仰和崇拜,也包括人对自身的经验、知识和思想的反思反省等三个层面或层次。既然思想文化史是思想与文化的合流,那么这种合流就一定有某种倾向性,我个人认为有二:其一,思想是文化的内涵;其二,思想是上层精英文化的基本架构,又是下层民间文化的一种反映或投射。所以说现代的"思想文化史"研究的新的动向或趋势应该是由过去过分强调精英文化,转向注重下层草根文化与民间文化发展,同时也要借鉴当今世界最新的研究成果,比如在世界各地纷纷抬头的各种"后现代主义"的理论与方法、文化批判理论、文化解构主义、弱势文化理论以及边缘文化理论等等。

二、为什么要研读思想文化史?

一部好的思想文化史,对于所有具备相当知识的人,都是开卷有益的。因为思想文化史并不限于对某一个或几个思想家的研究。另外思想文化史还具有哲学史所没有的优点,思想文化史除了讨论理论问题以外,还要了解思想家的心灵、观念,生活的具体环境、际遇和意识及其所采取的措施和因而得到的喜怒哀乐,当然还有他的性格、习惯、脾气与偏好以及独特的奋斗经历等等。

对待思想文化史的读者或对象，我们一般分为两类。一是专业人员，他的职业就是以此为生计，立志探究思想文化的专业工作者。研究可能是很枯燥的，但发自研究者个人内心，就如同游览博物馆的感觉一样。陈列在博物里的古董，可以使你神游上古，使你对古人巧夺天工的技艺惊叹不已，这的确很容易引起我们的感动与共鸣。从那里你可以吸收必要的营养，充实扩展自己。在那里你的思想可以自由来往，或质疑，或问难，因为它对待每一个人都是宽容的、公平的，而且它也不会索求任何报酬。另一类是思想文化史外的人文学科和社会学科的学者或爱好者。自从近代知识分化以后，不同学科都有自己独立的知识领域，而思想文化史所提供的正是一个学者除了接受本专业必要的理论和方法的训练，还必须拥有本国的文化社会立场以及掌握母体文化传统的必需的文献知识储备。有人说"历史是生命之师"，而思想文化史研究则最靠近这个理想。历史并不能完全决定我们的未来，但历史教训却的确可以使我们在走向茫然的未来时减少不必要的错误和浪费。最后让我们用伟大的哲学家康德的那段话结束这个话题吧！我们为什么要浪费这么多时间来研究这些问题呢？一，为你自己而想；二，在你的思维中，把自己摆在每一个其他人的位置上去想；三，为与自己的目的一致去想。按照康德的意思去看，如果没有第一点，就不会引发读者的主观兴趣，如果不能跨出第一步，就无法展开漫长的心灵之旅；如果没有第二点，就培养不了客观的认知与理解，就不能具备又广又深的知识储备的基础；如果没有第三点，就不会养成必要的判断和评价的能力，而这一点必须经过前两点才能培养出来。

三、中国思想文化史的精神特质是什么？

中国思想文化史与西方哲学一向不同，西方哲学注重以纯理性的态度解释世界，以信仰上帝的态度看待人生。中国思想文化史总的说来是缺乏认识论和有神论的。中国思想文化史的特质主要表现为以下两个方面：

1. 中国思想注重人生智慧，注重对人的生存状态的理性关怀。中国思想的人生智慧不是宗教的，是哲学的，是以理性的精神来反思宇宙和人生的。中国思想追求的是内在的而不是外在的超越，把超越的对象归属为内在的心，同时还不脱离现实的世俗社会，中国的儒释道皆是这样。比如儒家的"天人合一"侧重于道德层面的含义，不同于普通人的人伦道德。所以儒家主张"学而优则仕"。先秦儒家学者主张天人相通，人性为"天之所与"，天是有道德的，而人是禀承天道的，所以人性具有道德的品性。孔子很少谈论人性的问题，关于人性的言论，也只有一句话："性相近也，习相远也。"正因为如此，《论语·公冶长》有"夫子之文章，可得而闻也；夫子之言性与天道，不可得而闻也"的记载。孟子则不然，孟子是第一个将"天命"同"人性"结合起来的人。他从心性的角度谈论天命，构建出一个比较完整的"尽心"、"知性"、"知天"的天命理论体系，从而达到心、性、天、命的统一："口之于味也，目之于色也，耳之于声也，鼻之于臭也，四肢之于安佚也，性也；有命焉，君子不谓性也。仁之于父子也，义之于君臣也，礼之于宾主也，知之于贤者也，圣人之于天道也，命也；有性焉，君子不谓命也。"又说："尽其心者，知其性也。知其性也，则知天矣。"孟子的这种提法对后来儒家学派影响深远，尤其是对程朱理学和陆王心学。二程曾说："心即性也。在天为命，在人为性，论其所主为心，其实只是一个道。"王守仁也说："夫心之体，性也；性之原，天也；能尽其心，是能尽其性矣。"其实张岱年先生早已注意到孟子谓性与命是存在着根本区别的。他指出："孟子所谓性者，实有其特殊意谓。孟子所谓性者，正指人之所以异于禽兽之特殊性征。人之所同于禽兽者，不可谓人之性；所谓人之性，乃专指人之所以为人者，实即人之'特性'。而任何一物之性，亦即该物所以为该物者。"可见孟子所说的性是人的一种本能，是人自身所固有的。孟子把仁、义、礼、智人心所固有的善良本性，视为人类的一种良知（良能）的必然："人之所不学而能者，其良能也；所不虑而知者，其良知也。孩提之童，无不知爱其亲者；及其长也，无不知敬其兄也。亲亲，仁也；敬长，义也；无他，达之天下也。"孟子所说的这些人性的善，从某种意义上讲，就是上天赋予人的必然性，是人与动物的根本区别之所在。

荀子的性恶论是其对天命思想认识的延伸。荀子所谓的"性"，究竟是什么？"凡性者，天之就也，不可学，不可事……不可学，不可事而在人者谓之性。"就这一点而言，是与孟子思想一脉相承的。但是荀子认为性是人生来就具有的，是不用学习，不用造作的自然本性。荀子还认为如果人性顺其自然发展，就会产生恶。"今人之性，生而有好利焉，顺是，故争夺生而辞让亡焉；生而有疾恶焉，顺是，故残贼生而忠信亡焉，生而有耳目之欲，有好声色焉，顺是，故淫乱生而礼义文理亡焉。然则从人之性，顺人之情，必出乎争夺，合于犯分乱理而归于暴。"由情欲的发动，引起了"争夺"、"残贼"、"淫乱"等邪恶现象的出现，进而导致"忠信"、"辞让"、"礼义文理"等道德秩序的丧失。人的本性原本无善、恶、好、坏之分。然而荀子以人性恶立论，把人看成天生的小人，自觉不自觉地就给自己设计了一个难题，如何改造人性，如何给人指出一条走向理想境界的道路，他自己又反复重申"性者，吾所不能为也"，可见这种持论的偏激和逻辑的不严密，一开始就让荀子的性恶说漏洞百出。为了能自圆其说，弥补自己最初可以化性起伪，最后人人又可以成为圣贤的推论的合理性，他只能从"制天命而用之"入手，最终走上片面夸大人的主观能动性的盲目之路。

从荀子的性恶论以及他对人性改造之路来看，他是失败的。他虽然想继承儒家的重人事而轻鬼神的传统，提出"明于天人之分"的理论。但就其结果而言，他实际上追求的还是天人合一。他性命思想的这种前后矛盾，摇摆不定，或许正是他在漫漫封建社会中长期受到冷落和排挤的根本原因之所在。即使在今日看来，重新审视并批评荀子的性恶论，我们觉得依然还有现实意义。

道家也是主张天人合一的。道家的最高境界是"道通为一"的境界，既含有侧重于美学的含义，也含有非道德的含义。所以道家认为人生最大的快乐莫过于"静观其道"、"至美至乐"的境界。老子提倡不要知识，清心寡欲，回复到婴儿的状态或愚人的状态，实际上讲的是一种"天人合一"的境界。"人法地，地法天，天法道，道法自然。""希言自然"，"夫莫之命而常自然"，"是以圣人欲不欲，不贵难得之货，学不学，复众人之所过，以辅万物之自然而不敢为"。庄子更是明确地主张通过"无心"、"坐忘"的经验与意识，去消除区别的界限，以达到"天地与我并生，而万物与我为一"的天人合一的境界。如果说老子还在为道、处世上坚持生与死、雌与雄、荣与辱的话，那么庄子则彻底地把是非、荣辱、生死、始终的界限模糊了、齐一了。所谓天地混沌一片，对立消失破除了，用庄子自己的话表述就是"齐物"。"齐物"顾名思义就是齐一万物，"物固有所然，物固有所可。无物不然，无物不可"，"其分也，成也，其成也，毁也。凡物无成与毁，道通为一"。既然我与万物都齐一合一了，那么人就可以逍遥自由自在了，所以说"逍遥"的思想是建立在"齐物"思想基础之上的。要无所依恃，要突破一切条件的限制，才能真正地自由自在和逍遥起来。逍遥的必要条件是顺应自然之性，"放德而行，循道而趋"，说的意思就是道是人与万物的本原，德是人与万物之所自得。"夫明白于天地之德者，此之谓大本大宗，与天和者也"，"与天和者，谓之天乐"。在这里"与天和"就是"与天合"，只有"与天合"了，顺应人与万物的自然之性，才可以达到"与天乐"的"逍遥游"的境界。

佛家讲究"修佛即修心"，"心静则佛"，强调成佛不必离开现世，明心见性。究竟成不成佛，取决于人心是执迷还是顿悟，所以佛家也主张"天人合一"，佛家的最高境界便是"天人合一"。《五灯会元》就曾经记载过这样一个故事，门徒问："如何是禅境？"崇慧禅师答曰："万古长空，一朝风月。"可见禅宗认为，只有通过"一朝风月"，才能悟出和体验到"万古长空"的无限、永恒与空寂的宇宙真相，同时这段话也表明了佛家追求的最高佛境是看似无我，其实有我，"我"是已经融入到宇宙中去的"真我"。另外佛家还喜欢用一些诗句来表达天人合一的禅境，比如"云散水流去，寂然天地空"，"一片月生海，几家人上楼"等等。中国佛家讲究的是人人有佛性，宇宙万物也有佛性，而禅宗所谓的"青青翠竹，尽是法身；郁郁黄花，无非般若"的诗句正是这种思想的写照。心清净无染，心清净则佛。自己是佛，别人与万物也是佛。

2. 中国思想的语言表达方式很隐晦，是很难用语言概念来表达的。佛家的《金刚经》有"如来说微尘，非微尘，是名微尘"，"如来说世界，非世界，是名世界"，"如来说三十二相，即非三十二相，是名三十二相"，这段话的意思是说，佛说文字语言是不能表达最高佛理的，最高佛理是需要人在修佛的过程中加以实践与体会的。佛所使用的语言文字只不过是用来教化众生的工具而已，如果人人都拘泥于或执著于语言文字，是得不到最高佛理的。禅宗主张"不立文字"，说的也是这个道理。禅宗认为拘泥于文字，只能曲解佛的本意。理解佛只能通过种种暗示的方法才能达到，"以手指月"，不是把手指当成月亮。道家和儒家也是一样的。道家的《老子》第一章也说"道可道，非常道，名可名，非常名"，意思是说道是不可言的，如果说出来了就不是道了。道是不可言的，只可暗示，如果语言一旦达到目的，就应该被忘记。《庄子》也有："筌者所以在鱼，得鱼而忘筌，蹄者所以在兔，得兔而忘蹄。言者所以在意，是不言之言。"说的就是忘言之人言，是不言之言的意思。儒家的《论语》更是每一章寥寥数语，而且上下章之间没有任何关系，独立成篇。中国思想的这种富于暗示的特点与中国艺术、诗歌的理想是一脉相通的。例如诗歌，一首好诗就应该是"言有尽而意无尽",诗人所表达的或传达的往往不是诗中直接说的,而是诗中没有说的,是诗的言外之意。所以说中国思想是明晰不足,暗示无穷,充满诗情画意,这也是中国哲学较西方哲学更富于诗意的原因之所在。

  当然中国古代的这种思想也不是没有缺陷的,就像西方哲学没有诗意一样,中国哲学没有西方哲学那样包含实质一样的清晰,固然境界甚高,内涵深刻,但思想表达却不清晰,同时还缺乏西方哲学所拥有的必要的逻辑分析,缺乏理性与理智,不讲究逻辑,其哲学言论也大多前后重复矛盾,我们从中国古代哲人的著述中就可以看出这一点不足来。中国思想还缺乏西方哲学上的实用论,从另一方面说,就是没有现代实验科学的依据,缺少现代实验科学发展的最新成果。此外,中国传统学术还存在着其他的缺点,诸如西方哲学大多从自然界入手,而中国传统哲学则是从人事入手。从自然界的现象入手,物类分别,一清二楚;而从人事入手,则容易掺杂进人的主观臆断,容易造成物类不分的缺陷。中国传统哲学还不太重视形而下的学问,不太重视学问的层次感,缺乏对物理、化学、生物学、社会学的深入探究,缺乏对哲学中的认识论的研究。中国哲学过分强调"学以致用"的功效,认为任何一种学问如果没有致用的功效,就不可能恩及百姓,是"无用之学",结果导致中国数学与逻辑学的不发达。以上这些缺陷都是我们应该注意的,我们要做的是充分肯定中国哲学的优点与长处,并继续发扬和保持自己的特点,同时也应该借鉴西方哲学的长处,克服自己的缺陷,加强逻辑的研究与训练,从而实现哲学从传统向现代的转变,以适应现代中国社会理论的需要。这对于我们今天如何正确对待中国传统文化和西方文化的关系,从事我们自己的新文化建设、文化产业建设以及和谐社会理论建设将具有重要的启迪和借鉴意义。(作者系山东经济学院文化发展研究中心教授)

# 以中国思想史促进高校科学教育
# 与人文教育的和谐发展

## ——从军校的视角看问题

### 彭国兴

自上个世纪末实施素质教育以来,我国高校在促进科学教育和人文教育方面所取得的长足进步,举世瞩目,令人振奋。然而,我们也不得不承认,现代中国的高等教育仍大量存在人为地将科学与人文割裂,或极端重视科学教育而相对忽视人文教育等现象。中国思想史作为研究人类社会思想文化精华及其启示的科学或学科,在改变高校科学教育与人文教育的分裂对立现象以及促进二者和谐共进方面,可以发挥出不可替代的重要作用。

## 一、科学教育与人文教育的各自特点及发展趋势

学校教育注重的是"教书"和"育人"。科学教育与人文教育这两个概念的出现,一方面由于科学与人文的分野与对立,另一方面则是由于教育内容及教育目的中对"教书"或"育人"的不同侧重。

从科学与人文的关系上看,二者本来就结合在一起,是无法严格分割的知识整体,是同质同源的。广义的科学涵盖了自然、社会、思维等客观规律的分科知识体系,几乎囊括了人类知识系统的全部;"人

文"这个概念在历史上虽有变异,但今日的"人文"广义地说同样涉及到"科学"所涵盖的全部领域。二者的区别甚至分裂或对立,一方面是由于知识的分化和专业的细化,另一方面则是由于二者的狭义理解时的研究对象不同:"科学"着重研究自然现象,既近似于古代的"天文",更近似于以"理工科"为代表的自然科学;"人文"则着重研究人类社会文化现象,既指与人相关的知识学问,又可理解为以通常意义上的"文科"为代表的人文社会科学。

从教育内容上看,科学教育以传授自然科学技术知识为主,重在"教书";人文教育以传授人文学科知识为主,重在"育人"。从教育目的看,科学教育以培养科学精神、开发人的智力、丰富物质财富、促进社会发展为目的;人文教育则以培养"人文精神"、"完善个体心性"为目的。人文教育的内容在历史上虽有不同的表现形式,但其基本精神大体一致,都是进行人格教育、道德教育,并以促进人的身心发展为宗旨。

从教育功能看,科学教育注重开拓人的智慧与知识,拓展人们的认识领域,促进生产力的发展,使人类在开发自然过程中获得巨大的物质财富,可以极大地改善人类的物质生活;人文教育注重人性的完善,重视提升人的道德境界,有利于人们确立正确的世界观、人生观和价值观,大大丰富人类的精神生活。

从学科载体上看,科学教育主要体现于理、工、农、医等工程技术学科,近似于日常所说的"理科"教育;人文教育则主要体现于文、史、哲等人文学科,近似于日常所说的"文科"教育。

科学教育与人文教育尽管有显著不同的内容与功用以及互不相同的学科载体,但这并不意味着二者水火不容。尤其在当今世界,社会的和谐发展,人才素质的全面提高,教育职能的全面发挥都要求我们必须将科学教育与人文教育相互融合、相互渗透。

## 二、我国军校科学教育与人文教育的现状分析

我国传统教育始终以儒家思想为主（儒学以"仁"为核心，"仁"通"人"），人文教育占统治地位，科学教育的比例相对较低。尤其在近代，由于落后挨打，中国高等教育一开始便怀着"科学救国"的愿望，被赋予"教育救国"的使命，因此在起步阶段就呈现出明显的重理轻文、文理分家现象。上世纪20年代发生的关于"科学与玄学"的著名论战，实质上就是关于科学与人文的功能与价值、地位与作用的争论。如果从结果和影响看，论战中科学派的胜利大大提高了科学的声誉，促进了科学的普及；但与此同时也加剧了高校中重理轻文、文理分家的教育偏颇。建国后，我国高等学校深受原苏联教育模式影响，理、工、文科分家，致使在很长时期内我国除少数综合性大学外，绝大多数理工科院校学科单一，严重缺乏文理渗透的条件。由于军队需求所决定，军队院校学科设置比地方大学更为单一，文理分家的情况更为严重。

第一，科学教育与人文教育分离或"重理轻文"的现象。

我国军校科学教育与人文教育的分离，突出表现在学校性质及其专业设置方面。从学校性质来看，如果粗略划分，仅从校名就可将我国军校分为实施科学教育的"理工类"院校和实施人文教育的"文科"院校两大类，而且如果以科学教育与人文教育和谐共存为评判标准，我国甚至没有一所严格意义上的综合性军事大学。因为绝大多数军校都特别专注于军事、工程、技术等方面的教学及研究，仅有的几所"综合"大学，其名称中也无不含有"工程"、"技术"或"理工"标志。从两类军校的数量比例看，我国军校绝大多数都属于理工科院校，文科院校比例极低。从各校内部的专业设置及相关数量对比看，在"理科"院校，以"理工"为代表的科学教育的学科、专业、学员数

量都占绝对优势，人文专业要么凤毛麟角，要么踪影全无，人文课程要么是选修课，要么仅限于政治理论课；反之，在为数极少的军队政治学院、外语学院或艺术学院里，由于学生全来自于文科考生，专业全属于人文社会学科领域，因而呈现出人文教育唱独角戏的局面，科学教育几乎没有存在的空间，更谈不上其发展的环境。从总体上看，军校为了突出各自的办学特色及学科优势，无论教育理念方面还是培养出的人才的素质方面都呈现出科学教育与人文教育分离现象、重理工轻人文现象。

第二、科学教育与人文教育分离的观念原因。长期以来，无论是教育者还是受教育者都不同程度地认为科学教育更实用、更有价值。根据德国著名社会学家马克斯·韦伯的观点，自然科学和人文社会科学由于认识和掌握世界的方式、对象的差异而分别呈现出极强的"工具理性"和"价值理性"，"工具理性"以追求功利目的和发展效率为主，"价值理性"注重于人的价值、人的需要和人的发展，因而各自发挥着不同的社会功能。然而，随着科学与人文"两种文化"的出现和分立，在教育界同样出现了从事科学教育与从事人文教育者相互间的傲慢与偏见。受此影响，受教育者大都认为学习"理科"将来出路宽、就业机会多、由理转文也比较容易；而文科是"软科学"，学习人文科学未来出路窄、专业受社会轻视、由文转理几无可能。正是在这种普遍的功利思想驱使下，科学教育在绝大多数高校获得了至尊地位，人文教育则显得位卑言轻，造成了普遍的"重理轻文"、文理分家。

第三、科学教育与人文教育分离的教育体制原因。我国中学的文理分科，作为制度已经有百余年的历史。一定程度上说，中学过早分科奠定了大学科学教育与人文教育分裂的基础。根据现行办学体制，我国军校招生大都以高中生中的理工科学生为主，当然会受到文理过早分科的负面影响。从管理角度看，我国教育管理体制对高等学校的课程设置、教学计划、教学大纲等的统一规定，事实上限制了文、理、工学科的互补和渗透。就军校而言，在全国高等教育高度集中体制下更为严格的计划性和统一性，使所有军校要么变成理工科院校，要么变成文科院校（其招生来源要么全是理科学生要么全是文科学生就是例证），从而造成军校内科学教育与人文教育的偏失，造成两者和合发展环境的缺失。另外，从学员方面看，由于课程设置偏重，专业技术知识的学习压力很大，学生缺乏必要的自主权。学校方面，由于培养人才的特殊性，必须遵照高度集中的教育管理体制，实行统一的学年制和必修制，因此，学校也没有足够的改进科学教育与人文教育和谐发展的自主权。

第四、我国军校偏重科学教育的社会历史条件。从历史上看，近代科学在欧洲诞生之后，逐步以自身创造的物质财富和富国强军的显著功效，不仅在教育界取得了至高无上的地位，而且在全世界赢得了"科学万能"的声望。旧中国的军校诞生并成长于"科学救国"期望中，新中国的军校不仅继承了"科学救国"梦想，而且还肩负着科教兴国、科技强军等实现"国防和科技现代化"的新使命。可以说，中国军校自诞生之日起便持续强化了科学教育的重要地位。

从现实需求上看，由于当今世界已进入信息时代，以科学知识为基础的各种新技术、新工艺、新武器装备不断涌现，战争形态已由机械化战争进入高技术战争，世界各国正全力以赴迎接以信息技术为核心的新军事变革，军校作为高新技术的重要研究机构和新型军事人才的主要培养基地，自然需要异常重视对学员科学素质的教育与培养。

从情感认识角度看，我国所有的军事人才培养机构，既具有"科学救国"的历史情愫，又有"科学技术是第一生产力"的价值定位，因此，军校必须在科学教育、技术研发方面当先进、作表率。

从军队院校教育体制及激励机制角度看，一方面军校学员一进高校并确定专业后，便被限定在理工科的某一领域深入学习和研究，而要在现行制度下跨学科、跨专业学习，难度很大，很容易形成科学教育在理工科院校傲视一切的绝对优势。另一方面，军队现有的专门研究机构如军事科学院、军事医学科学院等，其研究对象和研究任务主要集中在"理工科"，现行的科技奖励制度，不论是奖项设立还是评选对象都是集中在自然科学领域。这些带有倾向性的制度，必然会引导或激励军校更加重视科学教育。

## 三、中国思想史对科学教育与人文教育和谐发展的促进作用

在中国两千多年的教育发展史上，在漫长的古代社会，人文教育曾在儒、道、释等社会思潮不断发展变化的背景下，长期居于主导地位；在近代，由于受西方社会思潮的影响，特别是经历了两个"科学的世纪"之后，中国教育发生的最大变化就是，科学教育逐步成长壮大到完全取代了人文教育的主导地位。正是在科学与人文"两种文化"的分裂和争斗过程中，科学教育与人文教育也逐步走向分裂或对立。随着社会的进步和时代的发展，人们已经意识到了科学教育与人文教育分裂的局限性和危害性，并采取各种措施以促进二者的和谐共进。那么，我们该如何利用中国思想史的学科特点及其资源优势来促进高校尤其是军校科学教育与人文教育的和谐发展呢？

第一，注意运用思想史研究成果指导教育教学改革。中国思想史作为"理论化的中国社会思想意识的发展史"，其研究范围几乎涵盖了人类社会政治、经济、哲学、科学、法律、教育、人文等全部思想文化领域，科学教育、人文教育作为教育思想自然都是中国思想史的研究内容。其中，道德伦理思想、政治思想和哲学思想更是重点研究对象。因此，中国思想史的研究成果，作为人类思想文化的精华、理论思维的精品，对高校教育教学的改革探索和实践创新无不具有启发意义。要改变科学教育与人文教育相互分割局面，要促进二者的和谐共进，我们一方面可以立足于我国高等教育尤其是军队院校的实际，从中国思想史中探

寻关于教育思想和军事思想的经验总结和理论概括，另一方面，我们也可通过中国思想史的研究和教学为军事院校教育改革提供实际指导。

第二，注重运用"和合"传统指导教育观念的更新。中国思想史既重视"天人合一"的思维方式，也十分重视"和为贵"。在处理科学教育与人文教育的关系时，尤其在改变军校的二者分离现状时，既不能将科学教育等同于工程技术教育，也不能将思想政治教育等同于人文教育，既不能因为两者研究对象的不同和发挥效益的缓急便偏信偏爱，也不能因为突出学校的主要职能或办学特色便将二者绝对割裂开来。中国思想史中的"和合"传统，无疑可以帮助我们更深刻地认识科学教育与人文教育在实现人的自由发展和社会和谐方面的一致性，更加明晰地判别科学教育与人文教育相互分离的害处和两者融合的益处，更加坚定地确立科学教育与人文教育"和谐共融"、"和平共处"的新理念。

第三，充分发挥中国思想史的人文教育资源优势。在军校当中，有人认为，既然思想政治教育作为军校教育的传统优势，在本质上与人文素质教育具有内在一致性，因此便主张用思想政治教育完全取代人文素质教育，显然这是对人文教育所包含的文、史、哲、艺等丰富内容的"削足适履"。比较而言，中国思想史的首要特点，是重视"伦理思想和政治思想，自然哲学的份量较少"，也就是说，中国思想史中自然科学思想较少，其主要内容是包括文、史、哲在内的人文教育素材，是实施人文教育的不可多得的优质资源。可是，在现行教育体制下，中国思想史作为一门学科，不可能在所有高校都开设，在军队工科院校单独开设的可能性更小。这就要求我们必须开动脑筋、开辟途径、开发资源，充分发挥中国思想史所提供的人文教育的丰富资源优势，高度重视通过在政治理论课程及其他人文选修课程中传送和灌输思想史内容，在理工类专业课程教学中渗透思想史中关于人文关怀及科技伦理等内容，以便提高工科大学生人文素质。

总之，科学教育和人文教育的融合共存、和谐发展，是大势所趋。中国思想史对于改善和转变我国高校尤其是军校中科学教育与人文教育普遍分离现状，不仅富有成效，而且大有作为。（作者系解放军第二炮兵工程学院基础部政教室副教授）

# 从张岂之先生《〈中国思想史〉序言》反思当代中国思想史的研究动态

## 海 波

从迈入思想史的研究领域到自己执书任教，张岂之先生主编的《中国思想史》始终是我的主要参考书之一，对思想史学习和研究的相关思索很大程度上是在此书序言提及的研究框架和研究思路之下进行的。本文即尝试从《〈中国思想史〉序言》对中国思想史的研究提出一点浅见，敬请方家指正。

首先，从张岂之先生对思想史进行分类研究的思路来看当代思想史研究的一个热点问题——思想史研究的精英思想和平民思想之争。

学术研究对研究对象的分类不外乎两种，一种是从平面维度对研究整体进行划分，一种是从纵深维度对研究整体进行划分。张先生在《中国思想史》序言中指出，进行思想史的研究，既可以是综合性的，也可以是分门别类的。在综合性的研究中，应当以反映某一历史时期的社会思潮为主要内容，分门别类的研究是关于中国历史上诸如政治、经济、哲学、法律、军事等等有关上层建筑、社会意识各个方面的思想的研究[1]。在此，综合研究与分门别类的研究归属于第一种分类标准，无论研究精英思想还是研究平民思想这两种涉及面基本平分秋色。

如果转换思维采取第二种分类标准，二者的区分就显山露水了。从纵深维度对研究整体进行划分，维度深的必然在一定程度上包容维

---

[1] 张岂之：《中国思想史·原序》，西北大学出版社2003年版，第2页。

## 从张岂之先生《〈中国思想史〉序言》反思当代中国思想史的研究动态

度浅的，维度浅的在一定程度上又反映着维度深者的影子，并刺激维度深的一方继续向纵深发展。在思想史研究中，精英思想和平民思想二者之间是有一个层次关系。精英思想的思维维度深于平民思想，它来源于生活，来源于社会，却又高于这一层面，是对社会生活方方面面理论化的总结和探讨乃至对世界本源等形而上问题的追寻。在所有理论化的思想中，有的在同时代就发挥出巨大作用，典型的如汉代董仲舒的伦理政治思想、近代严复引发的进化论研究热；有的延后显现出思想家的巨大魅力，个案有孔子、朱熹等人；更多的则湮没于思想史的长河中。无论怎样，这些理论化的思想构成了中国社会意识发展脉络的主干。

对于精英思想的研究必然会包含平民思想，比如义和团式的盲目排外的心理，就表现为大学士徐桐的奏章、叶德辉等人的《翼教丛编》；再如近代市民阶层的心理，表现为康有为、梁启超、谭嗣同等人的论说。平民思想反过来能够体现居于主流的精英思想，比如流传至今的丧葬仪式尽管历朝历代在形式和内容上都有所变化，其内核始终是儒家的孝道思想；又如，敦煌文献数量庞大的各种发愿文反映的是佛教先贤所宣传的六道轮回和因果报应说。当然，不同维度的思想影响也是相互的，在精英思想和平民思想的比较当中，精英思想往往居第一位带动或引导或影响平民思想，平民思想又可为精英思想提供新的理论思考的前提。

其次，从张岂之先生关于思想史的"交叉性"看当代思想史研究的新动向。

思想史的研究拓展面非常宽，可研究的空间非常大。2006年春天，张岂之先生在西北大学向中国思想文化研究所以及文博学院的全体博、硕士研究生作的题为"中国思想史研究的若干问题"的报告中指出，思想史是交叉学科，它不仅包含史学、文学，还有哲学、文献学等方面的知识，因此研究有一定的难度。事物总是具有两面性，交

## 从张岂之先生《〈中国思想史〉序言》反思当代中国思想史的研究动态

叉学科有难度是因为它具有研究领域宽、研究视角新的特点,这一特点必然伴随的另一产物就是容易创新。

在《中国思想史》序言中,张先生提到思想史的学习和研究应该注意有五个主要方面,依次为:将思想史的学习研究与社会史的学习研究相结合;注意社会思潮研究;注意科学技术史的成果;研究思想源流的演变;加强对各种思想学派和代表人物的主要观点的理解等。除去第一点是强调研究进路之外,其余四点分别涉及传统的思想史研究领域和创新研究领域。在上面提到"若干问题"的报告中,先生又强调了加强区域文化的研究、思想史史料学的研究、出土文献的研究等。纵观张岂之先生领导的中国思想文化研究所历年来的博硕士论文以及其他成果,在以上五方面尤其是社会思潮研究、思想学派和代表人物的研究、思想源流的演变等几方面硕果颇丰。在其他交叉特色更鲜明的领域也有成果出现,仅以2005级的博士毕业生的论文而言,就小有百花齐放的势头,毕业论文涉及战争思想(程远《先秦战争观研究》)、教育思想(赵万峰《20世纪20年代守成主义教育思想研究》)、文学思想(刘欢《中国文学自觉意识的起源研究》)、法律思想(曾加《〈二年律令〉法律思想研究》)、死亡观念(海波《死亡学视野下的中国佛教死亡观研究》)的研究等等领域,充分体现出西北大学中国思想文化研究所的研究理念和研究特色。

就思想史研究自身而言,思想史作为交叉学科的特点在学界日趋鲜明。以文学和文艺学界为例,从文学史"转向"思想史似乎已成为一个分流,成为一种趋势[①]。稍加检索近两年文学研究领域的成果,就能发现充分证明这一趋势,比较能够说明问题的论文有:张向东《清末民初的语言变革运动与现代文学的历史关联——以语言学史、文化史和思想史的叙述为例》(《兰州交通大学学报》2007年第2期)、张

---

① 张光芒:《思想史是文学史的风骨》,《天津社会科学》2006年第1期。

## 从张岂之先生《〈中国思想史〉序言》反思当代中国思想史的研究动态

光芒《思想史是文学史的风骨》(《天津社会科学》2006年第1期)、张宝明《问题意识——在思想史与文学史的交叉点上》(《天津社会科学》2006年第1期)、赵宪章《也谈思想史与文学史》(《当代作家评论》2002年第1期)、姚新勇《由"文学史"到"思想史":原因、张力与困惑——关于由文学史转向思想史研究现象之思考》(《天津社会科学》2006年第1期)、贺照田的《文学史与思想史》(《郑州大学学报》2003年第6期)等理论性很强的文章。这也正是有学者称"思想史是文学史的风骨"的原因。

客观而言,每一个具体学科都是一个具有研究主体性的学术领域,每一具体学科的背后都有其思想支撑,都有其思想发展形成的历史,这就是说,每一个学科都可以和思想史研究进行交叉。如果从这一认识出发,那么我们的研究视野将更为广阔,也更容易激荡出崭新的学术生长点。

最后,社会史与思想史相结合的研究方法与当代学术研究方法多元化的结合。

我们在研究中通常宏观上多采用历史的、哲学的研究思路,西北大学中国思想文化研究所又以思想史和社会史结合的研究理念为指导,这已成为研究特色。在具体研究工作中,鉴于思想史研究领域的广博,研究内容丰富,微观操作层面对不同内容的处理方法应有所区别。我们应该借鉴一切借鉴的方法,其他学科的研究进路只要适合就可以拿来应用。我们相信,内容上的创新配合以多元的方法,必将把思想史的研究向纵深推动。

试举一例,假设对某一思潮进行研究,我们要阅读大量文献来还原时代背景,了解该思潮产生的原因、发展脉络以及影响。这种研究进路是社会科学研究的主体方法,在科学研究中我们称之为定性分析。社会科学研究也可以采取另外一种研究方法——定量分析。众所周知,定量分析主要应用在自然科学研究中,随着学术研究范式的不断更新和研究方法的多元化，在经济学和社会学等学科中早已引入定量研究。在此例中，我们可以借鉴社会学研究中的文献统计方法。文献法是对已经收集到的相关资料进行客观的、系统的和定量的描述。研究者所分析的只是外在的、表面的内容，而不是内容的深层解释。"客观的、系统的"描述要求研究者根据预先制定的计划，采取一定的规则，按照一定的步骤来进行。"定量"的描述是文献法的基本性质，意味着内容分析的主要目标是决定内容中某一项目的频数，或者决定某一类别在整个内容中所占的比例等等，然后对这些定量的结果进行分析。具体到在思潮研究中，我们可以从要研究的思潮和同期的其他思潮乃至当时社会的主要问题分别选取具有代表性的关键词，进行或计词法或概念组分析，由此得出的一系列数据，从而能够对这一思潮在社会总体思潮中的位置、对社会的影响程度等方面给予定量的描述。有了这样的背景对照，不仅从操作层面体现了思想史和社会史的结合，而且为正在进行的研究提供了非常客观的研究平台，能够增加研究成果的说服力。（作者系西北大学西北历史研究所博士）

# 后 记

2007年上半年，我们将张岂之先生指导研究生的部分书信收集起来，编选了《张岂之教授与研究生论学书信选》，由陕西人民出版社出版，出版后在小范围内交流，受到朋友们的欢迎和好评。

7月15日至18日，在西安召开了"中国思想史学科建设研讨会"，与会学者朋友所提交的论文，有许多与张岂之先生有密切的联系，饱含学人对先生教学与科研活动的回忆与纪念的情感，我们将它们收集起来，加以整理、编辑与校对，名之曰《人文学人——张岂之教授纪事》，交西安出版社社长张军孝先生。他对此很感兴趣，愿意支持出版。全书内容涉及对张岂之先生中国思想史研究工作的回顾，对先生主持的《中国思想学说史》（六卷九册）的介绍，对先生教育观点的心得体会以及有关思想史学科建设的思考，与《张岂之教授与研究生论学书信选》相得益彰，这会有助于了解西北大学中国思想文化研究所培养人才和科研工作的概况，也有助于和其他人文学者相互交流，以便共同提高人文学术研究的水平。

文集的编选得到各位撰写论文学者的大力支持。西北大学中国思想文化研究所方光华、陈战峰同志承担了一些具体工作；研究生李旭然协助核对了部分文字。西安出版社张军孝先生和编审李宗保先生在装帧设计和技术处理上花费了不少心思，付出了许多劳动。在此一并致以真挚的谢忱！

编　者

2007年11月于西北大学